Gerda Lerner
Zukunft braucht Vergangenheit

W0108312

aktuelle frauenforschung

Gerda Lerner

Zukunft braucht Vergangenheit

Warum Geschichte uns angeht

Aus dem Amerikanischen von
Walmot Möller-Falkenberg

ULRIKE HELMER VERLAG

Titel der Originalausgabe: »Why History Matters«
© 1997 by Gerda Lerner
published 1997 by Oxford University Press, New York
This translation of *Why History Matters*,
originally published in English in 1997, is published
by arrangement with Oxford University Press, Inc.

Die Deutsche Bibliothek – CIP-Einheitsaufnahme

Ein Titelsatz für diese Publikation ist bei der Deutschen
Bibliothek erhältlich.

A catalogue record für this publication is available from
Die Deutsche Bibliothek

Druck und Bindung: Niederland Verlagsservice,
Königstein/Taunus
Printed in Germany

ISBN 3-89741-096-6

Email: ulrike.helmer.verlag@t-online.de
www.ulrike-helmer-verlag.de

Für Stephanie

ihren Mut
ihre Güte
ihre Weisheit

Inhalt

Danksagung

Die in diesem Band enthaltenen Essays sind entstanden, als ich an der Universität von Wisconsin-Madison in Lehre und Forschung tätig war. Die großzügige Unterstützung meiner wissenschaftlichen Arbeit, die mir diese Universität durch Forschungsgelder und die Freistellung für Forschungsarbeiten gewährte, war eine unschätzbare Hilfe, die ich, wie schon in meinen früheren Büchern, auch hier dankend würdigen möchte. Diese Unterstützung hat es mir zudem erlaubt, talentierte und gut ausgebildete Forschungsassistentinnen zu beschäftigen, die mir meine Arbeit auf vielfältige Weise erleichtert haben. Zuletzt waren es Ann Spurgeon und Angela Nissing. Ich möchte ihnen für ihre geduldige und zuverlässige Hilfe hier ganz besonders danken.

Seit einigen Jahrzehnten hat mich Sheldon Meyer als Lektor, Kritiker und literarischer Mentor betreut. Sein großes historisches Wissen, seine sensible Kritik und seine geduldige Unterstützung haben mir Kraft gegeben und es mir erlaubt, unter den denkbar besten Voraussetzungen zu arbeiten. Sein Engagement für die Bücher endete nicht bei deren Veröffentlichung, was im gegenwärtigen Klima in der Verlagsbranche selten und bemerkenswert ist und von mir hoch geschätzt wird. Für sein Vertrauen und seine Hilfsbereitschaft danke ich ihm sehr.

Ich halte es für ein Privileg und ein großes Glück, seit über zwanzig Jahren mit Leona Capeless zusammenzuarbeiten. Dies ist das vierte Buch, für das sie die Korrekturarbeiten übernommen hat. Ihre ungewöhnliche Kenntnis der Regeln und der Anwendungsformen des Englischen und ihre dennoch große Flexibilität beim gelegentlichen Außerachtlassen dieser Regeln, ihr großes Wissen und ihr Respekt für den Stil der Autorin und die Bedeutung ihres Werks haben einen technischen Prozess zur künstlerischen Kooperation werden lassen. Sie hat mich in mancher Hinsicht herausgefordert, und ich habe viel von ihr gelernt. Zweifellos ist das dem Text zugute gekommen, und so danke ich ihr in ausdrücklicher Anerkennung ihres Beitrags.

Ich danke Ulrike Helmer für ihr Interesse an diesem Buch und für ihre vortreffliche Mitarbeit als Verlegerin der deutschen Ausgabe.

Das Übersetzen ist eine wahre Kunst. Als zweisprachige Schriftstellerin weiß ich das besonders zu schätzen. Walmot Möller-Falkenberg hat schon früher drei meiner Bücher sorgfältig übersetzt. Ich bin ihr für ihre hervorragende Arbeit auch an diesem Buch sehr dankbar.

Anmerkungen zur Verwendung einiger Begriffe

Die Begriffe, mit denen Afroamerikaner sich auf sich selbst beziehen, haben sich im Laufe der Geschichte verändert. Zu jeder Zeit hat es gewöhnlich innerhalb ihrer Gruppe einige Unterschiede in bezug auf die Begriffe gegeben, mit denen sie vorzugsweise bezeichnet werden wollten. Ich bin so vorgegangen, dass ich die Bezeichnung verwendet habe, die von einem Autor oder der jeweils bezeichneten Gruppe zu der entsprechenden Zeit benutzt worden ist. (Also: »Negro Women's Club Movement« und »Black Liberation«.) Afroamerikaner haben mehr als hundert Jahre lang darum gekämpft, dass der Begriff, mit dem sie bezeichnet werden, groß geschrieben wird, wie das auch bei anderen ethnischen Gruppen oder Rassen der Fall ist (Italian, Spanish, Negro). So wird das substantivische »Black«/ »Schwarze/r« immer dann groß geschrieben, wenn es für »Afroamerikaner« oder »Neger« steht. Was das Adjektiv angeht, gibt es viele Varianten. Mir ist bewusst, dass sich der Sprachgebrauch diesbezüglich ändert.

Ein wichtiger Punkt in meinem Essay »Das Paradigma überdenken: I. Klasse, II. Rasse« ist, dass der Begriff Rasse selbst ein rassistisches Konstrukt ist (dazu Kapitel 11, S. 210). Ich werde deshalb in Zukunft wie andere AutorInnen den Begriff in Anführungszeichen setzen, um den Leser oder die Leserin darauf hinzuweisen, dass er eigentlich ungeeignet ist und nur unter Vorbehalt verwendet wird. In diesem Sammelband sind jedoch Essays aus früheren Jahren enthalten, in denen es keine solche Hervorhebung gibt. Als Historikerin kann ich mich nicht dazu durchringen, Dokumente aus einer früheren Zeit zu ändern, um sie späteren Einsichten anzupassen. Da es für die LeserInnen verwirrend sein könnte, in einem Buch den Begriff mit und ohne Anführungszeichen zu sehen, habe ich mich unter Vorbehalten entschlossen, in diesem Band beim früheren Gebrauch des Wortes zu bleiben.

Die LeserInnen sollten im Gedächtnis behalten, dass die Begriffe »Rasse« und »rassisch« wissenschaftlich fragwürdig und völlig inadäquate Begriffe für eine Reihe von Vorstellungen sind, für die Begriffe wie »Zuschreibung rassischer Merkmale«, »Erfahrung des Rassismus«, »Erfahrung von Diskriminierung« vorzuziehen wären.

G. L.

Einleitung

*I*n meinem ersten Essayband, *The Majority Finds Its Past: Placing Women in History*, habe ich meine Entwicklung als Feministin und Historikerin von 1960 bis 1979 beschrieben.[1] Dieser zweite Sammelband enthält Arbeiten zur gleichen Thematik aus den Jahren 1980 bis 1996.

Während dieser sechzehn Jahre hat sich das Gebiet der Frauengeschichte sowohl in institutioneller als auch in theoretischer Hinsicht auf spektakuläre Weise erweitert. Zehntausende von Kursen zum Thema Frauengeschichte sind in den USA inzwischen Teil des Regelstudiums an Universitäten und Colleges. Auch die Frauenforschung hat sich als interdisziplinäres Fachgebiet von weitreichender und grundlegender Bedeutung entwickelt. Die große Anziehungskraft der Frauengeschichte ist abzulesen an der Zahl der Lehrstühle an Colleges und Universitäten, an denen Fachleute dieses Gebiets lehrend und forschend tätig sind. Als ich 1972 den ersten Master-Studiengang in den USA im Fach Frauengeschichte konzipierte und mit Joan Kelly leitete, waren wir einsame Pionierinnen. 1988 verfügten 202 höhere Bildungsinstitutionen, die zur Promotion hinführen, über mindestens ein Mitglied der Fakultät, das sich auf die Geschichte der amerikanischen Frauen spezialisiert hatte. Im letzten Jahrzehnt hat sich das Fachgebiet weiter entfaltet, so dass nun einige Universitäten zusätzlich zum Spezialgebiet der US-Frauengeschichte Lehrveranstaltungen zur Geschichte der Frauen in Europa, Asien und Lateinamerika anbieten. Das wird auch in meinem Berufsweg deutlich: Meine Berufung auf einen Lehrstuhl der Universität von Wisconsin in Madison im Jahre 1980 war mit dem ausdrücklichen Auftrag verbunden, ein Doktorandenstudium im Fach Frauengeschichte aufzubauen.

Frauengeschichte ist heute als fortschrittliche Pionierbewegung in der historischen Forschung anerkannt. Um die Leerstellen in der historischen Forschung zu füllen, erschienen zunächst einzelne Monographien, in denen die Geschichte der Frauen dokumentiert und interpretiert wurden. Dann wurde von wissenschaftlich orientierten Verlagen eine Flut von Biographien über »vergessene und vernachlässigte Frauen« der Vergangenheit publiziert und in den Buchhandlungen angeboten, um die wachsende Nachfrage nach diesen Texten zu befriedigen. Almanache, Enzyklopädien und Monographien für und über Frauen überschwemmten den Buchmarkt.

Das Interesse an der Frauengeschichte hat sich ausgedehnt auf das Schulwesen, auf Kommunen und Bibliotheken. Das ›Nationale Projekt Frauengeschichte‹, eine seit 1977 bestehende Organisation, verteilt Unterrichtsmaterial, Plakate, Bücher und Videos zur Frauengeschichte an 20.000 Abonnenten. Diese Einrichtung gibt Zehntausenden von Kommunen im ganzen Land Anregungen für die alljährlich im März, dem Monat der Frauengeschichte, stattfindenden Veranstaltungen und stellt Material dafür zur Verfügung.

Die Frauengeschichtsforschung hat in den letzten fünfzehn Jahren die Theorie und Methodenlehre der traditionellen Geschichtswissenschaft durch neue Kategorien, neue Fragestellungen und interdisziplinäres Arbeiten herausgefordert. Der Begriff *gender* als Ausdruck der gesellschaftlichen Konstruktion bestimmter geschlechtsspezifischer Rollen ist in der Wissenschaft über Fachgebiete hinaus weithin als Instrument der Analyse anerkannt worden.

Afroamerikanische, hispanische und lesbische Historikerinnen haben der Frauengeschichtsforschung vorgeworfen, sie sei auf der Basis von Untersuchungen, die sich nur auf weiße heterosexuelle Frauen bezogen, zu falschen Verallgemeinerungen gelangt. Dieser Vorwurf der unberechtigten Universalisierung von Einzelergebnissen hat die HistorikerInnen bewogen, ihre Kategorien gründlicher und selbstkritischer zu überprüfen. Eine lebendige und noch anhaltende Debatte zwischen WissenschaftlerInnen verschiedener Rassen und Ethnien hat dazu beigetragen, sorgfältiger zu klären, wie die soziokulturell definierte Geschlechtsrolle, die Rasse, Klasse oder ethnische Zugehörigkeit sich in Geschichte und Theorie wechselseitig bedingen. Alles in allem ist die Lebenskraft der Frauengeschichtsforschung als Arbeitsgebiet ebenso wie ihre Qualifikation, die etablierte Wissenschaft zu kritisieren und konstruktiv in Frage zu stellen, wieder und wieder bewiesen worden. Meine eigene Arbeit ist in diesem Entwicklungsprozess fest verankert und durch ihn bereichert worden.

1979 hatte ich geschrieben: »Die beiden Aspekte meines Bewusstseins, geprägt von der Bürgerin und der Wissenschaftlerin, bildeten schließlich eine Einheit: Ich bin nun eine feministische Wissenschaftlerin.«[2] Die Essays in diesem Band verfolgen eine andere Spur in der Erweiterung des Bewusstseins: das Ineinandergreifen meiner eigenen Lebenserfahrung als vertriebene Jüdin und meiner Arbeit als Wissenschaftlerin, die sich mit der Problematik von Rasse, Klasse und Geschlecht auseinandersetzt. In den ersten drei Texten dieses Bandes – Teil I: »Geschichte als Erinnerung« – stelle ich dar, wie sich mein Bewusstsein als jüdische Frau entwickelt hat.

In Kapitel 1, »Ein Netz von Zusammenhängen«, behandele ich die konflikthafte und ambivalente Definition meines Jüdinseins und versuche zu erläutern, warum ich über dreißig Jahre lang die Geschichte der weißen und schwarzen amerikanischen Frauen dokumentiert und erforscht habe, ohne daran zu denken, die Geschichte der jüdischen Frauen zum Thema meiner wissenschaftlichen Arbeit zu machen.

In Kapitel 2, »Auf den Spuren der Katharer«, beschreibe ich meine Reaktionen auf meinen ersten Besuch in Deutschland nach dem Krieg. Anlass der Reise war das Erscheinen meines ersten ins Deutsche übersetzten Buches *Die Entstehung des Patriarchats*[3]. Ich unternahm eine Präsentationstour in vierzehn Städte und sprach über das Buch auf Deutsch, obwohl ich diese Sprache fast fünfzig Jahre lang nicht gesprochen hatte. Das Kapitel ist keine historische Abhandlung, sondern ein sehr persönliches autobiographisches Essay. Als solches beschreibt es Gefühle und Eindrücke, die sich in späteren Jahren bei weiteren Besuchen in mancher Hinsicht verändert haben.

Seit dieser Reise sind drei weitere Bücher ins Deutsche übersetzt worden. Ich habe eng mit der Übersetzerin zusammengearbeitet, und als die Arbeit beendet war, konnte ich mich wieder fließend und differenziert genug auf Deutsch verständigen. Es scheint, als wäre ich erst nach dem Wiedererlangen der Sprachkompetenz in meiner verlorenen Muttersprache in der Lage, mich ernsthaft mit der Tatsache auseinander zu setzen, dass ich eine zweisprachige Angehörige zweier Kulturen bin. Die Probleme, die mit dem Verlust der Muttersprache verbunden sind, beschreibe ich in Kapitel 3, »Ein Leben in Übersetzung«. Über die Sprache wurde es mir möglich, mir den verborgenen Preis für mein Leben im Exil einzugestehen und in einem langsamen Heilungsprozess dessen schmerzhafte Auswirkungen zu lindern.

Kapitel 4, »Über Geschichte und Gedächtnis«, enthält die deutsche Originalfassung meiner Festrede nach der Verleihung eines österreichischen Staatspreises 1995, der meine Arbeiten zur Frauengeschichte würdigte. Chronologisch folgte diese Ehrung auf zwei längere Aufenthalte zuerst in Deutschland und dann in Österreich, wo ich in den Jahren 1994 und 1995 Lehrveranstaltungen und Vorträge gehalten hatte. Ich schrieb diese Rede auf Deutsch – mein erster Text in deutscher Sprache seit 1939 – und übersetzte ihn zur Veröffentlichung in den USA ins Englische. Er scheint mir recht genau zu zeigen, wie eng meine verschiedenen Identitäten und Lebensweisen mit meiner wissenschaftlichen Arbeit verbunden sind.

Etwas theoretischer wird das gleiche Thema in Kapitel 9, »Die Notwendigkeit von Geschichte«, angeschlagen, das meine Ansprache als neugewählte Präsidentin der Organisation amerikanischer GeschichtswissenschaftlerInnen enthält. Die in diesem Vortrag angesprochenen Themen lassen die verschiedenen Stränge meiner intellektuellen Arbeit im Bereich der Geschichtswissenschaft erkennen.

Teil II trägt den Titel »Geschichte: Theorie und Praxis«: Kapitel 5, »Gewaltfreier Widerstand: Die Geschichte einer Idee«, ist einer der frühesten Texte dieser Sammlung, ein Ergebnis meiner Forschungsarbeit über die Sklavenbefreiung und die Frauenbewegung des frühen 19. Jahrhunderts in den USA. Ich war fasziniert von der Entdeckung, dass die Praxis des gewaltfreien Wi-

derstands ursprünglich in der amerikanischen Antisklavereibewegung wurzelte und von ihren weiblichen Mitgliedern erfolgreich angewendet worden war. Die Tatsache, dass der gewaltfreie Widerstand, als er einhundert Jahre später mit der
Bürgerrechtsbewegung wieder in den USA praktiziert wurde,
auf Gandhi und Tolstoi zurückgeführt wurde, nicht auf die Praxis der Frauen in der Antisklavereibewegung, schien mir bemerkenswert. Die Beziehung zwischen Ideen und Handeln, zwischen
Denken und sozialem Engagement hat mich immer interessiert.
Besonders lebhaft war dieses Interesse während eines Lebensabschnitts, in dem ich mich allmählich von der politischen Aktivi-
stin zur Wissenschaftlerin entwickelte, die sich in Forschung
und Lehre mit der Analyse sozialer Institutionen beschäftigte.
Gab es ein erkennbares Muster für die Beziehung zwischen
Ideen und sozialen Bewegungen? Bestimmte die Theorie die Praxis oder beeinflusste die Praxis die Theorie? Diese Fragen konnte ich im Studium der komplexen Entstehung der Idee des gewaltfreien Widerstands und im Aufspüren ihrer Veränderung
durch Praxis und Theorie zu meiner eigenen Zufriedenheit beantworten. Der Text, der zunächst einer Stiftungsvorlesung zugrunde lag, wurde in einigen hundert Exemplaren von der Universität, die mich eingeladen hatte, verteilt und wird hier zum
ersten Mal publiziert. Er war mir immer besonders wichtig.
Kapitel 6, »Amerikanische Grundwerte«, enthält ein Posi-
tionspapier zur erbetenen Teilnahme an einer Debatte über Multikulturalismus, die vom American Jewish Congress initiiert
worden war. Ich sah mich veranlasst, über den Zusammenhang
von amerikanischen Werten und Ideen eingehender nachzudenken. Die Erkenntnis, dass Widersprüche tief in das amerikanische Denken eingebettet sind, lieferte ein sinnvolles Erklärungs-
muster und eine geeignete Methode der Darstellung. Dieser
Artikel wird hier zum ersten Mal veröffentlicht.
Kapitel 7, »Das 20. Jahrhundert: Eine Zeitenwende für
Frauen«, und Kapitel 8, »Blick auf das Jahr 2000«, sind konzep-
tionell miteinander verbunden, auch wenn sie im Abstand von
vier Jahren erschienen sind. Sie folgen ebenso wie Kapitel 6 meiner zwölfjährigen intensiven Beschäftigung mit »Langzeitge-
schichte«, die ich in dem zweibändigen Werk *Frauen und Ge-*

schichte[4] dargestellt habe. Überblickt man die Frauengeschichte über einen langen Zeitraum – eine Zeitspanne von dreitausend Jahren –, so werden bestimmte Muster der Gesellschaftsstruktur und Institutionenbildung erkennbar, die vorher nicht sichtbar waren, sondern mystifiziert wurden. Beide Artikel ließen mich über die Situation von Frauen transkulturell, weltweit und auf die Zukunft bezogen nachdenken.

Kapitel 7 stützt sich auf zwei Vorträge, die ich bei einer Konferenz in Vancouver, Kanada, gehalten habe, wo ich einen Überblick über die Situation der Frauen dieser Welt während des 20. Jahrhunderts geben sollte. Obwohl ich zunächst von dieser scheinbar viel zu umfassenden Fragestellung wenig angetan war, erkannte ich bald, dass bestimmte Entwicklungsmuster ziemlich deutlich hervortraten. Das Ergebnis meiner Auswertung des Materials – dass das 20. Jahrhundert tatsächlich eine Zeitenwende für Frauen bedeutete und der Fortschritt in gewisser Hinsicht weltweit stattgefunden hatte – überraschte mich, weil ich davon ausgegangen war, dass es zweifellos einen ungleichmäßigen Fortschritt gegeben hätte, der nur den Frauen in den hochentwickelten Ländern zugute käme.

Kapitel 8 ist zunächst in englischer Sprache geschrieben und dann für ein in Deutschland erschienenes Buch zum Thema »Das Jahr 2000« ins Deutsche übersetzt worden. Auch hier wurde ich von den Herausgebern aufgefordert, mir Gedanken über die Zukunft zu machen. Ich nutzte die Gelegenheit, um Feminismus als Weltanschauung zu diskutieren. Über dieses Thema hatte ich bereits Vorlesungen gehalten, aber noch nichts veröffentlicht.

Diese beiden zukunftsbezogenen Essays passen meines Erachtens gut in den Zusammenhang der in den Kapiteln 5 und 9 aufgeworfenen Fragen. Nach und nach wurde mir immer deutlicher, wie die theoretischen Überlegungen über Frauenemanzipation zu verbinden sind mit der konzeptionellen Erarbeitung eines Feminismus, der tatsächlich von praktischer und theoretischer Bedeutung ist. Die große Zustimmung seitens der ZuhörerInnen bei meinen Vorträgen in den Vereinigten Staaten und in Europa, sobald ich mich mit diesen Themen beschäftigte, schien mir darauf hinzuweisen, dass auch andere Menschen nach solchen Verbindungen suchten. Über Geschichte zu schreiben und über Frauen nachzudenken könnte also zu einer neuen politischen Verhaltensweise führen, die sowohl im Denken wie in der Erfahrung verwurzelt ist und die Gesellschaft von Grund auf verändern wird.

Teil III, »Geschichte neu betrachten«, soll über die Erkenntnis hinausweisen, dass »Unterschiede« zwischen Menschen – nach Rasse, Klasse, Geschlecht, Ethnizität oder anderen Gesichtspunkten – konstruierte Kategorien sind, und zugleich den additiven Ansatz überwinden, mit dem diese Unterschiede gemeinhin diskutiert werden. In Kapitel 10, »Unterschiede zwischen Frauen«, biete ich ein integriertes holistisches Modell der Auseinandersetzung mit diesen Kategorien. Ich definiere das Schaffen von Kategorien des »Abweichenden« als ein wesentliches und unerlässliches Instrument zur Aufrechterhaltung hierarchischer Systeme der Machtausübung und betone die gegenseitige Beziehung zwischen diesen Aspekten von Herrschaft. Die Formen der Unterdrückung aufgrund von Rassen-, Klassen- und Geschlechtszugehörigkeit sind untrennbar miteinander verbunden; sie lassen einander entstehen und verstärken und stützen sich gegenseitig.

Kapitel 11, »Das Paradigma überdenken: I. Klasse, II. Rasse«, stellt eine Verbindung zwischen meinen frühesten und meinen letzten Arbeiten her. Ich beziehe mich hier auf meine über dreißigjährige Forschung und theoretische Auseinandersetzung über die Kategorien Klasse und Rasse. Die Fragen, die ich 1969 in meinem Artikel »The Lady and the Mill Girl«[5] und 1973 in dem Essay »Black Women in the United States: A Problem in Historiography and Interpretation«[6] aufgeworfen hatte, habe ich hier nun – wenigstens zu meiner Zufriedenheit – beantwortet. Die Debatte über diese Themen hat sich in den letzten fünfzehn Jahren erweitert und vertieft. Der Arbeit der in den Anmerkungen genannten WissenschaftlerInnen habe ich sehr viel zu verdanken. Noch in den früheren Fassungen dieses Essays, die bis 1985 zurückreichen, und selbst in der vorletzten Fassung von 1995 gingen meine Definitionen kaum über die meines Essays zum Thema »Unterschiede« hinaus. Ich konnte die Wechselbeziehung und die Verbindungen zwischen den Kategorien feststellen, aber ich sah sie noch immer als konkrete Begriffe, »Wesenheiten« mit spezifischen Begrenzungen und drei Dimensionen. Erst als ich begann, komparativ zu denken und Vergleiche über Raum und Zeit hinweg anzustellen, erschloss sich mir bei der Niederschrift dieser Fassung die radikalere Definition, die ich hier anbiete – nämlich, dass es um eine Serie von Prozessen geht, die sich über Raum und Zeit hinweg entfalten.

Zuvor hatte ich zwei Essays schreiben wollen, den einen über Klasse, den anderen über Rasse. Angesichts meiner neuen Definition war das nicht mehr möglich: Die Form der Darstellung musste dem neuen Inhalt entsprechen. So enthält nun ein Essay zwei Teile, Klasse und Rasse. Sein begriffsübergreifendes Ziel ist es, die »Formel« – Geschlecht, Rasse, Ethnizität, Klasse – zu dekonstruieren und die Beziehungen zwischen den verschiedenen Aspekten von Herrschaft auf eine ganzheitliche, funktionale Art neu zu definieren. Was Klasse angeht, so rücke ich von einer Begriffsbildung ab, die den Begriff verdinglicht und Klasse als eine fixierte Daseinsform erscheinen lässt, die in einem dialektischen Gegensatz zu anderen »Klassen« steht. Ich vergleiche dieses Klassifikationssystem mit dem »Sortieren von Kategorien in übereinander angeordneten Schubladen« und zeige, wie es uns daran hindert, das Fließen der Grenzen zu sehen (die weder rigide festgelegt noch vertikal voneinander getrennt sind), und wie es uns in die Irre führt, indem wir Klasse so als eine unveränderlich definierte Kategorie betrachten, als ein »Ding«, obwohl sie doch tatsächlich ein ständiger Prozess der Formgebung und Anpassung ist. Ich konzentriere mich auf den Prozess, durch den Klasse in der Geschichte zum ersten Mal entstanden ist und über die Zeit gesellschaftlich verankert wurde, und ich zeige, dass in diesen Prozess immer kulturell geprägte Geschlechterbeziehungen einbezogen sind. Anhand eines Überblicks über diese Geschlechterbeziehungen – homogame Ehen (zwischen Partnern von gleichem sozialen Rang), geschlechtsspezifische Erbrechte und verschiedene Verpflichtungen von Familien, die Töchter den Söhnen gegenüber benachteiligen – definiere ich Klasse neu als einen langwierigen Prozess, durch den hierarchische Beziehungen geschaffen und in einem patriarchalen System aufrecht erhalten werden.

In der zweiten Hälfte des Essays analysiere ich, auf welche Weise sich die Konstruktion des Begriffs Rasse von anderen konstruierten Kategorien unterscheidet. Dann kehre ich den Prozess um: Wenn man das System der Herrschaft vom Gesichtspunkt der Herrschenden aus betrachtet und analysiert, wie es funktioniert, erkennt man sehr schnell, dass die Abgrenzung und Erniedrigung der als »Außenseiter« definierten Gruppen immer auf die gleiche Art verläuft, ganz egal, um welche Zielgruppe es sich handelt. Das Herrschaftssystem ist mit anderen Unterdrückungssystemen verknüpft und funktioniert ganz zweckbezogen rational. Ich glaube, dass meine Neudefinitionen mehr erklären können als manche der heute gebräuchlichen Theorien und dass sie außerdem transformatorische Kraft entfalten können.

Im abschließenden Kapitel 12, »Warum Geschichte uns angeht«, will ich erläutern, warum mein Tun und Trachten in den letzten fünfunddreißig Jahren von Leidenschaft und tiefer Befriedigung erfüllt war. Dieser Beitrag ist in einer Zeit geschrieben, in der ein virtueller Kulturkampf über die Bedeutung der Geschichte ausgetragen wird. Von denjenigen, die Geschichte als Eigentum der herrschenden Eliten und als Instrument der Rechtfertigung von Staaten und anderen Herrschaftsinstitutionen betrachten, wird dabei grundsätzlich in Frage gestellt, dass unterdrückte und marginalisierte Gruppen eine eigene Geschichte haben. Es ist dies auch eine Zeit, in der einige radikale Denker in ihrem dekonstruktivistischen Bestreben so weit gegangen sind, die soziale Praxis dem Symbol und die Politik der Deutung unterzuordnen. In einer solchen Zeit ist es notwendig, dass HistorikerInnen gründlicher über Sinngebung und Definitionen nachdenken. Wir können nicht länger selbstverständlich davon ausgehen, dass das, was wir tun und lehren, Allgemeingültigkeit beanspruchen kann. Ich hoffe, dass die Essays in diesem Band einen Beitrag dazu leisten werden, das Werk der HistorikerInnen und die Bedeutung dieser Arbeit zu dokumentieren und durchschaubar zu machen. Letzten Endes, nach einem langen Leben als Schriftstellerin und Historikerin, muss ich meine eigene Sache vertreten können. Aus den vielen und komplexen Gründen, die ich in diesem Buch darlege, ist mir Geschichte wichtig. Und mir liegt viel daran, das, was ich erlebt habe, in einer angemessenen Form darzustellen.

Madison, Wisconsin   G. L.
Im Mai 1996

I.

Geschichte als Erinnerung

1

Ein Netz von Zusammenhängen*

*I*n diesen Tagen des verzweifelten Kampfes des Staates Israel sind die dort Geborenen und die große Gruppe der Überlebenden aus allen Teilen der Welt, die dort Zuflucht gefunden haben, – wir alle als Juden in der Diaspora – gezwungen, unsere Einstellung zu der Tatsache, dass wir Juden sind, zu überprüfen. Welche Bedeutung hat das für uns? Welche Belastungen und Verantwortlichkeiten werden uns dadurch auferlegt? Welche Werte ergeben sich für uns aus diesem Zufall unserer Geburt oder dieser selbst gewählten Zugehörigkeit?

Das sind sehr persönliche Fragen, die sich nicht ohne weiteres mit zutreffenden Verallgemeinerungen beantworten lassen. Es handelt sich um sehr alte Fragen, die anscheinend jeder Generation von Juden neu gestellt werden. Das bloße Dasein, das Auffassen der eigenen Existenz als normal, gesichert und unanfechtbar, war Juden bisher nicht möglich. Wir mussten uns unserer Situation immer sehr bewusst sein, sie genau einschätzen und je nach den Umständen Entscheidungen von existenzieller Bedeutung treffen. Das ist so, weil seit der Zerstörung des Tempels, seit Beginn der Diaspora, Juden sich nicht nur selbst als ›anders‹ definiert haben, sondern überall von Nichtjuden als ›die Anderen‹, als Außenseiter, die von der Norm Abweichenden definiert

---

* Für dieses Kapitel wurden zwei Vorträge überarbeitet und zusammengefasst. Der eine wurde gehalten bei der Konferenz »Developing Images: Representations of Jewish Women in American Culture« am 14. März 1993 in der Brandeis Universität; der andere war eine Vorlesung der Sam and Helen Stahl Jewish Heritage Stiftung, »The Jew as *Other* in Western Civilization« am 8. April 1991 an der Universität von Wisconsin-Madison.

worden sind. Zwischen Gleichen gibt es die Kategorie des ›Andersseins‹ nicht. Bereits der Akt, in dem Menschen einander in Kategorien einteilen, beinhaltet Unterwerfung. Derjenige, der die Maßstäbe dieser Kategorisierung festlegt und andere danach beurteilt, setzt sich selbst als Norm, als das definierende Subjekt, während derjenige, der kategorisiert wird und als der von dieser Norm Abweichende gilt, zum definierten Objekt gemacht wird. Wenn jemand so definiert worden ist, muss er sich darauf beziehen – ob zustimmend oder ablehnend –, denn es geht darum, wer er ist.

Was es heißt, ›die Andere‹ zu sein, möchte ich am Beispiel eigener Erfahrungen erläutern. Ich bin nach dem Ersten Weltkrieg in einer gutsituierten bürgerlichen Familie in Wien aufgewachsen. Wir waren ›assimilierte‹ Juden. Das bedeutete, dass wir keinen koscheren Haushalt führten, wenn meine Großmutter auch strikt nach den Geboten des jüdischen Glaubens lebte, dass wir in den besten Traditionen der deutschen Kultur erzogen wurden und uns als liberale Österreicher betrachteten. Trotzdem wurde ich zum Sabbat-Gottesdienst in die orthodoxe Synagoge geschickt und beging die Familie die religiösen Feiertage auf traditionelle Weise, indem wir am Gottesdienst teilnahmen und auch zu Hause feierten. Dass ich Jüdin war und was das bedeutete, wurde mir jedoch nicht in der Sabbatschule bewusst, sondern durch eine Reihe von subtilen Belehrungen im Kreis der Familie.

In der Volksschule, einer öffentlichen Schule, traf ich ein Mädchen, von dem ich hoffte, es könnte meine Freundin werden. Doch mein Vater verbot mir diese Freundschaft, weil die Mitschülerin keine Jüdin war. Daraufhin bemühte ich mich, die Freundin eines jüdischen Mädchens zu werden. Alles ging gut, solange sie mich zu Hause besuchte. Als ich dann ihrer Einladung folgte, lernte ich eine nach der jüdischen Tradition lebende Familie kennen, die Jiddisch sprach und koschere Speisen aß. Das war für mich im Alter von acht oder neun Jahren etwas ganz Neues, und begeistert erzählte ich zu Hause, was ich erlebt hatte. Mit einigen Fragen fand mein Vater heraus, dass der Vater des Mädchens der koschere Metzger unseres Stadtbezirks war, und verbot mir, das Mädchen jemals wieder zu besuchen. Meine Freundin konnte jedoch weiter zu mir kommen. Bis heute weiß ich nicht, ob soziale oder kulturelle Vorurteile der Grund für diese Entscheidung waren, doch sie führte zum abrupten Ende der Freundschaft, als das Mädchen es ablehnte, diese Bedingungen zu akzeptieren, und mich eine »eingebildete Gans« nannte. Meine Familie, so schien mir, pflegte gesellschaftlichen Umgang weder mit Nichtjuden noch mit Jiddisch sprechenden Juden. Sicher, meine Familie war in dieser Hinsicht außergewöhnlich, aber alle Freunde und Nachbarn meiner Kindheit waren homogen, was die soziale Schicht, Bildung und Religion anging. Wir lebten innerhalb selbst gewählter Gemeinschaften, in denen man lange Zeit zurechtkommen konnte, ohne sich mit den negativen Bedingungen der eigenen Existenz weiter auseinandersetzen zu müssen.

Als ich jedoch eines Tages auf der höheren Schule zum ersten Mal mit der Note Zwei nach Hause kam, reagierte mein Vater darauf, als handele es sich um den Weltuntergang. Ich wurde zur Rede gestellt, gescholten und bestraft. Als ich schließlich zerknirscht darauf hinwies, bisher doch immer nur mit Einsern benotet worden zu sein, hieß es mit aller Bestimmtheit: »Juden bekommen keine Zweier.«

Niemals wieder habe ich einen bekommen. So waren wir: das auserwählte Volk, intellektuell überlegen, disziplinierter und uns der Notwendigkeit von Erfolgen stärker bewusst als andere. Außergewöhnlich erfolgreich zu sein, das war das Kennzeichen des Stammes, und jedem/jeder von uns war es aufgegeben, dieser Norm zu entsprechen. Wenn das auch ein starker Ansporn gewesen sein mag, so war es für ein kleines Mädchen doch eine zu große Belastung. Schlimmer noch, dieser Anspruch trennte einen nur noch weiter von den anderen. Hervorragende schulische Leistungen, die von den Eltern als Voraussetzung künftigen Erfolges gepriesen wurden, bedeuteten für jüdische Kinder, ganz besonders für die Mädchen, dass sie noch deutlicher als ›anders‹ wahrgenommen wurden in einer Welt, in der Anderssein ganz bestimmt nichts Gutes war.

In den öffentlichen Schulen hing in jedem Klassenzimmer ein Kruzifix an der Wand. Mittwoch nachmittags hatten alle Schülerinnen Religionsunterricht, und dazu wurde die Klasse in zwei Gruppen aufgeteilt: *die*, dreißig oder mehr Christinnen, und *wir*, drei oder vier schüchterne jüdische Mädchen, die in einem besonderen Raum mit den jüdischen Schülerinnen aus den anderen Klassen von einem eigens damit beauftragten Rabbi unterrichtet wurden. Der Rabbi war ein höchst engagierter Zionist, der uns politische Predigten hielt. Ich mochte weder ihn noch seine Botschaft. Ich war eine ganz normale Österreicherin und dachte gar nicht daran, mich von ihm zu einer Art fremder Außenseiterin erklären zu lassen, deren Aufgabe es sei, in irgendeiner fernen Wüste des Nahen Ostens eine sogenannte jüdische ›Heimstatt‹ aufzubauen. Ich las Goethe und Schiller, ich schuf mir mein Weltbild nach deutschen Märchen und nordischen Heldensagen. Ich hatte blaue Augen und hellbraunes Haar und wurde ständig für eine von *ihnen* gehalten, was mir nicht unangenehm war. Andererseits waren da meine schwarzhaarige Mutter und Schwester mit ihrem gelblichen Teint – deren Aussehen ich immer für typisch ungarisch gehalten hatte, weil meine Mutter eine gebürtige Ungarin war. Doch es waren mein blauäugiger Vater und dessen Familie, die an der jüdischen Tradition festhielten, während meine eher jüdisch aussehende Mutter eine moderne Europäerin und Weltbürgerin war, für die ›Anderssein‹ keinerlei Bedeutung hatte. Wenn wir in den Sommerferien in die schönen österreichischen Berge fuhren, verlangte mein Vater ausdrücklich, dass wir uns nicht »wie Juden aufführen« sollten – also beim Sprechen nicht mit den Händen zu gestikulieren, die Stimme nicht zu erheben, nicht zu laut, zu lebhaft oder zu neugierig zu sein. Auch diese Botschaft ließ unbeabsichtigt den Rückschluss zu, wir wären Außenseiter und sollten darauf achten, unsere unpassenden, verpönten Eigenarten möglichst gut zu verbergen.

Hin und wieder bin ich gefragt worden: »Wie ist Ihre Arbeit auf dem Gebiet der Frauengeschichte davon beeinflusst worden, dass Sie Jüdin sind?«

Die einfachste Antwort auf diese Frage ist, dass ich aufgrund meiner Erfahrungen als Jüdin Historikerin geworden bin. Mit der Geschichte vom Bund Gottes mit dem Menschen im 1. Buch Moses, der Genesis, erfanden die Juden die Vorstellung von einem zielgerichteten Verlauf der Menschheitsgeschichte, die Auffassung, die gottgegebene Daseinsbestimmung bestehe darin, ein weit in der Zukunft liegendes Ziel, das im 1. Buch Moses bezeichnet ist, zu erreichen. Es kommt nicht auf das Schicksal des Individuums an, sondern auf die historische Verheißung für das Volk, das Land und das Wohlergehen in einer fernen Zukunft, die im Bund zwischen Gott und Abraham enthalten ist. Damit beginnt Geschichte als Einlösung der göttlichen Verheißung. Seit der Zerstörung des Tempels und dem Beginn der Diaspora beinhaltete dies die zugesagte Heimkehr des Volkes Israel in das Land seiner Väter. So ist jeder Jude und jede Jüdin hineingeboren in einen historischen Zusammenhang und in ein Bewusstsein der engen Verbindung mit anderen Mitgliedern der jüdischen Gemeinschaft. Es ist ziemlich schwierig, diese Gemeinschaft zu definieren. In der Bibel werden die Juden als das auserwählte Volk bezeichnet, als eine Nation, die sich wegen ihrer besonderen Beziehung zu Gott von anderen unterscheidet. Ich konnte das nie akzeptieren, nicht einmal in der Zeit, in der ich noch an Gott glaubte. Seit der Diaspora war diese auserwählte Schar keine Nation mehr. War sie ›ein Volk‹? Sie kam doch mit verschiedenen Hautfarben und Nationalitäten daher, sprach unterschiedliche Sprachen, lebte in verschiedenen Kulturen. War sie dann nur eine religiöse Glaubensgemeinschaft, vereint allein durch diesen Glauben? Da, wo ich aufgewachsen bin, hat uns die alltägliche Erfahrung solche Gedanken über die Natur der Juden und die Ursprünge ihrer Geschichte aufgedrängt.

Aus meinem bequemen und behüteten Leben in einem Land, in dem der Katholizismus die Staatsreligion war und der politische Antisemitismus eine lange Tradition hatte, habe ich gelernt, dass allein die Tatsache, Jude oder Jüdin zu sein, uns von anderen absetzt. Juden waren nicht ›normal‹: Wir entsprachen nicht der Regel, wir waren anders. Und dieses Anderssein hatte etwas zu tun mit unserer unentrinnbaren, unausweichlichen Geschichte.

War unsere Geschichte deshalb etwas Besonderes, weil wir ›das auserwählte Volk‹ waren? Waren wir anders, weil unsere Geschichte von Verfolgungen und Leiden geprägt war? Hatten wir diesen Verlauf unserer Geschichte mit verursacht, weil wir es ablehnten, so zu sein wie andere Nationen, weil wir an Sitten und Bräuchen festhielten, die uns ganz eindeutig von denen unterschieden, in deren Mitte wir lebten? Assimilierte Juden in Mitteleuropa, also auch die Familien meiner Eltern, hielten diese Erklärung für richtig. Es stimmte, dass unser Anderssein um so weniger auffiel oder als aufdringlich empfunden wurde, je mehr wir uns an die Menschen anpassten, unter denen wir lebten. Wir sprachen Hochdeutsch, nicht Jiddisch; in unserem Auftreten, unserer Kleidung und Bildung unterschieden wir uns nicht von den Angehörigen des Bürgertums, einmal abgesehen von den charakteristischen körperlichen Eigenschaften, durch die einige von uns sofort als Juden zu erkennen waren – dunkles Haar, eine bestimmte Form der Nase, lebhaftes Gestikulieren. Zur Assimilation gehörte unvermeidlich der Selbsthass, ein Selbsthass, der so subtil war, dass wir ihn nicht einmal uns selbst eingestanden, der aber als ein durchdringendes Gift wirkte und sogar die Mitglieder einer Familie auseinander brachte. Wir verstärkten ihn, indem wir Distanz hielten zu denen, die an Assimilation nicht interessiert waren: orthodoxe, Jiddisch sprechende Juden. Wir waren anders, anders als die Nichtjuden und anders als *jene* Juden.

Assimilierte Juden wollten sich nicht damit beschäftigen, welche Bedeutung die Geschichte der europäischen Juden für ihr eigenes Leben hat. Für sie gab es nur die fernen biblischen Zeiten und die Gegenwart. Vergessen und verdrängt war die lange, bittere und sich ständig wiederholende Geschichte der Verfolgung. Aus der war nichts Positives zu lernen. Als Kind hörte ich einmal davon, wie im Mittelalter die Juden aus einigen deutschen Städten gezwungen worden waren, in lecken Booten den Rhein hinunterzutreiben, so dass sie alle – Männer, Frauen, Kinder – ertranken. Solche Geschichten ließen mich Scham empfinden, einer Gemeinschaft anzugehören, die in so extremer Weise zu Opfern gemacht worden war. Opfer verinnerlichen das Gefühl, selbst daran schuld zu sein, dass sie zu Opfern gemacht worden sind. Hatten sie sich nicht gewehrt? Waren sie wie Schafe ins Verderben gegangen? Heute kenne ich zahllose Belege für das Heldentum von Juden, für ihren Widerstand, ihre Gegenwehr während der antisemitischen Pogrome im Mittelalter, die im 15. Jahrhundert zu Verfolgungen führten, in deren Verlauf zwei

Drittel der jüdischen Gemeinden in Westeuropa zerstört wurden und an deren Ende alle Juden aus Spanien und Portugal vertrieben worden waren. In der Schule, zu Hause oder in der Synagoge hatte ich darüber ebensowenig erfahren wie über die Geschichte der Frauen. Als Junge hätte ich den Talmud lesen und so aus der Geschichte der Juden etwas Positives lernen können. Ich hätte etwas über weise Rabbis und große Führerpersönlichkeiten erfahren, ich hätte jenes mysteriöse geistige Konstrukt erforscht, das die Gemeinschaft in der Jahrtausende währenden Verfolgung zusammengehalten hat. Doch als Mädchen waren die Quellen der jüdischen Gelehrsamkeit – *Talmud, Mischna, Midrasch* – für mich unerreichbar. Mir blieb nur die doktrinäre Belehrung über geschlechtsspezifische Einschränkungen und die durchgängige Erfahrung eines großen Schweigens – die Verleugnung der Vergangenheit, die unterdrückten Stimmen, das Fehlen von Heldinnen.

So wuchs mein historisches Bewusstsein mit dem Bewusstsein für die unterschiedliche Situation der Geschlechter. Doch all das führte nur zu verwirrenden Fragen, nicht zu Antworten. Warum mussten Frauen und Mädchen in der Synagoge oben auf dem Balkon sitzen, während unten der Platz für die Männer und Knaben war? Warum konnten die Männer während des Gottesdienstes sprechen und sich aktiv beteiligen, indem sie den jeweils vorgesehenen Abschnitt der *Torah* lasen, sich immer wieder dramatisch über ihren Gebetbüchern verneigten, in rhythmischem Gleichklang ihre hebräischen Verse sangen, während wir oben in steifem Schweigen saßen und bestenfalls mit dem Finger den Worten des hebräischen Textes folgten. Und wenn die *Torah* aus dem Schrein geholt und auf den Schultern von zwei Gemeindeältesten in einer Art Prozession durch die Synagoge getragen wurde, so dass jeder Mann die Rolle mit seinem in den *tallis* gehüllten Finger berühren und sie küssen konnte, warum durften die Frauen dann allenfalls die Hand danach ausstrecken, ohne die *Torah* sehen oder berühren zu dürfen? Ich habe diese Fragen immer wieder gestellt, doch nie gab es eine befriedigende Antwort. Mir wurde gesagt, das entspreche der Tradition; und wenn ich dann fragte, wo das denn in der Bibel geschrieben stehe, hieß es, seit Tausenden von Jahren werde die Bibel von den Rabbis so interpretiert. So wurde ich zum Juden, zur jüdischen Frau, und so wurde ich durch das doppelte Anderssein geprägt – Verunsicherung statt Stolz, Ausgeschlossensein statt Zugehörigkeit. Ich konnte das damals nicht in Worte fassen, aber ich weiß, dass das Unbehagen darüber, Teil der jüdischen Glaubensgemeinschaft zu sein, weniger auf theologischen Differenzen beruhte als auf meinem Unwillen, die Rolle zu akzeptieren, die den Frauen in dieser Gemeinschaft zugewiesen war.

Schon bald unterließ ich es, während der Gottesdienste meine Hand nach der *Torah* auszustrecken – eine unauffällige Art des Verweigerns. Schwieriger und offensichtlicher war meine Weigerung, als ich es vier Wochen vor der anstehenden *Bat Mitzwah* ablehnte, die Zeremonie über mich ergehen zu lassen, und dafür als Begründung angab, dass sie für mich bloße Heuchelei sei, weil ich nicht mehr an Gott glaube und die mir im Religionsunterricht nahegebrachten Ideen nicht mehr für wahr halte. Das löste eine Familienkrise aus, führte zu einem großen Krach, zu Ärger und diversen Versuchen, mich unter Druck zu setzen; aber letzten Endes setzte ich mich durch. Mehr noch: Ich weigerte mich, künftig je wieder einen Fuß in eine Synagoge zu setzen, und daran hielt ich mich über fünfzig Jahre lang. Wenn ich heute auf diese Ereignisse zurückblicke, auf diese kleinen Schritte aus Gründen, die ich damals noch gar nicht ganz verstanden hatte, so kann ich sie nun anders begreifen: Meine ersten feministischen Aktionen ergaben sich aus meinen Erfahrungen als jüdische Frau.

Was aber bleibt einem Juden wie einer Jüdin, wenn sie sich von der Glaubensgemeinschaft abwenden? Antisemitismus und Geschichte. Kurze Zeit später sollte ich das im Übermaß erfahren.

Am 12. März 1938 besetzten deutsche Truppen Österreich, ohne auf Widerstand zu stoßen. Sie wurden von Millionen jubelnder Österreicher enthusiastisch begrüßt. Gleich nach dem *Anschluss* kam es zu Gewaltausbrüchen gegen Juden, die weit über das hinausgingen, was seit 1933 in Deutschland stattgefunden hatte. Banden von bewaffneten Nazis terrorisierten Juden auf offener Straße. Jüdische Frauen und Männer wurden zum Amüsement der johlenden Zuschauer gezwungen, mit bloßen Händen oder mit Zahnbürsten Straßen und Mauern, gar die Toiletten von Polizeikasernen zu schrubben. Obwohl illegal, waren überfallartige Durchsuchungen in Wohnungen, Geschäften und Betrieben tägliche Praxis, gefolgt von plündernden Nazibanden. In den Straßen und jüdischen Bezirken Wiens war die Jagd auf Juden für jeden eröffnet, der ein Naziabzeichen am Revers trug. Innerhalb von sechs Wochen nach dem *Anschluss* mussten jüdische Geschäfte und Betriebe schließen, verloren die Juden ihre Arbeitsplätze und öffentlichen Ämter, entließ die Universität jüdische Professoren, Dozenten und Studenten. Die zur Legalisierung dieser Exzesse erforderlichen Gesetze und administrativen Bestimmungen wurden eilig in Kraft gesetzt.

Antisemitische Gewalt war den Österreichern nicht fremd, denn sie hatten eine lange Geschichte des politischen Antisemitismus von Parteien und Volksbewegungen hinter sich. Die Deutschen mussten zum gewalttätigen Antisemitismus hingeführt werden, aus Österreichern brach er spontan hervor. Binnen weniger Wochen nach dem *Anschluss* befanden sich die österreichischen Juden in einer Lage, die weit schlimmer war als die der Juden in Deutschland sechs Jahre nach der Machtergreifung der Nationalsozialisten.[1]

Von Beginn an wurde ein Terrorregime errichtet. Prominente jüdische Persönlichkeiten und Geschäftsleute, die Spitzen verschiedener jüdischer Organisationen, Ärzte, Professoren, Journalisten und Politiker wurden verhaftet, ohne dass irgend etwas gegen sie vorlag, und wochen-, ja monatelang in Gefängnissen oder dem Konzentrationslager Dachau festgehalten. Jüdische Theaterautoren, Schauspieler und Regisseure wurden von den Bühnen verbannt, viele bekannte Schriftsteller und Schauspieler wurden inhaftiert. Ein jüdisches Waisenhaus wurde geschlossen, die Waisen auf die Straße gesetzt und das Gebäude von den Nazis als Kaserne genutzt. SA-Trupps verschafften sich während des Abendgottesdienstes gewaltsam Zutritt zur größten Synagoge, nahmen alle Anwesenden fest und entweihten den Ort durch Absingen des Horst-Wessel-Liedes. Alle Beschäftigten im öffentlichen Dienst hatten einen Loyalitätseid auf Hitler zu leisten.

Wer dazu nicht bereit war, wurde fristlos entlassen. Ende April sorgte ein Regierungserlass dafür, dass in Schulen und Universitäten der Unterricht mit dem Hitlergruß begann und endete.[2] Überall tauchten nun voller Stolz und ausgestattet mit Macht und Ansehen frühere Nazisympathisanten und ›illegale Nazis‹ auf.[3] In der Privatschule, die ich besuchte und an der viele jüdische Lehrer unterrichteten und eine Jüdin Direktorin war, stellte sich heraus, dass einige der Lehrer schon seit längerer Zeit Mitglieder der verbotenen Nationalsozialistischen Partei gewesen waren. Die jüdische Direktorin wurde noch im laufenden Schuljahr durch einen dieser Nazis ersetzt.

Ein »freundlicher Nazi« warnte meinen Vater telefonisch, sein Name stehe auf einer Liste von Leuten, die verhaftet werden sollten. Mein Vater verließ das Land noch am selben Abend. Natürlich dachte er, dass er nur vorübergehend von uns getrennt sein würde, doch er sollte nie mehr nach Wien zurückkehren. Einige Wochen nach seiner Flucht stürmten zwölf bewaffnete SA-Leute unsere Wohnung, setzten meiner zwölfjährigen Schwester eine Pistole auf die Brust und wollten wissen, wo mein Vater sei. Sie öffneten Schubladen und Schränke mit ihren Bajonetten und terrorisierten uns stundenlang, während sie unsere Wohnung nach angeblich verstecktem Gold durchsuchten. Schließlich verhafteten sie meine Mutter und mich. Wir wurden in ein reguläres Gefängnis eingeliefert und voneinander getrennt. Dort blieben wir sechs Wochen lang ohne Anklage, ohne Verhandlung, ohne Urteil. Wir waren als Geiseln festgenommen worden, um Druck auf meinen Vater auszuüben, und wurden erst entlassen, als er schließlich sein Geschäft arisierte und auf alle Besitzansprüche verzichtet hatte. Danach wurden wir gezwungen, unsere eigenen Deportationsbefehle zu unterschreiben.

Ich blieb noch weitere sechs Monate in Österreich, weil man es uns unmöglich machte, die erforderlichen Ausreisepapiere zu erhalten. Wöchentlich mussten wir uns bei der Polizei melden, wo man uns drohte, man werde uns in ein Konzentrationslager bringen, wenn wir in der kommenden Woche noch da wären. In diesen Monaten nahmen die Verfolgung und die tägliche Quälerei von Juden immer größere Ausmaße an. Verzweifelte, verarmte Familien mussten sich mit Fremden ihre Wohnung teilen; aus

Angst, bei einer Straßenrazzia festgenommen zu werden, gingen viele Menschen überhaupt nicht mehr aus dem Haus. Die Zahl der Selbstmorde stieg unter den Juden von fünf im Januar auf mehr als hundert in jedem Monat dieses Sommers. In unserem Bekanntenkreis gab es keine Familie, die nicht solche schrecklichen Erfahrungen machen musste. Alle kannten Menschen, die sich das Leben genommen hatten, um nicht verhaftet oder verschleppt zu werden. Dies alles geschah lange vor dem Beginn der Maßnahmen zur ›Endlösung der Judenfrage‹, lange, bevor die Judenverfolgung in den Mantel der Legalität gehüllt wurde. Die Behandlung der Juden in Österreich wurde in Blitzesschnelle improvisiert. Die Vielfalt, Schärfe und Brutalität des Vorgehens waren damals noch ohne Beispiel.

Rechtlich und rein theoretisch war es Juden damals noch möglich, das Land zu verlassen. Tatsächlich aber waren in Europa und den meisten andern Ländern der Welt die Grenzen für die vor den Nazis Fliehenden geschlossen. Nur wenige Glückliche hatten genügend gute Beziehungen und genügend Geld, um entkommen zu können. Nach den neuen Gesetzen durften Juden, die aus Österreich ausreisen wollten, nur Bargeld im Wert von 10 US-Dollar sowie Hausrat und Kleidung mitnehmen, so dass Geld und gute Verbindungen im Ausland überlebenswichtig waren. Im April 1938 beantragten etwa 25.000 Wiener Juden bei der US-Botschaft ein Einwanderungsvisum. Doch zu dieser Zeit war die Einwanderungsquote für Österreicher auf 1.413 Personen pro Jahr begrenzt.[4]

Mit Hilfe ›arischer‹ Rechtsanwälte und durch Verzicht auf unser gesamtes Vermögen hatten meine Mutter, meine Schwester und ich eine Woche vor der sogenannten *Reichskristallnacht* sämtliche erforderliche Ausreisepapiere beisammen, um zu meinem Vater nach Liechtenstein fahren zu können. Für dieses Land hatten wir eine Aufenthaltserlaubnis erhalten, weil mein Vater im Jahre 1934 dort ein kleines Unternehmen gegründet hatte. Das rettete ihm und uns das Leben. Er war außerdem in der Lage, seine Mutter und seine Adoptivschwester in Sicherheit zu bringen. Doch die meisten unserer Verwandten konnten der tödlichen Falle nicht entkommen.

Als Emigrantin, die auf ihr Einreisevisum für die Vereinigten

Staaten wartete, war ich nun eigentlich staatenlos. Mit einem deutschen Pass, der mich als Jüdin auswies, hätte die Rückkehr in das Deutsche Reich für mich den Tod bedeutet. Staatenlos, mittellos und Jüdin zu sein – das veränderte meinen Blickwinkel und die Sicht auf die zum Establishment Gehörenden: Von nun an war mir der Status der Außenseiterin sicher. Selbst nach meiner Ankunft in Amerika war ich immer tief verunsichert, wenn ich Menschen mit unmittelbarer Beziehung zum Establishment gegenüberstand, ob nun Bürokraten, Polizisten, Soldaten oder Rechtsanwälten.

Während des Zweiten Weltkriegs verlangte die US-Regierung von mir und den anderen jüdischen Einwanderern, uns einmal im Monat beim zuständigen Postamt als ›enemy aliens‹, ›feindliche Ausländer‹, zu melden. Doch dann erhielt ich die Staatsbürgerschaft der Vereinigten Staaten. So weit meine Rechte als Staatsbürgerin reichten, war ich jetzt sicher und gehörte ich dazu, und das veränderte meinen Außenseiterinnenstatus. Doch ich war anders, gezeichnet von meinen Erfahrungen; ich trug mein ›Anderssein‹ in meinem Inneren.

Als einige Jahre nach dem Krieg das ganze Ausmaß des Grauens, in dem Mitglieder meiner Familie vernichtet worden waren, bekannt wurde, verstärkte sich mein Empfinden für das Besondere meiner eigenen Erfahrungen. Meine Mutter war im Alter von fünfzig Jahren einen durch die Härte der Emigration bedingten frühen Tod gestorben. Aber ich gehörte zu den vom Schicksal Begünstigten, denn die meisten meiner engen Verwandten hatten überlebt. Der persönlich erlittene Verlust war gering im Verhältnis zu der Ungeheuerlichkeit des Verlustes eines Volkes, der Gemeinden in ganz Europa, der eigenen Vergangenheit.

Beim Besteigen eines Berges ist die Landschaft im Tal manchmal klar zu erkennen und zum Greifen nahe. Schlägt dann das Wetter um, senkt Nebel sich ins Tal und die Sicht ist verhangen. Unter seinen Füßen hat man nichts mehr als grauen Dunst. Es ist unheimlich und beängstigend wie der Schrecken eines Albtraums: Du bist abgeschnitten und auf dich selbst gestellt, und der Ort, von dem du herkommst und der einst deine Heimat war, ist verschwunden. In den Bergen kann man sich damit trösten, dass ja der Ort im Tal noch dort ist, wo er immer war, und dass man ihn sehen wird, sobald der Nebel sich hebt. Für einen Flüchtling gibt es diesen Trost nicht. Die Stadt, in der ich aufgewachsen war, den Kreis von Menschen, in dem ich mich während meiner Kindheit und Jugend bewegt hatte, gab es nicht mehr. Von den 176.000 Juden Wiens – mehr als neun Prozent der Einwohner dieser Stadt im Jahre 1934 – hatten im Jahr 1944, einige Monate vor der Befreiung, nur 4.746 überlebt. Mehr als 65.000 österreichische Juden starben in den Ghettos und Konzentrationslagern der Nazis. Die anderen, deportiert oder zur Auswanderung gezwungen, überlebten in alle Welt verstreut.[5] Ich bin in den letzten fünfzig Jahren sechsmal in Wien gewesen. Viele Gebäude sind wieder aufgebaut worden, manche schöner, als sie es je waren. Doch beim Gang durch die Straßen der Stadt fällt mir am meisten auf, dass die Juden fehlen – ein Fehlen, das wohl nur eine Überlebende bemerken kann. Für mich gibt es nichts und niemanden mehr, zu dem ich zurückkehren könnte; es sei denn ein Ort des Hasses und der schlechten Erinnerungen. Es gibt nur noch eine wichtige Verbindung – Erinnerung, die persönliche und die historische. Nach dem Holocaust war Geschichte für mich nicht länger etwas, was sich jenseits meiner Person vollzieht und mir dazu dienen kann, mein eigenes Leben und das meiner Zeit zu verstehen. Wir Überlebenden hatten nun die Aufgabe, die Erinnerung wachzuhalten, um uns der restlosen Vernichtung unseres Volkes zu widersetzen. Geschichte wurde uns zur Verpflichtung.

Wie alle Einwanderer habe ich damals nicht so bewusst darüber nachgedacht oder solch klare Worte dafür gefunden. Ich musste um meinen Lebensunterhalt und mein Überleben kämpfen, und wenn ich mir überhaupt Gedanken machte, dann darüber, wie ich eine gute Amerikanerin werden könnte. Ich versuchte alles Mögliche, um Eigenschaften abzulegen, die meine ausländische Herkunft verrieten. Ich bemühte mich unablässig, ein möglichst gutes und akzentfreies Englisch zu sprechen. Sobald ich es mir leisten konnte, trennte ich mich von meinen unverwüstlichen Kleidungsstücken aus Europa, um sie durch moderne amerikanische Wegwerfbekleidung zu ersetzen. Ich versuchte, mit AmerikanerInnen Freundschaft zu schließen und von AmerikanerInnen akzeptiert zu werden. Es war kein Zufall, dass ich mir Jahrzehnte später bei der Vorbereitung auf mein Studium als Arbeitsgebiet die amerikanische Geschichte aussuchte, nicht etwa die europäische. Wie früher in Österreich wollte ich noch immer ein ›normaler‹ Mensch sein.

Aber dann suchte ich mir gleich einen ungewöhnlichen Themenbereich, ein bis dahin noch gar nicht existierendes Fach aus: Frauengeschichte. Mein ›Anderssein‹ war nicht zu übersehen, als ich mit dem Graduiertenstudium anfing – zu alt (über vierzig), eine im Ausland geborene Frau, eine Jüdin, die darauf bestand, sich auf ein Gebiet der Geschichtswissenschaft zu spezialisieren, das die Professoren für ›exotisch‹ und absonderlich hielten. Ich übergehe hier die Jahre des Kampfes um die Anerkennung dieses neuen Forschungsbereichs. Erst als ich, eine bekannte Historikerin in recht fortgeschrittenem Alter, an die Universität von Wisconsin in Madison kam, fühlte ich mich akzeptiert und zum ersten Mal als *Insiderin*. An dieser Universität erhielt ich Anerkennung, Ehrungen, Unterstützung und eindeutige Beweise der Wertschätzung. Die Fortschritte in meinem umstrittenen Arbeitsgebiet, der Frauengeschichte, brachten eine gewisse Respektabilität. Ich hatte den Eindruck, mein Ziel erreicht zu haben, selbst wenn manche Kollegen mich noch immer betrachteten, als sei ich aus der Art geschlagen und als könne ich ihren Maßstäben nicht gerecht werden. Ich gehörte nun dazu und begann mich zu sorgen, ob ich durch diese ungewohnten Umstände wohl korrumpiert werden könnte. Dann wurde vor einigen Jahren auf ein Plakat an der Türe meines Arbeitsraums in der Universität ein Hakenkreuz geschmiert. Das war im April. Im August des selben Jahres waren bereits einundvierzig antisemitische Vorfälle in Madison registriert worden; ein weiteres Ereignis ist dabei nicht berücksichtigt, weil es nicht angezeigt wurde: eine antisemitische Drohung auf meinem Anrufbeantworter. Gehe zurück auf Los! Der Jude bleibt ›der Andere‹.

Meine Geschichte illustriert recht gut, wie es auf Juden wirkt, dass sie als von der Norm abweichende Gruppe von Außenseitern gebrandmarkt sind. Es gibt drei Möglichkeiten, darauf zu reagieren: kultureller Separatismus, Verleugnung durch Assimilation und Akkulturation.

Kultureller Separatismus bedeutet, das eigene ›Anderssein‹ als etwas Positives zu bestätigen. Wir sind das auserwählte Volk, klüger, besser, moralisch überlegen und durch unsere Leidensgeschichte irgendwie geläutert. Wir ziehen es vor, in selbstgewählten Ghettos zu leben, unseren gesellschaftlichen Umgang auf unseresgleichen zu beschränken und unsere eigenen Organisationen und Einrichtungen zu gründen und zu fördern.

Verleugnung durch Assimilation ist das Bemühen, in der Bevölkerungsmehrheit aufzugehen und letztlich alle Unterscheidbarkeit aufzugeben. In Europa und den Vereinigten Staaten vollzog sich für viele Juden der Generation zwischen den beiden Weltkriegen Assimilation als Übernahme einer Philosophie des Modernismus, des Antinationalismus und Internationalismus, als Mitwirkung an dem Streben nach einer neuen Form von Gesellschaft, in der verschiedene Kulturen, Religionen und Nationalitäten Platz finden sollten. Dies war die Philosophie meiner Mutter, und lange Zeit war es auch die meine. Wir verabscheuten jeden Nationalismus und jede theoretische Rechtfertigung von Hierarchien und Herrschaft. Toleranz und ein ›neuer Humanismus‹ sollten an die Stelle der alten Abgrenzungen, Hassgefühle und Differenzen treten.

Ich heiratete einen Amerikaner der zweiten Generation. Die Familie meines Mannes in ihrer Kultur des *Schtetl* im jüdischen Ghetto von Philadelphia bot ein Beispiel für eine andere Art der Reaktion auf die Erklärung der Juden zu Außenseitern. Die Eltern meines Mannes waren aus Russland in die USA eingewandert, um den berüchtigten Kischinew-Pogromen zu entkommen. Sie gehörten zur Arbeiterschicht, sprachen Jiddisch und waren stolz auf die Zugehörigkeit zu ihrer Synagogengemeinde und ihrer *Landsmannschaft* und auf ihre jiddischen Kultur. Sie waren als Amerikaner so wenig assimiliert wie nur möglich, und sie waren wunderbare, liebevolle Menschen, die mich ganz selbstverständlich in ihre Familie aufnahmen, obwohl ich ihnen auf den ersten Blick doch wie eine *Schickse* vorkam. In engen und starken familiären Bindungen lebend, halfen und unterstützten diese Juden einander, widersetzten sich aber dem Bestreben der jüngeren Generation – Amerikaner der ersten Generation –, die gängige Kultur zu übernehmen, sich die Werte der Toleranz, des Multikulturalismus und Internationalismus zu eigen zu machen. Der jungen Generation wiederum erschienen die Alten als hoffnungslos beschränkt und einschränkend. Das Umziehen der Amerikaner der ersten Generation aus den ethnisch geprägten Arbeitervierteln in ethnisch geprägte Vorortghettos belegt diesen Prozess der ›Amerikanisierung‹.

Akkulturation, die dritte Art von Reaktion auf die Zuweisung einer Außenseiterrolle, ist flexibler und realistischer als die beiden anderen. Sie beinhaltet das Verlangen nach Eingliederung in Bezug auf Rechte und soziale Chancen – man will uneingeschränkt Österreicher oder Amerikaner sein –, ohne doch die eigene Gruppenidentität aufgeben zu wollen. Das Ziel heißt Integration *und* Unterschied. Juden mit dieser Auffassung werden ihr Judentum für ihre Privatangelegenheit halten, und sie werden ihren Gemeinschaftssinn als Juden innerhalb ihrer Gruppe trennen von ihren gesellschaftlichen Rollen und Aufgabenbereichen im öffentlichen Raum. Solche Juden werden in der Regel die äußerlichen Verhaltensweisen und Normen der dominanten Kultur übernehmen und zugleich ihre emotionale und seelische Bindung an die eigene Gruppe aufrechterhalten. Selbst wenn sie, wie die dritte Generation in den USA, in integrierte Wohnbezirke der Oberschicht ziehen, Elite-Colleges besuchen und ihr Wahlverhalten nicht an ethnischen, sondern an schichtspezifischen Gesichtspunkten orientieren, wird sich ihr gesellschaftlicher Umgang doch auf einen Kreis gleichgesinnter Juden beschränken. Mein Vater war ein Beispiel für diese Lebensweise in ihrer europäischen Variante.

Die Ironie bei der Entscheidung für eine dieser Reaktionsweisen und Grundeinstellungen besteht darin, dass der Antisemitismus keinen Unterschied macht zwischen separatistischen, assimilierten und akkulturierten Juden. Die Nürnberger Rassengesetze Hitlers definierten Juden als bis in die dritte Generation vom genetischen Erbe bestimmt, ihre Lebensweise spielte überhaupt keine Rolle. So war es auch demjenigen, der fünfzig Jahre später in Madison, Wisconsin ein Hakenkreuz an meine Türe schmierte, völlig gleichgültig, welche Art von Jüdin ich war oder bin. Ich bin Jüdin, das genügte.

Wir Juden müssen uns unser Leben lang mit schwierigen Entscheidungen auseinandersetzen, die mit diesen verschiedenen prinzipiellen Einstellungen zusammenhängen. Und jedesmal, wenn wir uns entscheiden, bürden wir uns vermeintlich die Verantwortung für unsere Lebensumstände auf. Wenn wir uns ›richtig‹ entscheiden, werden wir und unser Volk eine Zukunft haben. Wenn wir alle mit Einsern benotet werden, werden wir zu den Geretteten gehören. Wenn wir uns ›falsch‹ entscheiden, tragen wir die Schuld am Holocaust. Es ist eine grausame Verknüpfung, die dem Opfer die Schuld zuschiebt und dabei die tatsächliche Situation, in der es existiert, ausklammert. Dadurch bleibt verborgen, was das wahre Übel am System der Diskriminierung ist: dass man natürliche und unbedeutende Unterschiede zwischen Menschen zu Zeichen der Minderwertigkeit des »Anderen« umdeutet.

Psychologisch wirkt sich das auf Juden und auf andere Außenseitergruppen so aus, dass sie wegen ihres ›Andersseins‹ ein Schuldgefühl verinnerlichen und ihr Leben damit verbringen, sich zwischen verschiedenen Arten der Anpassung an die ihnen auferlegten Einschränkungen zu entscheiden. Doch der wahre Grund unserer Unterdrückung liegt nicht in unserer jeweiligen Art der Anpassung und nicht darin, dass wir einer Gruppe angehören, die als ›anders‹ bezeichnet wird, sondern in der Tatsache, dass andere definieren, wer wir sind.

Jude zu sein bedeutet, in der Geschichte zu leben. Die Geschichte der Juden ist die Geschichte von immer neuen Versuchen der Vertreibung oder Ausrottung, unterbrochen von kurzen Phasen der friedlichen Assimilation oder Akkulturation. Die wenigsten von uns kennen diese lange und bittere Geschichte, und doch leben wir mit dieser Vergangenheit und beeinflusst sie unser Leben. Wir leben von Pogrom zu Pogrom, so beschrieb es kürzlich einer meiner Freunde. Ein Jude oder eine Jüdin zu sein, das bedeutet: sich immer wieder über die Schulter schauen zu müssen und die Koffer stets gepackt zu haben.

Nur im Lichte dieser Geschichte können wir die Bedeutung des Staates Israel und selbst das überzogene Verhalten israelischer Regierungen verstehen. Es ist nicht immer ein Zeichen von Verfolgungswahn, davon auszugehen, dass man von Feinden umgeben ist. Für viele religiöse Juden bedeutet das Land Israel die Einlösung der biblischen Verheißung und das Einnehmen des ihnen rechtmäßig zustehenden Platzes in einem Land, aus dem sie vertrieben worden sind. Für Millionen nichtreligiöser und säkularisierter Juden aber bedeutet der Staat Israel, dass Juden es erstmals seit zweitausend Jahren nicht zulassen werden, dass andere definieren, wer sie sind, und sie zu Sündenböcken machen. Ich meine, dass diese besondere Bedeutung für jeden Nichtjuden, der an das Recht auf Selbstbestimmung und Freiheit eines Volkes glaubt, ebenso wichtig sein sollte.

Diese Ansichten über das Problem des ›Andersseins‹ und die verweigerte Selbstdefinition motivierten mich zum Studium der Frauengeschichte. Denn länger als alle anderen Gruppen der Menschheit sind die Frauen von anderen und als ›die Anderen‹ definiert worden. Länger als jeder anderen Gruppen von Menschen ist den Frauen das Wissen um die eigene Geschichte vorenthalten worden. Ich habe in den letzten fünfunddreißig Jahren versucht, mit Hilfe von wissenschaftlichen Analysen zu verstehen, was ich als prototypische Außenseiterin erfahren und gelernt habe – als Frau, Jüdin und Exilierte.

Es gibt einen dritten Strang in diesem Netz von Bezügen. Warum habe ich jahrelang daran mitgearbeitet, das damals noch nicht vorhandene Forschungsgebiet der Geschichte der schwarzen Frauen zu entwickeln, mich bis vor kurzem aber nicht wissenschaftlich mit der Geschichte der jüdischen Frauen befasst?

Da ich beschlossen hatte, Amerikanerin zu sein, musste ich mit den Vorzügen meiner neuen Heimat auch deren problematische Seiten akzeptieren. Die Rassenfrage war das fundamentale Problem Amerikas. Die relative Freiheit der Juden in den USA im Vergleich zu anderen Ländern sowie das lange Bestehen der jüdischen Gemeinde unter Bedingungen der Toleranz und des offenen Zugangs zu den gesellschaftlichen Ressourcen sind zweifellos der Verfassung der Vereinigten Staaten zu verdanken. Doch diese relative Freiheit beruht nicht minder auf der Existenz rassisch definierter Minderheiten, die mehr als andere Minderheiten das Objekt von Diskriminierung, Hass und Schuldzuweisungen bei der Suche nach Sündenböcken sind. Mit dieser Feststellung will ich die Geschichte der antisemitischen

Diskriminierung weder leugnen noch kleinreden. Aber ob es uns passt oder nicht, wir müssen einräumen, dass wir als Juden *und* Weiße die gleichen Privilegien und Vorteile auf dem rassisch segmentierten Arbeitsmarkt und angesichts der Diskriminierung von Farbigen auf dem Immobilien-, Wohnungs- und Arbeitsmarkt genossen haben wie die nichtjüdischen Weißen. Hinzu kommt, dass das System von konkurrierenden Minderheiten Mitgliedern funktionsgemäß einer Minderheit einen Anreiz gibt, ihre Assimilation, hier ihren Amerikanismus, dadurch unter Beweis zu stellen, dass sie sich am institutionalisierten Rassismus, an der Diskriminierung anderer Minderheiten beteiligen. So machten sich jüdische Einwanderer aus Europa, die nie zuvor einem Farbigen begegnet waren, schnell rassistische Ansichten zu eigen, während sie sich in den USA assimilierten. Ich wollte Amerikanerin sein, aber ich lehnte eine Assimilation an das Übel des Rassismus in den USA ebenso ab wie in Europa. So war es für mich als Wissenschaftlerin nur folgerichtig, die Rassenproblematik in der amerikanischen Geschichte zu thematisieren und wegen meines Interesses an den Lebensbedingungen der Frauen meinen Blick auf die Geschichte der schwarzen Frauen zu richten.

Es gab noch einen anderen Grund dafür, dass ich damals nicht die jüdischen Frauen ins Zentrum meines Interesses rückte. Als Folge meiner eigenen Erfahrungen mit dem Faschismus war ich überzeugt, dass jede Art von Nationalismus nur zu Konflikten und Krieg führen könne. Diese Überzeugung hinderte mich lange Zeit, die ideologischen Prämissen des Zionismus zu akzeptieren. Ich wollte nationalistischen Zuordnungen entkommen; ich wollte die Unterscheidung von Menschen nach Rasse, ethnischer Herkunft, Religion und Nationalität überwinden. Damals dachte ich, ich müsste mich nach dem Prinzip ›entweder – oder‹ entscheiden. Heute ist mir das komplexe Netz von Beziehungen, vielfältigen Ursachen und Wechselwirkungen deutlicher bewusst.

Niemand kann einfach als Mitglied dieser oder jener Gruppe definiert werden. Wir sind Juden, Christen oder Muslime, Frauen oder Männer, Einwanderer oder Amerikaner der fünften Generation, reich oder arm; wir haben unterschiedliche Fähigkeiten erworben und sind auf verschiedene Art akkulturiert; wir sind lesbische oder verheiratete heterosexuelle Frauen, untergeordnet oder unabhängig, gebildet oder ungebildet. Und wir alle werden eines Tages zu der am meisten vernachlässigten und misshandelten Gruppe von Menschen in unserer Gesellschaft gehören – zu den Alten und den Kranken. Als Juden wissen wir von der Unsicherheit und Gefährdung eines erreichten Status und der jeweiligen Privilegien. Heute mögen sie unser sein, morgen sind sie es nicht mehr. Wir wissen, wie gefährlich es ist, von anderen definiert zu werden und stigmatisiert zu sein. Wir kennen den Schmerz und die Unsichtbarkeit, die Unzuverlässigkeit von Freunden und die Unbeirrbarkeit von Feinden. Unsere Leidensgeschichte hat uns Geduld und Überlebenskunst gelehrt.

Doch nun ist es nicht mehr die kleine Gruppe, der Familienverband, das *Schtetl*, die *Landsmannschaft* oder gar die Nation, die überleben müssen. Jetzt geht es um das Überleben aller Menschen in einer Welt, in der die Unterschiedlichkeit zur Norm geworden ist und nicht länger zur Rechtfertigung von Herrschaft und Unterwerfung dienen kann. Um in diesem vernetzten globalen Dorf überleben zu können, müssen wir sehr schnell lernen, andere zu respektieren, die sich von uns unterscheiden, und endlich anderen die gleiche Selbstbestimmung zu garantieren, die wir für uns beanspruchen. Kurz gesagt, es gilt die Verschiedenartigkeit zu feiern und den Hass endgültig zu überwinden.

2

Auf den Spuren der Katharer[*]

In diesem Jahr tat ich etwas, was zu tun ich mehr als fünfzig Jahre lang vermieden hatte: Ich verbrachte sechs Wochen in Deutschland. Ich bin in Österreich geboren und aufgewachsen, ich bin Jüdin, und ich habe Wien im Jahre 1938 wenige Wochen vor der sogenannten *Reichskristallnacht* verlassen.

Nach dem Zweiten Weltkrieg bin ich mehrmals in Wien gewesen, und jedes Mal habe ich mir geschworen, nie wieder zurückzukehren. Dann ergab sich dieser oder jener Anlass, und ich änderte meine Meinung. Aber ein Besuch in Deutschland – das kam nicht in Frage.

Noch immer besitze ich den deutschen Pass, mit dem ich 1939 in die Vereinigten Staaten eingereist bin. Selbstverständlich ist ein Hakenkreuz darauf. Einige Jahre später änderten die deutschen Behörden bei allen Juden den Namen, wenn ihnen ein Paß ausgestellt wurde: Als zweiten Vornamen erhielt jede Frau den Namen Sarah, jeder Mann den Namen Israel. Ich gehörte zu den Glücklichen, die entkamen, bevor diese Art der Kennzeichnung von Juden angeordnet wurde. In meinem deutschen Pass ist mein Familienname doppelt unterstrichen – die inoffizielle Art, mich als Jüdin kenntlich zu machen, damit die Grenzbeamten oder wer auch immer mich nach Belieben in Angst und Schrecken versetzen könnten. Wenn ich gefragt wurde, ob ich Deutsche sei, antwortete ich: »Nein, ich bin Österreicherin. Ich war nie in Deutschland – Deutschland kam, um mich zu kriegen.« Bei dieser Einstellung – noch verschärft durch das, was den Mit-

* Erstpublikation in: The Progressive, Bd. 58, Nr. 3 (März 1994), S. 18–22.

gliedern meiner Familie geschehen ist, die nicht rechtzeitig fliehen konnten – überrascht es nicht, dass ich fünfzig Jahre lang nicht bereit gewesen bin, nach Deutschland zu fahren. In diesen Jahrzehnten habe ich kaum ein Wort Deutsch gesprochen und aufgehört, deutschsprachige Literatur zu lesen.

Nun bin ich alt, und es kommt der Gedanke an Versöhnung auf. Man kann auf die Dauer nicht voller Hass leben. Außerdem lastet nach der Atom- und Wasserstoffbombe und nach dem Vietnamkrieg auch auf meinen Schultern als Amerikanerin Kriegsschuld, selbst wenn ich immer zu den Gegnern dieser Waffen und dieses entsetzlichen Krieges gehört habe. Ich befinde mich nicht mehr auf so sicherem Boden wie vorher, wenn es darum geht, die Deutschen für die Taten der Nazis zu verurteilen. Stärker als jemals zuvor habe ich das Gefühl, dass wir zumindest versuchen müssen, zwischen den Schuldigen und den anderen zu unterscheiden, wenn es gelingen soll, den Hass als Folge von Rassismus und ethnisch orientierten Vorurteilen zu überwinden. Man muss sich um Versöhnung bemühen.

Alle meine Reisen nach Österreich hatte ich als Amerikanerin unternommen. Einige Male wurde ich von meinem in den USA geborenen Mann begleitet, später, als Witwe, war ich weiter ganz entschieden eine Amerikanerin auf Europareise. Mein Deutsch war perfekt in Stil und Aussprache, doch ohne das Vokabular der letzten fünfzig Jahre hoffnungslos veraltet. Ich stolperte über ganz gebräuchliche Worte und konnte viele der typisch deutschen Wortzusammensetzungen – zwei oder drei aneinandergereihte Substantive zur genauen Bezeichnung einer Bedeutung – nicht richtig aussprechen. Ich dachte und träumte in Englisch, und mein Deutsch war eine wörtliche Übersetzung aus dem Englischen. Wenn ich bei seltenen Gelegenheiten eine Rede hielt, ließ ich den Text vom Englischen ins Deutsche übersetzen und las ihn vor. Mir war, als müsste ich mich deswegen schämen, aber ich nahm es als unvermeidlich hin.

Dann erschien eines meiner Bücher in Deutschland, gefolgt von zwei weiteren. Sie wurden von einer Übersetzerin ins Deutsche gebracht, aber ich hatte das vertraglich zugesicherte Recht, die Übersetzung durchzusehen und Änderungen vorzuschlagen. Bei dem ersten Buch war das ein Verfahren, das mich an den

Rand der Erschöpfung brachte – ich saß da mit einem Wörterbuch und musste etwa jedes zehnte deutsche Wort nachschlagen. Am Ende meines Buches brauchte ich das Wörterbuch nicht mehr, und bei der Überarbeitung der Übersetzung formulierte ich nach und nach meine Gedanken schon auf Deutsch. Als ich die zweite Übersetzung korrigierte, hatte ich meine frühere Sicherheit im Sprachgebrauch wiedergefunden und wunderte ich mich nur noch gelegentlich über ein ungewohntes ›modernes‹ Wort. Während der Forschungsarbeiten für dieses zweite Buch hatte ich mehrere Monate damit verbracht, deutsche Quellentexte zu lesen, und festgestellt, wie meine Sprachkompetenz wiederkehrte. Als mein Verleger eine Lesereise in Deutschland vorschlug, war ich nicht nur einverstanden, sondern beschloss, die Vorträge auf Deutsch zu halten.

So waren es meine Bücher, die den Prozess der Rückkehr einleiteten. Zu eben dieser Zeit lud mich eine deutsche Universität für ein Semester als Gastprofessorin ein. Den angebotenen Semesteraufenthalt lehnte ich ab, erklärte mich aber spontan bereit, für zwei Wochen zu kommen und einige Vorlesungen zu halten. Außerdem bot ich an, für Studierende der höheren Semester ein Seminar über Rassismus, Sexismus und Antisemitismus zu übernehmen. Mein Angebot wurde freudig akzeptiert, bevor ich noch Zeit hatte, es mir anders zu überlegen, und so gelangte ich fast unbeabsichtigt auf den Weg der Versöhnung.

Bevor ich nach Deutschland reiste, verbrachte ich mit meiner Schwester, die in Israel lebt, zwei Urlaubswochen in Frankreich. Wir fuhren von Toulouse aus nach Norden, besichtigten die *bastides*, jene mittelalterlichen Festungen, die einst der von der Inquisition als Ketzer verfolgten Sekte der Katharer als Stützpunkte gedient hatten. Jedes Fremdenverkehrsbüro bot Unterlagen über die ›Straße der Katharer‹ mit Informationen über deren Verfolgung und heldenhaften Widerstand an. Die Ketzerbewegung der Katharer, in Südfrankreich Albigenser genannt, erlebte ihre Blütezeit im 11. Jahrhundert unter den Adligen und Gewerbetreibenden in den Städten des Languedoc. Trotz unerbittlicher Verfolgung durch die Kirche hielt sich die Sekte mehr als zwei

Jahrhunderte lang, doch der Kreuzzug gegen die Albigenser ab 1209 forderte einen hohen Blutzoll. Jahrzehntelang kämpften die Katharer in ihren vereinzelten *bastides* heroisch gegen die ihnen weit überlegenen Truppen. Mit dem Fall der Burg von Montsegur 1243 waren sie endgültig besiegt. Mehr als 200 von ihnen, Männer und Frauen, wurden in Montsegur auf einem großen Scheiterhaufen bei lebendigem Leibe verbrannt. Ihre Kinder wurden in Klöster gebracht und zu guten Katholiken erzogen.

Meine Schwester und ich hatten uns mit der Geschichte der Katharer vertraut gemacht. Ich hatte sogar Seminare über dieses Thema veranstaltet und die Sekte als Beispiel für Gruppierungen angeführt, die isoliert, verfolgt und vernichtet worden sind. Die meisten Gemeinschaften, die zu Opfern der Verfolgung wurden, konnten in kleinen Gruppen überleben. Nicht so die Katharer. Sie blieben ihrem schlichten, aber starken Glauben treu, schworen nicht ab und zogen im Fall der Niederlage den Selbstmord der Bekehrung vor. So gingen sie unter und verschwanden.

Vier Tage lang waren wir dem Weg der Katharer, dem Weg der Tränen und der Niederlagen, gefolgt, hatten die dicken Mauern ihrer Fluchtburgen ebenso bewundert wie die Standhaftigkeit ihrer Überzeugungen und den Heroismus, mit dem sie in den Tod gingen. Jetzt, 750 Jahre nach ihrem Sterben und Untergang, sind die Katharer als Blutzeugen wieder von sinnbildlicher Bedeutung und zur Touristenattraktion geworden. Wir besuchten die Stätten ihres Martyriums und bewunderten die wenigen Zeugnisse ihrer Existenz.

In Gaillac bei Albi machte ich eines Abends einen kurzen Spaziergang. Ich ging über eine Brücke jenseits des reizenden mittelalterlichen Platzes, an dem unsere Herberge lag, und genoss die Aussicht auf den schnell fließenden Tarn. Dann folgte ich der Landstraße, die von Schatten spendenden Bäumen gesäumt war. Der Blick ging weithin über Felder und Raine, und über allem färbte sich der blaue Abendhimmel langsam violett. Ich war kaum fünfzig Schritte gegangen, als ich einen niedrigen Stein mit einer Inschrift bemerkte. Er befand sich vor einem geschlossenen Gitter, das einen verlassenen Bauernhof mit mehreren Ställen und verfallenen Gebäuden zu umzäunen schien. Die Inschrift:

»HIER WURDEN IN EINEM KONZENTRATIONSLAGER GEMEINSAM MIT FRANZÖSISCHEN WIDERSTANDSKÄMPFERINNEN FRAUEN GEFANGENGEHALTEN, DIE IN UNSEREM LAND ZUFLUCHT GESUCHT HATTEN. VON HIER AUS WURDEN AM 26. AUGUST 1942 DEUTSCHE UND POLNISCHE FRAUEN NACH AUSCHWITZ DEPORTIERT. KEINE VON IHNEN KAM ZURÜCK. EHRE IHREM ANDENKEN.« Vor dem Gedenkstein lagen zwei Plastikkränze, offenbar von einer örtlichen Gruppe niedergelegt, deren Namen ich nicht lesen konnte.

Ich betrachtete den überwachsenen Hof, sah in die Baracken, deren Türen offen standen und die plötzlich ausgelegt schienen mit den Strohlagern der Frauen von Gurs, dem französischen Internierungslager für AusländerInnen, in dem meine Mutter einst inhaftiert war. Nein, meine Mutter war an dem Tag der hier erwähnten Deportation bereits in Sicherheit in Liechtenstein, aber ich konnte mir die anderen Frauen in Gaillac vorstellen und fühlte ganz plötzlich ihre Anwesenheit. Der Ort, an dem ich stand, war der letzte, den sie damals sahen. Von hier aus hatten sie dieselbe Aussicht, die sich mir jetzt bot: ein klarer, weiter Horizont, die Bauernhöfe, die breite Landstraße nach Norden. Stacheldraht umgrenzte den Platz, womöglich damals derselbe wie heute. Und wenn sie sich umdrehten, sahen sie die Türme der mittelalterlichen Kirche, an der Spitze die Christusfigur mit ausgebreiteten Armen; sie sahen die Stadtmauer, das Türmchen unserer Ferienherberge. Den Fluss konnten sie nicht sehen, wohl aber hören – wie viele von ihnen mochten versucht haben, über die steilen Ufer zu fliehen?

Die freundlichen französischen Bauern in ihren pittoresken *bastides*, die wir in unseren Gesprächen so oft wegen ihres Respekts gegenüber der Tradition, wegen ihrer alten Häuser und schönen Gärten gelobt hatten – ihre Eltern waren hier, als diese Frauen langsam verhungerten. Das Konzentrationslager hier war klein, weniger als zwei Morgen groß, alles in allem ein traulicher Platz des Schreckens. Ja, sicher, ich bin dankbar für den Gedenkstein. Und, ja, ich bemerke, dass dort geschrieben steht »deutsche und polnische Frauen« – auch wenn es Jüdinnen waren.

Das jedoch sollte nicht erwähnt werden, nicht einmal zu ihrem Gedenken; ebenso wenig wie auf der Tafel im jüdischen

Viertel – im *ehemals* jüdischen Viertel – von Paris darauf hingewiesen wird. Dort erfahren die Vorübergehenden, dass einige
Tausend (ich habe die genaue Zahl vergessen) französische Kinder von hier aus in polnische Lager gebracht worden sind und
nicht zurückkamen. Es waren jüdische Kinder, jüdische französische Kinder, aber die Gedenkorganisatoren haben eine bemerkenswerte Neigung, das Schlimmste, den Völkermord an den Juden, zu vergessen und dann noch seine Opfer verharmlosend als
Kriegstote zu bezeichnen.

Ich stand lange vor dem verrosteten Eisentor, bevor ich
schließlich weiter rechts den Turm aus Zement wahrnahm. Man
hätte ihn für einen ehemaligen Wasserturm halten können, aber
es führte eine Leiter hinauf, und so konnte er ebenso gut ein
Wachtturm gewesen sein. Ganz eindeutig sah er aus wie einer jener Gefängniswachttürme, die man in Kinofilmen sieht. Mich
überkam das gleiche Gefühl wie vor zwei Jahren, als eine unbe-
kannte Person mir auf die Türe meines Universitätsbüros in Madison, Wisconsin ein Hakenkreuz geschmiert hatte: Es hört niemals auf, und mit jedem Mal wird es schlimmer.

Die Karte der Internierungslager in Südfrankreich, mit der ich
monatelang gearbeitet hatte, als ich über das Lager Gurs
schrieb, stand mir ihrem eindringlichen, unauslöschlichen Muster plötzlich vor Augen. Über den grünen Feldern, dem liebli-
chen, so sorgsam gepflegten und bestellten Land in Rosa und
Gelb lag dieses Netz von Markierungen des Terrors.

Es gab so viele Lager, dass die Landschaft des schönen Südfrankreich gesprenkelt aussah, wie überhaupt die Länder Europas übersät waren mit Punkten, ein lepröses Netz der Vernichtung über den Feldern Polens – gerade so wie auf den Karten,
die wir bewundernd in den Fremdenverkehrsbüros hier sammelten, Karten mit fast ebenso vielen Markierungspunkten in derselben Landschaft, die Karten der Burgen und Festungen der Katharer. Aber der Hass, der sie tötete, ist haften geblieben in
diesen Steinmauern, hat sich im Boden niedergeschlagen und
keimt, immer aufs Neue seine Opfer suchend. Er lebt unter diesen Bäumen und inmitten dieser pittoresken Ruinen, und immer
wieder, ungefähr einmal in jedem Jahrhundert, recken sich seine
monströsen Arme aus dem Boden, aus den Mauern, aus dem

denkbar klarsten Himmel und reißen eine andere Gruppe von Opfern ins Verderben.

Die Frauen im Konzentrationslager von Gaillac haben die Stimmen jener Katharer – Frauen, Männer, Kinder –, die zwischen denselben Steinen den Tod fanden, wohl nicht vernommen. Und wir, Überlebende, Nachfahren, wohlsituierte Ruheständler, gehen zwischen den Geistern dieser Menschen umher mit unserem selektiven Vergessen. Jede Generation vergisst selektiv, und so setzt sich die Spirale des Todes fort. Wir kommen, um Wein zu trinken und der Katharer zu gedenken – und diejenigen unseres Volkes, deren Tod auch der unsere hatte sein sollen, stehen vor uns inmitten des Unkrauts auf den Backsteinwegen, und zum Himmel gellt ihr Schrei. »Keiner von ihnen kam zurück. Ehre ihrem Andenken.«

Nach meiner ersten Woche in Deutschland verbrachte ich ein Wochenende in Berlin. Der Zug, in dem ich reiste, hielt am Bahnhof eines Berliner Vororts, Wannsee. Einige Pendler verließen den Zug oder stiegen ein, der kleine Ort machte einen friedlichen und verschlafenen Eindruck. Hier also hatten die Nazis 1942 während der *Wannsee-Konferenz* die ›Endlösung‹, die Vernichtung des europäischen Judentums, geplant und die Umsetzung dieses Plans in die Wege geleitet. Ich konnte kaum atmen, als der Zug den Bahnhof verließ. Wie halten Menschen es aus, an einem solchen Ort zu leben? Warum ist nicht wenigstens der Name geändert worden? Ich war noch neu in Deutschland – ich war noch nicht in der Touristenattraktion namens Konzentrationslager Dachau gewesen, am realen Ort des Geschehens, heute eine Gedenkstätte. Nach all den Jahren und trotz all meiner Kenntnisse von deutscher Geschichte und deutscher Politik – ich war naiv.

Aber ich wollte das bessere Deutschland wirklich kennenlernen, erleben. So schloss ich mich eines Sonnabends auf Empfehlung meiner Gastgeberin einer Stadtführung an: eine Besichtigung des jüdischen Berlin zu Fuß. Am Treffpunkt, dem Platz vor dem Roten Rathaus, waren so viele Polizisten versammelt, dass sie eine mittlere Katastrophe hätten bewältigen können. Anlass dieser Zurschaustellung von Macht war, wie sich herausstellte, eine mitleiderregende Demonstration von Arbeitslosen und Obdachlosen in einigen Bauwagen mitsamt ihren Unterstützern, die im kalten Nieselregen herumstanden. Der Platz heißt Marx-Engels-Platz, in seiner Mitte zieht ein riesiges Standbild der beiden Männer die Blicke auf sich. Rechts davon befindet sich das neogotische Rote Rathaus – tiefroter Backstein, erbaut 1869. Geradeaus ein hoch aufragender Fernseh- und Aussichtsturm und zur Linken die mittelalterliche Margarethenkirche. Etwas weiter entfernt steht eine große barocke Kirche. Die Gegensätze sind überdeutlich – Widersprüche sind für diese Stadt offenbar charakteristisch.

Der Mann, der uns führte, war Mitarbeiter einer Einrichtung für Volksbildung. Dieser Rundgang wurde zum Abschluss eines vierteiligen Kurses über Juden in Berlin veranstaltet. Der Führer, dessen Namen ich nicht verstanden habe, hatte eine gewisse Ähnlichkeit mit Trotzki und schöne, feingliedrige Hände. Dem Regen schenkte er keine Beachtung, obgleich er barhäuptig war und ständig zitterte. Er sprach sehr ernsthaft und von seinem Anliegen überzeugt. Ich hielt ihn zunächst für einen ehemaligen DDR-Kader, doch er war aus dem Westen.

Erst zeigte er uns das Fries am Rathaus, das die Ankunft der Hugenotten darstellt, die von Brandenburg-Preußen in den 1660er Jahren gerufen worden waren, um die Modernisierung des Landes voranzutreiben. Sie wurden freudig begrüßt und erhielten umgehend die Bürgerrechte der Stadt. »Ha«, sagte er, »aber den ebenfalls angesiedelten jüdischen Familien wurden diese Rechte vorenthalten, und sie wurden in Armenvierteln untergebracht. Auf dem Fries sind sie nicht dargestellt.« Dann deutete er auf die Margarethenkirche und berichtete von 130 Juden, die im 14. Jahrhundert vor dieser Kirche verbrannt worden waren. Er ging mit uns über den Platz an die bezeichnete Stelle und dann weiter zu einer Straße, die noch immer Jüdenstraße heißt – sie wurden Jüden genannt, nicht Juden.

Wir wanderten durch die Hinterhöfe von Gebäudekomplexen, in denen Juden gelebt und gearbeitet hatten. Sie zeigten einen späteren Baustil, entferntes Art Deco, waren aber sehr heruntergekommen. Ich erkundigte mich nach einigen Löchern in den Hauswänden. »Ja«, bestätigte unser Begleiter, »die stammen von Gewehreinschüssen, Granaten und Bombensplittern aus dem Zweiten Weltkrieg.« Nichts in diesem früher zu Ostberlin gehörenden Stadtteil war wieder aufgebaut oder renoviert worden. Der Stadtführer berichtete von einem hilfsbereiten Geschäftsmann, der während des Krieges fünfzig blinde Juden in seinem Betrieb beschäftigt hatte und diese aufgrund seiner guten Beziehungen zu hohen Nazis hatte retten können – so ähnlich wie der Held in dem Film *Schindlers Liste*.

Gegenüber den umzäunten Hinterhöfen befanden sich eine Mauer und ein paar Bäume – die Überreste eines alten jüdischen Friedhofs. Dorthin gingen wir nun. Es ist nur ein Stück Rasen zwischen zwei hohen Gebäuden geblieben, auf dem zwei Gedenktafeln stehen. Die eine Tafel erinnert an Moses Mendelssohn, der hier begraben liegt. Auf der anderen steht: »ZUR ERINNERUNG AN DEN ÄLTESTEN BEGRÄBNISPLATZ DER JÜDISCHEN GEMEINDE ZU BERLIN, DER VOM JAHRE 1672 BIS ZUM JAHRE 1827 BENUTZT UND IM JAHRE 1943 AUF BEFEHL DER GESTAPO ZERSTÖRT WURDE.«

Das Gebäude dahinter war früher eine jüdische Knabenschule. Unser Führer wies auf die Inschrift hin, die das verdeutlichte, und erläuterte, dass es sich dabei um eine von nur zwei Inschriften mit dem Wort ›jüdisch‹ handele, die in Berlin erhalten geblieben seien. Die Nazis hatten sie übersehen.

Gleich neben der Knabenschule lag ein evangelisches Waisenhaus und gegenüber eine katholische Krankenpflegeschule, früher ein Krankenhaus. In diesem Krankenhaus hatten Ärzte und Schwestern 17 Juden das Leben gerettet. Dahinter war auf dem Gebäude einer anderen gemeinnützigen Einrichtung eine Tafel angebracht, auf der zu lesen stand: »AN DIESER STELLE BEFAND SICH DAS ERSTE ALTENHEIM DER JÜDISCHEN GEMEINDE BERLIN. 1942 VERWANDELTE DIE GESTAPO ES IN EIN SAMMELLAGER FÜR JÜDISCHE BÜRGER. 55.000 BERLINER JUDEN VOM SÄUGLING BIS ZUM GREIS WURDEN IN DIE KZ-LAGER AUSCHWITZ UND THERESIENSTADT VERSCHLEPPT UND BESTIALISCH ERMORDET. – VERGESST DAS NIE / WEHRET DEM KRIEG / HÜTET DEN FRIEDEN.«

Weiter zur Rosenstraße. Eine Litfasssäule als Erinnerungsmal mit Photos und Texten. Dies sei, so unser Führer, die Stelle, an der die einzige bekannte erfolgreiche Widerstandsaktion in Berlin stattgefunden habe. Gegen Ende des Krieges, nach der Schlacht um Stalingrad, ordnete die Gestapo an, dass einige Tausend Juden – bisher vom Tode verschont, weil sie mit nichtjüdischen Frauen verheiratet waren – aus der Zwangsarbeit in der Rüstungsindustrie entlassen und in das neue Sammellager in der Rosenstraße gebracht werden sollten. Einige Lastwagentransporte dieser Männer waren bereits nach Auschwitz unterwegs, als die Ehefrauen der Männer sich vor dem Gebäude versammelten, Tag und Nacht dort blieben und die Freilassung ihrer Männer forderten. Polizei und SS bedrohten die Frauen mit Maschinengewehren, doch sie ließen sich nicht einschüchtern. Nach einigen Tagen konnten die verbliebenen Männer das Sammellager verlassen, und die anderen wurden aus Auschwitz zurückgebracht. Ein beeindruckendes Geschehen.

Wir setzten unseren Rundgang durch weitere Straßen fort, in denen nur noch Gedenktafeln an die Juden erinnerten, die dort einmal gelebt hatten. Schließlich kamen wir zu einem monumentalen, reich verzierten Gebäude mit vergoldeter Kuppel, der Synagoge. Dieses betont auffällige Gebäude ist im späten 19. Jahrhundert von einer der jüdischen Gemeinden Berlins erbaut worden. Wir erfuhren, wie die Synagoge die Verwüstungen der ›Reichskristallnacht‹ überstanden hatte. Sie wurde in Brand gesetzt, und wie bei den umliegenden Gebäuden, die im Besitz von Juden waren, wurde die Straßenfront zerstört. SA-Leute und Polizisten standen untätig dabei und schauten zu. Die Feuerwehr löschte nicht den Brand in der Synagoge, sondern richtete ihre Wasserschläuche auf die Nachbarhäuser, um ein Übergreifen der Flammen zu verhindern. Plötzlich erschien ein Polizeibeamter mit einigen seiner Männer. Sie wiesen die anderen Polizisten, ihnen Papiere vorhaltend, auf die Rechtslage hin und forderten sie im Namen des Gesetzes auf, umgehend dafür zu sorgen, dass das Feuer in der Synagoge gelöscht werde. Die Papiere, die der Polizeibeamte präsentierte, besagten, dass das Gebäude als nationales Denkmal unter Polizeischutz stehe, und dieser Polizeibeamte zeigte sich entschlossen, seine Pflicht zu erfüllen. Die SA zog ab, die Feuerwehr löschte, die Synagoge wurde gerettet. Deshalb erhielt dieser Mann in Yad Vashem, der Holocaust-Gedenkstätte in Israel, eine Tafel als ›einer unter den

Gerechten‹. Die Synagoge wurde jedoch während des Krieges schwer beschädigt. Sie war eines der wenigen Gebäude in Ostdeutschland, deren teilweisen Wiederaufbau die Bonner Regierung selbst in wirtschaftlich schlechten Zeiten finanziell unterstützte.

Ich war die einzige Jüdin, die an dieser Stadtführung teilnahm, und ich reagierte mit gemischten Gefühlen auf dieses Erlebnis. Sicher, es war positiv, dass all diese aufrechten Deutschen interessiert genug waren, an einem Seminar über Juden teilzunehmen. Einer von ihnen sagte mir, sie hätten das Innere einer Synagoge besichtigt und mit einem Rabbi gesprochen, der ihnen den Ablauf eines jüdischen Gottesdienstes erläutert hätte. Außerdem wären sie auf einem großen jüdischen Friedhof und im Jüdischen Museum gewesen. Ich hatte den Eindruck, dass ich selbst und all die anderen Juden Seltenheitswert erlangt hatten und es nun darum geht, Juden wie Museumsstücke zu bestaunen, ihren Gräbern Ehre zu erweisen und ihre Gedenkstätten besonders hervorzuheben. Es gab eine gewisse Beziehung zu dem, was ich in Frankreich in Bezug auf die Katharer beobachtet hatte – eine tote Kultur, tote Menschen, verdinglicht zu etwas, was sie so nie gewesen waren; alles zur Erbauung künftiger Generationen.

Unserem engagierten Stadtführer, ein zweifellos ernsthafter und aufrichtiger Mensch, war es gelungen, ausschließlich Widerstandshandlungen zu erwähnen, die von Nichtjuden gewagt worden waren. Er hatte uns, vermutlich sehr präzise, darüber informiert, dass es während des Krieges sieben arischer Menschen bedurfte, um einem Juden oder einer Jüdin das Überleben zu ermöglichen. Bringt man dies in Zusammenhang mit jenem desolaten Stück Rasen, wo einst der Friedhof einer lebendigen jüdischen Gemeinde war, mit den entweihten Schulen und der von einem Nichtjuden geretteten und von Nichtjuden wieder aufgebauten Synagoge, dann stellt sich das Empfinden der vollständigen Vernichtung und ausnahmslosen Opferrolle der Juden ein. Tote Juden werden heute als Opfer verklärt, aber sie sind toter als tot, weil die Bedeutung des Lebens der einzelnen Menschen und das ihrer Gemeinschaften für die Entwicklung des deutschen Staates und der deutschen Kultur außer Acht gelassen wird.

In den folgenden Tagen besuchte ich vier weitere Gedenkstätten für die Opfer des Faschismus, für die von den Nazis ermordeten Juden, für die Opfer der Verfolgung durch die Sowjets. Zur Zeit tobt eine heftige politische Auseinandersetzung über ein weiteres Denkmal: Soll dort jede Gruppe von Menschen, die der Vernichtung zum Opfer gefallen sind, gesondert benannt werden? Soll mit einem Denkmal an die Juden und an die Opfer der sowjetischen Gewaltherrschaft gemeinsam erinnert werden? Soll es eine neutrale, allen Zwecken gerecht werdende Ehrung der Toten geben? Unser Stadtführer hatte berichtet, dass die beiden größten Warenhäuser in Berlin Juden gehört hatten und nach dem Krieg weder an die ehemaligen Besitzer noch an deren Erben zurückgegeben worden seien. Ich ging hin: Es waren schon damals die elegantesten Warenhäuser – gestohlener Besitz.

Berlin ist voller Leben, es wird gebaut, eingekauft und verkauft, produziert und konsumiert. Es werden Mahnmale für die Toten errichtet, wo und für wen auch immer. In gewisser Weise ist dieser Kraftaufwand bewundernswert – aber er ist auch obszön. Sie haben Konzentrationslager zu Gedenkstätten gemacht und *Sammellager* zu Sehenswürdigkeiten für Touristen.

Aus dem, was ich erfahren habe, schließe ich, dass die meisten der heute in Berlin lebenden Juden entweder zu den Hochbetagten gehören, die mit ihren Renten und Entschädigungen hier besser zurechtkommen als anderswo, oder Menschen sind, die vor akuter Verfolgung in anderen Ländern fliehen konnten. Bei vielen der freundlichen und engagierten Christen, die ich getroffen habe, stellte sich heraus, dass sie Kinder oder Enkel aus gemischt religiösen Ehen sind. Die meisten der anderen gehen unbekümmert ihrer Wege.

In München ging ich zum Rathaus, ganz mittelalterlicher Lebkuchen und sehr hässlich. Eine große Fußgängerzone mit eleganten Läden erstreckt sich über mehr als zehn Häuserblocks und ist ständig voller Menschen. Ich ging zum Mittagessen in den Ratskeller – die übliche bayerische Bierkneipenatmosphäre, sehr voll. Der Ober dirigierte mich an einen Tisch, an dem bereits drei andere Gäste Platz genommen hatten, und ich setzte mich einem Mann mittleren Alters gegenüber, der ein paar freundliche Worte mit mir wechselte. Er war sauber und adrett gekleidet, sah aus wie ein kleiner Beamter oder erfolgreicher Handwerker.

»Woher kommen Sie?«

»Aus Amerika.«

»Wie kommt es, dass Sie so gut Deutsch sprechen?«

»Es ist meine Muttersprache.«

An diesem Punkt hätte ich den Wortwechsel beenden sollen, denn ich bemerkte einen Ausdruck von begierigem Argwohn in seinen Augen, der mir sofort missfiel. Aber seine Haltung war freundlich, und ich wusste nicht recht, wie ich das Gespräch abbrechen sollte, ohne aggressiv zu wirken. Ich ließ mir also Zeit mit meiner Bestellung und schlug die *International Herald Tribune* auf.

»Wann sind Sie nach Amerika gekommen?«

»1939.«

»In dem Jahr bin ich geboren.«

»Dann haben Sie Glück gehabt«, sagte ich.

»Warum?« fragte er misstrauisch.

»Weil Ihnen viel Schlimmes erspart geblieben ist.«

»*No ja. Der Hitler, der war ja ein Verrückter, was er mit die Juden gemacht hat, das war ja net recht.*«

Ich versuchte, das Thema zu wechseln und über Österreich und Wien zu sprechen. Interessiert ging er darauf ein. Er sei erst einmal dort gewesen – eine sehr schöne Stadt. Ich bemerkte, Wien sei einmal die Hauptstadt eines großen Kaiserreiches gewesen und habe nun als die eines kleinen Landes immer noch all die großen Gebäude und Plätze.

»Seit wann ist es so klein?« fragte er.

»Seit 1918.«

»Aha«, sagte er, »die Monarchie. Nein, das war alles wegen des Krieges. Sie haben im Krieg alles verloren.«

In der Hoffnung, ihn weiter abzulenken, sprach ich über die Geschichte des österreichischen Kaiserreichs und seine territoriale Ausdehnung. Er ließ einen weitreichenden Mangel an historischen Kenntnissen erkennen, hatte aber anscheinend im

Großen und Ganzen an meinen Erläuterungen nichts auszusetzen.

»Wo war die Grenze zu Deutschland, zwischen Österreich und Deutschland?« wollte er wissen.

Ich erklärte es ihm.

»Und wann wurde sie festgelegt?«

»Als die deutsche Nation entstand, 1870. Haben Sie das nicht in der Schule gelernt?«

»*Na*, wir haben nichts über Geschichte gelernt, nur Hitler-Geschichte. Über die Zerstörung Deutschlands durch die Alliierten.«

Das ließ mich hoffen. Anscheinend war er nicht so ganz zufrieden mit dem, was er in der Schule gelernt hatte und zeigte eine gewisse Skepsis.

»War es schwer, nach Amerika zu kommen?« fragte er.

»Ja, ziemlich schwer.« Ich hatte keine Lust, über Einzelheiten zu reden.

»Die wollten sie ja auch nicht, die Amerikaner. Und die Engländer auch nicht.«

Ich schwieg.

»*Die Juden.* Niemand wollte *die Juden.* Ungefähr zehntausend von ihnen wurden wieder aufs Meer zurückgeschickt, weil die Amerikaner sie nicht haben wollten. Wussten Sie, dass Tausende von ihnen im Atlantik ertrunken sind? Niemand wollte *die Juden.*«

Angesichts dieser Ignoranz in Bezug auf Geographie und Geschichte dachte ich, er sei schlicht falsch informiert, und stellte einiges klar. »Die Amerikaner nahmen Juden und andere Flüchtlinge auf«, sagte ich, »allerdings nur in Übereinstimmung mit ihren Einwanderungsgesetzen. Es war zwar falsch, dass sie diese Gesetze nicht geändert haben, um mehr Juden aufnehmen zu können, aber sie hielten sich an das geltende Recht.«

»*Ja, ja*«, wiederholte er, »niemand wollte *die Juden.*«

»Ich bin im Rahmen der geltenden Bestimmungen nach Amerika gekommen«, wandte ich ein. »Man brauchte einen Bürgen und musste eine Weile warten, und dann konnte man einreisen.«

Er aber war auf ein anderes Gleis geraten, als hätte ich unbeabsichtigt in seinem Hirn einen Zirkelschluss bewirkt und es gebe nun kein Halten mehr.

»*Die Polacken*«, wandte er sich in klagendem Ton erneut an mich, ein Schimpfwort für Polen verwendend, »*die Polacken, jetzt will die auch keiner.* Nein, niemand will sie, *die* auch nicht. Aber trotzdem kommen sie weiter her, *die* lassen sich nicht stoppen. Wissen Sie, dass die im letzten Jahr in Deutschland 10.000 Autos gestohlen haben, *die Polacken?*«

»Vielleicht kommen so viele hierher, weil es in ihrem Land keine Arbeit für sie gibt«, gab ich in einem, wie ich hoffte, vernünftigen Ton zu bedenken. »Schließlich haben sie im Krieg und seit dem Krieg ein großes Maß an Zerstörung und Niedergang erlebt.«

»*Nein, nein* – denen ging's im Krieg gar nicht so schlecht. Ich kenne einen *Polacken*, und der hat mir erzählt, es sei ihnen im Krieg gar nicht so schlecht gegangen.«

Ich dachte an die in den deutschen Konzentrationslagern ermordeten Polen, an die Zehntausende von Zwangsarbeitern, die nach Deutschland gebracht worden waren. Ich biss mir auf die Zunge.

»Ich habe eine Sendung im Fernsehen gesehen«, wollte er als letzten Beweis aufbieten, »*die Polacken* hatten es nicht schlecht.«

Ich schlug meine Zeitung auf und fing an zu lesen. Meine Mahlzeit kam, und ich begann zu essen. Aber er ließ sich nicht bremsen. In einem Scheindialog sprach er mit mir, ohne dass ich ein Wort sagte. Ich war nur der Auslöser für einen Monolog.

»*Der Hitler war ja auch ein Österreicher.* Er war kein Deutscher, er war Österreicher.«

Ich ging gar nicht darauf ein.

»Das mit den Juden war nicht gut, aber er half den Deutschen. Wissen Sie, wie viele Arbeitslose es 1933 in Deutschland gegeben hat? Millionen von Menschen waren ohne Arbeit. Wenn du deine Familie nicht ernähren kannst, die Kinder nicht satt werden – jeder, der dir Arbeit gibt – du nimmst sie und du bist dankbar. Er hat Straßen gebaut und damit vielen Arbeit gegeben. Es ist alles die Schuld der Alliierten. Wir hätten niemals den Krieg verloren (er muss damit den Ersten Weltkrieg gemeint haben), wenn die Amis sich nicht eingemischt hätten mit ihren ganzen Waffen und all dem Zeug, das sie haben. Kein Wunder, dass sie Deutschland besiegt haben. Und sie haben uns Land weggenommen und alle Kolonien, und wir mussten Millionen als Reparationen zahlen – kein Wunder, dass die Leute unzufrieden waren. Das ist alles die Schuld der Amerikaner – genauso wie sie in den Zweiten Weltkrieg eingegriffen haben, in letzter Minute ...«

Nun reichte es mir. »Was Sie hier erzählen, ist Hitlers Version der Geschichte«, sagte ich, »die Art von Geschichte, die Sie in der Schule gelernt haben. Sie sind wirklich falsch informiert – die Fakten stimmen nicht, und Sie glauben alles, was die Nazis Ihnen erzählt haben.«

Er betrachtete mich mit einem Ausdruck von Verwirrung, dann straffte er den Nacken. »*Wieso?* Das habe ich im Fernsehen gesehen. Die Alliierten haben uns betrogen. Der Versailler Vertrag hat uns Hitler gebracht; alles war unvermeidlich, nachdem dieser Vertrag beschlossen war.«

Das junge Paar am anderen Ende des Tisches wandte sich an mich. Ich konnte sie nicht sofort verstehen, bis ich merkte, dass sie Englisch mit mir sprachen. »That was a fine argument«, sagten sie.

»Was«, meinte ich, »dieser Quatsch?«

»Nein, nein, Sie haben ihm eine gute Antwort gegeben«, bestärkten sie mich. Der Mann versuchte, meine Aufmerksamkeit zurückzugewinnen. Er lachte wohlgelaunt, um mir zu zeigen, dass er es nicht böse gemeint hätte. Nun wollte er einen Witz erzählen.

»Ein Jude geht in einen Laden, um ein Radio zu kaufen. Der deutsche Verkäufer fragt, was er denn haben wolle. »›Ein Radio.‹ ›Ein Radio?‹, fragt der Deutsche. ›Wissen Sie denn nicht, wie das buchstabiert wird? *R – raus, A – aus, D – Deutschland, I – Juden, O – Osten. Raus aus Deutschland, Juden, in den Osten.*‹ Der Jude sagt: ›Wissen Sie denn nicht, dass wir das rückwärts buchstabieren? *O – ohne, I – Juden, D – Deutschland, A – armes, R – Reich?*‹« Wider Willen und bar jeder Vernunft musste ich über diesen Nazi-Antinazi-Witz lachen. Dem Mann schien überhaupt nicht bewusst zu sein, dass er zwischen dem Juden (offenbar ein deutscher Jude) und dem Deutschen genau so unterschied, wie es die Naziparolen getan hatten. Für ihn war ein Jude kein Deutscher und konnte es auch nie gewesen sein.

Das Essen blieb mir im Halse stecken, und ich hatte nur noch den Wunsch, möglichst schnell den Raum zu verlassen. Seine Selbstsicherheit, seine Überzeugungen und seine Dünkelhaftigkeit waren nicht erschüttert und wohl auch durch nichts zu erschüttern. Nichts, was ich hätte sagen können, hätte auch nur das Geringste bewirken können. Aber ich wollte ihm auch nicht die Genugtuung verschaffen, mich verjagt zu haben. Ich konnte schon hören, wie er seinen Kumpels davon erzählen würde. »Und da habe ich dieser amerikanischen Jüdin gesagt ...«

»Es wäre gut, wenn Sie erkennen könnten, dass die Deutschen Verantwortung für das übernehmen müssen, was Hitler getan hat, statt es anderen in die Schuhe zu schieben.«

»*Der Hitler war ja nix wert.* Er war auch schlecht für die Bauern. Ich komme aus einem kleinen Dorf mit 250 Einwohnern, und wir standen auf der Liste von denen, die in die Ukraine umgesiedelt werden sollten. Das ganze Dorf. Wenn sie ihn nicht gestoppt hätten, den Hitler, dann hätten wir alle wegziehen müssen. Und was er mit den Juden gemacht hat, das war falsch.«

Ich zahlte.

»Aber was Morgenthau den Deutschen antun wollte, das war auch falsch«, sagte er triumphierend, seine Trumpfkarte ausspielend. »Das war schrecklich.«

»Also«, erwiderte ich, »was Morgenthau (1945 der Finanzminister Franklin D. Roosevelts) wollte, ist nicht geschehen. Niemand hat auf ihn gehört.«

»Wissen Sie, warum? Weil er Jude war. Er war kein Amerikaner, deshalb.«

Ich verließ hastig das Restaurant. Es würgte mich. Die Stimme, die Tonlage, die Sprache, der Inhalt – das alles hätte ich 1938 in Wien hören können. All das *habe* ich 1938 in Wien gehört. Da war es wieder, unverändert, ungebrochen, in seiner ursprünglichen Form. Gutgelaunte, witzige, freundliche Bösartigkeit. *Gemütliche* Grausamkeit.

Er wusste, wie man Juden ausschnüffeln konnte. Er wusste, wie man eine Jüdin zu behandeln hatte: Mache sie lächerlich, greife sie an, isoliere sie! Ein Jude ist kein Deutscher; Morgenthau ist kein Amerikaner, er ist Jude. *Keiner will die Juden.*

Ich musste einen Nachmittag lang in einem Museum Saal für

Saal die aufregenden, wunderbaren, wilden Gemälde von Max Beckmann, einem deutschen ins Exil getriebenen Nichtjuden, betrachten, bevor ich wieder einigermaßen im Gleichgewicht war. Es bedurfte eines langen Gesprächs mit einer kenntnisreichen deutschen Kunstgeschichtlerin, um mich nicht länger angeekelt und besudelt zu fühlen.

Nach diesen Ereignissen lehrte ich zwei Wochen lang an der Universität. Meine Studentinnen waren in vieler Hinsicht denen ähnlich, die ich zu Hause unterrichte – progressive, politisch aktive angehende Historikerinnen, viele von ihnen Feministinnen. Sie waren jung genug, um die Enkelinnen der Nazis zu sein, und dennoch haderten sie mit der Last ihres Gefühls einer Kollektivschuld. Es war auch ein Akt der Versöhnung, dass ich ihnen Lehrveranstaltungen über Rassismus, Sexismus und Antisemitismus angeboten hatte – ich offerierte ihnen alles, was ich wusste; ich ließ sie teilhaben an dem, was das Leben mich gelehrt hatte. Sie reagierten auf eine Art, die ich als heilsam empfand. Aber selbst in der offenen und vertrauensvollen Atmosphäre dieser Seminare war nur zu deutlich, dass die meisten von ihnen weder engen Kontakt zu Juden gehabt hatten, noch wahrscheinlich einen solchen Kontakt haben würden; es sei denn Ausländer kämen zu Besuch.

Alles funktioniert bestens im Deutschland der Gegenwart. Die Züge sind pünktlich, die Straßen sind sehr viel sauberer als in amerikanischen Städten. Es gibt Bettler und Obdachlose, aber nur wenige, die in der Öffentlichkeit kaum auffallen. Die meisten Menschen, denen man auf den Straßen begegnet, sind gut gekleidet. Die Menschenmassen in den Einkaufszentren machen deutlich, dass die Leute trotz der hohen Arbeitslosigkeit kaufen und konsumieren.

Was nicht stimmt, das ist die Homogenität der Bevölkerung. Es sind nur wenige Farbige zu sehen und nur wenige Menschen vom Typ *Ausländer*. Türkische Männer, Frauen in bunten Kopftüchern. Keine Juden. Es gibt sie, eine kleine jüdische Gemeinschaft von etwa 30.000 Menschen in ganz Deutschland. Doch der durchschnittliche Deutsche hat keinen Kontakt zu ihnen. Für meine Studentinnen sind Juden bei allem guten Willen und trotz ihres sensibilisierten Bewusstseins bloße Abstraktionen.

Fünfzig Jahre sind nun nach dem Holocaust vergangen. Ich habe alles gelesen, was es an Literatur darüber gibt. Meine Erinnerungen und Albträume sind geblieben. Ich war eine der Glücklichen, die überlebten; die Liste der Toten, denen ich persönlich verbunden war, ist nicht so lang wie die anderer Juden. Ich hatte nicht damit gerechnet, dass ich in meinem Alter noch etwas Neues über dieses Geschehen würde lernen können. Was ich in Deutschland oder während dieser Reise entdeckte, hätte mich nicht überraschen sollen. Dennoch ließ es meinen Atem stocken und in meinem Kopf eine eigenartige Leere und Benommenheit aufkommen.

Sie haben gesiegt: Deutschland ist *judenrein*. Sie waren erfolgreich bei der Ausrottung meines Volkes. In Frankreich hatte es mich verletzt, dass die Mahnmale für die Toten während des Krieges nicht erwähnten, dass manche nur deshalb getötet wurden, weil sie Juden waren. Die Franzosen hatten alle ihre Juden zu Franzosen gemacht. Ich wollte, dass sie eingestehen, dass diese Menschen auch Juden waren. Aber die Deutschen haben sogar in ihrer Erinnerung – gerade in ihrer Erinnerung – die rassistischen Kategorien beibehalten. Und hinzu kommt, dass sie unsere Geschichte ausgelöscht haben. Das Einzige, was sie und die anderen im Gedächtnis behalten, ist das Ende, das Sterben, das Morden. Sie haben die Geschichte der deutschen Juden auf eine Weise ausgemerzt, dass selbst die Wohlmeinenden noch heute zwischen den Juden und den Deutschen unterscheiden, dass es für sie jüdische Deutsche weder gibt noch je gegeben hat. In Deutschland, im Herzen Europas, sind wir ebensowenig existent wie die Katharer. Das ist es, was Völkermord wirklich bedeutet.

Gewiss, ich wusste es, ich habe es fünfzig Jahre lang gewusst, doch ich habe es vorher nicht gefühlt. Nun, da ich auf den Spuren der Katharer gewandert bin, fühle ich es.

3

Ein Leben in Übersetzung

Für meine Schwester Nora

Als ich 1939 als Flüchtling vor dem Hitler-Faschismus in die Vereinigten Staaten kam, hatte ich wie alle Einwanderer eine zwiespältige Beziehung zur englischen Sprache. Einerseits wollte ich möglichst schnell und gut Englisch sprechen, um Arbeit zu finden, und dafür war Sprachkompetenz eine unerlässliche Voraussetzung. Andererseits fühlte ich mich verpflichtet, die Integrität der deutschen Sprache zu wahren – jener Sprache, die mir die Nazis ebenso genommen hatten wie sie unser Vermögen gestohlen hatten. Die Nazis hatten ihre eigene Sprache – zunächst einen Jargon von dröhnenden Propagandaphrasen, dann eine Sprache der Gewalt und der Tyrannei. Die Worte bekamen einen anderen Sinn; jetzt besagten sie, was die Nazis sagen wollten, und wurden langsam ihres eigentlichen Inhalts beraubt. Wie Fahnen, die laut im Wind flattern, knatterten sie um das Skelett der deutschen Sprache, bis der wahre Sinn der Worte im Geknatter der Worthülsen unterging. Unter diesen Umständen war es die Aufgabe jedes antifaschistischen deutschen Flüchtlings, die überlieferte Sprache möglichst unversehrt zu bewahren, bis sie eines Tages wieder ihren ganzen Reichtum entfalten könnte.

Vor meiner Emigration hatte ich zwei Jahre lang bei einer Privatlehrerin Englisch gelernt. Das Ergebnis war beklagenswert. Das Lehrbuch muss mindestens fünfzig Jahre alt gewesen sein, denn ihm lag die Auffassung zugrunde, dass die Manieren, Gewohnheiten und Sitten des englischen Adels eine allgemeingültige Norm darstellten. Man lernte das entsprechende Vokabular, und, besonders wichtig, etliche »höfliche Redewendungen« als angeblich unerlässliche Voraussetzung der Teilnahme am gesellschaftlichen Leben.

»Will you come and have tea at my home?« – »I shall be delighted.« – »May I introduce to you my good friend Roger Forsythe?« Worauf man höflichst zu antworten hatte: »Delighted to make your acquaintance, Sir.« – Wenn man sich hinsetzte, sollte man zu der Person, die sich hinter einem befand, höflich sagen: »Please excuse my back.« Oder bei anderer Gelegenheit bitten »Please excuse my glove.« Wobei unklar blieb, ob man sich nun dafür zu entschuldigen hatte, dass man einen Handschuh trug oder aber für das Gegenteil.

Die gründlich auswendig gelernten Redewendungen aus dem Satzmusterbuch befähigten einen dazu, sich durch ein altenglisches Dorf zu bewegen und in »des Gemüsehändler's« oder »des Fischhändler's« Laden (das Buch neigte stark zum Gebrauch des Sächsischen Genitivs) mit dem »greengrocer« oder dem »fishmonger« ein paar leutselige Worte zu wechseln. Später im Hotel durfte man nur ja nicht nach der Toilette fragen, sondern musste unauffällig herausfinden, wo sie sich befand. Besonders wichtig war es natürlich, den Unterschied zwischen »I shall« und »I will« korrekt zu beachten, so dass man sagen konnte: »I shall be taking the 8:30 train to London.« Und dem allgegenwärtigen Dienstboten gab man den Auftrag: »Fetch my trunks from my room.«

Das war alles schön und gut, aber vollkommen wertlos, wenn man in New York City mit einem Taxifahrer klarkommen wollte. Dort gab es weit und breit keinen altenglischen »fishmonger«, und Dienstboten, so sie überhaupt auszumachen waren, zeigten erst dann Neigung zum »Herbringen«, wenn man ostentativ einen Dollarschein in der Hand hielt – was die Einwanderin nicht verstehen und sich nicht leisten konnte. Sie verständigte sich in den ersten Wochen mit Gesten und lernte sehr schnell, dass ein knappes »Nein« oder »Verschwinde!« erheblich mehr Wirkung erzielte als alle mühselig erlernten Phrasen.

Bei der Arbeitsvermittlung zu sagen: »Ich wünsche bitte einen Job«, war das sicherste Mittel, auf einem Plastikstuhl im Wartezimmer zu landen und andere Bewerber an sich vorüberziehen zu sehen, die ihre Vermittlungsscheine erhielten.

»Entschuldigen Sie bitte, meine Dame, Ihre Zeitungsanzeige erwähnte einen Job als ›Lady's aide‹, und ich warte bereits den ganzen Morgen. Warum werde ich gar nicht aufgerufen?«

»Heute war nichts für Sie dabei. Kommen Sie morgen wieder.«

»Ich wünsche bitte ...«

»Sie haben keine Referenzen. Sie können kein Englisch. Sie haben keine Erfahrung. Und hier ist nicht die Wohlfahrt.«

Mir wurde klar, dass ich ein Englisch lernen musste, wie man es in New York sprach, eine Sprache mit vielen Akzenten, unzähligen Dialekten, Abkürzungen, Auslassungen und aus vielen Fremdsprachen entnommenen Begriffen, reich an Schimpfworten aller Art.

Also hörte ich täglich stundenlang Radio, besonders die Werbesendungen, die meist längere und deutlichere Sätze enthielten als die Hörspiele. Für fünfundzwanzig Cents konnte man sich einen Kinofilm anschauen, und so verbrachte ich viele Abende im Kino, um die Sprache zu lernen. Ich hörte genau zu, wenn Menschen sich in meiner Nähe unterhielten, und ich las die Bücher in der Kinderabteilung der *Public Library*, so dass ich dank stetiger Fortschritte bald zu den Jugendbüchern übergehen konnte.

Englisch ist eine einfache Sprache, wenn man es mit Deutsch, Französisch und Latein vergleicht. Die Verben haben entweder keine Endungen oder ganz einfache, und man vermeidet es, bei jeder Gelegenheit Subjekten lange Ketten von Adjektiven zuzuordnen (»Der nicht mehr ganz jugendliche, jedoch noch gut aussehende, pfeifenrauchende General« etc.). Die sprachliche Anfängerin lernte sich auf Hilfsverben zu verlassen – sein, haben, tun. Ich notierte mir eine lange Liste von Synonymen für »to do« und lernte mindestens fünfzig Worte für »to get«. Da mir das Gefühl für die feineren Unterschiede in Syntax und Vokabular fehlte, nahm ich irrigerweise an, dass diese Sprache direkt und praxisbezogen sei, ihr jede Begriffsverfeinerung abging.

Ich lebte *in Übersetzung*, solange mir das adäquate Vokabular und das Gefühl für den Sprachrhythmus fehlten. Das bedeutete zunächst, dass ich mein Erwachsenen-Wissen in der Sprache einer Sechsjährigen zum Ausdruck bringen musste. Es gelingt ziemlich schnell, sich auf Englisch irgendwie durchzuschlagen. Allerdings dauert es Jahre, bis man die Sprache beherrscht.

Noch bevor mein schriftliches und mündliches Englisch einigermaßen ausreichte, schrieb ich Gedichte. Ich dichtete in freien Versen in der Alltagssprache, richtete mich im Stil nach Bertolt Brecht und konnte durch Wortbilder und kontrastierende Begriffe mit einfachen Mitteln Wirkung erzielen. Mit dem Gedichte-Schreiben hoffte ich ein höheres Niveau der sprachlichen Ausdrucksfähigkeit zu erlangen, aber ich benutzte absichtlich nur konkrete Begriffe und Worte, da ich mich im Gebrauch der poetischen Sprache zu unsicher fühlte.

Zwei Jahre lang blieb ich auf diesem recht primitiven Verständigungsniveau. Doch meine Träume und Gedanken sprachen noch immer Deutsch. Ich zwang mich, nur noch in Englisch zu lesen. Ob Zeitungen, Magazine oder Bücher, immer lag ein Wörterbuch neben mir. Definitionen und Begriffe, die ich nicht kannte, schrieb ich mir auf. Mir war deutlich bewusst, dass ich ein geteiltes Leben lebte: Ich sprach in der einen Sprache und dachte in der anderen. Oft fehlten mir die Worte, um das auszudrücken, was ich sagen wollte. Ich sagte etwas, und die Leute wiederholten etwas ganz anderes, wenn sie es für sich übersetzten, um zu verstehen, was ich meinte. Je mehr Amerikaner zu meinem Freundes- und Bekanntenkreis gehörten, desto deutlicher fühlte ich meine sprachliche Unzulänglichkeit und eine zunehmende Frustration.

Die Situation war für mich besonders schlimm, weil ich in Wien hatte Linguistik studieren wollen. Im Gymnasium hatte ich acht Jahre Latein gehabt, mich mit alt- und mittelhochdeutschen Texten befasst und ein Jahr lang an meiner abschließenden Ehrenexamensarbeit, einer Textanalyse von zwölf deutschen Balladen, geschrieben. Sprachen faszinierten mich, mein Interesse galt vor allem der vergleichenden Literaturwissenschaft. In den letzten vier Jahren vor der Matura war ich eine glühende Verehrerin von Karl Kraus, dessen Werke ich wieder und wieder gelesen hatte und den ich als meinen wichtigsten Lehrer betrachtete.

Der Essayist, Satiriker und Theaterautor Karl Kraus war nach Auffassung vieler Literaturkritiker der größte deutschsprachige

Dichter des 20. Jahrhunderts. Sein monumentales Drama »für ein Marstheater«, *Die letzten Tage der Menschheit*, geschrieben kurz nach dem Ersten Weltkrieg, war das wichtigste pazifistische Werk, das aus der Erfahrung dieser fürchterlichen europäischen Katastrophe heraus entstanden ist. Als Herausgeber der satirischen Zeitschrift *Die Fackel* hielt Kraus seinen Zeitgenossen den Spiegel vor, zeigte ihnen in brillanten Essays und Aphorismen ihre Dummheit, Grausamkeit, selbstsüchtige Borniertheit und Heuchelei. Er bezeichnete sich selbst als einen »von den Epigonen, die in dem alten Haus der Sprache wohnen«, als Verteidiger einer humanistischen literarischen Tradition in einer Welt, die taub geworden sei gegenüber ihrer eigenen Sprache und ihre Geschichte vergessen habe. Kraus war ein unerbittlicher Verfechter der deutschen Sprache, die er in aller Vielfältigkeit bis in die Mundarten und Tonlagen hinein meisterhaft beherrschte. Er schrieb lange Essays über zwei Gedichtzeilen und widmete eine berühmte Ausgabe seiner Zeitschrift einer mehr als 200seitigen Abhandlung über »Das Komma«. Kraus stellte hohe intellektuelle Ansprüche an seine Anhänger. Seine Texte zu lesen, seine Schriften gründlich durchzuarbeiten und seine »Lesungen« zu besuchen – Veranstaltungen, bei denen er nicht nur aus den eigenen Werken las, sondern ganze Dramen wie etwa *König Lear* zu Gehör brachte, wobei er alle Rollen des Stücks selbst vortrug – waren für einen jungen, an Sprache interessierten Menschen prägende Erfahrungen. Kraus wirkte als ständige Herausforderung. Wenn man ihn als Lehrer und Vorbild betrachtete, lernte man, sich beim Schreiben und Sprechen sehr aufmerksam und selbstkritisch zu kontrollieren. Bedeutung erschließe sich, so Kraus, »am Seil der Sprache entlang tastend«. Junge Schriftsteller unter dem Einfluss von Kraus ließen das Schreiben entweder gleich ganz sein oder sie schulten sich so lange an seinem Stil, bis sie ihren eigenen gefunden hatten.

Kraus, ein 1874 in Böhmen geborener Jude, war arrogant, elitär, ein Antisemit und in den letzten fünf Jahren seines Lebens politisch ein Reaktionär. Früher war er ein scharfer Kritiker des bürgerlichen Lebens gewesen und hatte Ausbeutung, Habsucht und Korruption rücksichtslos bloßgestellt. Als ich ihn und sein Werk kennen lernte, hatte er seinen Frieden mit der halbfaschistischen Regierung des Kanzlers Dollfuß gemacht, die er wohl aus Abneigung gegen die hilflosen Liberalen und die korrumpierte und schwache Sozialdemokratie verteidigte. Ich hielt die Dollfuß-Regierung für eine Katastrophe und stand in meinen politischen Überzeugungen viel weiter links, als Kraus es je gewesen war. Trotzdem sah ich über seinen Gesinnungswandel und selbst über den Verrat an seinen eigenen Überzeugungen hinweg, weil ich sprachlich und künstlerisch so stark von ihm beeindruckt war. Ich besuchte jede seiner Lesungen und viele seiner Vorträge, las seine Schriften und jedes Buch, dessen Lektüre er empfahl, orientierte mich bei meinen eigenen Schreibversuchen an seinen strengen Maßstäben und saß voller Bewunderung zu seinen Füßen. Bei seiner Beerdigung 1936 weinte ich bitterlich, als wäre er ein persönlicher Freund gewesen. In meinem ganzen Leben hat mich nie mehr ein Schriftsteller so stark beeinflusst wie Karl Kraus. [...]

Den Wechsel von dem an Kraus geschulten sprachlichen Feingefühl zum unbeholfenen Gestammel einer Einwanderin in den USA empfand ich als tiefen Fall, der zugleich alles andere symbolisierte, was ich verloren hatte – materielle Sicherheit, Ansehen, Bildungsmöglichkeiten und Erwerbschancen. Alle Flüchtlinge erlebten einen derartigen Bruch, und viele, vielleicht die meisten, kamen nie darüber hinweg. Sie lebten ihr Leben in dem neuen Land entweder als vorübergehendes Exil oder verleugneten anhaltend die Notwendigkeit eines umfassenden Neuanfangs. Die Welt, die sie verloren hatten, wurde mit der Zeit immer stärker verklärt. Im New Yorker Bezirk Washington Heights schufen sie sich ein kleines *Mitteleuropa* mit Läden, Kaffeehäusern und Vereinen. Ihre abweisende Haltung und ihre Vorbehalte gegenüber den USA gaben ihnen ein befriedigendes Gefühl von Kontinuität: Sie waren und blieben Europäer, die gegen ihren Willen in eine fremde Umgebung vertrieben worden waren.

Als ich im zweiten Jahr nach meiner Ankunft in den Vereinigten Staaten beschloss, eine amerikanische Schriftstellerin zu werden, war das gleichbedeutend mit der Entscheidung, solche Einstellungen abzulegen und von nun an eine bewusst aus Europa emigrierte Einwanderin zu sein. Ich begegnete Amerika mit offenen Armen, ließ mich dankbar und fasziniert auf das Land und seine Sprache ein. Wenn das ein Ablegen einiger meiner europäischen Denkgewohnheiten und Verhaltensweisen verlangte, so war ich dazu bereit. Ich war jung genug für einen Neuanfang. Dieser Wechsel der Perspektive bringt manche Vorteile, nicht zuletzt die Staatsbürgerschaft und eine größere Akzeptanz seitens der Mitmenschen in einer vordem fremden Kultur. Aber der Neubeginn fordert auch seinen Preis, und der ist weit höher, als ich es mir selbst je eingestehen wollte. Jetzt, nach über fünfzig Jahren, versuche ich, eine ehrliche Bilanz zu ziehen.

Es ist eine Ironie des Schicksals, dass ich als ersten bezahlten *Job* in den Vereinigten Staaten eine recht ungewöhnliche Übersetzung übernahm. In den ersten acht Monaten nach meiner Einreise war ich fast umgekommen, weil ich keine Arbeit finden konnte. Diejenigen, die Hausarbeit oder Gelegenheitsarbeiten zu vergeben hatten, stellten mich nicht ein, weil sie mich für *überqualifiziert* hielten. Ich lebte in ständiger Furcht vor der Einwanderungsbehörde und wagte es nicht, mich an eine Hilfsorganisation zu wenden. Dann erfuhr ich von einem befreundeten Flüchtling, dass ein Orthopäde jemanden für eine Übersetzung vom Lateinischen ins Englische suche. Ich bewarb mich und übersetzte für fünf Dollar pro Stunde einen medizinischen Aufsatz über das Hüftgelenk. Ich verdiente genug, um mich zwei Wochen über Wasser zu halten und wieder etwas Selbstvertrauen zu entwickeln. Es war also vielleicht doch möglich, mit meiner guten Gymnasialbildung meinen Lebensunterhalt zu sichern. Doch da täuschte ich mich, denn es sollte zwanzig Jahre dauern, bis sie mir half, meine akademische Ausbildung fortzusetzen.

Was verliert man, wenn man gezwungen ist, die Muttersprache aufzugeben? Zunächst kann man sich das kaum vorstellen, weil man meint, jederzeit auf sie zurückgreifen zu können. Aber das stimmt nicht. Die Sprache lebt und entwickelt sich weiter, sie verändert sich von Jahr zu Jahr. Um mitzuhalten, muss man sie sprechen und lesen. Verliert man die Muttersprache, so gehen auch Klang, Rhythmus und Gestalt des im Unbewussten Festgehaltenen verloren. Man verliert die tiefsten Erinnerungen, den Nachhall des Vergangenen, denn das in der Kindheit Wahrgenommene ist nur durch die Muttersprache zugänglich; geht sie verloren, löst das Gehirn die Verbindungen. Sprache vermittelt sehr viel mehr als die wörtliche Bedeutung der Worte. Sie vermittelt uns auch Tonlagen, Klangfarben, bietet eine reiche Vielfalt von Unter- und Zwischentönen, von Doppelsinn und Vieldeutigkeit. Lernt man eine neue Sprache, so erschließt sich einem diese Komplexität erst nach Jahren. Deshalb bleibt die Sprache zunächst stümperhaft, flach und linear. Je nach Rhythmus und Betonung unterscheidet sich die Bedeutung, aber die Immigrantin hat kein Ohr für solche Finessen. Wenn sie versucht, Begriffe und Bedeutungszusammenhänge aus dem anderen Kulturkreis in die neue Sprache zu übertragen, macht sie ständig Fehler und leidet unter Missverständnissen.

Wie die meisten europäischen Sprachen, die sich über Jahrtausende und unter den Bedingungen des Feudalismus entwickelt haben, hat das Deutsche eine reiche Vielfalt an Dialekten, Redewendungen und Sprechweisen, die nicht nur regionale, sondern auch soziale Unterschiede zum Ausdruck bringen. So hat das britische Englisch noch immer eine Sprache der Oberschicht und das Cockney als Mundart der Unterschicht. Das amerikanische Englisch hingegen zeigt mehr regionale als soziale Unterschiede. Es gibt zwar einen klassenspezifischen Sprachgebrauch, aber dessen Besonderheiten sind wegen der Auswirkungen ständiger Einwanderung nicht so gefestigt und verbindlich – Millionen von Amerikanern, die Englisch als zweite Sprache sprechen, haben eine Reihe von kreolisierten Sprachen entstehen lassen. Für einen Neuankömmling ist das oft schwer zu durchschauen.

Ich war mir meiner Sprachschwierigkeiten sehr bewusst. Für gewöhnlich bin ich schnell von Begriff und verstehe, noch bevor der Satz zu Ende gesprochen ist, was man mir sagen will – was mich oft dazu verleitet, Leuten mit der Antwort ins Wort zu fallen. Das ist sehr unhöflich, und ich bemühe mich seit Jahren, es sein zu lassen; es ist aber bezeichnend dafür, wie mein Denken funktioniert. Während ich *in Übersetzung* lebte, konnte ich oft den Sinn dessen, was gesagt wurde, nicht sofort begreifen, sondern musste es mir erst in Gedanken übersetzen. In meinem Bemühen, Fehler zu vermeiden, wirkte ich nun schwerfällig, wenn nicht gar begriffsstutzig. Solange ich all die Informationen nicht verstehen konnte, die gewöhnlich durch Dialekt, bestimmte Sprachmuster und Körpersprache übermittelt werden, musste ich raten, was gemeint war, oder mich mit einer ungenauen Deutung zufrieden geben. Für jemanden wie mich, die ich doch auf genaue Definitionen und eine präzise Ausdrucksweise so großen Wert legte, war das eine Quälerei.

Leben in Übersetzung, das ist, als liefe man auf wackligen Schlittschuhen über dünnes Eis. Es gibt keinen sicheren Halt, keine festgelegte Strecke, keine verlässlichen Wegweiser. Da ist es hilfreich, sich auf sein Gleichgewicht zu verlassen, frei zu schwingen und wagemutig auf die eigenen Eingebungen, die eigenen Ideen zu vertrauen. Das heißt: Dieses Leben ist sehr anstrengend, ganz abgesehen von dem Gefühl des Fremdseins.

Zwei Jahre nach meiner Ankunft in den Vereinigten Staaten befand sich das Land im Krieg. In der Öffentlichkeit deutsch zu sprechen hieß, sich feindseligen Blicken und Bemerkungen auszusetzen. Ich bin meiner ganzen Art nach eine Nonkonformistin, so dass öffentliche Missbilligung allein mich nicht davon abgehalten hätte, deutsch zu sprechen. Die Wahrheit ist, dass ich nicht mehr deutsch sprechen *wollte*. Der Klang der Sprache wirkte abstoßend auf mich; sie war für mich wie für andere Amerikaner zur Feindessprache geworden, die man unmittelbar mit dem in Verbindung brachte, was im Namen der Deutschen geschah. Einen derart unreflektierten Patriotismus kann ich, abstrakt betrachtet, nicht gutheißen. Doch tatsächlich war er genau das, was ich fühlte. So gab ich es auf, deutsch zu sprechen.

Ich war damals schon mit einem gebürtigen Amerikaner verheiratet, und alle meine Freunde waren in Amerika geboren. Meinen durchaus noch vorhandenen europäischen Bildungsidealen entsprechend sollte jedes Kind ein oder zwei Fremdsprachen lernen. Darum wollte ich meine Kinder so aufziehen, dass es ihnen leicht fiel, andere Sprachen zu erlernen. Aber wegen meiner damaligen Einstellung sprach ich kein Deutsch mit ihnen. Ich sang ihnen deutsche Schlaflieder vor, weil es die einzigen waren, die ich kannte. Später brachte ich ihnen Grundkenntnisse des Französischen bei. Heute tut mir das leid, aber so war es eben.

Es dauerte mehrere Jahre, bis ich anfing, auf Englisch zu denken. Es war aufregend, als es endlich so weit war, und veränderte meine Lebensqualität erheblich. Von nun konnte ich mich wieder schnell und präzise ausdrücken, so wie ich es gewohnt war, und mit der Zeit brauchte ich kein Wörterbuch mehr. Und dann kam die Nacht, in der ich auf Englisch träumte. Damals dachte ich, nun hätte ich es geschafft.

Doch so einfach ist es nicht. In einer Zweitsprache zu sprechen, zu denken und sogar zu träumen ist das eine; etwas ganz anderes ist es, in dieser Sprache eine Schriftstellerin zu sein. Obwohl meine sprachlichen Fähigkeiten meinem Anspruch, eine amerikanische Schriftstellerin zu werden, nicht gerecht wurden, schrieb ich Kurzgeschichten und Artikel. Ich hatte große Schwierigkeiten mit Dialogen: Alle meine Personen sprachen auf die gleiche Art, weil ich keine individuelle Ausdrucksweise für sie finden konnte. Dass ich mir dessen voll bewusst war, half mir nicht weiter. Ich kam mir vor wie eine Gehörlose, die eine Symphonie komponieren will. In einem Notizbuch, das ich immer bei mir hatte, hielt ich Gesprächsfetzen fest, die ich irgendwo aufschnappte. Ich las Bücher über die Technik des Schreibens und über ›Stil‹ – nichts schien zu helfen. Eine meiner liebsten Übungen war es, Texte im Stil der Schriftsteller zu schreiben, die ich besonders schätzte. Das mochte nützlich sein, doch einen eigenen Stil hatte ich damit noch immer nicht gefunden. Das hätte mich eigentlich nicht überraschen sollen, denn ich wusste doch: Form entsteht, wenn der Inhalt Gestalt annimmt. Das aber ist keine abstrakte ideale ›Gestalt‹ – sondern Inhalt, wie er von der Sensibilität des schöpferischen Künstlers gestaltet wird; ein Inhalt, in den die gesamte Lebenserfahrung des Künstlers einfließt, die wie ein Prisma wirkt. Mein Prisma war damals gebrochen. Ich war ein Flüchtling: Ohne Sprache zwischen zwei Kulturen stehend, weder dem Alten noch dem Neuen zugehörig.

Ich übernahm eine weitere Übersetzung, die ich sehr befriedigend fand. Für eine Doppellangspielplatte übersetzte ich die Plattenhülle und die Texte einer Sammlung von deutschen Volksliedern. Die Volkslieder waren mir alle sehr vertraut. Sie nicht nur wörtlich, sondern auf eine poetische Weise zu übersetzen, war eine Herausforderung, der ich mich schließlich gewachsen zeigte. Ich dachte an eine Karriere als Übersetzerin, gab diese Idee aber schnell wieder auf. Ich hatte mich entschlossen, Schriftstellerin zu werden.

Im Laufe dieser Lehrjahre nahm ich mir einmal vor, mich an meine österreichische Kultur zu halten, um nur über das zu schreiben, was ich wirklich kannte. Meine ersten beiden Kurzgeschichten auf Englisch gingen zurück auf meine Erlebnisse im Wien der Nazizeit. Eine der Geschichten beschrieb die inneren Monologe von fünf deutschen Soldaten, die sich an der russischen Front in einer hoffnungslosen Situation befanden. In beiden Geschichten vermied ich Dialoge. Beide wurden sofort veröffentlicht: die erste in einer kleinen Kulturzeitschrift, die zweite in dem besten Literaturblatt jener Zeit, dem *Story Magazine*. Dieser schnelle und unerwartete ›Erfolg‹ beflügelte meine literarischen Ambitionen, trug aber nichts zur Verbesserung meiner Sprachkenntnisse bei. Mutig schrieb ich drei Kurzgeschichten über Orte und Personen in den USA – keine von ihnen erregte bei Verlegern das geringste Interesse. So besann ich mich auf meine Absicht, über das zu schreiben, was ich am besten kannte. Ich begann mit einem Roman, der viel autobiografisches Material enthielt. Er beschreibt die Jahre 1934 bis 1938 in Österreich und erzählt aus der Perspektive eines jungen Mädchens den Übergang von der Demokratie zum klerikal-faschistischen Staat und schließlich zum nationalsozialistischen Faschismus.

Dieser Roman, nur auf Englisch geschrieben, war mein ›Gesellenstück‹ als amerikanische Schriftstellerin. Ich brauchte fast zwölf Jahre, bis er fertig war, denn ich schrieb ihn insgesamt siebenmal um. Von einem in Gedanken aus dem Deutschen übersetzten Text wurde er nach und nach zu einem englischen Originalwerk. Doch selbst die Endfassung enthält noch Spuren von Grammatik und Stil der deutschen Sprache. Schreiben lernt man, indem man es tut; daran führt kein Weg vorbei. Meine Sisyphusarbeit ließ endlich doch ein Buch entstehen, mit dem ich zufrieden war. Aber das Thema des Antifaschismus, das in den frühen 40er Jahren von so großem Interesse gewesen war, hatte inzwischen auf dem Buchmarkt keine Chancen mehr. Ich erhielt zu Herzen gehende Kommentare von Lektoren verschiedener Verlage, die voll des Lobes waren und mir für meine Karriere als

Schriftstellerin alles Gute wünschten; aber kein Verlag wollte das Buch publizieren. Eine weitere Ironie bestand darin, dass dieser Roman, *No Farewell – Es gibt keinen Abschied*, das Ergebnis intensivster Bemühungen um die Beherrschung der englischen Sprache, zuerst in deutscher Übersetzung 1954 in Wien erschien.

Er war in Österreich sehr erfolgreich, und dieser Erfolg brachte mich auf die Idee, mich an einer Verlagskooperative zu beteiligen, die das Buch in den späten 50er Jahren auch in den Vereinigten Staaten herausbrachte.

Als ich jüngst über die langfristigen Auswirkungen meines Flüchtlingsdaseins nachdachte, wurde ich mir eines Problems bewusst, das ich bisher immer übergangen hatte. Mein deutscher Vorname ist für englisch sprechende Menschen nahezu unaussprechlich. Ich akzeptierte die falsche Aussprache als unvermeidliche Anrede für mich, übernahm sie selbst und beließ es fünfzig Jahre lang dabei. Was das wirklich für mich bedeutete, ist mir erst klar geworden, als ich einige Zeit in deutschsprachigen Ländern verbrachte und meinen Namen richtig ausgesprochen hörte. Das freute mich jedes Mal. So kam mir zu Bewusstsein, wie sehr es mich doch schmerzte, dass mein Mann, meine besten Freunde, meine eigenen Kinder meinen Namen nicht korrekt aussprechen konnten. Ich hatte diesen Schmerz verdrängt, wollte ihn mir nicht eingestehen. Es handelte sich, so dachte ich, um eine triviale Angelegenheit. Inzwischen bin ich anderer Meinung, und wenn ich über die Beziehung zu meiner einzigen Schwester nachdenke, werde ich in meiner neuen Sichtweise bestärkt.

Meine Schwester Nora und ich wurden durch die Emigration voneinander getrennt, als sie zwölf und ich achtzehn Jahre alt war. Während ich in die Vereinigten Staaten auswanderte, verbrachte sie die Kriegsjahre in einem Schweizer Internat und zog dann nach England. Sie erhielt schließlich die britische Staatsbürgerschaft, fühlte sich aber in England nie zu Hause. In den frühen 1960er Jahren wanderte sie nach Israel aus, wo sie noch immer lebt.

Wir lebten auf verschiedenen Kontinenten, uns trennten Krieg und schließlich auch Geldmangel. Als ich 1948 erstmals seit der Emigration nach Europa zurückkehrte, trafen wir uns kurz in England. Sie war dreiundzwanzig Jahre alt, eine unabhängige, berufstätige Frau. Ich war achtundzwanzig, verheiratet und hatte ein Baby und ein Kleinkind im Schlepptau. Unsere Begegnung war nicht einfach. Das lag zum Teil an der Gegenwart der übermüdeten und quengelnden Kinder, aber wir hatten auch Schwierigkeiten, einander zu verstehen: Sie sprach Englisch mit einem deutlichen britischen Akzent, ich hingegen amerikanisches Englisch, keine von uns beiden sprach noch deutsch. Ich erinnere mich, dass ich nach dem Treffen den Eindruck hatte, sie sei mir in mehr als einer Hinsicht fremd geworden, sei irgendwie ›blasiert‹ und verändert. Meine Reaktion bezog sich wahrscheinlich nicht auf ihre Einstellung, sondern auf die Person, die sie mir präsentiert hatte: eine junge, angepasste englische Dame. Aus späteren Gesprächen weiß ich, dass sie mir gegenüber ähnliche Gefühle hatte.

Das nächste Mal trafen wir uns, als Nora uns 1957 in New York besuchte. Beide wollten wir ein ›schönes Beisammensein‹, wollten wir wieder an unsere alte Vertrautheit anknüpfen. Zu dieser Zeit waren unsere beiden Eltern schon gestorben. Wir waren die letzten Überlebenden und hatten das aufrichtige Bedürfnis, die Grundlage für eine dauerhafte Freundschaft zu finden. Wir hatten uns sehr lieb und zeigten uns das auch, aber unser täglicher Umgang war steif, förmlich und voll von gegenseitigen Irritationen. Wir schienen uns auf die Nerven zu gehen, ohne doch einen erkennbaren Grund dafür zu haben. Nach meinem Empfinden waren ihre Ausdrucksweise und ihr Verhalten unpassend und schwer verständlich. Die Tatsache, dass meine geliebte kleine Schwester mir kulturell fremd geworden war, ärgerte mich, aber ich wusste nicht, wie ich damit umgehen sollte.

Acht Jahre später wurde während ihres zweiten Besuchs in New York durch einen Zufall deutlich, was der Grund für unsere Schwierigkeiten gewesen war. Wir waren allein in der Küche beim Abwaschen. Mein Mann war mit den Kindern weggegangen, und so herrschte wohl eine gewisse Ruhe. Da begann eine von uns beiden ein österreichisches Volkslied zu summen und es dann auf Deutsch zu singen. Die andere stimmte ein und sang die zweite Stimme, so wie wir es als Kinder oft getan hatten. Ein Lied folgte aufs andere – vom Grunde des Vergessens, aus dem Brunnen der Kindheit, wallten die Lieder auf im gemeinsamen Singen. Es war kein bewusstes, absichtliches Tun; wir waren uns nicht einmal ganz klar darüber, was da geschah; doch als wir zum Ende kamen, lachten wir und umarmten einander in einer Spontaneität, die uns all die Jahre gefehlt hatte. Mir war, als wären alle Barrieren zwischen uns verschwunden. Wir waren wieder zusammen wie die Kinder, die wir einmal gewesen waren. Was uns auseinandergebracht hatte – das Leben in anderen Kulturen, die unterschiedlichen Lebensstile, die getrennten Wege beim Kampf ums Überleben und Fußfassen –, all das fiel von uns ab, als uns die gemeinsame Sprache schließlich wieder zueinander führte.

Dennoch blieben wir meistens beim Englischen, sowohl bei unseren unregelmäßigen Besuchen alle zwei, drei Jahre als auch in unserer Korrespondenz. Das lag vor allem an meinem oft bekräftigten Hinweis darauf, dass ich nicht mehr auf Deutsch denke und deshalb wichtige Dinge nur auf Englisch sagen könne. Mir fehle die Leichtigkeit, sagte ich. Ich fing oft einen Brief an Nora deutsch an, gab es dann aber nach einigen Zeilen auf und schrieb englisch weiter. Nora sprach mit ihren aus Deutschland stammenden Freunden in Israel ständig deutsch, obwohl sie versuchte, ins Hebräische zu wechseln, das sie sehr schwierig fand. Englisch war insofern ein befriedigender Kompromiss. Es ist verwunderlich, dass wir auch nach unserem gemeinsamen Singen noch nicht verstanden hatten, wie wichtig die Sprache für unsere Beziehung war. Es bedurfte eines weiteren Ereignisses, um uns das unmissverständlich klar zu machen.

Dazu kam es 1973 in Sizilien. Mein Mann war einige Monate zuvor gestorben. Ich wollte und brauchte das Zusammensein mit meiner Schwester. Wir verlebten eine herrliche Woche in Sizilien, und meistens sprachen wir deutsch miteinander. Eines Abends feierten wir unser Gefühl des Vertrautseins bei einem schönen Essen in einem schicken Restaurant, und ich überzeugte Nora, die gewöhnlich höchstens ein Glas Wein trinkt, eine Flasche mit mir zu teilen. Wir waren wohl beide ein wenig beschwipst, als wir – zwei Frauen mittleren Alters in einer fremden Stadt – das Restaurant gut gelaunt verließen und uns an der nächsten Ecke am Straßenrand niederließen. Wir kicherten und lachten, und dann plötzlich begann Nora, Witze zu erzählen – alte Witze, die wir uns als Kinder erzählt hatten. Sie handelten von der berühmten Wiener Witzfigur Graf Bobby. Der war ein dummer, arroganter, selbstzufriedener Adeliger und wurde ständig von anderen verulkt und hereingelegt. Er sprach Wienerisch in einem für den Adel charakteristischen näselnden Ton. Und in genau diesem Ton erzählte meine Schwester nun einen Witz. Ich setzte prompt einen anderen Graf-Bobby-Witz drauf, den ich im selben Dialekt vortrug, und wir beide lachten uns krumm. Die Witze waren nicht sonderlich witzig, und wir waren nicht sonderlich beschwipst, aber das Lachen kam von tief unten. Wieder einmal öffnete die Sprache die Tore, und die Erinnerungen brachen von selbst hervor. In unserer Wiener Kindheit hatten wir mindestens drei Arten von Deutsch gelernt: das Hochdeutsche, das man in der Schule, mit Fremden und mit den Eltern sprach; den Küchendialekt, der mit Köchinnen, Dienstboten und Leuten aus der Unterschicht gesprochen wurde; und jene spezielle Wiener Mundart des Grafen Bobby, die korrekt wiedergegeben, aber als Verspottung des Dialekts gemeint war, dessen sich die Oberschicht befleißigte, wenn sie sich volksnah gab. Solche komplizierten sprachlichen Unterscheidungen sind es, die in Übersetzungen verloren gehen. Nora und ich schafften es schließlich, im Dialekt herumwitzelnd und mit jedem Schritt kindischer werdend, bis zum Hotel und zu unseren Zimmern zu gehen. Als wir uns Gute Nacht sagten, hatten sich unsere Gefühle füreinander zutiefst verändert. Wir mussten nicht darüber sprechen; wir wussten beide auch so, dass wir uns nach all den Jahren wiedergefunden hatten. Zusammengeführt hatte uns unsere Muttersprache, mehr noch, die Mundart unserer Kindheit, die tiefer reicht als jede formale Sprache.

In den Jahren danach verbesserte und vertiefte sich unsere Beziehung. Seit etwa zehn Jahren sind der Schriftwechsel mit Nora und unsere Treffen im Abstand von zwei Jahren die einzigen Gelegenheiten für mich, deutsch zu sprechen. Es wäre schön gewesen, hier abschließend feststellen zu können, dass damit alle Verständigungsschwierigkeiten und Entfremdungsgefühle zwischen uns ausgeräumt waren. Doch so einfach ist das Leben nicht. Unsere Beziehung ist immer noch kompliziert, aber für jede von uns von großer Bedeutung. Wir haben gelernt, wie hoch der Verlust an Intimität ist, der auf kulturelle und sprachliche Unterschiede zurückzuführen ist. Unsere Lebensläufe sind tief geprägt von unserem Flüchtlingsdasein, das es so eingerichtet hat, dass wir auf verschiedenen Kontinenten, in verschiedenen Kulturen Zuflucht suchten. Jede von uns hat einen hohen Preis gezahlt für ihre Assimilation in einer fremden Kultur, und besonders schlimm daran war, dass wir, zwei einander liebende Schwestern, uns jahrzehntelang wie Fremde begegneten.

Nach und nach vollzog sich meine Assimilation. Die Vergangenheit entschwand meinem Blick. Dann kam die Zeit, in der ich meiner Sprachkompetenz in Schrift und Sprache sicher war. Ich konnte die komplizierten Kreuzworträtsel in der *New York Times* lösen, und bei Anagrammen gewann ich für gewöhnlich gegen englische MuttersprachlerInnen. Stolz entwickelte ich besondere Fähigkeiten, etwa die, ein Gedicht oder einen Prosatext laut auf Englisch vorzutragen, während er in deutscher Sprache vor mir lag. Hätte ich mich etwas mehr angestrengt, hätte ich Simultandolmetscherin bei den Vereinten Nationen werden können. Aber meine Ablehnung der deutschen Sprache war schon zu weit fortgeschritten. Ich las keine deutschen Bücher oder Zeitungen mehr und verlor jahrzehntelang jeden Kontakt zur literarischen Entwicklung im deutschen Sprachraum. Als Leserin hatte ich mich mit den grundlegenden Werken der englischen und modernen amerikanischen Literatur vertraut gemacht und war inzwischen seit fünfzehn Jahren ›eine amerikanische Schriftstellerin‹. Doch nach dem Schnellstart mit den Kurzgeschichten hatte ich nichts mehr veröffentlicht. Zwei fertige Romane und acht Kurzgeschichten lagen ›tot in der Schublade‹. Ich war in einer Krise und zum ersten Mal in meinem Leben überlegte ich ernsthaft, ob ich das Schreiben nicht aufgeben sollte. Ziemlich verzweifelt beschloss ich, einige Collegekurse zu belegen und abzuwarten, wie es weiterginge.

Zurückblickend ließe sich vermuten, es sei mehr als Zufall im Spiel gewesen, als ich meinen ersten Kurs an der New School for Social Research belegte. Diese Einrichtung war in den späten 1930er Jahren von geflüchteten europäischen Wissenschaftlern als Exiluniversität gegründet worden und wegen der breitgefächerten wissenschaftlichen Kompetenz der Dozenten sehr anerkannt. Ich belegte einen Kurs in englischer Grammatik, den ein Emigrant aus Jugoslawien mit unaussprechlichem Namen anbot. Mein Mann dachte, ich sei nicht mehr ganz bei Sinnen, denn seiner Meinung nach verstand ich mehr von englischer Grammatik als alle Leute, die er kannte. Er schlug etliche andere Kurse vor, aber ich blieb bei meiner Entscheidung. »Es gibt da noch ein paar Unsicherheiten, was die Grammatik betrifft, und das passt mir nicht«, antwortete ich wenig überzeugend. »Ich will da völlig sicher sein können.«

An dem Kurs nahmen sieben Studenten teil: zwei gebürtige Amerikaner, ein Spanier und drei Chinesen. Die Amerikaner schnitten am schlechtesten ab, ein Chinese und ich am besten. Der Kurs machte mir nicht nur großen Spaß, sondern gab mir ein Gefühl von Kompetenz und Selbstvertrauen, das ich bei dem erfolglosen Versuch, Schriftstellerin zu werden, eingebüßt hatte. Auf kaum begreifliche Weise markierte dieser Kurs für mich das Ende eines ganzen Lebensabschnitts. Der nächste Kurs, den ich absolvierte, befasste sich mit der Dichtung im England des 17. Jahrhunderts, und danach beschloss ich, mein Universitätsstudium wieder aufzunehmen, das zwanzig Jahre vorher so jäh unterbrochen worden war. Zunächst einmal wollte ich den Bachelor-Grad erlangen. In nahezu unmerklich kleinen Schritten gelangte ich zu der Entscheidung, Geschichtswissenschaft zu studieren. Es dauerte vier Jahre, bis ich als Teilzeitstudentin den Grad eines Bachelor of Art erreicht hatte, und drei Jahre Vollzeitstudium bis zur Promotion. Rückblickend ist mir klar, dass meiner Beherrschung der englischen Sprache die gründliche Kenntnis der amerikanischen Geschichte folgen musste, bevor ich wirklich aufhören konnte, eine Immigrantin zu sein. Als sei es eine Belohnung für diese Schwerstarbeit, hatte ich schriftstellerische Erfolge, kaum dass ich mich für eine wissenschaftliche Karriere entschieden hatte. Seitdem habe ich elf Bücher und zahlreiche Artikel veröffentlicht. Man kann also sagen, dass ich nur deshalb eine erfolgreiche ›amerikanische Schriftstellerin‹ geworden bin, weil ich amerikanische Geschichte studierte.

Die Geschichte meines *Lebens in Übersetzung* sollte mit diesem *happy end* schließen, sie tut es aber nicht.

1984 wurde ich zu einem internationalen Kongress nach Wien eingeladen. Ich akzeptierte die Einladung unter großen Vorbehalten und mit einigen Ängsten, die unter anderem den sprachlichen Aspekt betrafen. Ich sollte zwei Vorträge halten, aber ich fühlte mich so inkompetent, was das Deutsche anging, dass ich eine Studentin am germanistischen Fachbereich meiner Universität bat, meine Redetexte zu übersetzen. Diese Übersetzungen las ich vom Podium aus vor und fühlte mich dabei wie eine Betrügerin. Auch zur Konversation reichte mein Deutsch nicht aus, denn mir fehlte der größte Teil des Vokabulars meines neuen Fachgebiets Frauengeschichte.

Im Jahre 1986 erschien mein Buch *The Creation of Patriarchy*, Die Entstehung des Patriarchats, auf Deutsch. Mein Verlagsvertrag beinhaltete das Recht, die Übersetzung redaktionell zu bearbeiten. Lektorin und Übersetzerin erwiesen sich als sehr großzügig bei der Interpretation dieser Regelung, und so konnte ich die deutsche Fassung sorgfältig durcharbeiten, erst im Manuskript und dann in den Korrekturabzügen. Das war ein sehr schwieriger Prozess für mich, der mir erneut die Unsicherheiten meiner Deutschkenntnisse zu Bewusstsein brachte. Ich fühlte mich völlig inkompetent, was die wissenschaftliche Sprache der für das Buch relevanten Fachgebiete betraf – Paläontologie, Anthropologie, Altertumsforschung, speziell im Vorderen Orient. Außerdem fehlte mir jede Kenntnis der deutschen Fachbegriffe im Bereich der Frauenforschung und der feministischen Diskussion der vergangenen zwanzig Jahre. So saß ich denn wieder umgeben von Wörterbüchern und lernte noch einmal meine Muttersprache neu.

Aber es geschah noch etwas anderes. Mein ›Gespür‹ für die Sprache war noch vorhanden, was sich darin äußerte, dass ich ein untrügliches Stilgefühl hatte. Ich merkte, wenn etwas in der Übersetzung nicht stimmte, selbst wenn ich manchmal meiner mangelnden Sprachkenntnisse wegen nicht genau sagen konnte, was ich für falsch hielt. Ich arbeitete eng mit meiner geduldigen und kenntnisreichen Übersetzerin zusammen und lernte viel dabei.

Der Verleger lud mich aus Anlass des Erscheinens meines Buches zu einer Vortragsreise nach Deutschland ein. Durch die Arbeit an der Übersetzung gut vorbereitet, wagte ich den Versuch, auf Deutsch über mein Buch zu sprechen. Trotz einer gewissen Ängstlichkeit ging ich so vor, als hielte ich eine Vorlesung in einer Fremdsprache. Jeder Vortrag wurde schriftlich ausgearbeitet und ich überlegte mir Antworten auf Fragen, von denen ich annahm, dass sie gestellt werden könnten. Den Vorträgen stellte ich eine kurze Erklärung voran, die über meine Situation als Emigrantin informierte und mich für den Fall sprachlicher Unrichtigkeiten absichern sollte. »Sie werden sich vielleicht über meinen eigenartigen Akzent und manchmal auch meine Wortwahl wundern. Obwohl Deutsch meine Muttersprache ist, habe ich in den letzten fünfzig Jahren kaum deutsch gesprochen und noch nie in Deutschland einen Vortrag gehalten.« Die Reaktion des Publikums war positiv, obwohl ich hin und wieder englische Begriffe verwenden und die Anwesenden um Hilfe bei der Übersetzung bitten musste. Nach einem dieser Vorträge kam eine Frau zu mir und lobte mein Deutsch. Ich dachte, sie wolle nur höflich sein, und wehrte ab. Aber sie blieb dabei: »Doch, Sie sprechen gut Deutsch. Was ich besonders bewundere ist, dass Sie das reinste Deutsch sprechen, das ich je gehört habe.« »Rein?« »Ja«, sagte sie, »nicht korrumpiert von den Nazis und durch alle Entstellungen des modernen Sprachgebrauchs.« Das war ein nettes Kompliment, aber ich fühlte mich ein wenig wie eine Antiquität.

Nach dieser Vortragsreise lebte mein Interesse für die deutsche Sprache wieder auf. Für das Buch, an dem ich damals arbeitete, *The Creation of Feminist Consciousness*, Die Entstehung des feministischen Bewusstseins, wertete ich viele deutsche Quellen aus, darunter auch mittelhochdeutsche Texte. Als ich diese Texte durcharbeitete, kehrten meine früheren Fähigkeiten zurück. Es fehlte mir nach alledem nur noch das Vokabular der letzten fünfzig Jahre. Zu Beginn meiner redaktionellen Mitarbeit an der Übersetzung dieses zweiten Buches ins Deutsche fühlte ich mich den Anforderungen gewachsen. Nun hatte ich sehr viel häufiger Anregungen für die Übersetzerin, meistens den Stil betreffend. Der Inhalt der Übersetzung stimmte, aber es war nicht mein, sondern ihr Stil. Wir arbeiteten daran und nahmen Korrekturen vor. Nach der Mitwirkung an der Übersetzung des zweiten Buches hatte ich das Gefühl, wirklich zweisprachig zu sein.

Mein neugewonnenes Selbstvertrauen zeigte sich während der Präsentationstour zu meinem zweiten Buch in Deutschland. Obwohl ich die Vorträge noch immer schriftlich ausarbeitete, fühlte ich mich doch in der Lage, auf Fragen ohne jede Vorbereitung frei auf Deutsch zu antworten. Während einer dreiwöchigen intensiven Lehrtätigkeit an einer deutschen Universität kam ich mit einigen vorbereiteten deutschen Notizen aus, und schließlich hielt ich meine Vorlesungen in Deutsch anhand der englischen Notizen für meine Lehrveranstaltungen in den USA.

Die Nationalsozialisten haben mich meiner Muttersprache beraubt, aber es war meine eigene Entscheidung, mich auf fast gewaltsame Art von der Kultur Europas zu trennen. Es war mein intensiver Wunsch, zu schreiben und eine ›amerikanische Schriftstellerin‹ zu werden. Das brachte mich dazu, der Sprache meiner Kindheit zu entsagen, ohne mir darüber klar zu sein, welchen Preis ich dafür würde zahlen müssen. Durch mein Schreiben habe ich den Weg zurück gefunden, doch mir scheint jetzt, dass der Preis, den ich gezahlt habe, zu hoch war. Das Wiedergewinnen der Muttersprache bietet, zumindest teilweise, einen heilsamen Ausgleich für andere Verluste, aber mein Gedächtnis ist nun ein völlig anderes. Früher war das, was man verloren hatte, in einen tiefen Abgrund des Vergessens hinabgesunken – man deckte ihn zu und fing von vorne an, ohne den Verlust im einzelnen zu ermessen. Doch nun ist in meine Erinnerung auch einbezogen, was ich verloren habe und was für einen Preis ich dafür zahlen musste und was hätte werden können, wenn ich Schriftstellerin in meiner eigenen Sprache geworden wäre. Dann wäre ich in der Lage gewesen, den Spalt zwischen Fühlen und Denken, zwischen den bewusst erlernten Fähigkeiten und den vielfältigen Schwingungen des Unbewussten zu schließen. Dann hätte ich, »mich am Seil der Sprache entlang tastend«, eine poetisch reichere Form für das gefunden, was ich zu sagen hatte. Wenn man *in Übersetzung* lebt, wird man zum Trickspieler, überschlau und allzu sehr mit den technischen Fertigkeiten befasst. Ich beneide alle, die im Vollbesitz ihrer Muttersprache leben können, denen die Unmittelbarkeit, durch die das Schöpferische seine Form findet, nicht genommen worden ist.

Es gibt Werke, die man nicht übersetzen kann. Es gibt Wunden, die vernarben, aber niemals heilen.

4

Über Geschichte und Gedächtnis

*Käthe Leichter (1895–1942) war in Österreich während der
1920er und 1930er Jahre eine prominente linkssozialdemokrati-
sche Politikerin. Die Soziologin und Feministin widmete den
größten Teil ihres Lebens Studien und Veröffentlichungen über
die Situation von Frauen der Arbeiterklasse und dem Versuch,
diese Frauen in Partei und Gewerkschaft zu organisieren. In den
Jahren des klerikalfaschistischen Regimes von 1934 bis 1938,
die sie teils im Exil, teils in Österreich verbrachte, war sie an der
Organisation des illegalen Widerstands beteiligt. Auch nach der
Besetzung Österreichs durch das nationalsozialistische Deutschland setzte sie diese Untergrundarbeit fort. Sie wurde von einem
Genossen verraten, inhaftiert, verurteilt und ins Konzentrationslager Ravensbrück gebracht. Selbst dort hatte sie die Kraft,
anderen, ihren Mitgefangenen, beizustehen. 1942 wurde sie in
der Gaskammer ermordet.*

*Der Staatspreis zu ihrem Gedächtnis wird jedes Jahr an eine
Österreicherin verliehen, die sich auf dem Gebiet der Frauengeschichte Verdienste erworben hat. Bisher waren das relativ junge Frauen. Ich bin die erste jüdische Emigrantin, die vor dem
Hitlerfaschismus aus Österreich hatte fliehen müssen, die diesen
Preis erhalten hat – fünfzig Jahre nach dem erzwungenen Exil.
Hier abgedruckt ist meine Dankesrede, zur Dokumentation in
der sprachlich unüberarbeitet belassenen Originalfassung. Es
war mein erster deutscher Text nach fünfzig Jahren, in denen ich
kaum Deutsch gesprochen und nichts auf Deutsch geschrieben
hatte. Für die in den USA erschienene Ausgabe dieses Buches
hatte ich den Text ins Englische übersetzt.*

Festrede anlässlich der Verleihung des Käthe-Leichter-Preises – österreichischer Staatspreis für die Frauengeschichte der Arbeiterinnen- und Arbeiterbewegung

Der Preis, mit dem Sie mich heute auszeichnen, ist mir doppelt bedeutsam: weil er Frauen und die Frauenforschung würdigt und weil er nach Käthe Leichter benannt ist.

Käthe Leichter personifiziert die höchsten Ideale des Feminismus – lebenslange Aktivität im Interesse aller Frauen, aber besonders der Frauen der Arbeiterschicht; die Überzeugung, dass gesellschaftliche Reformen nur dann auf Gerechtigkeit beruhen, wenn sie sowohl Frauen als auch Männer befördern; ihr kompromissloser und heldenhafter Einsatz gegen den Faschismus und Nationalsozialismus, der sie das Leben kostete. In Käthe Leichters Leben gab es keine Trennung zwischen Theorie und Praxis, sie verband ihre Arbeit als Journalistin und Organisatorin mit ihren Pflichten als Mutter und Gattin, ihre politische Führungsrolle mit ihrer Forschungsarbeit als Sozialwissenschaftlerin. Käthe Leichter war heroisch in ihren Leistungen, denn sie wagte es, in einer Zeit des Terrors und der Unterdrückung den Widerstand weiter zu organisieren und den Gräueln der Nazistaatsmacht die mutigen Worte des Humanismus auf dünnen Flugblättern entgegenzusetzen. Dafür hat man sie ins Gefängnis geworfen und dann im KZ vergast – und wir erinnern uns ihrer, indem wir in ihrem Namen andere Frauen ehren und so ihre Arbeit, ihre Ideale, fortsetzen. Der Brief, der mir die Einladung zu dieser Preisverleihung brachte, kam vom Bundeskanzleramt, Ballhausplatz Nr. 1. Als ich diese Adresse las, sah ich sofort den schönen Platz und das imposante Gebäude vor meinen Augen, als wäre es noch damals. Und dann kam noch eine starke Erinnerung: Am 25. Juli 1934, dem Tag, an dem österreichische Nazis den Bundeskanzler Dollfuß ermordeten, kam ich gegen Abend nach Hause. Ich wusste von dem Attentat nur durch die Schlagzeilen der Extraausgaben auf der Straße. Es war schon fast dunkel und in vielen Wohnungen hatten die Leute Kerzen angezündet, eine Kerze in jedem Fenster. Ganz spontan, keiner hat das organisiert, aber da gab es doch noch genug anständige Menschen, die trauern und ihre Solidarität gegen die Nazimörder zeigen wollten. Ich erinnere mich, dass mich das damals so sehr berührt hat, dass ich geweint habe, obwohl ich sonst mit dem Bundeskanzler Dollfus keineswegs übereingestimmt habe, denn ich habe ihn als den Mann angesehen, der im Februar 1934 die Demokratie ermordet und den Weg zum Faschismus vorbereitet hat. Aber die flackernden Kerzen in so vielen Fenstern waren wie ein Zeichen, ein Omen – nicht nur Engelbert Dollfus war tot, sondern auch die Zukunft.

Und dann trat mir das nächste Bild vor Augen, der 12. März 1938. Die Sonne schien an dem Tag, und aus jedem Fenster, aus jedem Haus, flackerten die Hakenkreuzfahnen, und ich dachte an die Kerzen damals, nur vier Jahre früher, und ich wusste, dass es nun zu Ende war, für mich, für uns Juden, für die Demokratie, für das freie Österreich. Damals habe ich nicht geweint, eine lange Zeit nicht, denn Weinen konnte man sich nicht leisten, wenn man überleben wollte.

Käthe Leichter hat es nicht überlebt, und meine Tante, meiner Mutter Schwester, Frau Dr. Margit Neuer, eine Wiener Ärztin, die in Auschwitz vergast wurde, hat es nicht überlebt. Ich will nicht weiter die Namen der Toten aufzählen, denn das tut zu weh. Doch muss es gesagt werden, wenn man heute feiert und geehrt wird, denn unsere Toten sind ja immer mit uns; wir können nicht vergessen. Man wollte mich ja genau so umbringen wie sie. Ich bin nur heute da, weil ich damals zufällig nicht umgekommen bin.

Das Ritual der Preisverleihung im Namen einer ermordeten Toten stößt uns unweigerlich darauf, die Frage des Gedächtnisses, die Frage des kollektiven Gedenkens durch Geschichtsschreibung zu erörtern. Diejenigen, die den Sturm der Verfolgung und des Rassenhasses am eigenen Leib erlebt und überlebt haben, tragen ihre Verpflichtung zum Gedenken wie eine schwere Bürde durchs Leben. Man kann nicht vergessen und man darf nicht vergessen und man soll Zeuge sein. Aber meine Generation ist jetzt schon sehr alt, in zwanzig Jahren wird es keine Augenzeugen mehr geben. Und diese Erinnerungen, die wir wie ein vergiftetes Paket an die nächsten Generationen weiter geben –

die Botschaft, dass jeder Mensch der ärgsten Gräueltaten fähig ist, wenn die Gesellschaft, in der er lebt, solche Gräueltaten legitimiert –, diese Botschaft ist ja letzten Endes ganz unnötig. Die Weltgeschehnisse, wie sie die täglichen Nachrichten uns ins Haus bringen, illustrieren dieselbe Botschaft, vielleicht stärker und eindrucksvoller als wir mit unseren alten Geschichten. Ruanda und Bosnien, Kaschmir, Tschechien – man sieht die Gräuelbilder, man hört die Berichte der Augenzeugen und man wendet sich ab mit dem zynischen Gedanken, dass niemand aus der Geschichte etwas gelernt hat.

Aber es ist nicht die Funktion der Geschichte, uns ethische Lehren einzutrommeln. Die Geschichte ist das Archiv der menschlichen Erfahrungen, Erlebnisse und des Denkens früherer Generationen: sie ist unser kollektives Gedächtnis. Das Einzige, was man von der Geschichte lernen kann, ist, dass Aktionen Konsequenzen haben und dass gewisse Handlungen und Entscheidungen, einmal getroffen, nicht wieder zurückzunehmen sind. Und genauso, wie man im persönlichen Gedächtnis »vergessen« und sich Gedächtnisse auswählen kann – man erinnert sich an das, woran man sich erinnern *will* und lässt das Übrige aus –, so kann man das mit dem kollektiven Gedächtnis tun. Solch kollektives Vergessen der dunklen Seite der Geschehnisse schadet dem Einzelnen wie der Gesellschaft, denn man kann weder heilen noch in der Zukunft bessere Entscheidungen fällen, wenn man sich der Verantwortung für die Konsequenzen vergangener Handlungen entzieht.

Das große Vergessen, das selektive Gedächtnis, hat besondere Bedeutung für Frauen. Frauen stellen die Hälfte der Menschheit dar, sie haben immer mehr als die Hälfte der gesellschaftlichen Arbeiten und Pflichten erfüllt und haben in der Geschichte eine aktive und bestimmende Rolle gespielt. Und dennoch erscheinen sie in der aufgezeichneten Geschichte als Randständige, die zur Entwicklung der Menschheit lediglich »marginale« Beiträge geleistet haben. Es handelt sich hier um ein großes Vergessen der Hälfte der Menschheit seitens der männlichen Geschichtsschreiber, das darauf beruht, dass patriarchale Werte die Geschichtsschreibung bestimmen und ordnen, d.h. dass die Aktivitäten der Männer von vornherein als bedeutsamer und wichtiger gelten als die Aktivitäten der Frauen. Krieg und Politik werden für die Menschheitsgeschichte als wichtiger erachtet als z.b. das Aufziehen von Kindern. Wenn man solche Werte als Gegebenes nimmt, dann begeht man den grundsätzlichen Irrtum, die Hälfte als das Ganze zu sehen und die andere Hälfte zu »vergessen«. Die Konsequenz ist nicht nur eine Ungerechtigkeit den Frauen gegenüber, sondern – und das ist viel wichtiger – eine Verzerrung der Wahrheit, die es sowohl Männern als auch Frauen unmöglich macht, ein auch nur annähernd richtiges Bild der Vergangenheit zu erfassen.

Frauen haben immer Geschichte gemacht, in ihr gelebt und sie gestaltet. Aber die Geschichte der Frauen war bis auf die letzten 30 Jahre durch eine für sie typische Verzerrung gekennzeichnet: Wir sahen sie nur durch die Linse der Wahrnehmungen von Männern und nochmals gebrochen durch die Wertvorstellungen, aus denen Männer ihre Maßstäbe beziehen. Die neue Frauengeschichte unternimmt es, die fehlende Hälfte zu rekonstruieren und Frauen als aktive Agenten in der Geschichte in den Mittelpunkt der Geschehnisse zu bringen, so dass die geschriebene Geschichte, die Historie, endlich doch die duale Natur der Menschheit ausgewogen widerspiegelt – ihren weiblichen und ihren männlichen Aspekt.

Frauen sind nicht die einzige Gruppe, die in der Geschichtsschreibung »vergessen« wurden. Führende Eliten in allen Ländern haben immer die Menschen der Unterschichten, sowohl Sklaven wie Proletarier wie Kolonialvölker, selektiv vergessen und in ihrer Geschichtsschreibung nur am Rande erwähnt. Nach jedem Befreiungskampf einer unterdrückten Klasse oder Schicht haben Menschen dieser Gruppe ihre eigene Geschichte wieder aufgebaut und neu definiert. Frauen sind die Gruppe, die geschichtlich gesehen am längsten in der untergeordneten, zweitrangigen Situation geblieben ist und die länger als je eine andere Gruppe brauchte, bis sie eine Emanzipationsbewegung zustande brachte. Die Position der Frau als Mitglied unterdrückter Klassen und Schichten war jedoch immer in wesentlicher Hinsicht verschieden von der Stellung der männlichen Mitglieder ihrer Gruppe. Frauen waren immer und sind noch heute schlechter bezahlt als Männer, sie werden überwiegend in den schlechtesten Positionen beschäftigt, sie werden als Sexarbeiterinnen ausgebeutet und stellen auf der ganzen Welt die Mehrzahl armer Menschen. Als Käthe Leichter über Arbeiterfrauen und deren Geschichte forschte und schrieb, hat sie diese beiden Formen der Unterdrückung angegriffen, die der Klasse und die des Geschlechts.

Die feministische Geschichtsschreibung der letzten dreißig Jahre setzt diese Arbeit fort und sucht nach einem holistischen Weltbild, das die Unterschiede zwischen Menschen anerkennt und respektiert und dennoch die Gemeinsamkeit des menschlichen Strebens in all seiner Vielschichtigkeit wiedergibt.

Indem man sich erinnert, indem man das Ganze bedenkt und nichts auslässt aus der Erinnerung, bekämpft man das System der Verzerrung und der Halbwahrheiten, aus dem Sexismus, Klassenhass, Rassismus und Antisemitismus ihre giftige Nahrung beziehen.

Das Erlebnis des Antisemitismus und Faschismus hat mich zur Frauengeschichte geführt, denn ich erlebte am eigenen Leib, was es bedeutet, wenn man als »die Andere«, die Außenseiterin definiert wird. Man war ein respektabler, bürgerlicher Mensch, mit Klassenprivilegien, mit guter Erziehung und guten Aussichten, eine patriotische Österreicherin, die Wien liebt und die österreichische Kultur als ein Vorbild für die Weltkultur betrachtet. Und dann, innerhalb weniger Wochen, wird man nur als »die Jüdin« definiert, »die Andere«, die Außenseiterin, und dann, nicht viel später, einfach als Ungeziefer, das vernichtet werden darf und soll. Und man hat keinen Pass mehr, keine Staatsbürgerschaft, keine Landeszugehörigkeit, man steht also identitätslos, plötzlich völlig außerhalb der menschlichen Gesellschaft, ohne Rechte, ohne Schutz. Wenn man das selbst erlebt hat, dann versteht man die Macht der Sozialdefinitionen, die Macht der herrschenden Gruppen, Devianz zu definieren. Und man versteht, wie solche Definitionen willkürlich auf verschiedene Zielgruppen übertragen werden können – auf Frauen, die als biologisch minderwertig definiert werden, auf andere Rassen, andere Religionen, auf Ausländer, auf irgendwie Andersartige. Keiner ist davor gefeit; irgendwo und unter irgendwelchen Umständen kann uns das allen passieren – ganz egal,

welcher Gruppe wir angehören; wir könnten alle einmal alt werden oder körperlich behindert sein oder einfach »anrüchig«
werden, weil wir anders denken als die jeweilige Majorität. Unter solchen Umständen würden wir dann selber Mitglieder einer
von den Jungen, den Gesunden, von der Majorität diskriminier-
ten Zielgruppe. Die einzige Sicherheit, die es gegen diesen Prozess der Distanzierung und Fremdmachung gibt, ist die Erkenntnis, dass man das komplexe System der Devianzdefinition, der
Stigmatisierung, der Diskriminierung abbauen muss, in welcher
Form auch immer es sich zeigt.

Käthe Leichter war bis zu ihrem Tode im Gefängnis, im KZ,
ein fühlender, aktiver Mensch, der sich um andere Menschen
kümmerte. Sie hätte wahrscheinlich ihr Leben retten können,
wenn sie, vor der Verhaftung gewarnt, geflohen wäre. Aber als
sie hörte, dass die Gestapo ihre kranke Mutter bedrohte, stellte
sie sich freiwillig der Verhaftung, damit man ihre Mutter nicht
weiter plage. Sie war und bleibt ein Beispiel für spätere Generationen.

Das Land meiner Heimat, das mich vor mehr als fünfzig Jahren als Außenseiter, als Untermensch, ausgestoßen hat, ehrt
mich heute im Namen dieser großen Frau. Ich nehme an, das
solche Ehre ein Zeichen neuen Denkens ist, ein Suchen nach einem einschließenden Gedächtnis, in dem das Dunkle wie dass
Licht seinen Platz hat. Im Namen der so lange »vergessenen«
Frauen der Vergangenheit, für die Frauengeschichte und für die
Ideale der Käthe Leichter nehme ich diesen Preis an, mit Dank
und einem tiefen Gefühl der Verbundenheit mit den Vergessenen, den Vertriebenen und denen, die es wagten, in dunkler
Stunde Menschen zu bleiben.

II.

Geschichte:
Theorie und Praxis

5

Gewaltfreier Widerstand:
Die Geschichte einer Idee*

Das Konzept des gewaltfreien Widerstands ist in den Vereinigten Staaten im 20. Jahrhundert von der Bürgerrechtsbewegung und der modernen Friedensbewegung theoretisch vertreten und praktisch angewandt worden. In den Medien und im öffentlichen Bewusstsein ist die Praxis des gewaltfreien Widerstands gewöhnlich mit den Namen Martin Luther King, Mahatma Gandhi und Henry David Thoreau verbunden. Nach allgemeiner Auffassung hat Thoreau 1849 in seinem Essay *Civil Disobedience*, Ziviler Ungehorsam,[1] als erster dieses Konzept zur Diskussion gestellt, das später die politische Praxis von Gandhi und King beeinflusst hat. Tatsächlich aber ist die Geschichte der Idee vom gewaltfreien Widerstand sehr viel komplexer. Ihre Wurzeln reichen weit zurück in die amerikanische Geschichte; ihre praktische Umsetzung wurde in den Vereinigten Staaten erprobt und weiterentwickelt, bevor sie in aller Welt Beachtung fand und übernommen wurde, um dann, fast einhundert Jahre später, wieder dort an Bedeutung zu gewinnen, wo sie entstanden war.

»In der Geschichte der Idee der Gewaltfreiheit ist Amerika öfter Lehrer als Schüler gewesen«, stellt Staughton Lynd in der Einleitung zu seiner Dokumentation der Geschichte der Gewaltfreiheit fest.[2] So ist es. Theorie und Praxis des gewaltfreien Widerstands wurden in Amerika ebenso von Frauen wie von

---

* Überarbeiteter Text eines am 26. Oktober 1983 als Harvey Wish Memorial Lecture an der Case Western Reserve Universität gehaltenen Vortrags.

Männern entwickelt – eine Tatsache, die von der Geschichtsschreibung, in der die Frauen des gewaltfreien Widerstands gewöhnlich als Gefolgschaft unter männlicher Führung erscheinen,
selten gewürdigt wird. Wenn wir nun den Spuren der Idee und ihrer praktischen Umsetzung in den letzten 150 Jahren nachgehen,
so werden wir die Kontinuität des Einsatzes für soziale Gerechtigkeit und Frieden nicht nur von Männern, sondern auch von
Frauen erkennen. Außerdem müssen wir ein noch wichtigeres,
eher philosophisches Problem in unsere Überlegungen einbeziehen, nämlich die Frage nach dem Verhältnis zwischen Ideen und
politischem Handeln. Welche Wechselbeziehungen bestehen zwischen politischer Theorie und Praxis? Gewaltfreier Widerstand
bietet ein gutes Beispiel für die Untersuchung sowohl der gegenseitigen Beeinflussung von Theorie und Praxis als auch der Abfolge von Kontinuität und Bruch in der Ideengeschichte.

Die Vorstellung vom gewaltfreien Widerstand gegen das Böse
ist westlichen und östlichen Kulturen gemeinsam. Sie geht zurück auf die im Alten und Neuen Testament wie in der Lehre
Buddhas enthaltene Aufforderung, in der Auseinandersetzung
mit einem Übel, das einem angetan worden ist, auf die Anwendung von Gewalt zu verzichten.[3] Zwischen den Begriffen *nonre-
sistance* (Verzicht auf Widerstand) und *nonviolent resistance*
(gewaltfreier, gewaltloser Widerstand) ist oft kein Unterschied
gemacht worden, aber ihre Bedeutung hat, wie wir noch sehen
werden, Veränderungen in ihrer jeweiligen inhaltlichen Akzen-
tuierung erfahren und weicht nun voneinander ab. Zu allen Zeiten haben manche Christen im Glauben an die erlösende Kraft
des Leidens körperliche Folter und Gewaltanwendung erduldet
und in wehrlosem Protest den Märtyrertod hingenommen.
Gläubige der meisten Weltreligionen sind zu verschiedenen Zeiten im Einstehen für ihren Glauben zu Opfern von Verfolgung,
Inhaftierung, Folter und Mord geworden. In der Neuzeit nahmen radikale Sekten des Protestantismus mit seiner Betonung
der Autorität und Verantwortlichkeit des individuellen Gewissens die Tradition der christlichen Märtyrer wieder auf. Einige
von ihnen, etwa die Anabaptisten, legten durch stoisches Ertra-
gen von Folter und Ausrottung Zeugnis ab von der Kraft ihres
Glaubens. Andere, wie die Quäker, machten das Leiden und das

Erdulden von Verfolgung zu einem Mittel der Bekehrung und Beeinflussung ihrer Mitmenschen.

Die Verbindung zwischen der europäischen Tradition und Amerika entstand durch die Quäker. 1656 kamen Ann Austin und Mary Fisher nach Boston, entschlossen, die Massachusetts Bay Colony von der sündhaft falschen Lehre des Puritanismus zu befreien und zumindest Toleranz gegenüber den Quäkern zu erreichen. Sie wurden umgehend deportiert. Bald darauf kamen andere Quäker und begaben sich in eine offene Auseinandersetzung mit den Puritanern. Trotz Auspeitschung, Gerichtsverfahren und immer härteren Strafen hielten sie illegale Versammlungen ab, verbreiteten ihre Traktate und versuchten zu predigen. Sie lehnten es ab, ihre Verbannung zu akzeptieren, auch wenn sie das mit dem Tode bezahlten, und kehrten wieder und wieder zurück in das *Holy Commonwealth* der Puritaner.

Weibliche Quäker waren ebenso unbeugsam und unbeirrbar wie ihre Glaubensbrüder. Eine herausragende Stellung unter ihnen nahm Mary Dyer ein. Mit Mann und Kindern aus England eingewandert, wurde sie 1635 in eine Bostoner Kirchengemeinde aufgenommen. Als Anne Hutchinson aus dieser Gemeinde als Ketzerin exkommuniziert wurde, begleitete Mary Dyer als einzige die Verurteilte demonstrativ aus der Kirche. Deshalb wurde auch sie exkommuniziert. Die Familie übersiedelte nach Rhode Island, wo Dyer den Quäkern beitrat. 1657 kehrte sie nach Boston zurück, um dort ihren Glauben zu verbreiten, und wurde ins Gefängnis gebracht. Ihr Mann setzte ihre Entlassung durch, nachdem er versprochen hatte, ihr Wohlverhalten sicherzustellen, bis sie die Kolonie verlassen hätte. Doch Mary Dyer kam nach zwei Jahren zurück und wurde unter Androhung der Todesstrafe für den Fall einer weiteren Einreise erneut aus Boston verbannt. Da sie sich von Gott berufen fühlte, kehrte sie schon innerhalb eines Monats mit zwei männlichen Quäkern zurück, entschlossen, auf friedlichem Wege »das blutrünstige Gesetz gegen die Ketzer« außer Kraft zu setzen. Alle drei wurden zum Tode verurteilt und im Oktober 1659 durch die Straßen von Boston zum Galgen geführt. Mary Dyer wurde gezwungen, die Exekution ihrer Glaubensbrüder mit anzusehen. Anschließend teilte man ihr mit, dass ihr auf Betreiben ihres Sohnes William durch eine Intervention des Gouverneurs die Strafe erlassen worden sei. Mary Dyer lehnte diesen Gnadenakt ab und forderte »wie Esther vor Ahasver«, statt des Straferlasses das ungerechte Gesetz aufzuheben. Dennoch wurde sie nach Rhode Island deportiert. Im Mai 1660 war sie zurück in Boston, »um ihr Leben hinzugeben«. Diesmal wurde die Todesstrafe vollstreckt. Sie wurde gehenkt »als ein Fanal für andere, sich ein Beispiel daran zu nehmen«, im Tode Zeugnis ablegend für ihren Glauben. Mit ihren Worten: »Ich kam auf Befehl des Herrn und ich gehe auf seinen Befehl.« Mary Dyer wählte den Tod, um ihren Glauben ohne Einsatz von Gewalt zu stärken und zu verbreiten. Beinahe hatte sie Erfolg. Nach ihrem Tod wurde in Massachusetts nur noch ein Quäker hingerichtet, bald darauf nach einer Intervention der Krone die Verfolgung eingestellt.[4] 1675 konnten sich die Quäker in Bosten frei versammeln – die puritanische Kolonie hatte gelernt, »Häretiker« zu tolerieren, und der gewaltfreie Widerstand hatte einen wichtigen Sieg errungen.

Hundert Jahre später ging der Quäker John Woolman all denen mit gutem Beispiel voran, die ein persönliches Zeugnis gegen die Übel der Gesellschaft ablegen wollen. Während er die Südstaaten bereiste, wandte er sich auf eine ganz individuelle Weise gegen die Sklaverei. Dabei sah er, harmlos wirkend, von jeder Art offensiven oder aggressiven Verhaltens ab, und auf den ersten Blick konnte man seine Methoden für überaus unzweckmäßig halten. Er diskutierte mit Sklavenhaltern; er versuchte sie davon zu überzeugen, dass die Sklaverei eine Sünde sei. War er bei einem von ihnen zu Gast, so bestand er darauf, diesem die Dienste seiner Sklaven zu bezahlen. »Verhalten ist überzeugender als Worte«, meinte er, und für Hunderte von Südstaatlern wurde er zum lebenden Beweis für die Macht auch nur eines redlichen Gewissens. Für John Woolman und Anthony Benezet waren ihre Aktionen gegen die Sklaverei ebenso wie ihre Weigerung, während des *French and Indian War* (Krieg der Engländer gegen Frankreich und Indianerstämme des Ostens 1754–1763) Steuern zu entrichten, höchst persönliche Ausdrucksformen ihres starken religiösen Glaubens. Ihr Ziel war die Übereinstimmung von Glauben und Handeln, eine Glaubensunterweisung mehr durch Beispielgeben als durch Predigen. So gelang es ihnen zumindest, das Gewissen ihrer Mitgläubigen aufzurütteln: Ab 1774 war es den Quäkern untersagt, Sklaven zu halten.[5]

Das Prinzip, nach dem die christlichen Märtyrer und die Quäker handelten, war der Verzicht auf gewaltsamen Widerstand gegen das Böse. Die Anhänger dieses Prinzips folgen dem biblischen Gebot »Ihr sollt nicht widerstreben dem Übel« (Matthäus 5,39). Statt mit Wut und Hass auf ein Übel zu reagieren, das einem angetan worden ist, wird dem Übeltäter mit Liebe begegnet. So kann er als Antwort auf sein Tun Liebe erfahren, was ihn zumindest so sehr beschämen wird, dass auch er nicht wieder mit Wut und Hass reagiert. Das soll den unseligen Kreislauf von gegenseitigen Anfeindungen und Gewaltanwendung durchbrechen und den Weg frei machen für Vergebung und Versöhnung. Nach dieser Auffassung sind die Mittel des Handelns ebenso wichtig wie dessen Ziel. Ein schlechtes Mittel kann nichts Gutes bewirken.

Die Reformer, die sich in den 1830er Jahren für die Abschaffung der Sklaverei einsetzten, standen in der Tradition Woolmans, doch in mancher Hinsicht waren sie ein neuer Menschenschlag. Sie teilten die traditionellen Auffassungen der protestantischen Reformer, denen zufolge die Sklaverei eine Sünde ist, so wie Trunksucht und Unmoral. Da es sich um eine Sünde handelte, bestand die Hoffnung, sie könne durch Bekehrung des Sünders überwunden werden. Nichts wäre geeigneter, den Sünder auf den Weg der Tugend zurückzubringen, als das moralische Vorbild, inständiges Gebet und die Bereitschaft, um seinetwillen das Martyrium auf sich zu nehmen. Diesen Reformern fehlte das Wissen um die vielfältigen ökonomischen und sozialen Ursachen der Sklaverei und sie erkannten nicht, wie mächtig in allen Teilen der Gesellschaft die Interessengruppen waren, die einen unmittelbaren Vorteil aus der Erhaltung der *Peculiar Institution*, der ›einzigartigen Institution‹, des Südens zogen. Aber sie wussten, dass sie nur dann Erfolg haben würden, wenn sie eine Bewegung in Gang setzen könnten, die politische und rechtliche Veränderungen in der Regierungspolitik auf nationaler Ebene durchzusetzen in der Lage wäre. In der Regierungszeit von Präsident Jackson begannen die Abolitionisten (Bewegung zur sofortigen Abschaffung der Sklaverei) eine neue, anscheinend aussichtslose Kampagne in der Absicht, Millionen von Amerikanern auf ihre Seite zu ziehen, die keine Sklaven hielten, aber dennoch den Zielen der Antisklavereibewegung gleichgültig oder gar feindlich gegenüberstanden.

Das Ziel dieser Bewegung war hoch gesteckt und nur Menschen mit einer unbeirrbaren Überzeugung konnten es zu erreichen suchen. In den Südstaaten wurde es, anders als in den Tagen John Woolmans, nicht mehr toleriert, eine kritische Auffassung über die Sklaverei frei zu äußern. Die Nordstaaten waren zerstritten und zwiespältig in ihrer Einstellung zur Sklaverei und reagierten mit Abwehr auf alle, die ihnen die Problematik vor Augen führten. Die Bereitschaft, auch unter Schmerzen und Leid für die gute Sache einzustehen, erhielt mehr als rhetorische Bedeutung; sie wurde zu einer Haltung, die unter Beweis zu stellen jeder Abolitionist häufig Gelegenheit hatte.

Immer wieder kam es in den Nordstaaten zu Angriffen einer wütenden Menschenmenge auf Versammlungen der Abolitionisten. 1834 musste die Armee des Staates New York in New York City gegen Krawalle einschreiten, die sich erst gegen Abolitionisten gerichtet hatten und dann in der Stadt lebende Schwarze bedrohten. Bei einem Aufruhr in Philadelphia wurden 45 Wohnungen Schwarzer zerstört, viele Personen verletzt und eine ermordet. In anderen Orten wurden Vertreter der Abolitionisten mit Steinen beworfen, geteert, gefedert und verprügelt. Druckmaschinen der Bewegung wurden zerstört, Versammlungshallen niedergebrannt. Bürger, die mit den unpopulären Auffassungen sympathisierten, wurden belästigt, gesellschaftlich geächtet und manchmal aus der Stadt getrieben. In diesen Jahren des permanenten Kampfes veränderten die Abolitionisten das Konzept des gewaltfreien Widerstands gegen das Böse von einem persönlichen, religiös begründeten Ausdruck einer moralischen Überzeugung hin zu einer gezielten Taktik der Schwachen und zahlenmäßig Unterlegenen. Aus den über die Jahre gesammelten Erfahrungen entwickelten sie pragmatisch eine Theorie und eine situationsgerechte Verhaltensweise, die zu einem wichtigen politischen Instrument wurde.

Schlüsselperson in dieser Entwicklung war Theodore Dwight Weld, der »am meisten gemobbte Mann« im Amerika der

1830er Jahre. Weld, Marius Robinson und Henry Stanton hatten ein Jahr lang in Ohio ›abolitioniert‹ und in dieser Zeit reichlich Gelegenheit, die Wirksamkeit gewaltfreien Widerstands als Mittel der politischen Auseinandersetzung zu erproben. Weld hatte in einem Dorf nach dem anderen mit verschiedenen Verhaltensweisen experimentiert und herausgefunden, dass eine Menschenmenge, wie aufgehetzt sie auch sein mochte, sich nicht dazu hinreißen ließ, einen mit verschränkten Armen dastehenden Mann anzugreifen. Sein Mut würde in der Regel die Neugier einer genügend großen Zahl von Menschen wecken, die herausfinden wollten, was dieser Abolitionist für ein Mensch sei, dass ihm eine weitere Gelegenheit gegeben würde, seine Meinung zu vertreten. War ihm erst einmal das Rederecht zugestanden, so hatte er die Schlacht schon halb gewonnen. Seine kühle Entschlossenheit beschämte manche seiner Zuhörer, seine Argumente überzeugten andere. Unweigerlich verhalf ihm der Tumult zu einem größeren Kreis von Interessierten.

Ein Artikel im *Anti-Slavery Record* vom Juli 1836 zog allgemeine Schlußfolgerungen aus dieser praktischen Erfahrung. Der Mob, so stellte der Autor fest, bestand gewöhnlich aus angesehenen Mitgliedern der örtlichen Gesellschaft.

»Die wahren Organisatoren dieses Mobs sollten vor der Welt für dessen Verhalten verantwortlich gemacht werden. [...] Es sollte keine unnötigen Provokationen (von seiten der Abolitionisten) geben. [...] Abolitionisten sollten niemals hinnehmen, von einem Mob durch Drohungen oder Lärm oder Wurfgeschosse aus einer Versammlung vertrieben zu werden. [...] Lasst sie (die Organisatoren des Mob) erkennen, dass sie ihr Ziel nur durch Totschlag erreichen können, und sie werden von ihrem niederträchtigen Treiben ablassen.«

Standfestes Auftreten gegenüber Drohungen demonstriere die Ernsthaftigkeit und Entschlossenheit der Abolitionisten. Es könne den Pöbel außerdem davon abhalten, sich später wieder einmal zusammenzurotten. Unter allen Umständen sollten die Abolitionisten, so wurde ihnen angeraten, auf die Anwendung von Gewalt verzichten.

»Es sollte keinen gewaltsamen Widerstand oder irgendwelche Drohungen geben. [...] Soll der Pöbel sich all den Lärm und die ganze Unordnung selbst zuschreiben, während die Freunde der Menschenrechte ihre Position mit der Ruhe der Vernunft vertreten. [...] Drohungen des Mob sollten das Abhalten einer Versammlung nie verhindern. Wenn ein Recht, und ganz besonders das höchste aller Rechte, das Recht der freien Rede, in Frage gestellt wird, dann ist es an der Zeit, es auszuüben.«[6]

Die Abolitionisten hatten gelernt, dass das Verhalten des Mob, wenn es auf friedliche Reaktionen traf, immer zu Konflikten über das Thema Redefreiheit führte. Ein derartiger Konflikt trug in der Regel dazu bei, neue Anhänger und Mitstreiter für die eigene Sache zu gewinnen und die Überzeugungskraft der abolitionistischen Botschaft zu erhöhen.[7]

Dies war eine kluge Beobachtung, deren Richtigkeit sich in der Praxis immer wieder herausstellte. Als 1834 in Boston der Pöbel William Lloyd Garrison mit einem Seil um den Hals durch die Straßen der Stadt schleppte, war unter den Augenzeugen der junge Anwalt Wendell Phillips, Sprößling einer reichen und angesehenen Familie. Er war so entsetzt über das, was da geschah, dass er sich an Garrisons Verteidigung beteiligte und bald zu einem der führenden und militantesten Abolitionisten wurde. Auf ähnliche Weise führte das Versagen der Genehmigung für einen Kongress der Antisklavereibewegung im Staate New York dazu, dass der Großgrundbesitzer Gerrit Smith den Delegierten sein Landgut als Tagungsort zur Verfügung stellte. Wie viele andere trat auch er der Bewegung bei, nachdem er sich zunächst spontan für die Verteidigung der Bürgerrechte der Abolitionisten eingesetzt hatte.

Während des Aufbaus der *Niagara County Anti-Slavery Society* im Staat New York lieferte Theodore Weld ein anderes überzeugendes Beispiel für die Wirkung des Prinzips der Gewaltfreiheit in der politischen Auseinandersetzung. Eine wütende Menschenmenge war, angeführt von Richter und Sheriff, in den Tagungsraum der Organisatoren eingedrungen und forderte, dass Weld den Bezirk Niagara auf Nimmerwiedersehen verlassen solle. Das lehnten die Abolitionisten ab, und die Eindringlinge blieben vier Stunden lang lärmend im Raum und hinderten die Versammlung daran, ihre Beratung fortzusetzen. Als die Energie der Gegner nachließ, behandelten die Abolitionisten die noch anstehenden Tagesordnungspunkte, ohne sich von den noch anwesenden Gegnern stören zu lassen. Nachdem alles erledigt war, erklärte Weld, er habe vorgehabt, gleich nach der Tagung abzureisen, sich nun aber zum Bleiben entschlossen, um die Frage zu klären,

»ob sie Sklaven ohne Rechte oder Männer mit Rechten wären [...] Dementsprechend werde er mit Hilfe der göttlichen Vorsehung in diesem Hause am Montag Nachmittag um 2 Uhr einen Vortrag halten – hinzufügend, dass dies sein letzter Vortrag sein werde, wenn er ungestört reden könne. Andernfalls werde er in Lockport bleiben und weiter für seine verfassungsmäßige Freiheit eintreten [...] bis entweder die Freiheit oder er dahingegangen sei.«

Zu der angekündigten Veranstaltung am Montag kam eine riesige Menschenmenge. Nach einem langen Vortrag Welds »traten vierhundertachtzig neue Mitglieder« der Gesellschaft der Abolitionisten bei. »Da es keine Störungen gegeben hatte, hielt Weld keine weiteren Vorträge und verließ den Ort.«[8]

Ein Jahr später bereitete er vierzig Vertreter der Bewegung gegen die Sklaverei darauf vor, die Interessen der Organisation im Osten und Nordwesten wahrzunehmen. Ein wichtiger Aspekt dieser Vorbereitung war die Diskussion von Theorie und Praxis des gewaltfreien Widerstands. Denken und Handeln der Abolitionisten waren beeinflusst von den Prinzipien der amerikanischen Friedensbewegung, die formal 1815 mit der Gründung von Friedensgesellschaften in den Staaten New York und Massachusetts entstanden war. Aktivisten der Friedensbewegung setzten sich für die Beilegung von internationalen Konflikten auf dem Verhandlungswege, für Schlichtungsverfahren und die Freilassung der Sklaven nach Entschädigungszahlungen an deren Besitzer ein.

Ohne direkte Verbindung zu ihnen, aber oft die gleichen Ziele verfolgend, gründeten Befürworter der Gewaltfreiheit 1837 die *New England Non-Resistance Society*. Von der Bibelauslegung der Quäker und Antinomier ausgehend, traten diese Befürworter des Verzichts auf Gewalt für die Ablehnung jeder Form der Herrschaft von Menschen über Menschen ein und erstrebten eine neue gesellschaftliche Ordnung, die jedem Individuum absolute Freiheit gewähren sollte. Ihre Verweigerung jeder Mitwirkung in der Politik – etwa ihre Ablehnung, sich an Wahlen zu beteiligen, ein Amt zu übernehmen oder patriotischen Appellen zu folgen – brachte sie in Gegensatz zu den meisten ihrer Zeitgenossen und selbst zu so ähnlich gesinnten Reformern wie denen der *American Peace Society*. Doch ihre Entschlossenheit, Zeugnis abzulegen und – in ihren Worten – »zu Märtyrern zu werden«, verlieh ihrer Argumentation eine moralische Kraft, die weit größer war als die organisatorische Stärke der Bewegung.

Mehrere führende Abolitionisten, so William Lloyd Garrison, Edmund Quincy, Maria Chapman und Henry C. Wright, waren auch in der *Non-Resistance Society* aktiv. Diese Gesellschaft bestand nur bis 1849, doch ihre Prinzipien lebten weiter. Der wichtigste Vertreter ihrer Grundsätze, der ihnen auch während des *Civil War* treu blieb, als viele der Abolitionisten die ihren aufgaben, war Adin Ballou. Seine Schriften hatten, wie wir noch sehen werden, großen Einfluss auf künftige Generationen.[9]

Der religiöse Anarchismus, die Lehre von der Vervollkommnungsfähigkeit des Menschen und fast achtzig Jahre der widerstandslosen und gewaltfreien Praxis von Quäkern und Pazifisten auf amerikanischem Boden beeinflussten die Taktiken der Abolitionisten, wie sie in den 1830er Jahren entwickelt wurden. Als eine kleine Minderheit, die entschlossen war, die Einstellung einer feindlich gesinnten oder gleichgültigen Mehrheit zu verändern, verbanden die Abolitionisten die moralische Kraft des religiös begründeten Pazifismus mit der Überzeugungskraft gewaltfreier Methoden in einer ganz neuen, hochflexiblen Taktik. Sie betrachteten ihre Methoden nicht als passive, sondern durchaus als aktive Ausübung von Druck, um bei anderen Menschen eine Meinungsänderung zu erreichen. Gewaltfreier Widerstand gegen Angriffe einer feindseligen Menschenmenge war ein Aspekt stiller moralischer Überzeugungsarbeit. Diese Aktionsform entsprach insbesondere den Handlungsbedingungen von Frauen, die zu jener Zeit von der Mitwirkung an öffentlichen Angelegenheiten ausgeschlossen und noch nicht darin geübt waren, in der Öffentlichkeit das Wort zu ergreifen. Die Frauen der Antisklavereibewegung hielten immerhin schon Versammlungen ab. Eine der ersten war die Zusammenkunft der *Female Anti-Slavery Society* in Boston, die dadurch berühmt wurde, dass sie zurückzuführen war auf den Versuch des Pöbels, Garrison zu lynchen. Die Aktion der Frauen verdient in diesem Fall mindestens so viel Beachtung wie das Leiden Garrisons. Unter den Augen des wütenden und bewaffneten Mobs, der den Ausschluss der anwesenden Negerinnen forderte, formierten sich die versammelten Frauen zu einer geordneten Prozession, in der schwarze und weiße Frauen Seite an Seite mitten durch den Mob gingen und den Gegnern direkt in die Augen blickten, wie um sie zu beschämen. Statt zurückzuweichen, nahmen diese Frauen ihren Weg durch die wütende Menge und errangen einen moralischen Sieg: Ohne weiter belästigt zu werden, zogen sie an einen anderen Ort, um dort die Versammlung fortzusetzen.[10]

Die *Female Anti-Slavery Society* in Concord, Massachusetts, eine der ersten dieser Gesellschaften, war sich dieser Tradition stolz bewusst. Mitglieder dieser Gruppe waren Frauen aus dem Umfeld von Henry David Thoreau, seine Mutter, Tante, Schwestern sowie einige Nachbarinnen und Gäste des Hauses. Zu Thoreaus engem Freundeskreis gehörte Nathaniel P. Rogers, der Herausgeber des abolitionistischen *Herald of Freedom*. Die Publikationen der Abolitionisten standen jedem im Hause Thoreaus zur Verfügung. Der Schriftsteller war auch mit dem christlichen Anarchismus von William Lloyd Garrison, Adin Ballou und Henry C. Wright vertraut. Als ein Mann von praktischer Orientierung lernte er, der seinen Lebensunterhalt als Bleistifthersteller verdiente und völlig auf sich selbst angewiesen monatelang im Wald lebte, mehr von der Natur als aus Büchern, mehr aus dem Verhalten der Menschen als aus ihren Worten. 1845 setzte er sich mutig öffentlichen Anfeindungen aus, weil er mit dafür sorgte, dass in Concord ein Versammlungssaal für den angekündigten Vortrag des umstrittenen Wendell Phillips zur Verfügung stand. Als er sich 1847 als Zeichen des Protestes gegen den Mexikanischen Krieg zu seiner berühmten Steuerverweigerung entschloss, übernahm er die Form des Protestes, zu der vor ihm schon Woolman, Benezet, Bronson Alcott und andere Abolitionisten gegriffen hatten. Doch warum wurde der Steuerboykott dieses einen Mannes weltbekannt – ein Protest, der so stark beeindruckte, dass sich über hundert Jahre später Millionen von Menschen davon inspirieren ließen?

Ganz gewiss nicht wegen seiner praktischen Bedeutung in der Sache selbst oder weil es eine besonders spektakuläre Heldentat gewesen wäre. Die Abolitionisten hatten sehr viel mehr gewagt, ohne eine anhaltende Wirkung zu erzielen; und Thoreau selbst bewies in späteren Jahren sehr viel mehr Mut und nahm größere Risiken auf sich, als er flüchtigen Sklaven auf dem Weg nach Kanada weiterhalf und schließlich John Brown vor dessen Hinrichtung öffentlich verteidigte. Was Thoreaus geringfügigen Akt von gewaltfreiem Widerstand so ungeheuer bedeutend machte, war nicht die Tat selbst, sondern das Werk, zu dem sie ihn inspirierte. In seinem Essay *Civil Disobedience* schuf Thoreau aus dem Erfahrungsschatz seiner Zeit und aus seiner tiefsten inneren Überzeugung ein künstlerisches und philosophisches Werk von zeitloser Bedeutung und großer gesellschaftlicher Wirkung.[11]

Die Idee des »Zivilen Ungehorsams‹ war von der Wechselbeziehung zwischen Theorie und Praxis abhängig. Die Thesen Thoreaus erreichten die amerikanische Öffentlichkeit in einer Zeit, in der die Ideale der Gewaltlosigkeit nicht erfolgreich mit der Praxis der Gewaltanwendung konkurrieren konnten, als es darum ging, den Bürgerkrieg in Kansas und dann im ganzen Land zu verhindern. Bei Kriegsausbruch gaben die meisten abolitionistischen Pazifisten ihre Prinzipien auf, um im Interesse der Abschaffung der Sklaverei den Krieg zu unterstützen, während die Südstaatler zu den Waffen eilten, um, wie sie dachten, ihre Heimat und Lebensart zu verteidigen. Das Blutvergießen des Bürgerkriegs und die Niederlage der *Reconstruction*-Regierungen hätten wohl Argumente zugunsten des Pazifismus liefern können, dennoch trugen sie nur zur Kriegsmüdigkeit und zum Verlust der Illusionen bei.[12] Thoreaus Essay geriet in Vergessenheit, die Philosophie der Gewaltfreiheit schien veraltet und irrelevant zu sein. Dies ist ein Beispiel für Diskontinuität in der Geschichte, wenn Ideen, die eine Generation aufwühlten und anregten, in der nächsten scheinbar spurlos verloren gehen.

Doch im fernen Russland förderten Despotismus, wirtschaftliches Elend und soziale Konflikte ähnliche Vorstellungen und Methoden in dem Bemühen, eine bessere Gesellschaftsordnung zu erreichen. Die Lehre vom Verzicht auf Widerstand gegen das Böse wurde in Theorie und Praxis von dem größten Schriftsteller Russlands, Graf Leo Tolstoi, aufgegriffen. Und merkwürdigerweise waren es seine Bücher, die diese Ideen wieder zurück nach Amerika brachten.

In seiner Schrift ›Worin besteht mein Glaube?‹ beschrieb Tolstoi 1884 nach eingehendem Studium des Wortes Jesu vor allem in der Bergpredigt seine eigene Philosophie des Verzichts auf Widerstand. Mit Argumenten, die denen von englischen und amerikanischen Sektierern und *nonresisters* sehr nahekamen, nahm Tolstoi die Aufforderung »Ihr sollt nicht widerstreben dem Übel« wörtlich und formulierte eine entsprechende Anleitung für ein Leben, das in der täglichen Praxis dazu dienen sollte, Liebe, soziale Gerechtigkeit und Harmonie zu verbreiten. Tolstoi teilte seinen ererbten Reichtum mit den Bauern seines Landguts; er lebte sehr bescheiden und beteiligte sich an der handwerklichen Arbeit, hielt seiner Frau die Treue und schwor den sinnlichen Freuden ab, die Männer seiner Klasse damals für selbstverständlich hielten. Uns interessieren hier die Ergebnisse seines sozialreformerischen Experiments weniger als die Wurzeln seiner Ideen. Tolstoi selbst schrieb später, dass er bei der Entwicklung seiner Vorstellungen »sehr wenig von dem wusste, was früher zum Thema Widerstandslosigkeit getan, gepredigt und geschrieben worden war«.[13] Sein Buch erreichte Amerika, und daraufhin schickten ihm amerikanische Quäker Informationen über ihren Glauben. Der Sohn von William Lloyd Garrison übersandte Tolstoi die Briefe seines Vaters und den Text der *Declaration of Sentiments*, die von der Friedenskonferenz in Boston im September 1838 angenommen worden war und im Detail darstellte, was unter der Lehre »des Verzichts auf Widerstand gegen das Böse« zu verstehen sei. »Garrison was der erste, der dieses Prinzip als eine verbindliche Anweisung zur Organisation des menschlichen Lebens verstand«, bestätigte Tolstoi und beschrieb die »spirituelle Freude«, mit der er in Garrison, Ballou und dem früheren Pazifisten William Dymond verwandte Denker entdeckt habe.[14] Später fügte er der Liste von Amerikanern, die ihn beeindruckt hätten, unter anderen die Namen Emerson, Thoreau und Walt Whitman hinzu. In seinen ökonomischen Auffassungen war er von Henry Georges Buch *Progress and Poverty* beeinflusst.[15]

Tolstoi wiederum hatte einen beträchtlichen Einfluss auf amerikanische Intellektuelle. Seine Ideen gaben Anregungen für die Wiederbelebung der Friedensbewegung in den Vereinigten Staaten. Diese hatte fortbestanden in *der American Peace Society* (1865–1885) und der etwas radikaleren *Peace Union*. Amerikanische Frauenrechtlerinnen waren führend bei dem Versuch, eine internationale Friedensorganisation von Frauen zustande zu bringen, zuerst im Jahre 1870, dann noch einmal 1872. Schließlich entstand 1891 eine derartige Organisation.

Obwohl sich die amerikanische Friedensbewegung als Organisation erhalten hatte, fehlte es ihr an Stärke und Anziehungskraft. Diese nahmen zu, als die literarischen und philosophischen Schriften Tolstois zwischen 1885 und 1890 in Amerika bekannt wurden. Eine Generation von progressiven Reformern – etwa William Dean Howells, Edward Everett Hale, Ernest Howard Crosby, Jane Addams, William Jennings Bryan und Clarence Darrow – räumten ihm das Verdienst ein, ihr pazifistisches Denken und Handeln beflügelt zu haben. Howell schrieb über Tolstoi: »Seine Schriften und sein Leben haben mir mehr bedeutet als die jedes anderen Menschen. [...] Es war sein Anliegen, den Menschen ein schlechtes Gewissen zu machen, um sie aufzurütteln und zu verunsichern, was die Meinungen und Konventionen angeht, in denen sie sich so bequem eingerichtet hatten.«[16] Von Tolstoi sah Howell sich ermutigt, gegen die Todesurteile zu protestieren, die über sieben Radikale verhängt worden waren, nachdem sie ungerechtfertigt angeklagt worden waren, für das *Haymarket-Massaker* in Chicago 1886 verantwortlich zu sein.[17] Der unitarische Geistliche Edward Everett Hale war so beeindruckt von Tolstois Werk, dass er einen Tolstoi-Club gründete, der sich später zu einem Nachbarschaftsheim für die Armen entwickelte. Hale und Ernest Howard Crosby gehörten zu denen, die am meisten zur Verbreitung der Prinzipien Tolstois in den Vereinigten Staaten beigetragen haben. Tolstois Pazifismus hatte großen Einfluss auf William Jennings Bryan, der sich als Außenminister der ersten Regierung unter Präsident Woodrow Wilson aufrichtig um eine friedliche Außenpolitik der USA bemühte. Es war ein Ausdruck seines Pazifismus, dass er, was es bei einem Mann in einem so hohen Amt noch nie gegeben hatte, aus Protest gegen Wilsons kriegerische Erklärung in Reaktion auf die Versenkung der *Lusitania* von seinem Ministeramt zurücktrat.

Ein anderer progressiver Reformer, den Tolstois Prinzipien sehr beeindruckt hatten, war der Anwalt Clarence Darrow, dessen Buch *Resist not Evil* die Theorie des anarchistischen gewaltfreien Widerstands verbreitete. Aber Darrows Pazifismus hielt wie der vieler anderer Zeitgenossen dem Ausbruch des Ersten Weltkrieges nicht stand.[18]

Es war Jane Addams, die Mitbegründerin von *Hull House* in Chicago,[19] die Tolstois Ideen am konsequentesten in die Praxis umsetzte. Addams hatte Tolstoi in Russland besucht und blieb ihr Leben lang eine Bewunderin von ihm. Sie verstand die praktische Bedeutung seiner Werke, die sie so beschrieb: »Tolstoi macht den gewaltfreien Widerstand aggressiv. Er will in die Antriebskräfte der moralischen Beeinflussung all die Stärke einbringen, die zur Zeit in der Ausübung von Zwang und Widerstand vergeudet werden.«[20] In seinem Geiste setzte sie sich für ›einen neuen Humanitarismus‹ ein, aggressiv in seinem Streben nach sozialer Wohlfahrt und von internationaler Reichweite, als moralisches Äquivalent zum Krieg.[21] Addams setzte diese Überzeugungen unbeirrbar in die Praxis um, sowohl in ihren Aktivitäten für den Frieden während des Ersten Weltkriegs als auch in ihrer führenden Rolle in der nach dem Krieg gegründeten *Women's International League for Peace and Freedom* (Internationaler Frauenbund für Frieden und Freiheit). Wegen ihres Pazifismus wurde sie geächtet, verleumdet und isoliert. Sie gehörte zu jener Handvoll Menschen, die Idee und Tradition des Pazifismus in einer Zeit des Konformismus und der Reaktion am Leben hielten.

Die Praxis des gewaltfreien Widerstands ihrerseits hatte mit dem Wachsen der Arbeiterbewegung und deren Massenstreiks und Boykottaktionen an Wirksamkeit gewonnen. Ein weiteres Beispiel für die praktische Umsetzung dieser Theorie gaben die militanten *suffragists*, Suffragetten, während des Ersten Weltkriegs mit ihren großen Demonstrationen, ihren Mahnwachen und den Hungerstreiks im Gefängnis. Die Kriegsgegner während dieses Krieges, ein kleines, aber standfestes Häuflein, entdeckten bei ihren praktischen Bemühungen erneut den Nutzen des gewaltfreien Widerstands auf Seiten der Schwachen und zahlenmäßig Unterlegenen. Es ist festzuhalten, dass die Praxis weiterhin von Bedeutung war, während die Theorie zwischen den beiden Weltkriegen einen starken Kontinuitätsbruch erlebte. Selbst die Wiederaufnahme der Taktik nach der Depression etwa bei den *sit-ins*, Sitzstreiks, in den 1930er Jahren, konnte sich als Gegenkonzept zur marxistischen Klassenkampfideologie und zur anhaltenden Militanz der Antifaschisten in der Praxis nicht durchsetzen. Thoreaus Gedanken schienen in den Vereinigten Staaten der 1930er Jahre keinen Widerhall zu finden. Und was an gewaltfreier Praxis zu beobachten war, bezog sich nicht auf eine Theorie.

Aber wieder stellte sich heraus, dass die Idee des gewaltfreien Widerstands in einem anderen Teil der Welt weiterlebte. 1907 organisierte der junge Mohandas Gandhi in Südafrika die indische Bevölkerung im Widerstand gegen rassistische Unterdrückung. Später sollte er erläutern:

»Meine erste Bekanntschaft mit den Schriften Thoreaus machte ich, soweit ich mich erinnere, 1907 oder etwas später, als ich mich mitten in einem mit den Mitteln des passiven Widerstands ausgetragenen Kampf befand. Ein Freund schickte mir den Essay über *Civil Disobedience*, der mich tief beeindruckt hat. Einen Teil des Textes übersetzte ich für die Leser des *Indian Opinion* in Südafrika, den ich damals herausgab.«[22]

Gandhis politische Praxis war bestimmt von seiner Verwurzelung in der buddhistischen Philosophie und deren praktischen Handlungsanweisungen. Die Arbeit Thoreaus lieferte ihm eine philosophische Argumentation und eine Methode des politischen Kampfes, die unter Bedingungen entwickelt wurden, die denen glichen, mit denen er sich in Südafrika auseinanderzusetzen hatte. Später in Indien sollte es ihm gelingen, die Mehrheit einer machtlosen Bevölkerung gegen eine kleine, aber extrem mächtige Gruppe von Herrschenden zu organisieren. Gandhi passte das Thoreausche Konzept den theoretischen und taktischen Anforderungen einer Massenbewegung an, wandelte es ab und erfüllte es mit neuem Leben. Der indische Kampf um Unabhängigkeit wurde zum weltweit beachteten Beweis für die erfolgreiche Anwendung der Methoden des gewaltfreien Widerstands in der politischen Praxis. Aber die Theorie hatte sich nun verändert.[23]

Jahrhundertelang hatten Individuen es zu ihrem Recht und ihrer Pflicht erklärt, ihr eigenes Gewissen über den Willen der Mehrheit zu stellen, manchmal sogar über das Gesetz: Ein Gerechter, ein rechtschaffener Mensch muss sich jedem schlechten System dadurch widersetzen, dass er ihm seine aktive Unterstützung entzieht. Thoreau hatte erklärt und zuversichtlich darauf gehofft, dass ein derartiger Widerstand, selbst wenn nur eine Minderheit ihn praktiziere, selbst einer Regierung Einhalt gebieten könne. Aber weder zu seiner noch zu einer späteren Zeit hat sich diese Erwartung in seinem eigenen Land erfüllt. Gandhi lieferte der Welt den Beweis für die revolutionäre Kraft des gewaltfreien Widerstands, wenn dieser als gezielte und flexible Taktik angewendet wird. Er verwandelte das Konzept des Verzichts auf Widerstand gegen ein Übel in eine Taktik des Widerstands auf gewaltfreie Art. Dies war dasselbe, was Jane Addams den Schriften Tolstois als Aufforderung entnommen hatte – den »gewaltfreien Widerstand aggressiv« zu machen. Thoreau, Tolstoi und einige seiner amerikanischen Anhänger hatten diese Idee in ihren Schriften bereits zum Ausdruck gebracht. Amerikanische Abolitionisten hatten die Praxis erfolgreich erprobt. Gandhi blieb es vorbehalten, die ganze Breite des taktischen Nutzens von Theorie *und* Praxis zu erproben. Die unterschiedliche Wirkung lag in der Zahl der Handelnden. Gewaltfreier Widerstand als Aktionsform einer Minderheit kann das Gewissen anderer aufrütteln, Themen auf die Tagesordnung bringen und sogar einige Reformen erreichen. Wenn jedoch eine Mehrheit diese Taktik gegen eine kleine Gruppe von Herrschenden einsetzt, so kann die Methode ein revolutionäres Potential freisetzen. Gandhis Ideen wurden zu einer Inspiration für die Unterdrückten in vielen Teilen der Welt.

Und so kehrte in den 1950er Jahren die Praxis der Abolitionisten über Indien wieder nach den USA zurück. Es geschah während des Busboykotts in Montgomery, Alabama. Die Idee des Busboykotts stammte von Mitgliedern einer Organisation von schwarzen Frauen und wurde von den Führern der Gemeinde sehr bereitwillig aufgenommen. Als die Weißen von dem bevorstehenden Boykott erfuhren, wurden die Afroamerikaner im Leitartikel einer Zeitung angeklagt, sich einer Methode zu bedienen, die zuvor vom *White Citizens Council*, einer rassistischen Organisation weißer Bürger, zur Bekämpfung der Rassenintegration angewendet worden sei.

»Irritiert von der Tatsache, dass unsere bevorstehende Aktion gleichgesetzt wurde mit den Boykottmaßnahmen des *White Citizens Council*, sah ich mich zum ersten Mal veranlasst, ernsthaft über den Charakter des Boykotts nachzudenken«, schrieb Dr. Martin Luther King. Er kam zu dem Schluss, dass ›Boykott‹ nicht der richtige der Begriff sei. In Montgomery sei weniger ein ökonomischer Druck als vielmehr das Verweigern »der Kooperation mit einem schlechten System« vorgeschlagen worden. In diesem Zusammenhang erinnerte Dr. King sich an Thoreaus Essay über *Zivilen Ungehorsam*, der ihn tief bewegt hatte, als er ihn als College-Student zum ersten Mal gelesen hatte. »Ich war überzeugt, dass das, was wir in Montgomery vorhatten, etwas mit dem zu tun hatte, was Thoreau zum Ausdruck gebracht hatte [...] Von diesem Augenblick an habe ich unsere Bewegung als einen Akt massenhafter Nicht-Kooperation verstanden.«[24]

Ungefähr eine Woche später, als der Busboykott in vollem Gange war, wies eine weiße Frau auf eine andere Parallele hin. In einem Brief an den Herausgeber einer Lokalzeitung verglich sie den Busprotest mit der Bewegung von Mahatma Gandhi in Indien. Die Idee hatte sich festgesetzt.

»Leute, die noch nie etwas von dem kleinen braunen Heiligen von Indien gehört hatten, sprachen seinen Namen nun mit einem Klang von Vertrautheit aus. Der gewaltfreie Widerstand war als die Technik der Bewegung in Erscheinung getreten, während Liebe als ihre treibende Kraft galt. Mit anderen Worten: Von Christus stammten der Geist und die Motivation, Gandhi lieferte die Methode.«[25]

Es ist faszinierend zu sehen, dass in dem Montgomery-Busboykott die verschiedenen Stränge und Ursprünge der Idee der Gewaltlosigkeit und des gewaltfreien Widerstands in einer neuerlich gestärkten Praxis und Theorie von immenser Kraft miteinander verbunden waren. Martin Luther King führte seinen Begriff der »massiven Nicht-Kooperation« zwar auf Thoreau zurück, war aber mit dem pazifistischen Gedankengut durch sein Studium unter Anleitung des Pazifisten Allen Knight Chalmers vertraut gemacht worden, der ein Anhänger Gandhis war. Ein anderer langjähriger Pazifist, Bayard Rustin, Sekretär des *Fellowship of Reconciliation* (Internationaler Versöhnungsbund) seit 1935 und späterer Sekretär der *War Resisters League*

(Internationaler Verband der Kriegsdienstverweigerer), war einer der führenden Taktiker und Organisatoren des Montgomery-Boykotts.[26] Er war es, der am Anfang des Boykotts zur Beschränkung auf gewaltfreie Mittel geraten hatte. Schließlich sei erwähnt, dass der Busboykott der Afroamerikanischen Gemeinde – wahrscheinlich ohne dass die meisten handelnden Personen in diesem Drama davon wussten – im Straßenbahnboykott von 1892 in Memphis, Tennessee, einen Vorläufer hatte. Damals hatten Teile der schwarzen Bevölkerung gegen einen Lynchmord protestiert, und zwar sehr erfolgreich, wie Ida B. Wells-Barnett, die den Boykott aktiv unterstützt hatte, berichtete.[27]

Von der frühen Bewegung für die Abschaffung der Sklaverei bis zur Massenbewegung von schwarzen Männern und Frauen, StudentInnen und PazifistInnen in den USA der 1960er Jahre hat sich die Idee des gewaltfreien Widerstands voll entfaltet. Die Kontinuität von Ideen überwindet Zeit und Raum. Praktische Erfahrung erneuert ständig die Ideen, die ihrerseits die Kraft haben, eine veränderte Wirklichkeit entstehen zu lassen. Die Abolitionisten und frühen Pazifisten hätten ihren Einfluss ohne die Wirkung der kreativen Gedanken von Autoren wie Thoreau und Tolstoi nicht erweitern können. Diese Schriftsteller lernten ihrerseits von der Realität der sozialen Kämpfe ihrer Zeit und verarbeiteten diese schöpferisch in ihren Schriften. Die so entwickkelten Ideen wiederum inspirierten die praktische politische Arbeit einer neuen Generation. Mahatma Gandhi hob die Theorie durch ihre praktische Erprobung im Lichte seiner Erfahrungen auf ein neues Niveau. Martin Luther King bediente sich der geeigneten Theorie, als seine Praxis das erforderte, und erreichte wieder eine neue Ebene von Denken und Handeln, die den Bedingungen der modernen Zeit entsprach.

Das Verwobensein von Theorie und Praxis im Montgomery-Busboykott ermutigte eine Generation von gewaltfrei Widerstand Leistenden, die verstanden, dass moralische Stärke, gegen einen Aggressor gewendet, zu einer enormen Kraft der Befreiung werden kann. Noch einmal schien in den späteren 1960er Jahren mit der Gewalt gegen schwarze und weiße Führer der Bewegung für die Rassenintegration ein Bruch, ein Rückschlag, ein kulturelles ›Vergessen‹ stattzufinden. Doch das Prinzip des gewaltfreien Widerstands ist theoretisch und praktisch vielleicht nie stärker gewesen als heute. Das beweist die weltweite Friedensbewegung. Gewalt und die Waffen der Gewalt haben ein solches Ausmaß erreicht, dass die Existenz der Erde und der gesamten Menschheit bedroht ist. Vielleicht wird die Idee des gewaltfreien Widerstands, die so vielfältig und tiefreichend in der Geschichte der Vereinigten Staaten wurzelt, schließlich das Konzept unserer Befreiung in Gegenwart und Zukunft.

6

Amerikanische Grundwerte[*]

*I*m Jahre 1619 trafen sich Bürger Virginias zur ersten repräsentativen gesetzgebenden Versammlung der Neuen Welt,
dem *House of Burgesses*. Im gleichen Jahr wurden in Virginia
zum ersten Mal AfrikanerInnen als SklavInnen verkauft. So
fielen die Durchsetzung einer repräsentativen Volksvertretung
und die Einführung des Sklavenhandels zeitlich zusammen.
Dies ist bezeichnend dafür, in welch krassem Gegensatz amerikanische Werte zueinander stehen und sich entwickeln können.

Bereits der Begriff *American values* enthält einige nicht offen
angesprochene Voraussetzungen, die auf negative Wertungen
verweisen. So bezieht sich der Begriff ›amerikanisch‹ auf etwas,
was sich seit spätestens 1774 faktisch nur auf die Vereinigten
Staaten hat beziehen können. Diese Unterstellung einer selbst-
verständlichen Hegemonie der USA lässt die anderen Völker
und Länder auf dem amerikanischen Kontinent unbeachtet und
unsichtbar werden. Außerdem enthält dieser Begriff unausge-
sprochen die Behauptung, dass alle ›Amerikaner‹ die gleichen
Werte vertreten, eine Unterstellung, durch die ein kultureller,
rassischer, ethnischer und sexueller Pluralismus geleugnet wird.
Wir sollten uns also zunächst um eine Definition bemühen, die
weder wichtige Teile unserer Bevölkerung aus unseren Überlegungen ausschließt noch stillschweigend die Hegemonie der

---

[*] Überarbeitete Fassung eines Beitrags zu dem Projekt »American Values« des
American Jewish Committee, Skirball Institute of Jewish Studies, Los Angeles, im Jahre 1987.

weißen Männer der Mittelschicht in Bezug auf die herrschenden Meinungen und Normen voraussetzt.

In meinen Überlegungen sollen als ›amerikanische Grundwerte‹ diejenigen Wertvorstellungen gelten, die von einer großen Zahl von BürgerInnen der Vereinigten Staaten von Amerika über eine lange Zeit anerkannt worden sind. Ich will sie in gegensätzlichen Begriffspaaren darstellen, nämlich: Gleichheit versus Rassismus; Föderalismus versus Imperialismus; Individualismus versus Gemeinschaftsbezogenheit; offener Zugang zu Aufstiegschancen versus Elitenherrschaft und Meritokratie; Pluralismus versus Nativismus[1] und Rassismus; Technologiegläubigkeit und unbeschränkte Ausbeutung der natürlichen Ressourcen versus Schützen und Bewahren des Ökosystems.

Werden die geltenden Werte in Gegensatzpaaren erörtert, so wird deutlich, dass sich beinahe jedem Wertbegriff, der als universaler Wert definiert ist, ein kontrastierender Wert entgegensetzen lässt, der von einer ebenfalls großen Zahl von Bürgern für positiv und für verbindlich gehalten wird. Einer der amerikanischen Grundwerte, nämlich die Sicherung des freien Austauschs von Ideen, hat zu einem Nebeneinander von gegensätzlichen und oft sogar widersprüchlichen Ansichten geführt.

Gleichheit versus Rassismus

Für Amerikaner bedeutet Gleichheit das Nichtvorhandensein von ererbten Rechten und Privilegien, was in der Feststellung »Alle Menschen sind gleich geschaffen« zum Ausdruck kommt; und seit Inkrafttreten der Verfassung haben sie es für selbstverständlich gehalten, dass politische Institutionen der Gleichheit aller Bürger Rechnung tragen. Manche haben diese Gleichheit mit persönlicher Freiheit gleichgesetzt, andere mit der Chancengleichheit für alle. Die verschiedenen Begriffe enthalten viele Widersprüche und inhaltliche Spannungen, aber aufmerksame Beobachter und sorgfältige Historiker stimmen im allgemeinen überein, dass der Glaube an Gleichheit und Demokratie eine fundamentale amerikanische Wertvorstellung ist.

Politische Demokratie und Rassismus sind auf dem nordamerikanischen Kontinent zur gleichen Zeit institutionalisiert worden. Von den ersten Tagen der Besiedlung an standen die religiösen und politischen Idealvorstellungen der europäischen Siedler im Gegensatz und Spannungsverhältnis sowohl zu den Werten der ›Native Americans‹ (der Ureinwohner Nordamerikas) wie zu den Werten der bereits auf dem Kontinent angesiedelten spanischstämmigen Einwohner und auch zu den Werten der schwarzen SklavenInnen, die zwangsweise aus Afrika ins Land importiert worden waren. Die christlichen Kirchen waren zu schwach und zu verstreut, als dass sie eine vermittelnde Rolle hätten übernehmen und, wie die katholische Kirche in Südamerika, auch die Interessen der Ureinwohner hätten unterstützen können. Die Vorstellung von der Überlegenheit der Weißen, die schon die ersten Siedler aus Europa in die amerikanischen Kolonien mitgebracht hatten, verstärkte das unmittelbare Eigeninteresse dahingehend, dass sich die Dienstverhältnisse der afrikanischen Arbeitskräfte in ein System der Sklaverei verwandelten, während die Dienstverhältnisse von Arbeitskräften europäischer Herkunft nur für eine bestimmte Zeit festgelegt waren und danach sozialen Aufstieg und Gleichberechtigung erlaubten. Die Widersprüche zwischen den christlichen Idealen der weißen Herren und dem Christentum der von ihnen als Sklaven gehaltenen schwarzen Männer und Frauen wurden verdeckt durch die rassistische Überzeugung der Herren, dass farbige Völker – Afroamerikaner ebenso wie die Urbevölkerung Amerikas – auf einer niedrigeren Stufe der Zivilisation als die Weißen existierten und deshalb ihr rigides Dienstverhältnis und strenge Überwachung für sie von Vorteil seien.

In der Zeit, in der die Verfassung der Vereinigten Staaten beraten und verabschiedet wurde, fand der Gegensatz zwischen libertär-humanitären politischen Ideen und der Beibehaltung der Sklaverei ihren Ausdruck in einem heftigen Konflikt zwischen den Nord- und den Südstaaten. Der in der Verfassung enthaltene unausgewogene Kompromiss hinsichtlich der Sklaverei schuf die Voraussetzung dafür, dass der Konflikt sich bis weit in das 19. Jahrhundert hinein fortsetzte. Die Abschaffung der Sklaverei in den Nordstaaten nach der Amerikanischen Revolution (Lösung der dreizehn englischen Kolonien vom Mutterland

1776) führte zur Entwicklung zweier Regionen, die sich in ihren ökonomischen und politischen Interessen ebenso unterschieden wie in ihrer Kultur und ihren Wertvorstellungen. In der Zeit vor dem Bürgerkrieg kam es im Streit über die Sklaverei zu einer Polarisierung, die den Krieg unvermeidlich werden ließ.

Mit dem Ende dieses tragischen Krieges wurden zwar verfassungsrechtliche Fragen des Verhältnisses zwischen dem Bundesrecht und dem Recht der Einzelstaaten endgültig geregelt und die nationale Einheit der Vereinigten Staaten gesichert, aber der wesentliche Konflikt zwischen Demokratie und Sklaverei blieb ungelöst. Das Ende der Sklaverei in den Südstaaten nationalisierte den Rassismus in sehr verschiedenen neuen Erscheinungsformen, so zum Beispiel in den Gesetzen der Südstaaten, die den Schwarzen in den letzten Jahrzehnten des 19. Jahrhunderts Bürgerrechte vorenthielten. Dass noch der *Civil Rights Act* von 1964 zur Gleichstellung der Schwarzen, selbst wenn er über die frühere Gesetzgebung hinausging, gesetzliche Bestimmungen des *Civil Rights Act* von 1875 ausdrücklich wiederholte, beweist die Zähigkeit und Dauerhaftigkeit des Rassismus in den Vereinigten Staaten.

Der ständige Kampf der schwarzen AmerikanerInnen um ihre Gleichstellung und der Widerspruch, dass die USA in zwei Weltkriegen für Freiheit und Gerechtigkeit kämpften, diese aber den AfroamerikanerInnen im eigenen Land vorenthielten, ließ im 20. Jahrhundert unter den Weißen die Aufmerksamkeit gegenüber der Rassenproblematik zunehmen. Die Kämpfe der Bürgerrechtsbewegung in den 1960er Jahren stellten die rassistischen Überzeugungen radikal in Frage und erzeugten unerträgliche Spannungen zwischen den gegensätzlichen Traditionen von politischer Demokratie einerseits und Rassismus andererseits, bis schließlich mit großer öffentlicher Zustimmung wichtige Reformen durchgesetzt wurden. Doch heute, drei Jahrzehnte später, werden viele dieser Reformen wieder in Frage gestellt. Die Spannung zwischen den extrem gegensätzlichen Positionen besteht weiter.

Hinsichtlich der Freiheiten der ›Native Americans‹ ist die Bilanz noch trostloser. Während des 19. Jahrhunderts wurde die rücksichtslose Vertreibung der Indianervölker von ihrem angestammten Land und ihre Einpferchung in einigen Enklaven im

Westen, Reservate genannt, ebenso wie die Sklaverei mit der Behauptung einer Überlegenheit der Weißen begründet, die sich aufs Beste mit deren ökonomischen Interessen verband. Im 20. Jahrhundert sind die Misere der ›Native Americans‹ und deren Wurzeln in vergangenem Unrecht weithin vergessen, selbst wenn einigen Stämmen vertraglich gesicherte Rechte zugestanden worden sind.

Föderalismus versus Imperialismus

Die Verfassung der Vereinigten Staaten hat die Prinzipien des Föderalismus durch die Schaffung einer Zwei-Kammer-Legislative, durch verschiedene Bestimmungen über die Rechte der einzelnen Bundesstaaten und durch den Zehnten Verfassungszusatz umgesetzt. Ebenso wichtig war, wie die *Northwest Ordinance* von 1787 die Prinzipien für die territoriale Erweiterung nach Westen festlegte: Sobald in einem Territorium 5.000 Siedler (männliche erwachsene Weiße) lebten, musste eine Legislative gewählt werden; war die Bevölkerung auf 60.000 angewachsen, konnte sich das Territorium als Staat konstituieren und in die Union aufgenommen werden, und zwar »auf der Basis der Gleichheit mit den Gründerstaaten in jeder Hinsicht«. Dieses Prinzip, das in der damaligen Zeit im Verhältnis von Staaten ziemlich revolutionär war, beinhaltete eindeutig, dass es keine hierarchische Rangordnung zwischen den Staaten der Union geben sollte. Diejenigen, die zuletzt aufgenommen worden waren, sollten alle Rechte der ersten Mitgliedsstaaten der Union haben; kein Staat sollte eine hegemoniale Stellung gegenüber einem anderen einnehmen können.

Dieses bedeutende Konzept des demokratischen Wachstums unter Gleichen stand im Gegensatz zu einem anderen Wert, der seit den Tagen der Amerikanischen Revolution in der amerikanischen Geschichte von Bedeutung war und mit verschiedenen Begriffen bezeichnet worden ist als Mission, als »manifest destiny«[2] und Imperialismus. Diese Wertvorstellung beinhaltete die Überzeugung, dass den Amerikanern wegen ihrer Natur, ihrer besonderen Fähigkeiten, Religion und Verfassung im Verhältnis zu den sie umgebenden Nationen die Stellung der Führungs- und Hegemonialmacht zukommt. Einzelne Befürworter dieses Konzepts betonten im Laufe der Zeit unterschiedliche Verpflichtungen gegenüber diesen anderen Ländern. Die Mission der USA sollte darin bestehen, im Verlauf der Kolonisierung die Heiden zu christianisieren oder die unterentwickelten Länder zu modernisieren (wie in Lateinamerika, Puerto Rico, Hawaii), oder in Ländern, die zu Schutzbedürftigen erklärt wurden (Korea, Vietnam, Nicaragua), die Völker vor Sozialismus oder Kommunismus zu bewahren. Die Vertreter dieser Wertvorstellungen befanden sich in scharfem Gegensatz zu den Befürwortern der Prinzipien von Föderalismus und Gleichheit, die seit dem Beginn des Spanisch-Amerikanischen Krieges (1898) dem Expansionsdrang, gleich welcher Zielsetzung, Grenzen gesetzt sehen wollten. Dieser Konflikt besteht noch immer, wenn er in der politischen Orientierung und Außenpolitik unserer Tage auch in einer etwas anderen Sprache zum Ausdruck gebracht wird.

Individualismus versus Gemeinschaftsbezogenheit

Seit den frühesten Tagen der Besiedelung Nordamerikas förderten der leichte Zugang zu billigem Land, das Nichtvorhandensein von einschränkenden feudalen Institutionen und die fast uneingeschränkte Verfügbarkeit von natürlichen Rohstoffen die Entwicklung des amerikanischen Individualismus. Dass die Siedlungsgrenze, die *frontier*, fast zweihundert Jahre lang immer weiter nach Westen verschoben werden konnte, förderte die Entwicklung von auf sich selbst vertrauenden, bewusst unabhängigen Männern. (Die weit verbreitete Verallgemeinerung dieses Typus zum Charakteristikum ›der Amerikaner‹ übergeht die Existenz von Frauen, deren Entwicklung im Sinne des Individualismus bis ins 20. Jahrhundert warten musste.) Der rücksichtslose Individualist der *frontier*, der Philosoph des Transzendentalismus, der radikale Utopist, der Unternehmer, der selfmade-Industriekapitän, der Revolverheld der Western – sie alle verkörpern diesen Typus des ›amerikanischen Helden‹.

Aber die Entstehungsbedingungen des amerikanischen Individualismus waren auch die seines Gegenteils – der Gemeinschaftsbezogenheit. Pilgerväter und Puritaner, Quäker und Sektierer, Juden und Hugenotten – ihrer aller Existenz hing ab von den Gemeinschaften, die sie in der Wildnis oder in den Klein- und Großstädten gründeten. Und an der *frontier* bereiteten die rücksichtslos egoistischen Fellhändler und Büffeljäger den Weg für die sesshaften Gemeinschaften der Farmer. Während der Individualismus vor allem für die Männer charakteristisch war, leisteten die Frauen durch das Gründen und Aufrechterhalten von Gemeinden ihren wichtigsten und konstruktivsten Beitrag zur Entwicklung Nordamerikas.

Diese gegensätzlichen Wertorientierungen haben zum Entstehen widersprüchlicher Traditionen bei der Lösung sozialer Probleme geführt: der auf das Individuum und der auf die Gemeinschaft bezogenen Tradition. Individualistische Konzepte zur Lösung sozialer Probleme sind in den Bereichen Innovation, Unternehmertum und Politik erkennbar. In modernen Gesellschaften werden sie deutlich in der Ablehnung einer Ausweitung der Rechte des Staates gegenüber dem Individuum, in der Übertragung von Zuständigkeiten der Bundesregierung auf die Einzelstaaten, in der Wiederbelebung des rücksichtslosen Individualismus des 19. Jahrhunderts gegen die Ideologie des Wohlfahrtsstaates und in der auf die Spitze getriebenen Egozentrik der ›Ich-zuerst!‹-Generation.

Anders die lange amerikanische Tradition der gemeinschaftsorientierten Lösung sozialer Probleme, die zurück reicht bis zu den ersten Siedlungen mit ihrem auf die Familie gestützten Wohlfahrtssystem, ihrer Ethik der sozialen Verantwortung, dem organisierten Zusammenwirken von ehrenamtlich Tätigen zur Lösung eines breiten Spektrums von gesellschaftlichen Problemen. Alexis de Tocqueville hob die Bereitschaft der Amerikaner hervor, sich in Organisationen zusammenzufinden, und sah darin eine der Garantien für eine funktionierende Demokratie. Die Entstaatlichung der Religion, die eine weite Verbreitung konkurrierender Glaubensrichtungen und Kirchengemeinden mit sich brachte, führte unter anderem zu einem weitgefächerten freiwillig-ehrenamtlichen Engagement zur Verbesserung des Gemeinschaftslebens. Ob angetrieben durch evangelikalen Eifer und die Vorstellung, dass diese Bemühungen der eigenen Erlösung dienen, oder aber veranlasst durch die Notwendigkeit gegenseitiger Unterstützung im Umfeld einer Kirchengemeinde – die sich auf das Engagement von Ehrenamtlichen stützende Bewegung nahm ihren Ausgang von den Kirchen und wurde überwiegend von Frauen getragen. Während des 19. Jahrhunderts wirkte sie in die größeren Gemeinschaften und Kommunen hinein und war bald eine der wichtigsten problemlösenden Innovationen der amerikanischen Gesellschaft. Noch im 20. Jahrhundert nahmen ehrenamtliche Gruppen diese Funktionen mit neu gewonnener Stärke wahr, wenn auch manchmal in veränderter Form, etwa als gemeinschaftliche Betreuung von Drogenkranken oder Vergewaltigungsopfern, als Selbsthilfegruppen für Suchtkranke verschiedener Art, Graswurzelgruppen in vielen Problembereichen. Das Freiwilligkeitsprinzip und die es Praktizierenden gehören zu den stärksten Gegenkräften in der Auseinandersetzung mit der Macht bürokratischer Institutionen und haben über die Jahrhunderte immer wieder den Boden aufbereitet, aus dem sich in der Bevölkerung neue politische Bewegungen von unten her entwickeln konnten.

Die Spannung zwischen Individualismus und Gemeinsinn wird deutlich auch in dem Konflikt zwischen Autonomie und Konformismus in der amerikanischen Lebensweise. *»Don't tread on me!«*, »Tritt mir nicht zu nahe!«, die Losung der Freiwilligen aus Vermont in der Amerikanischen Revolution, bringt diesen Typ des amerikanischen Individualismus treffend zum Ausdruck. Das Recht auf Privatheit und die Unverletzlichkeit von Wohnung und Eigentum des Einzelnen, das Recht, zur Selbstverteidigung Waffen zu tragen, das Recht auf Schutz vor ungerechtfertigter Durchsuchung, das Recht, sich nicht selbst beschuldigen zu müssen – diese und andere in der Verfassung garantierten Rechte sind die Quintessenz des amerikanischen Verständnisses von persönlicher Freiheit. Freiheit wird ausdrücklich in Begriffen der Begrenzung von Autorität und Staatsmacht definiert und umgibt die Individuen mit einem geschützten Freiraum, innerhalb dessen sie nach Belieben ihren Vorteil und ihr Wohlergehen suchen können. Dieses Konzept enthält implizit die Verpflichtung, die Rechte und den Freiraum der anderen zu respektieren, was sich selbstverständlich als weit problematischer erweist.

Historisch betrachtet, entstand der Begriff der persönlichen Freiheit in einer Zeit und Gesellschaftsordnung, die religiöse und soziale Einschränkungen für unabänderlich hielt. Diejenigen, die bei der Wahrnehmung ihrer persönlichen Freiheit von der gesellschaftlichen Norm abwichen, wurden schnell aus der Gesellschaft ausgeschlossen. Das erlebten zum Beispiel Anne Hutchinson, Roger Williams und später die SklavereigegnerInnen in den Südstaaten, etwa die Schwestern Sarah und Angelina Grimké und James Birney. Besonders problematisch wurde dieses Verständnis von individueller Freiheit im 20. Jahrhundert mit der fortschreitenden Lockerung religiöser und gesellschaftlicher Normen und Zwänge in Bezug auf das individuelle Verhalten und mit der Definition der Sexualität als Form der Selbstdarstellung.

Persönliche Freiheit ist auch als Anspruch auf Autonomie definiert worden. Freiheit beinhaltet nicht nur das Recht, von anderen unbehelligt zu bleiben, sondern auch das Recht zu definieren – sich selbst, die eigene Gruppenzugehörigkeit, die eigenen Ausdrucksformen zu bestimmen. Obwohl diese Thematik explizit erst im 20. Jahrhundert in den Vordergrund gerückt ist, wurde sie in früheren Zeiten von Radikalen verschiedener Art bereits vorweggenommen. Das Beharren von Sektierern, ganz besonders der Quäker, auf der Autonomie der Selbstdefinition und auf persönlichen Rechten – so auch dem Recht, das Tragen von Waffen oder das Leisten eines Eides abzulehnen – kam bereits in den 1650er Jahren in einer Form vor, die im *Holy Commonwealth* der Puritaner als Ketzerei galt. Die Rechte von religiösen Sektierern, Juden, Katholiken und Mormonen wurden zu Kernpunkten heftiger Kontroversen im ganzen 18. und 19. Jahrhundert. Angehörige von ethnischen Gruppen, die eine kulturelle Selbstdefinition anstrebten, oft in der Form des Kampfes um das Recht, ihre eigene Sprache zu sprechen, gerieten in Konflikt sowohl mit Einheimischen angelsächsischer Herkunft, die sich zu einer Vormachtstellung gegenüber Neueinwanderern berechtigt fühlten, als auch mit früher Eingewanderten der eigenen ethnischen Gruppe, die Konformität und Anpassung suchten. Im

20. Jahrhundert sind ähnlich wichtige Fragestellungen von Mitgliedern rassischer und ethnischer Minderheiten, von Frauen und Homosexuellen aufgeworfen worden.

Die andere Seite des Gegensatzpaares Autonomie versus Konformität, die Konformität, half die Menschen in gemeinschaftliche Strukturen einzubinden, wenn es keine formal verbindlichen oder Zwang ausübenden Institutionen gab. Seit dem frühen 19. Jahrhundert stellten ausländische Beobachter fest, dass Amerikaner die Neigung haben, sich sowohl individualistisch als auch konformistisch zu verhalten. Das zeige sich in ihren außengeleiteten Persönlichkeiten, ihrem Bestreben, akzeptiert zu werden und dazu zu gehören. HistorikerInnen und SoziologInnen haben dieses Phänomen auf verschiedene Ursachen zurückgeführt: auf die Offenheit und das Neue der amerikanischen Gesellschaft; auf das Fehlen hierarchisch strukturierter Institutionen, die die Individuen in bestimmte Bahnen lenken und ihnen Sicherheit bieten; auf die vertikale und horizontale Mobilität, also den sozialen Aufstieg und die Bewegungsfreiheit im Land und an der offenen Siedlungsgrenze. Außerdem verwiesen sie auf die persönliche Verunsicherung vieler infolge von schnellem sozialen Wandels, Mobilität und Modernisierung als weiteren Grund für das Streben nach Konformität.

Der Anpassungsdruck hat in der Vergangenheit zu Exzessen der Bigotterie und des Nationalchauvinismus geführt. Beispiele dafür sind die Hexenjagden des 17. Jahrhunderts, die Aufwiegelung des Pöbels und Gerichtsverfahren gegen die Abolitionisten im 19. Jahrhundert, die Verfolgungen der Katholiken, Iren, Afroamerikaner, Chinesen und anderer ethnischer Minderheiten, das Fortleben des Antisemitismus, die Angriffe auf Gewerkschafter während der *Progressive Period*, der ›Fortschrittlichen Ära‹ 1901–1917, die Verhaftungsaktionen 1919/1920 und Deportationen angeblicher Anarchisten am Anfang der 1920er Jahre unter Justizminister Palmer, die Hexenjagden und McCarthy-Verfolgungen der 1950er und die Massenhysterie gegenüber den Gegnern des Vietnamkriegs in den 1960er Jahren. In der heutigen Zeit hat die weite Verbreitung der Massenmedien die kulturelle Konformität eingeengt auf den schmalen Pfad des Konsumismus, und zwar so weit, dass schon ein Gegner der Konsumkultur von manchen als Nonkonformist bezeichnet wird.

Offener Zugang zu Aufstiegschancen versus Elitenherrschaft

In den ersten 150 Jahren der Besiedelung gab es wegen des Vorhandenseins von leicht zugänglichem offenem Land für die meisten weißen Männer und Frauen tatsächlich einen freien Zugang zu Erwerbschancen. Trotz der von Beginn an großen Unterschiede in Vermögen, Einkommen und Gesundheit waren die Lebensumstände im allgemeinen günstiger als in Europa. Mit der Verbesserung der Lebensbedingungen kam es zu einer Lockerung der institutionellen Einschränkungen, durch die in Europa die Klassenschranken aufrechterhalten worden waren. Es gab verbindliche zeitliche Grenzen für das *indentured servitude*, das befristete Dienstverhältnis, aber selbst unter dieser Voraussetzung war es für die Dienstherren schwer, die Vertragstreue unbotmäßiger Bediensteter und Lehrlinge durchzusetzen, wenn die offene Siedlungsgrenze den Unternehmungslustigen viele Chancen bot. Zur Zeit der Amerikanischen Revolution bestand die Bevölkerung der Kolonien aus Kleinbauern, Gewerbetreibenden, Arbeitern und einer dünnen Schicht von reichen Kaufleuten und Großgrundbesitzern an der Spitze – wenn man geneigt ist, die Existenz von Schwarzen und ›Native Americans‹ zu übersehen, und darauf verzichtet, Frauen als Bürger zu betrachten.

Als nach der Inkraftsetzung der Verfassung und der *Bill of Rights* die prinzipielle rechtliche Gleichstellung aller Staatsbürger zum Geburtsrecht weißer amerikanischer Männer aller Klassen geworden war, wurde der gleiche Zugang zu den Mitteln des ökonomischen Erfolgs zu einem Kernpunkt der politischen Auseinandersetzung. Das äußerte sich im frühen 19. Jahrhundert in den Kontroversen über das Bankwesen, über die Unterstützung des privaten Unternehmertums durch die Regierung, über die Rechte der Arbeiter in der Jackson-Zeit, über die Einrichtung öffentlicher Schulen sowie die Ablehnung von Aktiengesellschaften. Für die Menschen am Fuß der ökonomischen Leiter gehörte der offene Zugang zu Erziehung und Bildung, zu Krediten, zu Kapital und freien Märkten zu den zentralen politischen Forderungen.

Man kann die vielfältigen Bemühungen um die Ausdehnung des Wahlrechts auf die Besitzlosen, die Frauen und die Afroamerikaner und für eine Verbesserung der Bildungschancen als Kämpfe von Außenseitern um den gleichen Zugang zu gesellschaftlichen Möglichkeiten betrachten. Im 20. Jahrhundert gehörten viele Forderungen der Bürgerrechtsbewegung in diesen Problemzusammenhang. Amerikanische Frauen haben 175 Jahre lang für gleiche Bildungschancen gekämpft und dabei auf immer neue Art die sich ständig verändernden Hindernisse zu überwinden versucht. Dieser Kampf ist auch heute noch nicht beendet, denn es gibt weiterhin Unterschiede der Einstellungsbedingungen und des Gehalts für Frauen und Männer im akademischen Bereich. Für Minderheiten war das Streben nach Chancengleichheit gleichbedeutend mit dem Kampf gegen offene und verdeckte Diskriminierung, eingeschränkte Ausbildungswege, diskriminierende Standards bei Tests und Zulassungen. In letzter Zeit ist diese Problematik mit besonderer Härte in Bezug auf die Senioritätsrechte und die *Affirmative Action,* besondere Fördermaßnahmen zur Gewährleistung gleicher Chancen für Benachteiligte, zutage getreten.

Elitenbildung, das genaue Gegenteil von ›offenem Zugang‹, hat altbewährte Vorläufer. Der Kolonialadel, die Großgrundbesitzer und Mitglieder des Klerus, die ein Bildungsmonopol besaßen, versuchten ihren privilegierten Status auf eine kleine Elite zu beschränken, indem sie der Chancengleichheit Hindernisse entgegensetzten. Die Söhne der Elite wurden zunächst in England erzogen, bis im 17. und 18. Jahrhundert in den Kolonien einige Lehranstalten für die Ausbildung von Geistlichen gegründet wurden. Kirchen- und Armenschulen vermittelten Grundkenntnisse im Lesen, Schreiben und Rechnen, öffneten den Kindern aus nicht zur Elite gehörenden Familien aber nicht den Zugang zu weiterbildenden Schulen. Die Frauenbildung war noch enger beschränkt auf den Besuch von Damenschulen während nur weniger Monate im Jahr. In den südlichen Kolonien sorgte der Verzicht auf das Erheben einer Schulsteuer für die

Verstärkung der scharfen Klassen- und Statusunterschiede und die Aufrechterhaltung der Herrschaft einer Elite von Großgrundbesitzern in Wirtschaft und Politik. Seit den 1830er Jahren müssen Neueinwanderer, rassische Minderheiten und Frauen um gleiche Bildungschancen kämpfen, bis heute. Als gleiche Zugangschancen zu Bildungseinrichtungen nicht mehr verweigert werden konnten, verlegten sich die Eliten auf den Kampf zur »Verteidigung des hohen Leistungsniveaus«. Das unterstellte, dass die der Elite Angehörenden eher zu Höchstleistungen befähigt sind als der Rest der Bevölkerung. Die Befürworter der Chancengleichheit hielten diese Unterstellung für zutiefst undemokratisch, aber sie hielt sich mit bemerkenswerter Zähigkeit, weil sie sich wechselnder Argumente bediente, wenn es demokratischen Mitbürgern gelang, Breschen in das Bildungsprivileg zu schlagen. So musste der im 19. Jahrhundert übliche Hinweis auf die geistige Minderwertigkeit der Frauen zur Begründung der männlichen »Exzellenz« im 20. Jahrhundert aufgegeben werden, nachdem das Erziehungswesen für alle geöffnet worden war. Aufrechterhalten wurde jedoch die Behauptung von der Unfähigkeit der Frauen, im Bereich der exakten Wissenschaften systematisch zu arbeiten oder es den männlichen Professoren an den Universitäten gleichzutun. Wo die ›gebildeten Kreise‹ im 19. Jahrhundert »wissenschaftliche« Erklärungen für die geistige Minderwertigkeit der Afroamerikaner glaubten anführen zu können, wurden im 20. Jahrhundert ausgeklügelte Theorien von der Konditionierung durch die Prägungen des kulturellen und sozialen Milieus angeboten, um die Ansprüche und Selbstrekrutierung der Eliten zu sichern.

Im heutigen Amerika mit seinen sich ständig erweiternden staatlichen Bürokratien, die im gesellschaftlichen Bereich Macht ausüben und die persönlichen Freiheiten des Individuums einschränken, ist das Konzept von der Meritokratie, der Herrschaft der Leistungsfähigen, an die Stelle der nicht mehr zeitgemäßen Befürwortung der Elitenherrschaft getreten. Angeblich wissenschaftliche Messverfahren und objektive Tests sollen die »Standards« der Leistung und Entlohnung im öffentlichen Dienst und bei der Beförderung sichern. Im Namen dieser Meritokratie sind ausgleichende Fördermaßnahmen für früher durch Diskriminierung benachteiligte Gruppen ihrerseits als diskriminierend bezeichnet und damit zu Brennpunkten gesellschaftlicher Auseinandersetzungen geworden.

Den Eliten in Amerika ist es lange gelungen, unterprivilegierte Minderheiten und Neueinwanderer gegeneinander auszuspielen. Die Unternehmer des 19. Jahrhunderts konnten mit derartigen Taktiken die gewerkschaftliche Organisation der ArbeiterInnen und die Durchsetzung der Sozialgesetzgebung verzögern, und dieses Vorgehen setzte sich bis ins 20. Jahrhundert fort. Auch die Massenwanderung von verarmten schwarzen Pachtbauern in die Industriestädte des Nordens von 1912 bis in die 1940er Jahre behinderte wegen der Vorurteile gegenüber Schwarzen die gewerkschaftliche Organisation der ArbeiterInnen. In den Städten wurden seit der ›Fortschrittlichen Ära‹ (1901–1917) Einwanderergruppen in das wirtschaftliche und politische Leben integriert, indem sie in der Kommunalverwaltung, in Schulen, bei der Polizei und in Wohlfahrtsorganisationen Arbeit fanden. In diesem Prozess gerieten die Neueinwanderer nicht so sehr in Konkurrenz zu Mitgliedern der alten Eliten, die inzwischen den sozialen Aufstieg geschafft hatten, sondern sie konkurrierten mit den Gruppen, die erst kürzlich auf der lokalen Ebene eine gewisse Teilhabe an der Macht erreicht hatten. So haben wir es im zeitgenössischen Amerika erlebt, wie Juden und Afroamerikaner im Kampf um die Sicherung der Chancengleichheit auch für benachteiligte Gruppen – gegen die Interessen der Meritokratie – gegeneinander ausgespielt wurden, was von den Medien meist als Ausdruck des Rassengegensatzes dargestellt worden ist. Dieser Kampf ist jedoch weniger Ausdruck eines Rassenkonflikts als vielmehr die herkömmliche Art, in der sich Minderheiten in die US-amerikanische Gesellschaft integrieren. Wie das stattfindet, ist abhängig von demographischen Faktoren, dem Ort des Geschehens und historischen Zusammenhängen. Die Probleme sind alt, die Art der Auseinandersetzungen wiederholt sich. Dieser Konflikt und Spannungen in Bezug auf den Gegensatz von Chancengleichheit und Elitenbildung sind Motoren des Fortschritts in der amerikanischen Geschichte, die dazu dienen, jede neue Gruppe von Einwanderern und Minderheiten in die Wirtschaft und Politik der Vereinigten Staaten zu integrieren.

Pluralismus versus Nativismus und Rassismus

Zur Zeit der ersten Besiedelung des nordamerikanischen Kontinents durch Spanier, Franzosen und Engländer lebten dort seit Tausenden von Jahren *Amerindiens*, indianische Völker. Als die Kolonien, die später zu den Vereinigten Staaten werden sollten, gegründet wurden, machte die Gegenwart afrikanischer Sklaven die Gesellschaft zu einer multirassischen und multiethnischen. Ungeachtet dieser historischen Realität hielten erst gegen Ende des 19. Jahrhunderts eine große Zahl von Amerikanern Pluralismus für einen positiven Wert. In den frühen Jahrhunderten der Besiedelung bildete die Überzeugung, die Amerikaner angelsächsischer oder generell europäischer Herkunft seien anderen Völkern kulturell überlegen, das unverrückbare Fundament der allgemeinen Meinung und der Politik. Selbst diejenigen, die sich aktiv für die Abschaffung der Sklaverei und die Rechte der amerikanischen Indianer einsetzten, taten dies streng im Sinne abstrakter Prinzipien von Gerechtigkeit und Gleichheit. Ebenso wie ihre Zeitgenossen gingen sie davon aus, dass die weißen, christlichen Amerikaner angelsächsischer Herkunft die »minderwertigen« Rassen und Kulturen zu einem schrittweisen zivilisatorischen Fortschritt und damit zu den Privilegien der Staatsbürgerschaft hinzuführen hätten. Diese Einstellung wurde während der letzten Jahrzehnte des 19. Jahrhunderts durch die Ankunft großer Massen von Einwanderern aus Europa in Frage gestellt, als die Problematik ihrer gesellschaftlichen Eingliederung zu einem wichtigen Thema der politischen Auseinandersetzung wurde. Konnte die Assimilation so verschiedener Gruppen von Immigranten nach dem Prinzip des ›Schmelztiegels‹ gelingen? Oder würde sie nach dem Prinzip der ›Salatschüssel‹ – locker vermischte Einheiten – erfolgen? Diese Metaphern kennzeichnen brennende politische Probleme, die noch heute in vieler Hinsicht ungelöst sind. Einer der möglichen Auswege aus dem Dilemma – »Assimilation oder kultureller Separatismus« – war Pluralismus.

Tatsächlich hatten die Euroamerikaner den Pluralismus bereits zum Bestandteil der Verfassung gemacht. Die Trennung von Staat und Kirche, wie sie im Ersten Verfassungszusatz der *Bill of Rights* festgeschrieben ist, vollzog einen revolutionären Bruch mit den damals in Europa geltenden Regelungen. Die Entstaatlichung der Religion bewahrte die amerikanischen Bürger vor einer staatlich begünstigten Kirche, da es dem Staat ausdrücklich untersagt war, religiöse Einrichtungen zu unterstützen oder eine Kirche einer anderen vorzuziehen. So garantierte die Verfassung den religiösen Pluralismus, die Koexistenz und freie Konkurrenz von unterschiedlichen Religionsgemeinschaften oder Kirchengemeinden ohne jede Unterstützung oder Einmischung des Staates.

Der religiöse Pluralismus des 19. Jahrhunderts führte zu einer weiteren Verbreitung und immer größeren Zahl von Kirchen und Sekten, zu einer schnellen Zunahme von Kirchenbauten und der Zahl kirchlicher Organisationen, zu einer Basisbewegung, die der Tendenz von größeren und reicheren Kirchen, das öffentliche Leben zu dominieren, entgegenwirken konnten. Dennoch lagen diesem religiösen Pluralismus die Hegemonie von religiösen gegenüber nichtreligiösen Überzeugungen und die Dominanz des Christentums über andere Religionen zu Grunde. Auf diese Weise entwickelte sich die Nation zu einer Nation von religiös Gebundenen mit weit überwiegend christlicher Orientierung.

Es gab kein Grundgesetz und keine verfassungsmäßige Garantie zur Gewährleistung einer friedlichen und demokratischen Koexistenz von Amerikanern verschiedener Rassen oder unterschiedlicher ethnischer Herkunft. Ganz im Gegenteil. Die Art, in der ständige Einwanderung die Assimilation der aufeinanderfolgenden Wellen von Einwanderern in Kultur und Politik strukturierte, schuf Konflikte größten Ausmaßes. Dieser Prozess begann mit der Immigration der Iren in den 1840er Jahren. Wie auch im Falle später ankommender Einwanderer wurde den Neuankömmlingen ein Platz am Fuß der ökonomischen Leiter zugewiesen, behindert von Vorurteilen und diskriminierenden Einschränkungen. Ihr Eintreten in die Arbeitswelt brachte früher eingewanderten Gruppen den sozialen Aufstieg und ihnen eine heftige Konkurrenz mit der dann schlechtestgestellten Gruppe am unteren Ende der sozialen Leiter, nämlich mit den freien schwarzen Arbeitern. Diese Art der Integration wiederholte sich ständig mit immer größerer Intensität. Der soziale Aufstieg von seit Generationen Einheimischen und bereits assimilierten früheren Einwanderern wurde ermöglicht durch die Massen von Neueinwanderern, die darauf angewiesen und bereit waren, die schlechtesten Jobs anzunehmen.

Für jede aus Europa einwandernde Gruppe war es eines der ersten Zeichen der Amerikanisierung, dass sie in Konkurrenz zu den einheimischen Afroamerikanern gebracht wurde und dabei ihrerseits an deren Diskriminierung teilhaben durfte. Nicht einmal Bildung, Aufklärung und geschärftes politisches Bewusstsein haben dieses Integrationsmuster im 20. Jahrhundert wesentlich verändert. Pluralismus und Anspruch auf Hegemonie haben im amerikanischen Leben lange nebeneinander existiert und sich in den Wertvorstellungen einzelner Gruppen oft überlagert. Iren, Juden, Afroamerikaner und Hispanics vertraten überzeugt die Theorie des Pluralismus, als sie sich selbst der Diskriminierung ausgesetzt und von kulturellen Einschränkungen behindert sahen. Doch Angehörige eben dieser Gruppen haben sich genauso überzeugt hegemoniale Vorstellungen und Ansprüche zu eigen gemacht, sobald sie in die Mittelschicht aufgestiegen waren und sich einen Weg in das bestehende politische System der Machtausübung gebahnt hatten.

Technikgläubigkeit und unbeschränkte Ausbeutung der natürlichen Rohstoffe versus Schutz des Ökosystems

Der amerikanische Glaube an den Fortschritt beruhte auf dem Vertrauen in die Überlegenheit der amerikanischen Technologie und auf dem unbegrenzten Zugang zu natürlichen Rohstoffen. Seit den Tagen der *open frontier* haben die Euroamerikaner in großem Maßstab Wälder abgeholzt und den Boden ausgebeutet und sind sie westwärts vorgerückt zu »besserem« Land. Seit dieser Zeit schlachteten sie Tiere wegen ihres Pelzes, ihrer Haut und ihres Fleisches, rissen sie die Landschaft auf, um Bodenschätze abzubauen, hinterließen dabei Berge von Abraum sowie trostlose Bergarbeitersiedlungen und Städte, um neue Gebiete auszubeuten. Sie haben die Luft und die Flüsse verschmutzt und in jüngster Zeit haben sie als Folge der Nutzung der Kernenergie sowie der zunehmenden Verwendung von Chemikalien und Kunststoffen Boden und Luft mit den Abfallstoffen ihres industriellen und technologischen Fortschritts vergiftet.

Gewiss, diese Sorglosigkeit und Missachtung von Grenzen sind nicht nur für Amerikaner charakteristisch, sondern für alle Völker in modernen hochtechnisierten Gesellschaften. Aber in diesem weiten Kontinent, dessen Geschichte lange ohne die Schrecken des Krieges verlief, wurde die Endlichkeit natürlicher Ressourcen noch stärker geleugnet als in Gegenden der Welt, wo die Gefährdung durch Krieg und Rohstoffknappheit jeder neuen Generation von Menschen unübersehbar deutlich wurde.

Im Gegensatz zu den damit verbundenen Auffassungen, Haltungen und Werten steht die lange Tradition der Indianerstämme, deren respektvolle Einstellung gegenüber der Erde und dem Ökosystem Teil ihrer religiösen Weltsicht ist. Damit vergleichbar ist die Fähigkeit befreiter Sklaven, die lernten, ohne Land zu bearbeiten von Wildpflanzen und Naturprodukten zu überleben, den Abfall anderer zu nutzen – in dem bemerkenswerten Fall von Dr. George Washington Carver, dem es gelang, anderer Leute Unkraut in Profit zu verwandeln, als er auf Pflanzenbasis Hunderte von kommerziell verwertbaren Produkten entwickelte. Bemerkenswert ist auch die Tradition der gerade erst eingewanderten Bauern mit ihrer Sparsamkeit, ihren konservativen Methoden des Gartenbaus und ihrer naturnahen, arbeitsamen Hauswirtschaft. Diese Verhaltensweisen sind zwar im Zuge der Modernisierung verschwunden und anscheinend verloren gegangen, können aber dennoch als beachtenswerte Wegweiser in die Zukunft dienen.

Ein anderes alternatives Modell haben die Mormonen bei ihrer ersten Besiedelung der Wüste entlang des 100. Längengrads angeboten. Wo es anderen Siedlern in einem Land mit ständiger Trockenheit um Uferrechte ging, verbunden mit harten Auseinandersetzungen über den Zugang zum Wasser und um private Wasserrechte, da wählten die Mormonen einen kollektiven Ansatz zur Problemlösung und planten ihre Siedlungen so, dass sie die Wasservorkommen gemeinschaftlich optimal nutzen konnten.

Die Widersprüche bestehen fort. Die Amerikaner, das »Volk im Überfluss«, verschwenderisch und ohne Empfinden für ihre Landschaftsverwüstung, sind zugleich ein Volk von Bewahrern. Nirgendwo sonst befinden sich so große Wildnisgebiete noch in öffentlichem Eigentum, nirgendwo sonst gab es eine so große und anhaltend engagierte Bewegung für die Erhaltung natürlicher Ressourcen und für die Schaffung von Naturschutzgebieten als öffentliche Aufgabe. In den USA ist zum ersten Mal der Kampf gegen die Verschmutzung von Luft, Boden und Wasser zu einem Thema der Politik gemacht worden. Die heute weltweite Umweltbewegung setzt eine starke und lebendige amerikanische Tradition mit fort.

Es gibt andere Gegensatzpaare von grundlegenden amerikanischen Werten, die ich anführen könnte. Ich möchte jedoch die Aufmerksamkeit kurz auf eine Einstellung richten, die den bisher diskutierten Gegensätzen unterschwellig zugrunde liegt – die Idee von der Überlegenheit des Mannes. Es wird behauptet, Männer und Frauen seien ihrem Wesen nach verschieden, was ihre Natur und ihre Fähigkeiten angeht, und Männer seien wegen ihrer Überlegenheit besser geeignet als Frauen, Macht- und Führungspositionen zu übernehmen. Diese Ansichten spiegeln sich wider in der Art, in der die ›amerikanischen Werte‹ definiert worden sind. Die amerikanische demokratische Freiheit war nämlich so definiert, dass das Ausgeschlossensein der Frauen von der politischen Repräsentanz und Macht fast zweihundert Jahre lang nicht auch nur in Frage gestellt wurde. Trotz ihres 72jährigen Kampfes um Wahlberechtigung sind die Frauen bis heute in allen öffentlichen Körperschaften und Ämtern, in den Wirtschaftsunternehmen, in Kirchen und der Leitung wissenschaftlicher Institutionen noch immer erheblich unterrepräsentiert. Der amerikanische Individualismus war so definiert, als ginge es darum, die psychologische Entwicklung von Männern zu beschreiben; weibliche Autonomie und Selbstdefinition galten als nachrangig gegenüber der pflegenden Rolle der Frau in der Sorge um die Familie und gerieten als artikulierte Forderung von Frauen erst im 20. Jahrhundert ins Blickfeld. Selbst die liberalste Definition von Pluralismus umfasste bis in die jüngste Zeit nicht die Möglichkeit, dass Frauen als Gruppe andere Interessen, andere kulturelle Prägungen und Einstellungen sowie andere Wertvorstellungen haben könnten als die Männer ihrer Gruppe (oder ihrer Klasse, Ethnizität oder Rasse).

Derartige patriarchale Einstellungen und Werte wurden Bestandteil der amerikanischen Lebensart durch Entscheidungen und Handlungen von Frauen *und* von Männern. Das heißt nicht, dass Männer nicht in bestimmter Hinsicht Frauen absichtlich und auf Dauer benachteiligten, etwa bezüglich der politischen Repräsentanz, der wirtschaftlichen Konkurrenz und der Bildungschancen, denn das taten sie. Es soll aber heißen, dass die Auffassungen von Männern *und* Frauen über geschlechtsspezifische Eigenschaften und Rollen das patriarchale Grundmuster bestimmten, innerhalb dessen sich die Institutionen, Werte und Weltanschauungen herausbildeten. Erst durch die massive Umwälzung und die sozialen Veränderungen der postmodernen Zeit wurden diese patriarchalen Grundvoraussetzungen ans Licht gebracht und die Möglichkeit geschaffen, sich Alternativen vorzustellen. Die Veränderung des Bewusstseins der Frauen (und mancher Männer) ist eine der wichtigsten sozialen Antriebskräfte unserer Zeit, die zu einer positiven Überwindung der Wertekrise, mit der sich die Amerikaner heute auseinandersetzen müssen, beitragen kann.

Die Wertvorstellungen, die trotz all ihrer Widersprüche in der amerikanischen Kultur weiterleben, sind unter historischen Bedingungen entstanden, die sich von den heute gegebenen sehr stark unterscheiden. Die Vereinigten Staaten entwickelten sich auf einem Kontinent mit einer großen, scheinbar unbegrenzten Fülle von natürlichen Rohstoffen, von Tieren und Pflanzen, von Wasser und gemeinhin günstigen klimatischen Bedingungen und mit einer fast zweihundert Jahre lang offenen Siedlungsgrenze. Die junge Nation war gesegnet mit dem, was Historiker »kostenlose Sicherheit« genannt haben – ohne mächtige Feinde an den Grenzen und mit einem wirksamen Küstenschutz durch die britische Marine. Obwohl von Beginn an ein Mangel an Arbeitskräften bestand, war die junge Nation in der Lage, diesen Nachteil in einen Vorteil zu verwandeln, indem sie die Grenzen für eine große Zahl von Einwanderern öffnete, die ihre Ausbildung, ihre handwerklichen Fähigkeiten und ihr technisches Wissen mitbrachten und damit zur bemerkenswert schnellen Modernisierung beitrugen. Einige Jahrhunderte, in denen Amerikanern der soziale Aufstieg möglich war, hatten ihnen Grund zur optimistischen Einschätzung der Zukunft gegeben, zum Glauben an Fortschritt und Eigeninitiative. Aber die schnelle Industrialisierung, die sehr stark zur Macht und Weltgeltung der USA und zum Wohlstand der Bevölkerung beitrug, brachte zugleich große soziale Umbrüche und Kämpfe mit sich, ganz besonders am Ende des 19. und zu Beginn des 20. Jahrhunderts.

Die beiden Weltkriege machten der »kostenlosen Sicherheit« ein Ende. Neue Technologien, besonders die des Luftkriegs, verringerten die Bedeutung von Landesgrenzen. Massenkommunikation begann den Globus zu umspannen – die Welt schrumpfte und die neu definierten nationalen Interessen erstreckten sich auf Gebiete, die weit außerhalb unserer geographischen Grenzen lagen. Die bedeutenden Revolutionen des 20. Jahrhunderts gegen koloniale und despotische Regime führten zu einer Neubestimmung der Machtzentren der Welt. Obwohl die Außenpolitik der USA mehr als siebzig Jahre lang ihr Augenmerk vor allem auf die Differenzen zwischen den kapitalistischen und den sozialistischen Gesellschaftssystemen gerichtet hatte, kann man behaupten, dass die wichtigeren Differenzen zwischen den Reichen und den Armen bestehen. Die Bevölkerungsexplosion und die ungleiche Verteilung der Rohstoffe der Welt stellen eine mindestens ebenso große Gefährdung der Sicherheit jedes entwickkelten Landes dar wie Regime mit einer anderen Ideologie. Die Tatsache, dass der größte Teil der Welt in verzweifelter Armut lebt, während ein kleiner Teil der Weltbevölkerung einen extrem überproportionalen Anteil der Ressourcen verbraucht, sollte ein Grund zur Sorge sein. Und die Tatsache, dass die Armen überwiegend farbige Menschen sind und die reichen überwiegend Weiße, sollte noch besorgter stimmen.

Der Verlust der »kostenlosen Sicherheit« hat die Amerikaner ängstlich werden lassen und bewirkt, dass sie größtes Gewicht auf Sicherheitsgarantien durch militärische Macht und Geheimdienste legen. Infolge der Revolution der Nukleartechnologie, die in den letzten vierzig Jahren durch eine Strategie der Abschreckung und ein Gleichgewicht des Schreckens zwischen den beiden Weltmächten zur Aufrechterhaltung des Friedens geführt hat, ist das Gefühl der Unsicherheit in unserem Alltag nur gewachsen. Dass die Vernichtung allen Lebens auf der Erde technisch möglich ist, ist zwar Teil unserer Albträume geworden, hat aber unsere politischen Institutionen noch nicht beeindruckt.

Die Grundlagen von vielem, woran die Amerikaner glaubten und was sie hoch schätzten, wurden im 20. Jahrhundert wiederholt nachhaltig erschüttert. Das hat ein Gefühl der Unsicherheit, der Katastrophe, der Verzweiflung und Anomie hervorgerufen, das für einen großen Teil unseres derzeitigen kulturellen Lebens und Diskurses charakteristisch ist. Man kann die Gegenwart als eine Periode des Versagens und des Niedergangs betrachten. Ich neige mehr dazu, sie als eine Periode des Übergangs zu sehen, in der wir die notwendige Anpassung unserer Überzeugungen und Wertvorstellungen an den bereits erfolgten gesellschaftlichen Wandel noch nicht vollzogen haben.

Wir wollen uns nun möglichen Antworten auf die im Zuge dieser Veränderungen aufgeworfenen Fragen zuwenden. Welche Werte, die sich von den traditionellen amerikanischen Werten herleiten lassen, werden für unsere Enkel bei der Lösung der Probleme des 21. Jahrhunderts von Nutzen sein?

Die Welt unserer Enkel ist zu einem ›global village‹ geworden, zu einer Welt von überwiegend farbigen Menschen, die in großer Armut leben, und einer relativ kleinen Zahl von überwiegend weißen Menschen, die im Wohlstand leben. Es ist eine gefährliche Welt, in der die ungleiche und ungerechte Verteilung der Ressourcen weiterhin eine Ursache von Konflikten und Kämpfen sein wird. Die Revolution der Kommunikationsmittel hat uns näher an die sich entwickelnden Länder herangebracht, aber zugleich die Menschen, die sich unserer Privilegien nicht erfreuen, wissen lassen, wie wir leben. Das kann zu friedlicher Interaktion führen oder aber eine potentielle Ursache von immer neuen Konflikten sein.

Als BürgerInnen der reichsten und technologisch am weitesten entwickelten Nation werden wir unser Überleben bedroht sehen, wenn wir nicht an die Stelle von Rassismus und imperialistischem Expansionsdrang ein zuverlässiges Engagement im Sinne der politischen Demokratie, der Gleichheit und des Prinzips der Gegenseitigkeit unter Gleichen setzen. Wir werden das Wissen und die praktischen Fähigkeiten neu beleben müssen, die es unseren VorgängerInnen erlaubten, pluralistische Gemeinschaften, eine Föderation von gleichberechtigten Staaten und demokratische Einrichtungen in allen Bereichen des öffentlichen Lebens zu schaffen. Bei der fortschreitenden Verbesserung der internationalen Kooperation könnten Angehörige von amerikanischen Minderheiten, die ein sensibles Verständnis rassischer und ethnischer Problemen mit dem technologischen Wissen und Können einer hochentwickelten Gesellschaft verbinden, wichtige Führungsfunktionen übernehmen.

Dass die Großmächte einander wegen der Gefahr einer Atomkatastrophe nicht mehr in offenen Kriegen bekämpfen können, bedeutet nicht, dass es keine internationalen Konflikte mehr geben wird. Im Gegenteil: Viele kleine und regionale Konflikte werden zum Schauplatz von Stellvertreterkriegen zwischen den Großmächten. Das gilt auch für die ideologische Kriegführung, mit deren Hilfe konkurrierende Gesellschaftssysteme ihren Einfluss auf andere Nationen zu vergrößern suchen. In diesem Wettkampf der Nationen um die beste Regierungsform wird uns das unschätzbare Erbe unserer Verfassung mit ihrer *Bill of Rights* einen entscheidenden Vorteil gegenüber konkurrierenden Systemen verschaffen. Unsere Regierungsform hat im Vergleich mit anderen den immensen Vorteil, dass sie ein sich selbst regulierendes System bietet – die Ausgewogenheit einander kontrollierender Kräfte sowie die Garantie der Redefreiheit und der Pressefreiheit bieten uns Mechanismen der Anpassung an veränderte Bedingungen und machen es uns möglich, Fehler, die auf falschen Einschätzungen oder schlechter politischer Führung beruhen, zu korrigieren. Wenn wir dazu übergehen könnten, unsere Hegemonie über andere Nationen auf die Überlegenheit unserer politischen Institutionen statt auf unseren größeren Reichtum und die Überlegenheit unserer militärischen Kraft zu stützen, könnten wir in der Lage sein, den Wettstreit der Ideen zu gewinnen.

Der langsame und zögerliche Fortschritt auf der Suche nach dem, was William James »ein moralisches Äquivalent des Krieges« genannt hat, verlangt einen neuen Stil von politischer und militärischer Führung. Direkte Konfrontation, Täuschung und militärische Bedrohung sind im Atomzeitalter zu gefährlich, als dass sie länger als Mittel der politischen Führung akzeptiert werden könnten. Die Fähigkeit zu verhandeln, gegenseitiges Vertrauen aufzubauen, pragmatisch vorzugehen, um gewaltsame Methoden durch friedliche zu ersetzen, das sind schon heute die überlebenswichtigen Fähigkeiten, die unsere Enkel von ihrer politischen Führung einfordern werden. Menschen mit Erfahrungen im Organisieren von Gruppen, im Finden von sozialen Lösungen für soziale Probleme und mit dem Zusammenwirken in Koalitionen sind eher geeignet, das in dieser Zeit Sinnvolle zu tun, als diejenigen, deren Führungsstil der Tradition des rigorosen Individualismus entspricht. Als Geraldine Ferraro, die erste Kandidatin für die Vizepräsidentschaft der USA, in einem Fernsehinterview gefragt wurde, ob sie die Stärke haben werde, notfalls »den Knopf zu drücken« (zum Einsatz von Atomwaffen), versicherte sie der Öffentlichkeit, sie werde dazu in der Lage sein. Ich gebe zu bedenken, dass eine derartige Stärke, ob nun von Männern oder Frauen, eine ziemlich unzureichende Qualifikation für die Führung der Nation ist. Sehr viel wichtiger wäre die Fähigkeit zu Empathie, zum Kompromiss, zum Verhandeln und Überzeugen durch Argumente.

Wenn unsere Enkel nach neuen Formen der internationalen Interaktion und neuen Stilen der nationalen Führung suchen, so wäre ihnen anzuraten, Anleitung und Sachkenntnis bei denen zu suchen, die nicht auf traditionelle Handlungsweisen fixiert sind.

Frauen als Gruppe sind nicht durch die Ausübung von politischer oder militärischer Macht geprägt oder abgehärtet. Frauen mussten in der Vergangenheit auf der Suche nach Problemlösungen Alternativen zur Machtausübung finden und sind deshalb vielleicht besser geeignet, die heute geforderte Art von Führung zu praktizieren. Das bedeutet nicht, dass wir die Führung nun den Frauen allein überlassen sollten, sondern meint, dass es absolut notwendig und im Interesse des Überlebens der Menschheit sinnvoll ist, Frauen bei der Auswahl der Talente häufiger und gezielter einzubeziehen.

Um als Nation überleben zu können, müssen wir den ungezügelten Konsumismus und die Verschwendung der Ressourcen aufgeben und statt dessen Respekt entwickeln gegenüber dem Ökosystem und begreifen, wie notwendig es ist, dem Wachstum und der Ausbeutung Grenzen zu setzen. Die höchste Weisheit wird im 21. Jahrhundert wohl darin liegen, sich und anderen einzugestehen, dass wir unseren Handlungsspielraum beschränken müssen, und genügend Disziplin und Demut zu entfalten, um erkennen zu können, dass wir nicht unbedingt ohne Rücksicht auf die Konsequenzen das tun müssen, wozu wir technisch in der Lage sind.

Um die Probleme des 21. Jahrhunderts zu lösen und dazu das größtmögliche Begabungsreservoir auszuschöpfen, ist es im nationalen Interesse geboten, gleiche Bildungschancen und offenen Zugang zu Möglichkeiten des sozialen Aufstiegs nicht nur für Frauen, sondern auch für Minderheiten und sozial Benachteiligte zu gewährleisten. In Zukunft werden Menschen im Laufe ihres Arbeitslebens mehrmals ihre Arbeitsplätze oder Qualifikationen wechseln müssen. Die für Erwerbsarbeit aufzuwendende Lebenszeit wird stärker als je zuvor verkürzt werden müssen, während die ehrenamtliche, dem Gemeinwohl dienende Arbeit wohl über Jahrzehnte wird zunehmen müssen. All das verlangt nach neuen Erziehungs- und Bildungszielen. Die herkömmlichen Bildungseinrichtungen und die elitären Wertvorstellungen, die der Entstehung von Meritokratien zugrunde liegen, entsprechen nicht länger dem Bedarf. Bei der Neuorientierung unseres Bildungswesens werden wir Erziehung und Bildung als den Motor begreifen müssen, der unsere gesellschaftliche Entwicklung voranbringt und es dem einzelnen Menschen erlaubt, sich auf die schnellen Veränderungen des modernen Lebens einzustellen. Diese Bildung sollte zu den Geburtsrechten jedes Bürgers und jeder Bürgerin gehören, nicht eine Belohnung sein, die man sich erst verdienen muss, oder ein Privileg für Bevorzugte. Die Menschen sollen künftig in allen Lebensabschnitten ungehindert zwischen Arbeit und Lernen hin und her wechseln können, nicht nur in jungen Jahren. Wird im Bildungsbereich die Kluft zwischen Theorie und Praxis geschlossen, so ändert sich damit zugleich das Wertesystem, dem zufolge das Theoretisieren höher zu bewerten ist als das praktische Handeln. Die Menschen des 21. Jahrhunderts werden eine neue Wechselbeziehung zwischen Theorie und Praxis brauchen.

Wenn unsere Enkel nach sinnvollen Werten suchen, die zur Lösung der vor ihnen stehenden Probleme geeignet sind, so müssen sie sich nicht von Tradition und Geschichte abwenden. Die Gegensatzpaare der tradierten amerikanischen Werte enthalten ein reiches Erbe von nützlichen Erfahrungen und brauchbarem Wissen, das ihnen den Weg aus der Konfusion der heutigen Übergangsperiode in ein neues Zeitalter werden weisen kann.

Das 20. Jahrhundert:
Eine Zeitenwende für Frauen*

Die Bedeutung des 20. Jahrhunderts läßt sich mit Hilfe einiger Bilder veranschaulichen: Erstens ein moderner Flughafen – ein Kulturprodukt, das sich überall in der Welt so sehr gleicht, dass der Reisende ohne Wegweiser und Werbetexte nicht sagen könnte, in welchem Land er sich befindet. Zweitens ein Einkaufszentrum – das Kennzeichen der Konsumgesellschaft, in den verschiedenen Regionen der Welt zwar der jeweiligen Kultur entsprechend gestaltet, aber einheitlich in vielen Merkmalen des Verkaufs von Produkten, die in allen Teilen der Welt hergestellt und für den weltweiten Konsum vermarktet werden. Welche lokalen Produkte das Einkaufszentrum auch anbieten mag, es wird dort immer Blue Jeans, Batterien, tragbare Radios und Musikkassetten geben. Drittens, das Bild eines Beduinen auf seinem Kamel mitten in der Wüste, der den Klängen eines Transistorradios lauscht. Als viertes und letztes Bild das einer afrikanischen Frau, die barfuß mit einem auf den Rücken gebundenen Säugling und einem zwanzig Liter fassenden Wasserkanister auf dem Kopf eine staubige Straße hinuntergeht. Sie bringt das Wasser zu ihrer Hütte, wofür sie jeden Tag – im Durchschnitt – etwa zwanzig Kilometer zu Fuß zurücklegt. Sie kommt an der Dorfkneipe oder Imbißbude vorbei, wo die Männer ihres Stammes auf Plastikstühlen sitzen, Coca-Cola oder Dosenbier trinken, dem Fern-

---

* Überarbeiteter Text eines Vortrags bei dem Symposium »Making Sense of the 20th Century« an der Universität von Victoria in British Columbia, Kanada, vom 29. 9. bis 1. 10. 1994.

sehprogramm zusehen oder Radiomusik hören. Der Fortschritt war groß, ist aber nicht überall der gleiche gewesen.

Die größten Veränderungen, die Frauen im 20. Jahrhundert erlebt haben, lassen sich in drei Kategorien einteilen: Fortpflanzung und Lebenszyklus, Erziehung und Bildung, Teilnahme am Arbeitsleben. Demographische Veränderungen werden von vielen Faktoren beeinflusst. Dazu zählen Urbanisierung, Industrialisierung, technologische Erfindungen und Verbesserungen der Gesundheitspflege. Dieser Prozess lässt sich am besten darstellen, wenn wir einige Basisdaten über Frauen in den Industriestaaten und in den Entwicklungsländern miteinander vergleichen.

Frauen in den Entwicklungsländern sind benachteiligt, was Ernährung und Gesundheit betrifft, und im gebärfähigen Alter ist ihre Sterblichkeitsrate höher, so dass es in der Bevölkerung weniger Frauen als Männer gibt. (1990 kamen in Asien und den Pazifikstaaten auf 100 Männer 95 Frauen; in den entwickelten Regionen sind es 106 Frauen auf 100 Männer.)[1] Die industrielle und ökonomische Entwicklung führt zur Verlängerung der durchschnittlichen Lebenszeit bei Frauen. Bezeichnend für den weltweiten Fortschritt, mit Ausnahme von Afrika, ist der schnelle Anstieg der durchschnittlichen Lebenserwartung bei Frauen. Weltweit hat sich die Lebenserwartung der Frauen erhöht, doch noch immer gibt es einen großen Unterschied zwischen den industrialisierten und den sich industrialisierenden Ländern. (1990 betrug die Lebenserwartung der Frauen in den Industriestaaten 80 Jahre, die der Frauen in den afrikanischen Ländern südlich der Sahara und in Südasien lag bei 56 Jahren.) Wir sollten im Sinn behalten, dass drei Viertel aller Frauen dieser Welt in den Entwicklungsländern leben.[2]

Das Sinken der Sterblichkeitsrate führt zur Lebensverlängerung von Frauen wie Männern. In entwickelten Regionen heiraten die Menschen später, was ein Sinken der Geburtenrate zur Folge hat. Im 20. Jahrhundert haben die Frauen weltweit weniger Kinder. In den letzten zwanzig Jahren sind die Geburtenraten in den Industrieländern von durchschnittlich 2,6 auf 1,8 Geburten pro Frau zurückgegangen, in den Entwicklungsländern bei starken regionalen Unterschieden von 5,7 auf 3,6 Geburten pro Frau. In den Entwicklungsländern gebären die Frauen früh und während eines Zeitraums von achtzehn oder mehr Jahren. In den Industrieländern bringen sie innerhalb einer kürzeren Zeitspanne (sieben Jahre) weniger Kinder zur Welt. Im allgemeinen haben Frauen in städtischen Gegenden kleinere Familien als die Frauen auf dem Land. Die Statistik zeigt außerdem eine enge Beziehung zwischen einem höheren Ausbildungsgrad von Frauen und einer geringeren Geburtenrate, wenn das auch nicht notwendig eine Beziehung von Ursache und Wirkung ist.

Wegen der jahrtausendelangen systematischen Benachteiligung der Frauen, was Bildung angeht, waren sie hinsichtlich der Lese- und Schreibfähigkeit überall hinter den Männern zurückgeblieben. So gab es trotz des enormen Fortschritts bei der Alphabetisierung in diesem Jahrhundert 1985 weltweit 597 Millionen weibliche und 352 Millionen männliche Analphabeten, also fast doppelt so viele Frauen wie Männer. Dieses Bildungsdefizit wird noch bis weit ins nächste Jahrhundert hinein bestehen bleiben. Es lässt sich auch unter regionalen Gesichtspunkten beschreiben. In den Ländern Afrikas südlich der Sahara ist die Rate der Analphabetinnen am höchsten – mehr als 90 Prozent der Frauen über 25 Jahre können weder lesen noch schreiben. In Ost- und Südostasien sind mehr als 40 Prozent und in Lateinamerika und der Karibik über 20 Prozent der über 25-jährigen Frauen Analphabetinnen. In den Industrieländern und überall da, wo der Alphabetisierungsgrad mehr als 95 Prozent beträgt, besteht zwischen Frauen und Männern kein Unterschied mehr.[3]

In den entwickelten Regionen der Welt und in Lateinamerika erreichten die Mädchen hinsichtlich der weiterführenden Schulbildung im 20. Jahrhundert bis zum Alter von 17 Jahren den gleichen Prozentsatz wie Jungen. Der Fortschritt war für die jüngere Generation in Afrika und dem Süden Asiens sehr viel langsamer; das Verhältnis von Jungen zu Mädchen mit mittlerer Schulbildung lag bei 100 zu 60 in Afrika und 100 zu 40 in Südasien.[4]

Wirklich entscheidende Veränderungen haben sich im Zugang der Frauen zur höheren Schulbildung und zur Berufsausbildung vollzogen. Der Prozentsatz der Frauen über 25 Jahre, die eine über die Sekundarstufe hinaus reichende Bildung erhalten haben, war in Kanada (34,7 %) und den USA (28 %) am höchsten und am niedrigsten in Afrika, wo er sich zwischen 1,7 und 0,1 Prozent bewegte.[5] Einer der ersten für Frauen zugänglichen Berufe ist allenorts der Beruf der Grundschullehrerin. Im Jahre 1984 stellten Frauen die Hälfte aller GrundschullehrerInnen in der Welt, abgesehen von Afrika, wo sich der Anteil der Frauen von 28 Prozent im Jahr 1970 auf 39 Prozent im Jahr 1984 erhöht hatte. In den weiterführenden Schulen unterrichten ab der Sekundarstufe mehr Männer als Frauen, mit Ausnahme von Lateinamerika und der Karibik, wo es gleich viele sind.[6] Im allgemeinen gilt noch immer das patriarchale Prinzip, dass um so weniger Frauen unterrichten, je höher das Niveau einer Bildungseinrichtung liegt.

Unter dem Aspekt der jahrtausendelangen Benachteiligung der Frauen im Bildungsbereich ist das 20. Jahrhundert eine Art Zeitenwende, eine Periode außerordentlichen Fortschritts. Dennoch gehört Diskriminierung weiter zum festen Bestand einer Mehrheit von Ländern; und die Wirkungen früherer Diskriminierung sorgen selbst unter relativ vorteilhaften Bedingungen weiter für eine Benachteiligung von Frauen.

Was demographische Veränderung für das Leben von Frauen bedeutet, will ich durch eine detailliertere Darstellung von Entwicklungen in den Vereinigten Staaten während des 20. Jahrhunderts beschreiben. Männern und Frauen brachte dieses Jahrhundert vor allem eine längere Lebenserwartung. Im Jahre 1900 betrug die Lebenserwartung eines neugeborenen Mädchens 48 Jahre, 1980 waren es 78 Jahre. Dass die Lebenserwartung der Frauen um 7 bis 8 Prozent über derjenigen der Männer lag, bedeutet nicht nur, dass die Frauen länger lebten, sondern auch, dass sie, wenn sie verheiratet waren, damit rechnen konnten, etwa zehn Jahre als Witwen zu leben. 1988 waren 77 Prozent der allein lebenden SeniorInnen in den USA Frauen, und dieser Anteil steigt weiter.[7]

Die längere Lebensdauer bei Frauen war zum Teil die Folge einer Verringerung der Sterblichkeitsrate von Müttern während des 19. Jahrhunderts und eines starken Rückgangs der Kindersterblichkeit im 20. Jahrhundert. Bei gleichbleibendem Heiratsalter von Männern und Frauen ging die Zahl der Kinder bei Frauen unter 45 Jahren zurück. Während im Jahre 1800 Frauen

144

in den USA durchschnittlich sieben Kinder hatten, betrug die Zahl zu Beginn des 20. Jahrhunderts 3,56 Kinder und 1990 nur noch 1,8 Kinder.

Diese Zahlen belegen einen allgemeinen Trend. Aber es ist sinnvoll festzuhalten, dass es unter dem Gesichtspunkt der Rassenzugehörigkeit bei all diesen Angaben während der ganzen Zeit bemerkenswerte Unterschiede gibt. Im Jahre 1900 lag die durchschnittliche Lebenserwartung aller Frauen zum Zeitpunkt ihrer Geburt bei 48 Jahren, tatsächlich waren es aber 48,3 Jahre bei weißen Frauen und 33,5 bei schwarzen – ein Unterschied von fast 15 Jahren zugunsten der weißen Frauen. 1989 war der Unterschied geringer: Bei der Geburt lag die Lebenserwartung von weißen Frauen bei 79,1 Jahren, die der schwarzen bei 73,5 Jahren, ein Unterschied von etwa fünf Jahren. Die Rate der Kindersterblichkeit lag zu Beginn des 20. Jahrhunderts für Weiße bei 99,9 auf 1000 Lebendgeborene, und bei 181,2 bei Nichtweißen. Das bedeutet, dass es für ein nichtweißes Kind doppelt so wahrscheinlich war, im ersten Lebensjahr zu sterben, wie für ein weißes Kind. 1990 lagen die entsprechenden Zahlen bei 7,7 für weiße und 17,7 für nichtweiße Kinder. Die Überlebenschancen waren für alle Kinder sehr viel besser, aber der Unterschied zwischen weißen und nichtweißen war etwas größer geworden. 1915 betrug die Müttersterblichkeit 60,1 (auf 1000 Geburten) bei weißen Frauen und 105,6 bei nichtweißen (ein Unterschied von 45,5 Punkten). 1990 sah es besser aus: 5,4 für Weiße und 22,4 für Nichtweiße (ein 17-Punkte-Unterschied). Wir können also enorme Verbesserungen für beide Gruppen und eine Verringerung des Unterschieds zwischen beiden erkennen.

Die demographischen Veränderungen im 20. Jahrhundert hatten große Auswirkungen auf die Lebensläufe der AmerikanerInnen. Bei deutlich höherer Lebenserwartung und niedrigerer Geburtenzahl waren die Frauen in den USA weniger lang mit dem Gebären und Aufziehen ihrer Kinder beschäftigt. Schon diese Tatsache allein kann Veränderungen des Anteils der Frauen an den Erwerbstätigen erklären.

Die Lebenszyklen von Frauen in den USA[8]

	Geburtsjahr der Frauen 1880–89	Geburtsjahr der Frauen 1920–29
Jahre des Gebärens	11,3	9,7
Jahre der Aufzucht	34,6	31,2
Ehejahre	35,4	43,6
Ehejahre ohne im Haushalt leb. Kinder	0,8	12,4

Die Bedeutung dieser Zahlen ist faszinierend. Die Angaben zeigen, dass bis zum Jahr 1940 die durchschnittliche Ehe dem Aufziehen von Kindern gewidmet war und jedem Ehepaar weniger als ein Jahr zwischen dem Weggehen des letzten Kindes und dem Tod eines der beiden Partner blieb. Nach 1940 dauerten die Ehen (dank der längeren Lebensdauer der beiden Partner) länger; es wurden weniger Kinder geboren, jedoch in kürzerer Abfolge, so dass nach dem Ausziehen des letzten Kindes das Ehepaar noch 12,4 Jahre miteinander verbringen konnte, bevor der oder die erste von ihnen starb. In der zweiten Hälfte des 20. Jahrhunderts hat sich diese Zeit auf 20 Jahre verlängert. Die dramatische Zunahme der Scheidungen kann also zumindest teilweise ein Ergebnis dieser demographischen Veränderung sein – während in früheren Jahrhunderten die Ehe nach dem Aufziehen der Kinder durch den Tod eines der beiden Ehepartner endete, wird sie im 20. Jahrhundert durch Scheidung beendet. 1890 betrug die Scheidungsrate 3,5 Prozent der Eheschließungen, heute sind es fast 50 Prozent. Die bei beiden Geschlechtern hohe Rate der erneuten Eheschließungen stützt diese Interpretation. Heute gehen die meisten Geschiedenen innerhalb von fünf Jahren wieder eine Ehe ein. Bei den Frauen hat sich ein weiterer Wandel vollzogen. In den USA verbringen sie nur noch ein Fünftel ihres Lebens mit dem Gebären und Aufziehen der Kinder – und können damit rechnen, fast ebenso lange als Witwen zu leben.

Diese demographischen Daten weisen darauf hin, dass die sich für Frauen aus dieser Veränderung ihres Lebenszyklus ergebenden Probleme unvermeidlich auch den Verlauf ihrer Ausbildung und Erwerbstätigkeit veränderten. Es wird gemeinhin behauptet, der Feminismus sei für die Schwächung der Familie verantwortlich, wo doch in Wahrheit die Forderungen der Feministinnen Antworten auf die Fragen sind, die der bereits veränderte Familien- und Lebenszyklus aufgeworfen hat. Es sollte also niemanden wundern, als Folge der eben erwähnten demographischen Veränderungen einen weltweiten Trend zur Anhebung des Bildungsstands von Frauen zu erleben.

Zu Beginn des 19. Jahrhunderts hatten die meisten Mädchen in den USA Zugang zur Grundschulbildung. Den Mädchen in städtischen Gegenden war der Besuch einer Highschool möglich; es gab jedoch einen großen Unterschied zwischen ihnen und ihren Brüdern, was die höheren Bildungseinrichtungen anging. Im Jahr 1900 waren 36,8 Prozent aller an höheren Bildungsinstitutionen eingeschriebenen Studierenden Frauen; 1980 waren es 51,8 Prozent.[9] Erst 1980 wurde ein annähernd gleicher Anteil von Frauen und Männern in Colleges und Universitäten erreicht, als Frauen 47 Prozent der Bachelor- und 49 Prozent der Master-Degrees erhielten. Aber die Frauen lagen noch immer weit zurück, was das Abschließen eines Fachstudiums angeht. Das ist eine Folge sowohl der diskriminierenden Behinderung ihrer Zulassung in früheren Jahrzehnten als auch geschlechtsspezifischer kultureller und institutioneller Einschränkungen. Im Jahr 1900 entfielen 6 Prozent der Promotionen auf Frauen, 1990 waren es 30 Prozent. Während zu Beginn des Jahrhunderts die übergroße Mehrheit der Fachstudiengänge für Frauen nicht zugänglich war, nahmen ihre Chancen, eine Fachausbildung an den Universitäten zu absolvieren, gegen Ende des Jahrhunderts deutlich zu. 1910 waren nur 1 Prozent aller Juristen und 6 Prozent aller Ärzte Frauen; 1982 waren es 14 Prozent in beiden Berufszweigen.[10] Das ist ein Fortschritt, er bleibt aber immer noch weit hinter einem Gleichstand zurück. Die höheren Universitätsabschlüsse waren auf einige Fachbereiche konzentriert, die zumeist auf Berufe mit geringerem Status und geringerem Einkommen vorbereiteten. Am Ende des Jahrhunderts gab es noch immer eine starke Diskriminierung von Frauen in den Bereichen der Naturwissenschaften und der Technologie, wo Frauen weniger als 6 Prozent der Ingenieur-Diplome erhielten.

Während des 20. Jahrhunderts haben die Frauen bei der Zulassung zu Bildungsmöglichkeiten größere Fortschritte gemacht als in jedem früheren Jahrhundert, aber es gibt noch immer große Unterschiede zwischen den Bildungserfolgen von Männern und Frauen. Dies gilt auch für die Teilnahme der Frauen am Erwerbsleben.

Zu Beginn des 20. Jahrhunderts waren 20 Prozent der US-amerikanischen Erwerbstätigen Frauen. Die typische berufstätige Frau war jung, ledig und kam aus der Unterschicht; sie arbeitete sechs bis acht Jahre, bevor sie heiratete, und trug mit ihrem Lohn zum Familieneinkommen bei. Am Ende des Jahrhunderts waren fast zwei Drittel aller Frauen im Alter zwischen 20 und 64 Jahren berufstätig. Die typische Erwerbstätige war verheiratet, Mutter eines Kindes im Schulalter, gehörte der Mittelschicht an und wahrscheinlich die meiste Zeit ihres Lebens berufstätig.

Während die Frauen am Ende des Jahrhunderts einen stark gewachsenen Anteil an den mittleren Positionen des Wirtschaftslebens verzeichnen konnten, stießen sie beim Aufrücken in obere Managementfunktionen an unsichtbare Schranken. So war 1979 in den 1000 größten Unternehmen der USA nur ein Prozent der ManagerInnen Frauen; 1990 waren es ganze drei Prozent. Unter den 986 CEOs, Vorstandsmitgliedern der Großunternehmen, gab es zwei Frauen. Mit Ausnahme des Grundschulunterrichts, der Pflegeberufe und des Bibliothekswesens kam es in allen Berufsfeldern zu einer weit überproportionalen Häufung berufstätiger Frauen in den unteren Bereichen der Rangordnung und verringerte sich ihr Anteil, je höher der Rang und das Einkommen anstiegen.

Wir können besser verstehen, wie begrenzt die ökonomischen Fortschritte der US-Amerikanerinnen sind, wenn wir die Situation von Frauen in einzelnen Berufsbereichen betrachten. Bei den neun Berufen mit den höchsten Durchschnittsverdiensten, vom Arzt bis zum Medizinprofessor, machen Frauen zwischen 1 und 17 Prozent unter den Berufstätigen aus. Bei den fünf Berufsgruppen mit dem geringsten Durchschnittsverdienst, von KinderpflegerInnen bis zu Hausangestellten, stellen die Frauen zwischen 83 und 98 Prozent der Beschäftigten, im Durchschnitt 93,4 Prozent. Eine Studie der Rand Corporation zeigt, dass Frauen 1920 nur 43 Prozent des Lohns der Männer verdient haben, und schätzt, dass sie im Jahr 2000 74 Prozent des Verdienstes von Männern erhalten werden. Das patriarchale Prinzip, dass Arbeitsplätze mit hohem Status und hohem Gehalt Männern vorbehalten sind, gilt weiter – trotz der beachtlichen Fortschritte der Frauen in den USA, was ihre Ausbildung angeht.

Wenn man den Faktor der Rassenzugehörigkeit einbezieht, so wird deutlich, dass auf allen Ebenen des Bildungswesens Afroamerikaner beiderlei Geschlechts einen weitaus schlechteren Stand haben als Weiße. Rassendiskriminierung hat ihre Bildungschancen sehr stark eingeschränkt und ihren Zugang zur Berufsausbildung lange verzögert. Der Anteil der Analphabeten unter ihnen ist höher als bei den Weißen, es besuchen weniger Afroamerikaner als Weiße die Schule, sie erreichen seltener einen Schulabschluss und es ist schwerer für sie, ein Hochschulstudium abzuschließen oder zu promovieren. Da die Diskriminierung von Schwarzen auf dem Arbeitsmarkt sich immer mehr gegen schwarze Männer als gegen schwarze Frauen richtete, erreichten schwarze Frauen in den Jahren zwischen 1900 und 1950 ein höheres Niveau in der Berufsausbildung als schwarze Männer und weiße Frauen. Die Volkszählung von 1960 zeigte, dass acht Prozent aller schwarzen Ärzte Frauen waren, während der Anteil der weißen Frauen an der Gesamtzahl der weißen Ärzte bei nur 6 Prozent lag. Schwarze Rechtsanwältinnen waren mit 9 Prozent an der Gesamtzahl der Afroamerikaner in diesem Beruf beteiligt, während der entsprechende Anteil der weißen Frauen 3 Prozent ausmachte. Eines der wichtigsten Ergebnisse der Bürgerrechtsbewegung in den 1960er Jahren bestand in der Verbesserung der Bildungschancen für Afroamerikaner beiderlei Geschlechts, aber diese Fortschritte wurden gegen Ende des Jahrhunderts weitgehend zunichte gemacht. Die komplexen Auswirkungen von Rassismus und Sexismus werden am deutlichsten belegt durch die statistischen Angaben über die mittleren Jahreseinkommen, aufgeschlüsselt nach Rassen- und Geschlechtszugehörigkeit. Für die Jahre 1950 bis 1987 zeigen die Erhebungen ein gleichbleibendes Muster von Einkommensunterschieden: Weiße Männer verdienen das Meiste, gefolgt von schwarzen Männern, dann weißen Frauen und zuletzt schwarzen Frauen. Das liegt an der weit überwiegenden Zahl von weißen und schwarzen Frauen in den am schlechtesten bezahlten Dienstbotenjobs.[11]

Richten wir unseren Blick wieder auf den internationalen Vergleich, so sehen wir, dass die Frauen fast überall auf der Welt ihren Anteil an der Zahl der Erwerbstätigen erhöht haben. Die geschlechtsspezifische Verteilung der Arbeitsplätze und die unterschiedliche Bezahlung von Männern und Frauen für die gleiche Arbeit sind weltweit unverändert, so dass sich eine breite Kluft auftut zwischen dem, was Frauen arbeiten und verdienen, und der Arbeit und dem Einkommen der Männer. Die Arbeit der Frauen ist konzentriert auf Landwirtschaft, Dienstleistungen, Büro- und Verkaufstätigkeiten; doch sie sind – je nach dem Stand der Wirtschaftsentwicklung in der Region, in der sie leben – aus den Bereichen Produktion, Transport und Management weitgehend ausgeschlossen. Im allgemeinen verharren die Frauen in den ökonomischen Positionen mit dem niedrigsten Status, dem höchsten Ausbeutungsgrad und den größten Benachteiligungen.

Wir müssen noch einen weiteren Aspekt der Ungleichheit beachten. Trotz der Fortschritte der Frauen, was ihren Anteil an der Zahl der Erwerbstätigen betrifft, zeigen Arbeitszeitstudien in den Industriestaaten, dass Frauen den größten Teil der unbezahlten Hausarbeit leisten, und zwar unabhängig davon, ob sie auch außerhalb der Wohnung erwerbstätig oder Vollzeithausfrauen sind. Der Anteil der Frauen an der unbezahlten Hausarbeit reicht von 64 Prozent in den USA bis zu 90 Prozent in Venezuela.[12] Überall, wo es statistische Erhebungen gibt, sind weit überwiegend Frauen für die Versorgung der Kinder und der Alten verantwortlich.

Zusammenfassend lässt sich festhalten: Ein angehobenes Bildungsniveau und demographische Veränderungen haben die Chancen der Frauen, am Wirtschaftsleben aktiv teilzunehmen, verbessert, allerdings nur wenig. Sie haben den Zugang der Frauen zu politischer Macht und Repräsentation verbessert, aber nur geringfügig. Sie haben die Verantwortung der Frauen für die Versorgung der Kinder und die unbezahlte Hausarbeit reduziert, doch nur in ungenügendem Maße. Vor allem aber haben sich die Fortschritte der Frauen im 20. Jahrhundert auf eine sehr ungleiche Art vollzogen, so dass die Mehrheit am Ende des Jahrhunderts noch immer unter Bedingungen lebt, die mindestens so schlecht sind wie die der Frauen in den Industrieländern zu Beginn des Jahrhunderts. Wenn wir bedenken, dass heute drei Viertel aller Frauen der Welt in Entwicklungsländern leben und die Mehrheit von ihnen Nichtweiße sind, so fällt ein tiefer Schatten auf die hoffnungsfrohe Geschichte vom Fortschritt der Frau.

Es ist offensichtlich, dass der Fortschritt der Frauen in den Entwicklungsländern vom ökonomischen Fortschritt ihrer Länder abhängt. Im 20. Jahrhundert haben viele der früheren Kolonien ihre Unabhängigkeit und beträchtliche Verbesserungen ihrer wirtschaftlichen Situation erreicht. Eine riesengroße Ausnahme bilden die afrikanischen Länder südlich der Sahara. Besonders beeindruckend war der Fortschritt in China, Südostasien und Südamerika. Aber von diesem Fortschritt haben die Frauen weniger profitiert als die Männer. In einigen Entwicklungsländern hat sich die Situation der Frauen vielmehr dramatisch verschlechtert, als diese Länder gezwungen wurden, auf dem Weltmarkt zu konkurrieren. Dazu kommt noch, dass die 49 Millionen Menschen, die zur Zeit unter unerträglich schlechten Bedingungen als Flüchtlinge oder Fliehende außerhalb ihres Heimatlandes leben, in großer Mehrzahl Frauen und Kinder sind.

Eine der historischen Voraussetzungen für das Vorankommen von Frauen ist die Existenz unabhängiger Frauenorganisationen. Der Aufstieg der Frauenbewegung in vielen Ländern hat zu einer erkennbaren Zunahme von Kontakten, Austausch und Kooperation im internationalen Maßstab geführt, wie es etwa bei der Bevölkerungskonferenz der UNO 1994 in Kairo und der UN-Weltkonferenz der Frauen 1995 in Peking zum Ausdruck gekommen ist.

Eine andere hoffnungsvolle und wichtige Entwicklung ist die zunehmende Bedeutung des feministischen Denkens und Forschens in den am höchsten entwickelten Ländern. Zum ersten Mal in der Geschichte sind Frauen an der Definition des Inhalts von Wissenschaft und Bildung beteiligt. Es ist schwer zu sagen, wie groß die Wirkung dieser beispiellosen Entwicklung sein und wie schnell sie sich in anderen Teilen der Welt vollziehen wird. Dennoch muss bei jeder Beurteilung des 20. Jahrhunderts diese Entwicklung als besonders wichtig hervorgehoben werden. Die intellektuelle Emanzipation der Frauen erhält eine zusätzliche Bedeutung, wenn wir die parallele Entwicklung früher unterworfener Völker, Ethnien oder Rassen – die Hälfte davon Frauen – betrachten, die Unabhängigkeit und Fortschritte im Bildungswesen erreicht haben und die weitreichende Hegemonie Europas und Nordamerikas im Bereich von Wissenschaft und Bildung in Frage stellen.

Es gibt Zeichen der Hoffnung, aber der Wandel in den Einstellungen und Institutionen geht mit einer entmutigenden Langsamkeit vonstatten. Die Trends in Richtung einer Verbesserung der Lage der Frauen unter den Aspekten der Demographie, Bildung und Wirtschaft sind weltweit zu beobachten und langfristig angelegt. Vermutlich werden sie sich fortsetzen und beschleunigen. Ich bin überzeugt, dass die in diesem Jahrhundert eingeleiteten Veränderungen zugunsten größerer sozialer Gerechtigkeit und Chancengleichheit und im Sinne des Abbaus von hierarchischen und diskriminierenden Herrschaftssystemen für das Überleben der Menschheit im nächsten Jahrhundert von entscheidender Bedeutung sein werden. Die Forderungen des Feminismus und der Unterprivilegierten dieser Erde, endlich eine gerechtere Verteilung der Ressourcen und ein Ende der Weltzerstörung durch Militarismus zu erreichen, sind nicht nur moralisch gerechtfertigt, sondern aus ganz pragmatischen Gründen unabdingbar. Wir können nicht überleben in einer Welt, in der solche Ungerechtigkeit, solche Brutalität herrschen und in der so viele, wenn auch vielleicht unbeabsichtigte Umweltzerstörungen geschehen. Nur wenn wir unsere Institutionen und unsere persönlichen Prioritäten verändern, werden wir die Probleme lösen können, vor die uns die Gefährdung des Ökosystems, die Erschöpfung der natürlichen Rohstoffe und das zerstörerische Potenzial der neuen Technologien stellen. Ich bin zuversichtlich, dass das gelingen kann, wenn Frauen und andere Menschen, die Unterdrückung erfahren haben, an der Führung maßgeblich beteiligt sind. Die Emanzipation der Frauen, die im 20. Jahrhundert ein großes Stück vorangekommen ist, verbessert die Überlebenschance der Menschheit im 21. Jahrhundert.

8

Blick auf das Jahr 2000[*]

W ie sollen wir uns die Zukunft nach dem Jahr 2000 vorstellen? Angesichts des gegenwärtigen Zustandes unserer Welt können wir uns dieser Frage entweder mit tiefem Pessimismus nähern und antworten, es sei wenig wahrscheinlich, dass die Welt bis ins 21. Jahrhundert überleben werde, oder wir können ihr mit einer völlig utopischen Vision begegnen. Eine solch utopische Sicht wäre vielleicht sogar viel zweckmäßiger als die abgenutzten, überaus unpassenden, auf Weisheit des 19. Jahrhunderts beruhenden Klischees, die Politiker, Staatsmänner und hohe Militärs unentwegt wiederholen. Wir müssen in dieser schlechtesten aller Welten handeln, als sei sie gut; tun wir dies nicht, sind wir zu Entfremdung, Anomie, Verzweiflung und, schlimmer noch, zur Ohnmacht verdammt. Mit dieser Ambivalenz nähere ich mich der Frage, um die es hier geht.

Im 20. Jahrhundert haben wir die atomare Revolution, die Medien- und die Kybernetikrevolution erlebt, von verschiedenen politischen Revolutionen ganz zu schweigen. Der Erste Weltkrieg bedeutete das Ende der sicheren Welt der imperialistischen Mächte und ihrer Herrschaft über die Kolonialgebiete. Autoritäre und faschistische Regime unterschiedlicher Art ersetzten den Lockeschen Gesellschaftsvertrag durch willkürliche Machtausübung. Der Holocaust, Triumph des Bösen in den »zi-

---

[*] Wir übernahmen die deutsche Erstveröffentlichung dieses Essays mit freundlicher Genehmigung des Suhrkamp Verlages aus: Peter Sloterdijk (Hg.): Vor der Jahrtausendwende. Berichte zur Lage der Zukunft, 2 Bde., Frankfurt am Main 1990, Band 2, S. 292–308. Die amerikanische Ausgabe des vorliegenden Bandes enthält eine revidierte Version.

vilisiertesten« Nationen der Welt, ließ »den Tod Gottes« Realität werden und zerstörte unwiederbringlich den Glauben der Menschen an die Fortschrittsidee, die den Rationalismus der Aufklärung getragen hatte.

Der Zweite Weltkrieg löste keineswegs sein Versprechen ein, den Sieg des Guten über das Böse herbeizuführen und die Menschen von der Gewaltherrschaft zu befreien, sondern er brachte Bombenteppiche auf Zivilisten durch konventionelle Waffen und schließlich die äußerste und mutwillige Destruktivität von Hiroshima und Nagasaki. Es folgten vierzig Jahre »kalter Krieg« zwischen den atomaren Supermächten, der in einer Sackgasse endete, in Ernüchterung, darin, dass in den hochentwikkelten Nationen bürokratische Mittelmäßigkeit obsiegte und die Kluft zwischen den Reichen und Armen dieser Welt unaufhaltsam breiter wird.

Neue Technologien, vor allem Waffen für die Kriegsführung aus der Luft, haben Grenzen zu Land bedeutungslos werden lassen. Nun ist der Planet durch Massenkommunikation verbunden; die Welt ist geschrumpft, und das nationale Interesse wird heute wird heute so definiert, dass es weit außerhalb der eigentlichen Staatsgrenzen liegt. Multinationale Konzerne beherrschen die Weltwirtschaft und ihre reale Macht übertrifft die Macht der nationalen Regierungen.

Die Außenpolitik der Supermächte konzentriert sich zwar seit siebzig Jahren auf die ideologischen Unterschiede zwischen den kapitalistischen und sozialistischen Systemen der Welt, aber es lässt sich beweisen, dass die wahren Unterschiede die zwischen Besitzenden und Nicht-Besitzenden sind. Die Bevölkerungsexplosion und die ungleiche Verteilung der Ressourcen unseres Planeten bedrohen die Sicherheit jeder Industrienation ebenso sehr, wenn nicht gar mehr, als die Regierungen mit einer anderen Ideologie. Schon die Tatsache, dass der große Teil der Welt in verzweifelter Armut lebt, während ein kleiner Prozentsatz der Weltbevölkerung einen unproportional großen Prozentsatz unserer Ressourcen verbraucht, ist Grund genug zur Sorge. Die Tatsache, dass die Armen überwiegend farbig, die Reichen überwiegend weiß sind, sollte ein weiterer Grund zur Beunruhigung sein.

Die atomare Revolution, die seit vierzig Jahren durch das Wettrüsten und das Gleichgewicht des Schreckens der beiden Großmächte den Frieden wahrt, hat das Gefühl von Unsicherheit in unserem Leben nur noch verstärkt. Die Zerstörung allen Lebens auf der Erde ist jetzt eine technische Möglichkeit, die in unsere Angstträume eingedrungen ist, auf die politischen Institutionen aber noch keinerlei Auswirkungen hatte.

Wenn wir dies sowie die Tatsache bedenken, dass wissenschaftliches und technisches Wissen international geworden sind, muss der Begriff der nationalen Sicherheit neu definiert werden. Eine extreme militärische Gewalt ist heute keine Garantie mehr für politische und militärische Hegemonie. Atommächte können unter keinen Umständen miteinander Krieg führen, ohne Gefahr zu laufen, sich selbst und den Planeten völlig zu zerstören. Im nachatomaren Zeitalter stehen sich die Großmächte wie gelähmte Riesen gegenüber, bewegungsfähig gerade wegen ihrer Hochrüstung. Und doch sind fundamentale gesellschaftliche Veränderungen, die in einer gerechteren Ressourcenverteilung zwischen Nationen und innerhalb jeder Nation bestehen, die absolute Bedingung für das Überleben der Menschheit. Die Frage ist, wie unter derzeitigen Umständen solche sozialen Veränderungen herbeigeführt werden können. Bevor sie beantwortet werden kann, müssen wir uns zwei weiteren, kaum zu bewältigenden Gegenwartsproblemen zuwenden.

Wenn die atomare Revolution die militärische Macht eingeschränkt hat, so haben die technischen Revolutionen des 20. Jahrhunderts dazu geführt, dass Gedanken zur Begrenztheit der vorhandenen Ressourcen, ehemals Gegenstand esoterischer Überlegungen einiger weniger Philosophen und Naturliebhaber, in den Mittelpunkt des politischen Diskurses gerückt sind. Wie lange noch können wir Abfälle produzieren, bis unsere eigene Existenzmöglichkeit dadurch beeinträchtigt sein wird? Die drohende Zerstörung der Ozonschicht, das Waldsterben durch den sauren Regen und die Verschmutzung von Flüssen, Seen und den Weltmeeren durch Industriemüll verlangen nach internationalen Lösungen.

Unser technischer und naturwissenschaftlicher Erfindungsgeist hat zu Verbesserungen in der Gesundheitsversorgung geführt, die Todesfälle und pränatale Schäden verringern und das Leben weit über das hinaus verlängern, was in der Menschheitsgeschichte bislang als normale Lebensdauer galt. Unsere Fähigkeit, in die Vorgänge des Lebens und in den Vorgang des Sterbens einzugreifen, hat etliche ethisch-moralische Probleme aufgeworfen, denen zwei Grundfragen gemeinsam sind: Gibt es keinerlei Grenzen für das, was wir tun können? Wenn wir etwas technisch tun können, heißt das, dass wir es tun müssen?

Die bedeutenden Umwälzungen unseres Jahrhunderts in den Bereichen Technik und Kommunikation haben auch das Verhältnis der Menschen zur Arbeit grundlegend verändert. Eine Arbeitsethik, die lebenslange Ausübung einer einzigen speziellen Fertigkeit verlangt, entspricht nicht mehr den gesellschaftlichen Erfordernissen; sie könnte sogar produktionshemmend sein. Die Arbeit reicht nicht mehr, wenn alle Angehörige dieser Gesellschaft bis zu ihrem sechzigsten Lebensjahr wöchentlich vierzig Stunden arbeiten sollen. Die raschen Veränderungen der gefragten Qualifikationen verlangen eine Arbeiterschaft, die sich müheloser an technische Neuerungen anpasst, als sie bislang von unserem Bildungssystem produziert wird. Ein längeres Leben mit kürzerer Lebensarbeitszeit verlangt veränderte Institutionen; es verlangt auch Menschen mit einem anderem Wertesystem im Hinblick auf Arbeit.

Die entmutigende Aufzählung der unlösbaren Fragen und tiefer Widersprüche, die Kennzeichen des 20. Jahrhunderts sind, ist Zeichen eines völligen Zusammenbruchs von Institutionen und Ideen. Bislang konnten wir uns durch die Anforderungen der letzten Jahrzehnte lavieren, ohne unser Denken wesentlich zu verändern und haben pragmatisch kleine Korrekturen an tradierten Handlungsweisen versucht. Allzu oft war selbst unser begrenztes Handeln unserem Denken voraus. Ein Beispiel für dieses Auseinanderklaffen ist der Pragmatismus, mit dem wir eine atomare Konfrontation der Supermächte vermeiden, in Verbindung mit völlig traditionellen (und unangemessenen) Vorstellungen zur Verteidigung, Souveränität und Sicherheit der Nation sowie unserer Machtausübung über andere Nationen. Ich sehe in diesem gegenwärtigen Zustand von Zusammenbruch, Ohnmacht und Anomie die nötige Voraussetzung für die Zukunft. Die Voraussetzungen für die Zukunft sind schon allenthalben sichtbar.

Seit jeher gingen im Patriarchat, das in der abendländischen Zivilisation mit der Gründung archaischer Staaten im 3. vorchristlichen Jahrtausend, und zwar im Nahen Osten, begann, mit »Fortschritt« oder sozialem Wandel zwingend heftige Kämpfe einher. Selbst Reformen, der langsame Anpassungsprozess der herrschenden Institutionen, wurden durch die Androhung oder tatsächliche Ausübung von Gewalt vorangetrieben. Veränderung durch Umsturz ist für die meisten Menschen unseres Jahrhunderts, mit Ausnahme der Pazifisten, der wesentliche Begriffsrahmen, in dem historischer Fortschritt vorstellbar ist. Inzwischen glauben viele – da wir aus der Geschichte nichts anderes kennen –, nur der mit Gewalt herbeigeführte Umsturz könne zu Gesellschaftsveränderungen im großen Maßstab führen. Die Vorstellung, Hierarchie sei unvermeidlich, ist so allgegenwärtig, dass eine Alternative zur bestehenden Ordnung nicht vorstellbar ist, es sei denn in Begriffen der Umkehrung. Die Unterdrückten werden die Herrscher; die ehemaligen Unterdrücker werden nun ihrerseits unterdrückt.

Ich vertrete die Auffassung, dass die alten Arten sozialen Wandels – die des 19. Jahrhunderts – für die Gegenwart ganz und gar untauglich sind. Der gewaltsame Regierungsumsturz ist im Atomzeitalter nicht mehr praktikabel. Somit ist jede revolutionäre Doktrin überholt, die auf solchen Umsturztheorien basiert.

Zu den Zwängen des gewaltsamen Umsturzes gehört das Bedürfnis, die ehemals Herrschenden zu unterwerfen. Diese Unterdrückung begünstigt die Hierarchie im revolutionären Regime, und sie begünstigt die Bildung einer Gegenrevolution durch die seit kurzem Unterdrückten. Gewalt bringt Gewalt hervor: der Teufelskreis beginnt von neuem. Die Aufeinanderfolge von Diktaturen in gerade unabhängig gewordenen Kolonien, der irische Bürgerkrieg, der arabisch-israelische Konflikt: sie alle sind Beispiele unseres Jahrhunderts für die Tatsache, dass Gewalt im Dienst einer Gesellschaftsveränderung dazu führt, dass Gewalt und Unterdrückung als unumgängliche Begleiterscheinungen einer solchen Veränderung hingenommen werden.

Die Entstehung von Leninismus und Stalinismus in der Folge von gewaltsamem Umsturz und Bürgerkrieg hat bewiesen, dass eine Minderheit, die im Namen einer Mehrheit über eben diese Mehrheit herrscht (die Partei als Speerspitze des Proletariats) ebenso korrupt, autokratisch und destruktiv sein kann wie jede beliebige herrschende Elite. Auch andere sozialistische Systeme des 20. Jahrhunderts haben, soweit sie überhaupt Bestand hatten, keine vielversprechenderen Modelle zur Ausübung von Regierungsgewalt geboten. Unterdrückung der Opposition, Einschränkung oder Nicht-Existenz von Presse- und Redefreiheit waren die Merkmale jeder dieser Regierungen. Bislang ist der sozialistische Humanismus auf der ganzen Welt vernichtet worden oder er kam zu Fall, bevor er sich ausbilden konnte.

In der Ära nach Hiroshima kann die herrschende Elite selbst kleiner Nationen in den Besitz von Atomwaffen mit solchem Vernichtungspotential gelangen, dass keine revolutionäre Gruppe mehr einen großen Bürgerkrieg gewinnen kann. Die wichtigsten Atommächte können keinen Krieg gegeneinander führen – sei es, um einer kämpfenden Revolutionsregierung zu helfen, sei es, um fundamentalere Gebiets- und Wirtschaftsinteressen zu verteidigen –, ohne dabei Gefahr zu laufen, sich selbst und den Planeten Erde völlig zu zerstören. In den vergangenen vierzig Jahren haben sich die atomaren Supermächte, die für unterschiedliche soziale und weltanschauliche Systeme stehen, gegenseitig gerade durch ihre extreme Rüstung paralysiert.

Angesichts dieser Ohnmacht bleiben uns Szenarien, wie sie in Vietnam oder bei der sogenannten Schweinebucht-Krise ausagiert wurden: die Atommächte unternehmen zur Verteidigung ihrer ideologischen oder territorialen Interessen alles, außer sich in eine direkte Konfrontation zu begeben. Die Kriege in Vietnam und Afghanistan haben die Grenzen eines solchen Szenarios gezeigt. Unter außergewöhnlichen Umständen, in Gebieten, die die territorialen Ansprüche der atomaren Supermächte nur marginal berühren, können Revolutionäre erfolgreich sein, aber der Preis dafür ist hoch und selbstzerstörerisch. Der Zwang, mit Waffen gegen eine Supermacht oder einen ihrer Vasallen zu kämpfen, lässt unweigerlich ein zentralistisches Militärregime entstehen. Dieses Regime muss, um den bewaffneten Kampf überleben zu können, im hohen Maße bürokratisch werden und abweichende Meinungen im eigenen Land unterdrücken, und dies führt zwingend zu Opposition und Klassenkampf.

Durch die Entwicklung hochdifferenzierter Techniken zur Überwachung, Bespitzelung und Gedankenkontrolle ganzer Bevölkerungsschichten haben die Herrschenden mehr Macht als jemals zuvor. Dies lässt ein langfristiges Überleben und einen möglichen Sieg revolutionärer Gruppen überaus wahrscheinlich werden. Die einzigen Gruppen, die gegen dieses Aufgebot an repressiver Staatsmacht erfolgreich blieben, sind Terroristen. Die Entstehung eines weltweiten Terrorismus in der zweiten Hälfte unseres Jahrhunderts ist eine Reaktion auf die veränderte Machtverteilung zwischen Herrschenden und Beherrschten. Das Fehlen demokratischer Dissensmöglichkeiten und/oder die Verzweiflung der Unterdrückten angesichts ihrer Unfähigkeit, den Status quo zu verändern und Reformen zu initiieren, die ihre Forderungen erfüllen, lassen den Terrorismus inzwischen als unvermeidlichen Preis dafür erscheinen, dass den Unterdrückten Gerechtigkeit widerfährt. Aber wie die Gewalt gegen Massen, so zerstören auch die Anwendung und Befürwortung terroristischer Mittel zu revolutionären Zwecken sowohl die Personen als auch die Bewegungen, die sich dieser Mittel bedienen. Selbst wenn wir die Möglichkeit einräumen, für die es in der Geschichte kaum Beispiele gibt, dass terroristische Gruppierungen tatsächlich etablierte Regierungen stürzen können, würden es die ehemaligen, jetzt etablierten Terroristen wichtig und richtig finden, diejenigen zu unterdrücken, die sie gerade gestürzt haben. Die Geschichte des orthodoxen Zionismus und der Regierungen einiger junger afrikanischer Staaten veranschaulicht diese Tendenz.

Häufiger hingegen geschieht es, dass als Reaktion auf eine tatsächliche oder vermeintliche terroristische Bedrohung faschistische Diktaturen entstehen. Aufgrund der neuen technischen Mittel, über die Herrschende verfügen, müssen alle, die grundlegende Gesellschaftsveränderungen anstreben, mit verheerenden Konsequenzen rechnen. Die Möglichkeiten dieser Herrschenden, ihre Gegner zu terrorisieren, ja körperlich zu vernichten, waren in der Geschichte nie größer. Auch können und dürfen wir nicht an ihrer Bereitschaft zweifeln, revolutionäre Gruppierungen völlig auszulöschen. So wurden einige Gruppen am linken Flügel der Reformation, beispielsweise die Wiedertäufer, buchstäblich vernichtet. Hitlers »Endlösung« ist ein grauenvolles Beispiel dafür, was ein repressives System vermag. Hitler wurde nicht besiegt, weil er zwölf Millionen Menschen ermordete, darunter sechs Millionen Juden und fast die gesamte europäische Roma- und Sinti-Bevölkerung; er wurde besiegt, weil seine Territorialgelüste die Sicherheit und die Wirtschaftsinteressen anderer Großmächte bedrohten. Leider ist die Vorstellung möglich und realistisch, dass eine herrschende Klasse ihre Opposition ohne die Einmischung anderer Staaten einfach vernichten kann.

Um die Katastrophen eines Atomkrieges abzuwenden, sind in den Staaten mit Atomwaffen, den technologisch am weitesten entwickelten Ländern, erhebliche gesellschaftliche Veränderungen erforderlich. Eine Theorie sozialen Wandels, die diesen Umstand unbeachtet lässt, kann nicht ernstlich in Betracht kommen. Es gibt Beispiele von Parteien oder Bewegungen, die eine Verbindung von Reform- und Revolutionsstrategien versucht haben, z.B. die Kommunistische Partei Italiens und die chilenische Regierung unter Allende. Diese Parteien waren in ihren Taktiken flexibel genug, um gewalttätige Konfrontationen zu vermeiden, und sie wollten auf demokratischem Weg an die Macht kommen. In beiden Fällen wurde eine Entwicklung, die auf eine demokratische Mehrheit hinführte, von den Vereinigten Staaten unterbrochen, und im Fall von Chile mündete diese Intervention in der Zerschlagung der Regierung. Man kann sich nur schwerlich Bedingungen für gesellschaftliche Veränderungen vorstellen, unter denen es nicht zu ähnlichen Interventionen käme. Gleichwohl bleibt dies die vielversprechendste Konstellation für eine revolutionäre Veränderung, wenn wir einmal von dem Umstand absehen, dass sie nicht die Frage beantwortet, wie eine solche Veränderung im Herzen der atomaren Supermächte geschehen soll.

Aber eine Gesellschaftsveränderung, die in einer gerechteren Aufteilung der Weltressourcen unter allen Nationen besteht, ist notwendige Voraussetzung für das Überleben der Menschheit.

Implizit verlangt ein solcher Wandel auch das Ende hierarchischer Ideologien wie Rassismus und Sexismus. Die feministische Forschung hat gezeigt, dass diese Hierarchiekonzepte auf der Grundlage der geschlechtlichen Arbeitsteilung und der Ausbeutung weiblicher Reproduktionskraft durch Männer begründet wurden. Männer lernten, Hierarchie und Herrschaft über andere zu errichten, weil sie bereits zuvor über die Frauen der eigenen Gruppe Herrschaft ausgeübt hatten, und zwar durch deren Tausch in der Ehe. In der Bronzezeit wurde die Sklaverei institutionalisiert, die mit der Versklavung von Frauen und Kindern der Besiegten begann. Seit dem 2. vorchristlichen Jahrtausend, als im Nahen Osten die ersten archaischen Staaten entstanden, gehört die Kontrolle über das Sexualverhalten der Bürger und Bürgerinnen in jedem Staatsgefüge zu den wichtigsten Mitteln sozialer Kontrolle. Entsprechend wird die Klassenhierarchie durch geschlechtsspezifische Herrschaftsstrukturen in der Familie ständig erneuert. Um welches politische oder wirtschaftliche System es sich auch handeln mag: die Persönlichkeit, die in einer Hierarchie funktioniert, entsteht in der patriarchalischen Familie und wird dort gefestigt.

Ohne die Abschaffung des Sexismus kann kein anderes hierarchisches Konzept oder System erfolgreicher definitiv beseitigt werden. Ganz egal, wie sehr sich wirtschaftliche und soziale Beziehungen verändern, solange der Sexismus in der Familie und im Bewusstsein von Männern und Frauen immer wieder Ungleichheiten schafft, wird Hierarchie immer wieder neu geboren. Darum haben Männer, die gesellschaftliche Veränderungen anstreben, selbst ein Interesse daran, auf Privilegien zu verzichten, die ihnen die patriarchalische Herrschaft über Frauen verleiht. Was diese Männer wollen, ist nicht zu erreichen, wenn nicht die lange verborgene Kraft der Frauen mobilisiert wird. Ich bin überzeugt, dass von allen Weltanschauungen und Handlungsweisen, die auf Transformation abzielen, der Feminismus und seine Strategien der geeignetste Weg ist, der Frauen und Männern zur Verfügung steht.

Andererseits sind die Ziele des Feminismus nicht erreichbar ohne eine ungeheure kulturelle Revolution, die jede gesellschaftliche Institution und insbesondere die Familie umfasst. Die erforderliche Gesellschaftsveränderung ist so grundlegend, dass die Kräfte der Veränderung jeden Winkel der Gesellschaft erreichen müssen. Von allen Unterdrückten sind nur die Frauen gesellschaftlich so situiert, dass sie solche Veränderungen bewirken können.

Die Beziehung der Frauen zu ihren Unterdrückern ist anders als die anderer Gruppen. Da Frauen zahlreich und in jeder Gesellschaftsschicht vertreten sind, können sie nicht behandelt werden, wie die Herrschenden Untergebene und Revolutionäre zu behandeln pflegen. Frauen sind überall. Man kann sie nicht gettoisieren, man kann sie nicht vernichten. Andererseits können Frauen wegen ihrer engen Beziehungen zu Vertretern der Gruppe ihrer Unterdrücker – Väter, Brüder, Ehemänner, Söhne – keine Gewalt anwenden, um ihre Emanzipation zu erreichen. Sie müssen und werden auf Strategien vertrauen, die durch Überzeugungsarbeit und sozialen Druck zu einem neuen Bewusstsein bei Männern und Frauen führen. Die feministische Revolution wird kein Umsturz, sie wird eine Transformation sein.

Historische Vorläufer solcher Transformationen sind die Umwälzungen durch die großen Religionen: das frühe Christentum, die protestantische Reformation. Diese bedeutenden Transformationen gingen zwar mit Gewalt und Blutvergießen einher, doch wurde diese Gewalt im Großen und Ganzen von der etablierten Religion ausgeübt, die zu verhindern suchte, dass der neue Glaube sich durchsetzt. Dies musste den etablierten Religionen unweigerlich misslingen. Eine hundertjährige Verwüstung Europas durch Kriege endete mit der Koexistenz eines stark verwandelten Katholizismus und mehrerer protestantischer Kirchen, deren Charakter sich drastisch von dem unterschied, was ihre Stifter im Sinn gehabt hatten. In unserer Zeit, da Kriege zwischen den großen Nationen undenkbar sind, sind die Theorien und Praktiken der auf Transformation abzielenden sozialen Bewegungen unsere einzige echte Hoffnung für eine Veränderung der Gesellschaft. Der Feminismus ist eine solche Bewegung.

Damit Frauen das Bewusstsein von Männern verändern können, müssen sie erst selbst zu einem neuen Bewusstsein gelangen. Das bedeutet, dass sich Frauen allein und gemeinsam von patriarchalischem Denken und patriarchalischen Reaktionsweisen befreien müssen, zu denen sie indoktriniert wurden. Frauen müssen das Bewusstsein, das sie individuell und in kleinen Interessengruppen haben, auf die Ebene eines kollektiven feministischen Bewusstseins bringen. Dieser Veränderungsprozess hat schon begonnen. Seine Hilfsmittel sind die Frauenbewegung und die Frauenforschung, insbesondere die feministische Geschichtsbewegung.

Die Frauenbewegung bietet einen weitgefächerten Katalog von Forderungen, der es erlaubt, über Klassen- und Rassenschranken hinweg große Koalitionen zu bilden. Solche Koalitionen sind ihrem Wesen nach instabil und entstehen häufig anlässlich einer ganz bestimmten Forderung, aber Frauen haben in jahrzehntelanger Organisationsarbeit bewiesen, dass sie solche Koalitionen aus politischen Gründen bilden und über lange Zeiträume hinweg aufrecht erhalten können. Aber politische Koalitionen zielen auf konkrete Reformen, nicht auf Bewusstseinsveränderung ab. Diese Veränderung ist nur möglich mit einer bestechenden Theorie und einer inspirierenden Vision. Die feministische Kritik am patriarchalischen Wissensgebäude, die durch die Frauenforschung geleistet wird, legt das Fundament für eine korrekte Beschreibung der Wirklichkeit. Die feministische Geschichtswissenschaft, wichtiges Mittel zur Ausbildung eines feministischen Bewusstseins, bietet das Material, an dem eine neue Theorie überprüft, und den Boden, auf dem eine feministische Vision errichtet werden kann.

Um verstehen zu können, wie entscheidend die feministische Geschichtsforschung für das Entstehen eines feministischen Bewusstseins ist, müssen wir die besondere Beziehung von Frauen und Geschichte bedenken. Geschichte verleiht dem menschlichen Leben Sinn und verbindet jedes Einzelleben mit der Unsterblichkeit der Gattung. Indem sie ihre kollektive Vergangenheit bewahren und im Bezug zur Gegenwart neu interpretieren, definieren Menschen ihr Potential und ertasten die Grenzen ihrer Möglichkeiten. Aber im Patriarchat schrieben und interpretierten Männer die Annalen der Vergangenheit und diese befassten sich in erster Linie mit Handlungen und Absichten der Männer. Frauen waren, ebenso wie Männer, immer Agierende der Geschichte, blieben aber ausgeschlossen von der Dokumentierung, von den Interpretationen und Definitionen jener Werte, die historische Bedeutung verleihen. Sobald Frauen ihre Geschichte entdecken und sobald sie etwas erfahren über ihre Verknüpfungen mit der Vergangenheit und der Gestaltung der Gesellschaft, verändert sich ihr Bewusstsein unweigerlich und dramatisch. Dies ist für sie eine grenzüberschreitende Erfahrung, die es ihnen erlaubt, trotz aller Unterschiede wahrzunehmen, was sie mit anderen Frauen verbindet und schon immer verbunden hat.

Es wäre unrealistisch anzunehmen, dass Frauen allein das Patriarchat verwandeln und weniger hierarchische und trennende Formen gesellschaftlicher Organisation schaffen können. Dazu werden etliche Koalitionen und Allianzen zwischen Bewegungen nötig sein, deren Ziele sich ganz oder teilweise überschneiden, wie die Friedens-, die Ökologie- und die Schwulen/Lesbenbewegung. Typisch für alle ist ihr klassen- und nationenübergreifender Charakter, ihre Marginalität im Hinblick auf bestehende politische Institutionen, ihre Ablehnung von Militarismus, Nationalismus, Ausbeutung, Ungerechtigkeit und Vorurteilen. Sie sind natürliche Verbündete, und meiner Ansicht nach verfügt die feministische Theorie über eine klare gemeinsame Philosophie zur Bildung tragfähiger Koalitionen. Das feministische Handeln – das keine Hierarchie kennt, das Fühlen und Tun verbindet, Persönliches politisch macht, sich der Ganzheit und humaner Veränderung verpflichtet fühlt – ist ein geeignetes Modell. Damit wird die Herrschaft von Frauen über andere in solchen Koalitionen weder gefordert noch befürwortet. Diese Koalitionen können nur lebensfähig sein, wenn sie lernen, Macht über andere durch Macht für alle zu ersetzen, um das Gemeinwohl zu sichern.

Wir halten die Saat der Zukunft schon in der Hand. Die größte Gefahr für das Überleben der Menschheit sind *Machos* in Machtstellungen, ganz egal, welcher Teilbereich der antiquierten Sozialstrukturen ihnen untersteht. Sie sind in den Regierungen des Ostens ebenso gefährlich wie in denen des Westens, in hochentwickelten Ländern ebenso wie in unterentwickelten; sie sind ebenso nutzlos in der Führung von Armeen wie von Wirtschaftsunternehmen oder Gewerkschaften. Da sie sich auf nichts anderes verstehen als auf die Maximierung ihrer kurzfristigen Vorteile über andere sowie darauf, an just der illusorischen Macht zu kleben, die sie gerade haben, können sie sich nicht schnell genug den Veränderungen anpassen, die für das Überleben der Menschheit nötig sind. (Zu dieser metaphorischen Kategorie zähle ich übrigens auch einige Frauen in Machtpositionen des öffentlichen Lebens, die dorthin kamen, wo sie heute sind, weil sie dachten und handelten wie Männer. Bevor nicht die Führungspositionen aller Institutionen unserer Gesellschaft paritätisch mit Männern und Frauen besetzt sind, können wir nicht wissen, wie die Alternative eines weiblichen Führungsstils aussieht.) Schon jetzt aber wissen wir, dass die Führungsqualitäten, die Menschen beiderlei Geschlechts in der bevorstehenden Zeit des Übergangs brauchen werden, jenen näher sind, die Frauen über Jahrhunderte aufgrund ihrer historisch marginalen Teilhabe an der Macht ausgebildet haben: ein Gespür für andere, Überzeugungskraft, Geduld, Friedfertigkeit und einen nicht auf Konfrontation angelegten Führungsstil, die Fähigkeit, andere zu unterstützen, die Sorge um den Erhalt und Schutz der Erde, ihrer Ressourcen und um Menschen, die der Hilfe bedürfen. Solche Eigenschaften und solche Führungspersönlichkeiten gibt es schon, aber wir müssen lernen, sie zu erkennen, zu schätzen und zum Rollenmodell für andere zu machen.

Wir können von der Erfahrung der Friedensbewegung profitieren, um etwas über Alternativen zum Krieg und über friedliche Konfliktlösung zu lernen. Wir können von der Ökologiebewegung lernen, nicht so verschwenderisch zu leben und bescheidener zu denken. Von Menschen anderer Rassen und Kulturen können wir – ebenso wie von der Schwulen/Lesbenbewegung – lernen, angesichts der menschlichen Vielfalt weniger anmaßend zu sein, die Buntheit und den Reichtum menschlicher Möglichkeiten zu schätzen. Ob wir all dies rasch genug und gut genug lernen können, um die Katastrophe abzuwenden, weiß ich nicht. Ich weiß nur, dass wir handeln müssen, als ob wir es könnten.

Was mich schließlich zu einer weiteren Ihrer Fragen bringt: Mit welchen Strategien versuchen Menschen die angestrebte Zukunft zu erreichen? Ich kann nur für mich sprechen. Als feministische Wissenschaftlerin bemühe ich mich um Klarheit und eine bessere Analyse von Vergangenheit und Zukunft, die den Anforderungen nach Integrität und Anwendbarkeit gerecht wird. Ich glaube, dass alle bisherigen Weltanschauungen – Religionen, Philosophien und Erklärungsmodelle – mit nicht eingestandenen patriarchalischen Annahmen begründet wurden und Frauen daher marginalisieren. In meinem Bemühen, mich von solchen Annahmen zu befreien, versuche ich eklektisch und realitätsverbunden zu sein. Ich suche nach theoretischen Erklärungen, die davon ausgehen, dass Frauen und Männer für jedes Geschehen unserer Geschichte gleich wichtig waren, und ich prüfe jede Theorie, ob sie davon ausgeht. Tut sie es, bleibt offen, ob sie richtig ist oder falsch; tut sie es nicht, kann sie nicht richtig sein.

Privat versuche ich so einfach wie möglich zu leben, Ressourcen nicht zu vergeuden und die Natur zu achten. Ich versuche, in meinen verschiedenen Lebensbereichen Gemeinschaften anzugehören und aufzubauen und von Selbstbezogenheit zum Altruismus zu kommen. Ich glaube nicht, dass mir auch nur eines davon wirklich gelingen wird, aber ich kann und muss mich darum bemühen. Als Überlebende mehrerer großer Katastrophen bleibe ich, wie bereits eingangs gesagt, eine verhaltene, gelegentlich verzweifelte Optimistin. Wie alle Geschöpfe dieser Art brauche ich eine Utopie – meine ist die einer Welt, in der Frauen und Männer sich von patriarchalischem Denken befreit haben und in der es darum weder Herrschaft noch Hierarchie gibt. Eine Welt, die wahrhaft menschlich ist.

Aus dem Amerikanischen von Ebba. D. Drolshagen

Die Notwendigkeit von Geschichte*

*F*ür die Rede des neugewählten Präsidenten unserer Organisation gibt es keine ohne weiteres passende Vorbereitung. Wenn man unter den vielen Themen, die dringend Beachtung verdienen, eines auswählen muss, wird man sich schmerzhaft bewusst, wie klug die Vorgänger waren und wie begrenzt die eigenen Möglichkeiten sind. Man steht hier vor dem denkbar kritischsten und wichtigsten Publikum: FachkollegInnen aus allen Teilen des Landes. Als Nachfolgerin einer langen Reihe männlicher Präsidenten hat man eine zusätzliche Aufgabe, denn man möchte den Berufsstand als ganzen vertreten und dennoch nicht diejenigen übergehen, die so lange haben schweigen müssen.

Vor mir gab es eine Reihe von Historikerinnen, die ihren Beruf ausgeübt und zum Fortschritt dieser Organisation beigetragen haben, ohne den gleichen Status und die gleichen Einkommen zu haben oder ebenso gut vertreten zu sein wie männliche Historiker. Selbst die Außergewöhnlichsten unter ihnen, deren fachliche Leistungen vom Berufsstand anerkannt und gewürdigt wurden, gingen einen Berufsweg, der in vieler Hinsicht anders war als die Karriere ihrer männlichen Kollegen. So waren zum Beispiel unter den führenden Historikerinnen, die ihren Beruf in

* Dieser Text enthält Gerda Lerners Ansprache als Präsidentin der Organisation Amerikanischer Historiker und Historikerinnen am 1. April 1982 in Philadelphia. Gerda Lerner war damals Professorin für Geschichte an der Universität von Wisconsin in Madison auf dem Robinson-Edwards-Lehrstuhl. Sie war die erste Frau in fünfzig Jahren, die zur Präsidentin einer Berufsorganisation von Historikern gewählt wurde. Der Originaltitel des Vortrags lautete: *The Necessity of History and the Professional Historian*.

den ersten Jahrzehnten dieses Jahrhunderts ausübten, nur eine an einer bekannten Universität und vier an Frauen-Colleges tätig; die anderen arbeiteten in Einrichtungen außerhalb der Institutionen von Forschung und Lehre. Die Mediävistin Nellie Neilson, 1943 Präsidentin der *American Historical Association* und bis heute die einzige Frau in dieser Funktion, hat die gesamte Zeit ihrer Berufstätigkeit im *Mount Holyoke College* verbracht. Louise Kellogg, 1930 Präsidentin der *Mississippi Valley Historical Association*, arbeitete in der *Wisconsin State Historical Society*. Helen Sumner Woodbury leistete ihren wesentlichen Beitrag zur Geschichte der Arbeiterbewegung als Angestellte im *Children's Bureau*, dem Amt für Kinder- und Jugendhilfe. Martha Edwards, die wie Sumner an der Universität von Wisconsin im Fach Geschichte promoviert hatte, war zunächst bei der *Wisconsin State Historical Society* angestellt und gab dann Kurse an der Volksbildungsabteilung der Universität. Florence Robinson, die an der Universität von Wisconsin den Magister im Fach Geschichte erworben hatte und dann dort wenige Jahre vor ihrem Tod promovierte, konnte im Fach Geschichte keine Dozentenstelle finden und leitete während ihres ganzen Berufslebens den Fachbereich Hauswirtschaft im *Beloit College*. Sie war es, die zur Erinnerung an ihren Vater, »der an die Fähigkeiten von Frauen glaubte, einen Beruf fachgerecht auszuüben« und zur Erinnerung »an meine Freundin Martha Edwards, die solche Berufschancen verdiente«,[1] den Robinson-Edwards-Lehrstuhl stiftete, den ich zur Zeit inne habe.

Sie und Dutzende andere unternahmen alles, was ihnen möglich war, um den nachfolgenden Frauengenerationen einen Weg zu bahnen. Heute ihrer zu gedenken bedeutet, ihre Inspiration zu würdigen und offen zu gestehen, wie oft ihre Berufskarriere nachhaltig behindert und vom angestrebten Ziel abgedrängt worden ist.

Dass ich heute hier vor Ihnen stehe, verdanke ich der Weitsicht und Ausdauer der Feministinnen des 19. Jahrhunderts, die Darstellungen und Dokumente der Aktivitäten von Frauen ihrer Zeit sammelten und aufbewahrten. Sie legten das Fundament für die Erforschung der Frauengeschichte. Dieses Fachgebiet hätte sich nicht so schnell entwickeln können, wenn es nicht abseits aller akademischen Institutionen zielstrebige Intellektuelle gegeben hätte – Elizabeth Schlesinger, Miriam Holden, Mary Beard, Eugenie Leonard. Sie wussten, wie notwendig es war, das Quellenmaterial über die Vergangenheit der Frauen zu archivieren, und sie bemühten sich unablässig um die Einbeziehung der Geschichte der Frauen in das akademische Lehrprogramm. Auch an die bedeutenden Beiträge zur Wissenschaft der Frauengeschichte, die außerhalb des akademischen Bereichs von Wissenschaftlerinnen wie Elisabeth Dexter und Eleanor Flexner geleistet worden sind, soll hier erinnert werden.[2]

Es liegt mir daran, hier auch die Empfindungen und Ansichten der heutigen Generation von Historikerinnen anzusprechen. Sie betrachten Gleichheit als ihr gutes Recht und erwarten, dass sie ihren Berufsweg gehen können, ohne ökonomische Benachteiligung, paternalistisch-gönnerhafte Einstellungen oder andere Formen sexistischer Diskriminierung erleben zu müssen. Sie gehören zur ersten Generation von gut ausgebildeten Frauen, die nicht mehr gezwungen sind, sich zwischen Ehe und beruflicher Karriere zu entscheiden. Sie haben auf allen Ebenen den gleichen Zugang zu Forschung und Lehre und erfreuen sich der intellektuellen Unterstützung durch die kollegiale Zusammenarbeit innerhalb ihrer Fachbereiche und durch ein Netzwerk gleichgesinnter Frauen. Wie kann ich, deren Erfahrung sich so deutlich von den ihren unterscheidet, für sie sprechen?

Als jüdischer Flüchtling und als Immigrantin waren Freiheit und ökonomische Sicherheit für mich nie etwas Selbstverständliches. Als eine Frau, die erst spät in einer zweiten Karriere den Weg in die Welt der Wissenschaft gefunden hat, betrachte ich den Zugang zu Bildungsmöglichkeiten als Privileg und als Verpflichtung. Nachdem ich mich von Jugend an für die Interessen von Frauen in der Gesellschaft engagiert hatte, konnte ich die verstümmelten Darstellungen vergangener Wirklichkeit nicht akzeptieren, die das Handeln und die Wertvorstellungen von Männern beschrieben und das Geschichte nannten, obwohl die Frauen unsichtbar blieben oder allenfalls als Randfiguren ins Blickfeld gerieten. Mein Forschungsbereich und mein beruflicher Werdegang sind eng verknüpft mit meinem bisherigen Lebensweg.

Sie haben mich mit der Leitung dieser Organisation in einer Zeit betraut, in der unser Beruf sich in einer Krise befindet. Das Interesse der Studierenden am Fach Geschichte geht zurück; das Stellenangebot im akademischen Bereich schrumpft. Die meisten der jungen, promovierten HochschulabsolventInnen, die ihr Studium in einer Zeit geringer finanzieller Förderung und schnell steigender Kosten abgeschlossen haben, konkurrieren um zu wenige dauerhaft gesicherte Arbeitsplätze und verbringen derweil Jahre in kurzfristigen Drehtür-Arbeitsverhältnissen. Andere, die keine Chance für eine Karriere in wissenschaftlichen Institutionen sehen, orientieren sich um und nutzen ihre Qualifikation als HistorikerInnen in den Medien und im Geschäftsleben, in staatlichen Institutionen oder Verbänden. Wenn sich die an den Hochschulen tätigen HistorikerInnen mit KollegInnen anderer Fachbereiche vergleichen, so werden sie sich ihres geringen Ansehens schmerzhaft bewusst. Ein kürzlich im *Wall Street Journal* erschienenes Editorial beschrieb den Doktorgrad im Fach Geschichte als Qualifikation mit »geringer bis negativer Rendite« und stellte dessen Wert in Frage. Anerkannte ältere Vertreter unseres Faches wiesen öffentlich auf ihre Enttäuschung über den Zustand unserer Wissenschaft hin. Sie bedauerten einen auf zu große Spezialisierung zurückzuführenden Mangel an Übereinstimmung und gemeinsamer Perspektive sowie das, was als »Ausuferung des Faches« und als »Verlust eines Kernbestands von Wissen« bezeichnet wird.[3]

In unseren Institutionen und Fachverbänden haben wir versucht, diese Probleme pragmatisch mit kurzfristig greifenden Anpassungen in Einzelbereichen anzugehen – inhaltliche Umorientierung oder Straffung von Graduiertenprogrammen, Aufnahme neuer Studienbereiche, Erweiterung unserer Definition des Historikers unter Einbeziehung auch derer, die außerhalb der wissenschaftlichen Institutionen arbeiten. Das sind konstruktive Maßnahmen, die aber das Gefühl der Malaise nicht milderten, das viele von uns in beruflicher Hinsicht empfinden. Diese Krise kann als Symptom von wichtigen Veränderungen verstanden werden, die weit über Personen und Institutionen hinaus reichen, nämlich als Zeichen des Wandels der Art und Weise, wie unsere Gesellschaft sich auf die Vergangenheit bezieht. Und deshalb möchte ich – aus dem Blickwinkel eines Menschen, der selbst lange als randständig definiert war – die Probleme ansprechen, die ich für *zentral* halte: die Notwendigkeit von Geschichte und die besondere Bedeutung der professionellen Historiker und Historikerinnen.

Wenn man über die Notwendigkeit von Geschichte spricht, so meint man damit, dass Geschichte eine *wesentliche* Bedeutung zukommt. Menschen wie Tiere pflanzen sich fort, halten sich und ihre Kinder am Leben, suchen Schutz und Unterkunft und legen Vorräte an. Wir erfinden Werkzeuge, verändern unsere Umwelt, verständigen uns miteinander durch Symbole und denken über unsere Sterblichkeit nach. Ist dieser Stand des sozialen Bewusstseins erst einmal erreicht, so stellt sich die Frage nach der Unsterblichkeit.[4] Der Wunsch von Männern und Frauen, ihren eigenen Tod zu überleben, war der wichtigste Antrieb, die Vergangenheit zu bewahren und darzustellen. Geschichte ist das Mittel, mit dem wir die Kontinuität des menschlichen Lebens sichern – das Erschaffen von Geschichte ist eine der ersten humanisierenden Tätigkeiten des *homo sapiens*.

Aber Geschichte ist mehr als das kollektive Gedächtnis; sie ist Erinnerung, die so gestaltet wird, dass sie einen Sinn erhält. Dieser Prozess, in dem Menschen das Vergangene bewahren und interpretieren und dann im Licht neuer Fragestellungen erneut interpretieren, bedeutet »Geschichte machen«. Das ist kein beliebiger intellektueller Luxus; »Geschichte-Machen« ist eine gesellschaftliche Notwendigkeit.

Geschichte dient zur Befriedigung verschiedener menschlicher Bedürfnisse:

1. *Geschichte als Erinnerung und als Quelle persönlicher Identität.* Als Erinnerung hält Geschichte Erfahrungen, Handlungen und Ideen von Menschen aus früheren Zeiten lebendig. Indem sie jedem einzelnen Leben als Glied in der Kette der Generationen einen Platz zuweist und es uns erlaubt, die Toten zu Helden und Vorbildern zu machen, verbindet Geschichte Vergangenheit und Zukunft und wird zu einer Quelle der persönlichen Identität.

2. *Geschichte als kollektive Unsterblichkeit.* Durch das Verorten

menschlicher Wesen in einem Kontinuum der Menschheits-
entwicklung gibt Geschichte jedem Mann und jeder Frau ein
Gefühl der Unsterblichkeit, denn sie lässt eine mentale Struktur entstehen, die menschlichem Leben über die jeweilige
Spanne hinaus Dauer verleiht.

3. *Geschichte als kulturelle Tradition.* Ein Zusammenhang von
gemeinsamen Ideen, Werten und Erfahrungen wird zu einer
kulturellen Tradition, ob auf nationale, ethnische, religiöse
Gemeinsamkeiten oder auf Rassenzugehörigkeit begründet.
Ein derartiges »symbolisches Universum« vereint unterschiedliche Gruppierungen. Es dient außerdem zur Legitimation politischer Macht durch die Verankerung ihrer Ent-
stehungs- und Geltungsbedingungen in einer fernen
Vergangenheit.[5]

4. *Geschichte als Erklärung.* Durch das Einordnen des Vergangenen in größere Zusammenhänge und Beziehungsgefüge
werden historische Ereignisse zu »Illustrationen« von philosophischen Überlegungen und zum Gerüst umfassenderer
Interpretationen. Abhängig von dem jeweiligen System des
Denkens wird die Vergangenheit zum Beweis, Modell, Kon-
trast zur Gegenwart, zum Symbol oder zur Herausforderung.

Geschichte machen bedeutet Formgebung und Sinngebung. Es
ist unmöglich, den formgebenden Aspekt der Geschichte aus
dem herauszulösen, was wir geneigt sind, als Fakten zu bezeichnen. Carl Becker betont zu Recht: »Fakten als solche sprechen
nicht [...] ganz gleich, worum es geht, es gibt keine Tatsache, bis
jemand sie feststellt. [...] Da Geschichte [...] eine imaginative
Rekonstruktion entschwundener Ereignisse (ist), sind ihre Form
und ihr Sinn untrennbar miteinander verknüpft.«[6]

Insoweit ein Historiker oder eine Historikerin auswählt, bewertet, Quellen analysiert und Gedankenmodelle entwirft, die
es uns erlauben, uns über die Grenzen unserer zeitlichen, räum-
lichen und kulturellen Situation hinaus in eine andere Welt hin-
einzuversetzen, so weit entspricht ihr oder sein Denken dem von
Naturwissenschaftlern und Mathematikern, die sich verschiedene Weltanschauungen als Rahmensetzung wählen.[7] Aber die
Konstruktion eines in sich stimmigen Modells der Vergangen-

heit bedarf auch der Imagination. Das von einem Historiker, einer Historikerin geschaffene Modell muss nicht nur der Beweislage entsprechen, sondern zudem die Einbildungskraft der eigenen Zeitgenossen so weit fesseln können, dass sie den Eindruck haben, das Modell entspreche der Realität. Es gleicht in dieser Hinsicht einem Roman. Für den Historiker wie für den Schriftsteller ist Form die Gestalt des Inhalts.

Geschichte-Machen ist also ein kreativer Vorgang: Aus Fragmenten der menschlichen Erinnerung und ausgewählten Beweisen vergangenen Geschehens erschaffen wir eine Vorstellung von einem bestimmten Geschehen in der Vergangenheit, die in der Gegenwart sinnvoll erscheint.

Ranke zufolge wohnt Notwendigkeit allem inne, was bereits geformt ist und nicht mehr ungeschehen gemacht werden kann, was die Grundlage jedes sich neu herausbildenden Handelns ist. Was sich in der Vergangenheit entwickelte, stellt, so Ranke, in einer konstitutiven Beziehung zu dem, was in der Gegenwart entsteht.[8] Aus dem, was wir als Vergangenheit begreifen, lernen wir, welche Möglichkeiten in der Vergangenheit bestanden haben und welche Entscheidungen damals möglich waren. Wenn wir davon ausgehen, wie Henri Pirenne schrieb, dass das Handeln der Lebenden und das der Toten vergleichbar sind, dann ergeben sich Schlussfolgerungen hinsichtlich der Konsequenzen unserer Entscheidungen heute.[9] Das wiederum versetzt uns in die Lage, uns Vorstellungen von der Zukunft zu machen. Durch das Geschichte-Machen tritt die Gegenwart aus dem Reich der Notwendigkeit hinaus und wird die Vergangenheit nutzbar.[10]

Geschichte als Erinnerung und als Quelle der persönlichen Identität ist den meisten Menschen zugänglich und hängt nicht von den Diensten der professionellen HistorikerInnen ab. Sie ist die Darstellung des eigenen Lebenslaufs und der Erfahrungen der eigenen Generation; sie ist Autobiographie, Tagebuch und Gedächtnis; sie ist Familiengeschichte, Geschichte der Gruppen, denen jemand angehört. Wie Wilhelm Dilthey schrieb: »Derselbe Mensch [...], der den Zusammenhang in der Geschichte seines Lebens sucht, hat in all dem schon einen Zusammenhang seines Lebens unter verschiedenen Gesichtspunkten gebildet. [...] Und hier nähern wir uns den Wurzeln alles geschichtlichen

Auffassens. [...] Die Macht und Breite des eigenen Lebens, die Energie der Besinnung über dasselbe ist die Grundlage des geschichtlichen Seins.«[11]

Indem man die eigenen persönlichen Wurzeln aufspürt und seine Identität aus einem Kollektiv mit gemeinsamer Vergangenheit herleitet – ob diese Gemeinschaft nun durch Rasse, Geschlecht, Klasse, Ethnie, Religion oder Nationalität definiert ist –, erlangt man Stabilität und die Voraussetzung von Gemeinsamkeit. Deswegen haben Eroberer oft historische Monumente und aufbewahrte Darstellungen der Vergangenheit der Besiegten zerstört; manchmal haben sie auch die Intellektuellen umgebracht, die ein zu gutes Gedächtnis hatten. Ohne Geschichte kann keine Nation als legitim gelten oder über ein patriotisches Gefühl der Zusammengehörigkeit verfügen.

Die Notwendigkeit von Geschichte ist tief in den psychischen Bedürfnissen der Menschen und im menschlichen Streben nach Gemeinschaft verwurzelt. Niemand kann diese Notwendigkeit besser bezeugen als Mitglieder von Gruppen, denen eine Vergangenheit, aus der sie Kraft beziehen könnten, vorenthalten worden ist. Sklaven, Leibeigenen und Mitgliedern unterdrückter rassischer oder nationaler Gruppen ist über eine längere oder kürzere Zeit ihre eigene Geschichte verweigert worden. Keine Gruppe von Menschen hat länger unter diesen Bedingungen gelebt als die Frauen. Gruppen, die auf diese Weise beraubt worden waren, litten wegen der Ausblendung der gemeinsamen Erfahrungen der Gruppenmitglieder unter einer Störung ihrer Selbstwahrnehmung und unter einem Minderwertigkeitsgefühl. Ganz selbstverständlich hat jede dieser Gruppen Anspruch auf ihre eigene Vergangenheit erhoben, sobald sie der Teilhabe an der Macht der die Gesellschaft Beherrschenden näher kam. Mythische und reale Helden oder Heldinnen wurden entdeckt; Beweise für den Kampf der Gruppe um ihre Rechte wurden gesammelt; aus bisher vernachlässigten Quellen wurden neue Erkenntnisse gewonnen. Während dieses Prozesses wurde unvermeidlich die jeweils für gültig gehaltene Darstellung der Geschichte revidiert. In den USA geschah dies im Hinblick auf die Geschichte der Afroamerikaner und Indianer – beides Themen und Forschungsbereiche, die vom Rande her ins Zentrum der Beachtung gerückt sind und im Laufe dieses Prozesses unser Wissen um die Vergangenheit der Nation verändert und bereichert haben.

Auf den ersten Blick scheint es sich im Fall der Frauen um das Gleiche zu handeln, und doch geht es dabei um etwas völlig Anderes. Von den Kolonialisierten abgesehen, waren alle anderen genannten Gruppen unabhängig von ihrer jeweiligen Größe stets Minderheiten in einer sehr viel umfangreicheren Gesamtheit von Menschen. Im Falle der Kolonialisierten – Untertanen von imperialistischen Staaten, die oft eine von mächtigen Minderheiten beherrschte Mehrheit der Bevölkerung waren – gab es immer eine nachgewiesene Vergangenheit in der Zeit vor dem Sieg der Eroberer, aus der die Unterdrückten ihre Identität und historische Perspektive herleiten konnten. Juden, ethnische Minderheiten, afrikanische Sklaven konnten auf eine heldenhafte, wenn auch ferne Vergangenheit zurückblicken, aufgrund deren sie Ansprüche auf die Zukunft geltend machen konnten. Während der Zeit »jenseits der Geschichte« waren diese unterdrückten Gruppen auch »jenseits der Ausübung von Macht« und haben sich deshalb als Opfer der Unterdrückung miteinander solidarisiert.

Die historische Erfahrung der Frauen unterscheidet sich von der Erfahrung der Männer auf bezeichnende Weise. Frauen sind keine Minderheit, obwohl mit ihnen umgegangen worden ist, als gehörten sie Minderheiten an. Frauen gibt es in jeder gesellschaftlichen Schicht und Klasse, und sie teilen durch die Bindung an die Männer ihrer Familie das Schicksal, die Werte und Zielsetzungen von deren Klasse oder Rasse oder ethnischer Gruppe. Deshalb sind Frauen oft durch verschiedene klassen-, rassen- oder religionsbedingte Interessen voneinander getrennt. Keine andere untergeordnete Gruppe mit gemeinsamen Erfahrungen ist in sich so tief gespalten gewesen.

Frauen haben an der Entwicklung der Zivilisation einen ebenso großen Anteil wie Männer – in einer von Männern beherrschten und definierten Welt. Frauen haben also in einer *gesonderten* Kultur *innerhalb* der Kultur, die sie mit Männern gemeinsam hatten, ihre Aufgaben erfüllt. Mary Beard schrieb 1932, dass Frauen »[...] niemals nur neben dem Geschehen gestanden (haben), um passiv zu beobachten oder darauf zu warten, dass Männer ihnen notwendige Arbeit zuwiesen. In jeder Krise haben Frauen das Ergebnis der Bemühungen mit bestimmt. [...] Keine Darstellung der Kulturgeschichte ist adäquat, in der die Macht der Frauen in der Welt übergangen oder in ihrer Bedeutung herabgesetzt wird.«[12]

Dennoch ist die Kultur der Frauen lange weder belegt noch anerkannt worden. Es muss jedoch ausdrücklich darauf hingewiesen werden, dass Frauen nicht wegen böser Absichten männlicher Historiker aus der Geschichte herausgelassen wurden, sondern weil über Geschichte nur in männerzentrierten Begriffen nachgedacht wurde. Wir haben die Frauen und ihre Aktivitäten übersehen, weil wir an die Geschichte Fragen gestellt haben, die das Handeln von Frauen nicht oder nicht angemessen berücksichtigen. Um das auszugleichen, müssen wir uns eine Weile auf eine frauenzentrierte Forschung konzentrieren und dabei die Möglichkeit in Betracht ziehen, dass es eine Frauenkultur innerhalb der mit den Männern geteilten allgemeinen Kultur gibt.[13] Indem wir neue Fragen stellen und früher vernachlässigte Quellen erschließen, entdecken wir Belege für die bisher unbeachteten Aktivitäten von Frauen.[14] Wenn wir zum Beispiel fragen: »Was haben Frauen zu Reformbestrebungen, etwa der Antisklavereibewegung, beigetragen?«, unterstellen wir, dass die Aktivitäten der Männer die Norm sind und Frauen bestenfalls als Randfiguren der von Männern bestimmten Bewegung Bedeutung erlangen. Bei der Beantwortung solcher Fragen erfahren wir, dass die abolitionistischen Frauen forderten, in der Öffentlichkeit Reden zu halten und in den Antisklaverei-Gesellschaften Ämter zu übernehmen, und mit dieser Forderung 1840 eine Krise provozierten, die die Antisklavereibewegung spaltete und schwächte. Diese Interpretation ignoriert die Tatsache, dass die zunehmende Mitwirkung der Frauen und ihr entschiedenes Handeln in Wirklichkeit die Antisklavereibewegung stärkte. Hätten wir gefragt: »Was war die Rolle der Frauen, was war ihr Verständnis von und ihre Erfahrung in der Antisklavereibewegung?«, so hätten die Antworten eine andere Interpretation nahegelegt. Wenn man die Wirkung der Antisklavereibewegung nur nach dem Wahlverhalten und der Politik (dem Handeln von

Männern) beurteilt, scheint der Beitrag der Frauen unwichtig zu sein. Aber die Reformbewegungen in der Zeit vor dem Bürgerkrieg können auch als Versuche betrachtet werden, persönliche Wertvorstellungen und öffentliche Moral den Anforderungen einer sich schnell industrialisierenden Gesellschaft anzupassen. Reform der Moral, Keuschheit, Alkoholabstinenz und Sklavenbefreiung wurden zu symbolischen Themen, durch die Frauen sich in der öffentlichen Sphäre bemerkbar machten. Die Aktivitäten der Frauen in der Antisklavereibewegung – Aufbau der Organisation, Verbreitung von Literatur, Ausarbeitung von Petitionen und Unterschriftensammlungen, Teilnahme an der Rettung von Sklaven – trugen zu einer Meinungsänderung im Norden und Westen bei, die von entscheidender Bedeutung für das Wachsen der politischen Antisklavereibewegung war. Männer und Frauen waren auf unterschiedliche Weise aktiv und definierten die Probleme verschieden, selbst wenn sie sich in der gleichen Bewegung engagierten.[15] Indem wir HistorikerInnen die Belege für die Aktivitäten der Frauen in den Blick rücken und die Voreingenommenheit bei der Interpretation der Vergangenheit korrigieren, die den Mann zum Maß alles Wichtigen machte, legen wir das Fundament für eine neue Synthese. Frauengeschichte ist ein Instrument, das es uns erlaubt, die Vergangenheit ganz und ungeteilt wahrzunehmen.

Der Erfolg dieses Unternehmens liegt allerdings, so spannend es ist, noch in einiger Ferne. Bis dahin müssen die Frauen damit leben, dass ihnen eine Vergangenheit, aus der sie Nutzen ziehen könnten, vorenthalten worden ist. Wie wir bereits festgestellt haben, hat Geschichte als Erinnerung und Geschichte als Quelle der persönlichen Identität Frauen eine Welt präsentiert, in der Menschen wie wir bei allen Aktivitäten, die als »wertvolle Beiträge« zur Zivilisation gelten, von einigen Ausnahmen abgesehen, unsichtbar sind. Die tatsächliche Situation – dass nämlich Frauen, wie Mary Beard so zuversichtlich versicherte, immer eine historisch wichtige Kraft und im Prozess der Zivilisierung aktiv Handelnde, nicht passiv Unterworfene, waren – blieb im Dunkeln.[16] So hatten Frauen keine Heldinnen oder Rollenvorbilder und haben die Vorstellung verinnerlicht, sie seien Opfer, zu Passivität verdammt und weniger wert als Männer. Die Männer, durch eine getrübte Sicht auf die Vergangenheit ebenso fehlgeleitet, wurden bestärkt in dem kulturell bedingten Gefühl der Überlegenheit und in der Überzeugung, dass eine geschlechtsspezifische Arbeitsteilung die männliche Dominanz rechtfertigt.

In seiner Erörterung der psychischen Spannungen, unter denen Afroamerikaner in einer Welt der Weißen gelebt haben, beschreibt William E. B. DuBois die »besondere Spannung, dieses gespaltene Bewusstsein, dieses Gefühl, sich selbst ständig mit den Augen anderer zu betrachten. [...] Man fühlt sich immer als Zwei-heit – ein Amerikaner, ein Neger; zwei Seelen, zwei Denkweisen, zwei unversöhnte Bestrebungen; zwei widerstreitende Ideale in einem schwarzen Körper«[17]. Obwohl die Lebensbedingungen von Frauen unter vielen entscheidenden Gesichtspunkten nicht mit denen von Afroamerikanern verglichen werden können, trifft es doch zu, dass alle Frauen eine Art »gespaltenes Bewusstsein« haben, das Gefühl, sich im Zentrum zu befinden und dennoch als randständig definiert zu sein, eine wesentliche Bedeutung zu haben und dennoch als »die Andere« definiert zu sein, im Mittelpunkt des historischen Geschehens zu stehen und dennoch keine Geschichte zu haben.[18]

Die schwierigen Erfahrungen von schwarzen Frauen, die der Diskriminierung als Frauen und als Angehörige einer rassischen Minderheit doppelt unterliegen, können hier nicht diskutiert werden. Allen Frauen ist es gemeinsam, dass sie ihre Geschichte nur verzerrt durch die Linse des männlichen Sehvermögens und nochmals gebrochen durch das männerzentrierte Wertesystem wahrnehmen können. Die historisch einmalige Lage der Frauen ergibt sich daraus, dass Frauen seit über fünftausend Jahren davon ausgeschlossen sind, Geschichte als kulturelle Tradition zu konstruieren und ihr einen Sinn zu geben. In der Zeit, als kurz nach dem Entstehen der archaischen Staaten damit begonnen wurde, Geschehenes aufzuschreiben, waren die Frauen bereits in einer untergeordneten sozialen Position, waren ihre Rollen, ihr Verhalten in der Öffentlichkeit und ihr Sexualleben bereits von Männern oder den von Männern dominierten Institutionen festgelegt. Seit dieser Zeit waren die Frauen in ihren Bildungsmöglichkeiten extrem benachteiligt und hatten keinen signifikanten Anteil an der Schaffung des Symbolsystems, mit dessen Hilfe die

Welt erklärt und geordnet wurde. Frauen gaben sich keinen Namen; nach der Jungsteinzeit durften sie Göttern keinen Namen geben oder ihnen nach ihrem Bilde Gestalt verleihen.[19] Frauen hatten nicht die Macht, an der Symbolbildung mitzuwirken, und waren deshalb in einem der wichtigsten Zivilisationsprozesse von äußerst marginaler Bedeutung. Erst in den letzten zweihundert Jahren sind die gesellschaftlichen Bedingungen entstanden, die Frauen den gleichen Zugang zu Bildungschancen eröffneten und, später, zu uneingeschränkter Mitwirkung bei der Definition von intellektuellen Arbeitsbereichen und Wissenschaftsdisziplinen. Erst in den letzten zweihundert Jahren waren Gruppen von Frauen in der Lage, durch organisiertes Handeln und gesellschaftliche Teilnahme ein Bewusstsein ihrer Gruppenidentität und damit ein Bewusstsein von der tatsächlichen Bedeutung ihrer historischen Erfahrung zu entwickeln, was manche von uns dazu brachte, Anspruch auf unsere eigene Geschichte zu erheben. Für Frauen war die gesamte Geschichte bis zum 20. Jahrhundert in Wahrheit Vorgeschichte.

Frauen – die Hälfte der Menschheit – ins Zentrum der historischen Forschung zu stellen, ist eine enorme Herausforderung für die Geschichtswissenschaft, aber es setzt zugleich zusätzliche Energien frei und erschließt eine neue Quelle von Kraft. Am Beispiel der Frauen können wir am besten zeigen, dass Geschichte wichtig ist. Wenn wir bei dieser Gelegenheit darüber nachdenken, welche Konsequenzen es hat, ohne Geschichte zu leben, können wir unser Vertrauen und unser Engagement in unserer Arbeit als professionelle HistorikerInnen bestätigt sehen.

Was bedeutet es heute, von Beruf HistorikerIn zu sein?

Die Welt, in der wir unseren Beruf ausüben, unterscheidet sich erheblich von der Welt, in der unser Fachgebiet institutionalisiert worden ist. Es bleibt bedenkenswert, dass geschriebene und interpretierte Geschichte als solche ein historisches Produkt ist, das mit dem Aufstieg herrschender Eliten entstand. Seit der Zeit der Königslisten von Babylonien und Assyrien haben Historiker – ob Priester, Diener des Königs, Schreiber, Kleriker oder eine besondere Gruppe von Intellektuellen mit Universitätsaus-

bildung – die Vergangenheit gewöhnlich innerhalb eines Bezugsrahmens darstellt, der den Wertvorstellungen der herrschenden
Elite entsprach, zu der sie selbst gehörten. Die weitgehende
Übereinstimmung in den Grundlinien, die in der Geschichtsschreibung der Vergangenheit so deutlich erkennbar ist, stützte
sich immer auf die gemeinsamen Werte derjenigen, die jeweils
an der Macht waren. In der westlichen Zivilisation sorgte viele
Jahrhunderte lang das Christentum für die Einheit der kulturellen Tradition. Als sich später der Nationalismus entwickelte,
stellte die Nationalgeschichte die erforderliche Übereinstimmung und legitimierende Ideologie bereit. Ein teleologischer Bezug, demzufolge Geschichte als Ausdruck eines göttlichen Wil-
lens verstanden wird, machte einer evolutionären Auffassung
Platz, für die Geschichte als Fortschritt zu begreifen ist. Im Fall
der amerikanischen Geschichte gaben die Ideen von ›manifest
destiny and mission‹[20] lange ein ordnendes Bezugssystem vor,
ebenso wie das Vertrauen in wirtschaftliches Laissez-faire und
politischen Liberalismus. Andere gemeinsame Grundannahmen
wie etwa die von der Überlegenheit der Weißen und der Männer,
waren selbstverständlicher Teil der Kultur, wurden aber nicht
offengelegt.

In der jüngeren amerikanischen Geschichtsschreibung zeigt
sich der Geltungsverlust von gemeinsamen Normen und allgemein anerkannten Werten, da früher niedergehaltene und über-
sehene Gruppen auf ihrem Recht bestehen, gehört zu werden
und ihre eigene Vergangenheit dargestellt und interpretiert zu
sehen. Neue Technologien, denen wir das Tonbandgerät und den
Computer verdanken, haben neue Arbeitsgebiete wie *oral history* und Kliometrie (Anwendung mathematischer Methoden in
der Geschichtswissenschaft) erschlossen. Neue Theorien, darunter solche, die von den Sozialwissenschaften und der Psycholo-
gie entwickelt worden sind, haben Differenzierung und Spezialisierung vorangetrieben.

Die Geschichtswissenschaft war nie leistungsfähiger, innova-
tiver und interessanter als heute. Spezialisierung und eine Vielfalt von Theorien haben die historische Forschung nicht beeinträchtigt. Im Gegenteil: Neue Gruppen, die bisher »außerhalb
der Geschichte« gestanden haben, nun aber als Objekte und

Subjekte in die historische Forschung einbezogen werden, haben die Wissenschaft belebt und stellen eine Verbindung zu neuen Bezugsgruppen außerhalb der Bildungsinstitutionen her. Doch viele nachdenkliche Beobachter haben die Kluft bemerkt, die sich zwischen der Geschichtswissenschaft und dem scheinbar unersättlichen Appetit der Öffentlichkeit auf Populärgeschichte unterschiedlicher Art auftut. Dieses Phänomen begann schon Anfang dieses Jahrhunderts mit der Revolution der Medien: Die im Zuge des technischen Fortschritts entwickelten Massenmedien bewirkten eine dramatische Veränderung der Art, in der die Gesellschaft vergangenes und aktuelles Geschehen wahrnimmt und sich darauf bezieht.[21]

Photographie als Massenkunst, Populärjournalismus, Radio, Film und Fernsehen haben das Verhältnis der Menschen zur Vergangenheit sehr stark beeinflusst. Das ist nie deutlicher geworden als in den letzten Jahrzehnten, als die erste Generation von jungen Menschen, die ganz im Zeitalter des Fernsehens aufgewachsen sind, erwachsen wurden und sich ins öffentliche Leben hineinbegaben. Angehörige der »Fernsehgeneration« und wahrscheinlich alle nachfolgenden Generationen sind eher durch visuelle Symbole als mit dem geschriebenen oder gesprochenen Wort zu erreichen. Weil sie täglich der für Massenmedien typischen Art der Wahrnehmung und Darstellung der Welt ausgesetzt sind, werden sie immer weniger angeregt, sich der Vergangenheit in anhaltender und nachdenklicher Aufmerksamkeit zuzuwenden.[22] Die rasche Folge von oberflächlichen und schnell bewältigten Problemen, die im wesentlichen das Programm und die Werbung des Fernsehens ausmachen, lässt die Zuschauer glauben, dass es für jedes Problem einfache und leicht verfügbare Lösungen gibt. Die ständige Wiederholung von »news« genannten Nachrichten, die im Stil von Überschriften und Blitzlichtaufnahmen angeboten werden, erzeugt beim Zuschauer eine unvermittelte Gegenwartsbezogenheit, die von anderen Medien und der Werbung noch verstärkt wird. Die eng begrenzte Interpretation von Ereignissen durch Fernseh-Auguren und Journalisten lähmt jede weiterreichende und tiefergehende Analyse von Ereignissen. Bloße Gegenwartsbezogenheit, eine nur oberflächliche Frage nach Bedeutung und Sinn, die Geringschätzung von genauer Definition und kritischem Nachdenken sind charakteristische Einstellungen, die von den Massenmedien gefördert werden. Sie alle stehen im Gegensatz zur theoretischen Grundlage und Orientierung von HistorikerInnen und zu den Werten und Perspektiven, die historischen Studien zu entnehmen sind.

Aber die begrüßenswerten Aspekte der Bildung durch Fernsehen – nämlich die enorme Zunahme von leicht verfügbaren Informationen, die Stimulation und Unmittelbarkeit der Anteilnahme am Leben anderer Menschen, das Betrachten der Vielfalt und des Reichtums menschlicher Gesellschaften und Kulturen – tragen dazu bei, das Bedürfnis der Zuschauer nach einem sinnvollen Verständnis der Vergangenheit und nach stimmigen Erklärungen von Phänomenen der Gegenwart zu wecken. Eine Vielfalt von positiven geschichtsbezogenen Aktivitäten ist Ausdruck dieses breiten Interesses: Genealogie, das große Angebot von historischen Dramen, die Popularität der Rekonstruktion historischer Schauplätze und Ereignisse, die Suche nach den »Wurzeln« in der Familiengeschichte und in der Vergangenheit ethnischer Gruppen. Auf einem oberflächlicheren Niveau ist ein massenhaftes Interesse an der literarischen Darstellung der Vergangenheit zu beobachten, und es sind neue Formen der Literatur entstanden, die bewusst die Grenze zwischen Fakten und Fiktion aufheben wollen, etwa das Dokudrama oder der Dokufilm. Das allgemeine Interesse an der Vergangenheit wird deutlich auch in Formen des Kitsches und Kulturersatzes, etwa in der nostalgischen Begeisterung für alte Schallplatten, Filme und Zeitschriften oder in der endlosen Wiederkehr von bereits dagewesenen Stilen in der Bekleidungsindustrie, wobei die Vergangenheit der Mode akkurat in Jahrzehnte eingeteilt wird. Wir können die Qualität dessen, was da produziert wird, für beklagenswert halten und ablehnen, oder wir können versuchen, diese Qualität zu beeinflussen und zu verbessern; doch wir kommen nicht umhin, die Aufgeschlossenheit, das Interesse und den Enthusiasmus eines breiten neuen Publikums für Geschichte zur Kenntnis zu nehmen.

Ohne unsere Anforderungen an Sorgfalt und Genauigkeit oder unsere Hingabe an die Wissenschaft zu schmälern, haben wir anzuerkennen, dass viele Wege zum Verstehen der Geschichte führen. Wir müssen offen sein gegenüber der Art, in der sich nun viele Leute der Vergangenheit nähern, und bereit sein, uns mit ihnen auf dem Niveau auseinanderzusetzen, auf dem sie sich befinden. Wir sollten uns über das Interesse an der Vergangenheit der Frauen, der Nichtweißen und verschiedener Minderheiten freuen und jede sich bietende Möglichkeit nutzen, um die solchen Gruppen Angehörenden zu ermutigen, sich bei der Erforschung ihrer Vergangenheit der besten Methoden und Kenntnisse zu bedienen, die eine wissenschaftliche Ausbildung ihnen anzubieten hat. Wir wiederum sollten unser Denken und Deuten von den Gesichtspunkten und Perspektiven, die solche Gruppen an die Geschichtswissenschaft herantragen, bereichern lassen. Wir sollten auch in Zukunft unsere Bestimmungen in Bezug auf die Ausbildung und die Anerkennung von Leistungen so erweitern, dass wir Bereiche der angewandten Wissenschaft, etwa in Museen oder bei der Erhaltung von Zeugnissen der Geschichte, einbeziehen. Wir sollten außerdem weiter Spezialisten ausbilden, die als HistorikerInnen in Staat und Wirtschaft tätig sind, und zudem Autoren von Biographien und historischen Werken beraten und dabei auch die AutorInnen einbeziehen, die in den Bereichen der Massenmedien arbeiten.

Ein umfassenderes Verständnis unseres fachlichen Aufgabenbereichs ist bereits im Entstehen. Das zeigt sich in der wachsenden Mitwirkung von HistorikerInnen, die nicht im Bereich der akademischen Wissenschaft tätig sind, auf allen Ebenen unserer Organisation. Mit der Zeit werden wir vielleicht ein neues Modell der Berufsausübung entwickeln, in dem man in verschiedenen Abschnitten seiner Karriere problemlos zwischen der akademischen Welt, dem öffentlichen Bereich, der schriftstellerischen Arbeit oder der Tätigkeit als Berater von Wirtschaftsunternehmen wechseln kann. Eine Neudefinition des Berufsbilds, die HistorikerInnen die Möglichkeit gibt, nach eigenem Gutdünken innerhalb oder außerhalb von akademischer Forschung und Lehre zu arbeiten, könnte uns Kraft und eine größere Reichweite verleihen.

Auch wenn wir auf die wechselnden Bedürfnisse der Öffentlichkeit eingehen und verschiedene Arten von Kommunikation erproben, müssen wir unserer Verpflichtung auf die Normen der wissenschaftlichen und theoretischen Arbeit gerecht werden. Die meisten von uns haben ihr Leben geringerenteils oder weit überwiegend als WissenschaftlerInnen verbracht und werden das auch künftig tun. Wenn die Gesellschaft diese Arbeit immer stärker abwertet und nur unzureichend versteht, müssen wir mit wachsendem Vertrauen und zuversichtlicher Entschlossenheit bekräftigen, uns der Wissenschaft widmen zu wollen. Wir müssen als Einzelne wie in unserem Verband unsere Wissenschaft und den unschätzbaren Wert der Quellen, auf die wir uns stützen, öffentlich verteidigen. Das Erbe unserer Nation wird ebenso wie ihre Zukunft gefährdet, wenn kurzsichtige politische Entscheidungen die finanziellen Mittel für Projekte der historischen Dokumentation, für die Quellensicherung und für die nationalen Archive beschneiden. Wir müssen die Informationsfreiheit der WissenschaftlerInnen und den offenen Zugang zu Akten der Regierung und der staatlichen Verwaltung ebenso heftig verteidigen wie unser Grundrecht auf Redefreiheit.

Bei der Betrachtung unserer Beziehung zur Gesellschaft im allgemeinen können wir feststellen, dass die Gesellschaft unsere Qualifikation beim Entdecken und Zuordnen von Fakten der Vergangenheit und beim Wieder-Erzeugen der vergangenen Welten (oder beim Entwerfen von Modellen) so nötig braucht wie eh und je. Sehr stark in Frage gestellt werden wir hingegen in unserer Funktion, die Vergangenheit zu interpretieren und dem Vergangenen einen Sinn zu verleihen. *Geschichte als kulturelle Tradition* und als legitimierende Ideologie und *Geschichte als Erklärung* sind mehr und mehr ins Kreuzfeuer kritischer Fragen geraten. Dafür gibt es aktuelle gesellschaftliche und historische Gründe. Die wissenschaftliche Revolution des 20. Jahrhunderts hat den Anspruch der Geschichtswissenschaft unterhöhlt, nur sie sei gemeinsam mit der Philosophie in der Lage und dafür zuständig, die menschliche Erfahrung zu ordnen. Der leichtfertige Slogan der 1960er Jahre, Geschichte sei »irrelevant«, war Ausdruck des damals empfundenen Bruchs zwischen industrieller und postindustrieller Gesellschaft. Die explosionsartige Zunahme der naturwissenschaftlichen Erkenntnisse und der technischen Naturbeherrschung machte es möglich, sich eine Zukunft vorzustellen, die von Naturwissenschaften und technischem Sachverstand dominiert sein würde. Es schien so, als könne die Vergangenheit einer derartigen Zukunft nicht als Modell dienen. Auf der rein pragmatischen Ebene hat diese Auffassung in vielen Bereichen des amerikanischen Schulsystems zum Ersetzen des Fachs Geschichte durch das der »Social Studies«, der Sozialkunde, geführt.[23] Auf einem etwas höheren und theoretischen Niveau kommt diese Denkweise in einer Debatte zwischen SozioIogInnen, PhilosophInnen und HistorikerInnen zum Ausdruck, von denen einige behaupten, Geschichte sei als Methode des Ordnens der menschlichen Erfahrung und als Mittel der Orientierung des Individuums innerhalb der Gesellschaft von den Naturwissenschaften abgelöst worden.[24] Die meisten Historiker werden dem wohl entgegenhalten, dass sich die menschliche Natur trotz der großen Fortschritte in Naturwissenschaft und Technologie nicht wesentlich verändert hat. Institutionen, die sich im Laufe der Geschichte entwickelt haben, bilden noch immer die Strukturen, in deren Rahmen das neue Wissen und die neue Technik organisiert sind. Die im Laufe der Geschichte geschaffenen und gesellschaftlich verankerten politischen Institutionen weisen nach wie vor den Naturwissenschaften und der Technologie ihre personelle und sachliche Ausstattung zu, so dass diejenigen, die über »das neue Wissen« verfügen und es organisieren, sich innerhalb von Beschränkungen bewegen, die von der Tradition vorgegeben sind.

Diejenigen, die Geschichte für irrelevant halten, definieren sie zu eng, weil sie Geschichte nur als Überlieferung der Tradition, als Mittel zur Legitimierung des Status quo, als die Ideologie einer herrschenden Elite wahrnehmen. Aber Geschichte, das ergibt sich aus dem bereits Gesagten, hat weit mehr Funktionen als nur die legitimierende. Möglicherweise ist das, was wir für »die Krise der Geschichte« halten, nur das langsame Ende der Funktion von Geschichte als Ideologie der Elite.

Eine andere wichtige Entwicklungslinie im Denken des 20. Jahrhunderts kann uns bei der Neuorientierung der Geschichtswissenschaft in der modernen Welt helfen. Die bedeutenden Brüche unserer Zeit – Kriege, der Holocaust, die nukleare und die kybernetische Revolution sowie die Gefährdung des ökologischen Gleichgewichts – haben uns vor Augen geführt, von wie geringer Bedeutung rationales Denken in Politik und sozialen Planungsprozessen ist. Die Irrationalität im politischen und sozialen Handeln kann wohl dringender als jemals zuvor die Notwendigkeit belegen, sowohl den Prozess des Werdens der Gegenwart als auch die ihr durch vergangene Entscheidungen und Beschlüsse gesetzten Grenzen zu verstehen. Die Psychoanalyse hat unsere Aufmerksamkeit auf die Macht des Irrationalen und Unbewussten bei der Motivation menschlichen Verhaltens gelenkt. Sigmund Freud hat gezeigt, wie die Vergangenheit des Individuums, unterdrückt und durch falsche Interpretationen ins Unbewusste verdrängt, das gegenwärtige Handeln zwanghaft bestimmen kann. Die Heilung von Zwangsvorstellungen wird dadurch möglich, dass man die Vergangenheit ins Bewusstsein bringt und sie mit neuer Einsicht und neuem Verständnis interpretiert.[25] Dieser Prozess ist der Arbeit von HistorikerInnen bei der Neuinterpretation früherer Ereignisse im Lichte gegenwärtiger Fragestellungen vergleichbar. Die verleugnete oder außer Acht gelassene Vergangenheit von Gruppen wie von Individuen wirkt sich fortgesetzt auf die Gegenwart aus und schränkt die Möglichkeit künftiger Entwicklungen ein. Wir als HistorikerInnen könnten die Herausforderung seitens der analytischen Theorie aufgreifen und versuchen, im Sinne einer »Heilung« der Sozialpathologie der Gegenwart zu arbeiten, indem wir die Werkzeuge unserer Zunft ideenreich und mit neuem Gespür für die einzuschlagende Richtung nutzen. Schließlich sind wir kein Häuflein von Schreibern und Würdenträgern, die einer herrschenden Klasse als Wächter geheimen Wissens zu Diensten sind, sondern Menschen mit speziellen Kenntnissen und Fähigkeiten, die für andere die Bedeutung des Lebens und der Kämpfe ihrer Vorfahren verständlich machen, so dass sie einen Sinn in ihrem eigenen Leben sehen können.

Am besten können wir das in unserer Funktion als LehrerInnen tun. Die meisten von uns sind während ihres Berufslebens als Lehrende tätig. Und doch scheinen wir diese Arbeit, sowohl die eigene uns als auch die anderer, nur sehr gering zu schätzen. Unsere gewohnte Darbietung am Vortragspult ist in einigen Aspekten von der Wissensvermittlung durch Druckwerke abge-

löst worden, und viele von uns, die ein Gefühl für die Unange-
messenheit unserer Arbeitsweise haben, sind zurückgefallen in
das Auftreten von Schauspielern, die die zögernde Aufmerksamkeit eines Publikums zu wecken versuchen, dem der sensations-
lüsterne Unterhaltungsstil der Massenmedien besser vertraut ist.

Tatsächlich handelt der Lehrer als Schauspieler im Sinne einer
alten und anerkannten Tradition. Vor allem wollen wir eine Geschichte erzählen und sie gut erzählen – um die Aufmerksamkeit
zu wecken und die Zuhörenden, auf welche Weise auch immer,
zu veranlassen, Zweifel und Ablenkungen beiseite zu lassen. Wir
versuchen, die Aufnahmebereitschaft so lange auf uns zu konzentrieren, wie es nötig ist, um den Geist der Studierenden auf
unerwartete Wege zu führen und zu neuen Erkenntnissen zu
bringen. Es ist nichts Schändliches an diesem darstellerischen
Aspekt der Lehrbefähigung, an diesem Trick der Magiere und
Künstler. Wenn wir mit diesem Auftreten als Lehrer erfolgreich
sind, erweitern wir das Denken und Fühlen der Lernenden, so
dass sie sich in eine vergangene Welt hineinversetzen und die Gedanken und Wertvorstellungen einer anderen Zeit verstehen
können. Wir bieten den Studierenden bei der Suche nach Beweisen die Aufregung eines Puzzlespiels und das Gefühl von Ent-
deckern, wenn aus der Masse von Teilerkenntnissen ein umfas-
sendes Bild entsteht.

Letztlich lehren wir so wie die HandwerksmeisterInnen, indem
wir unsere besonderen Fähigkeiten an Uneingeweihte weitergeben. Die Fähigkeit, klar zu denken und zu schreiben, die Grund-
einstellung der kritischen Analyse, die Methodologie der Geschichtswissenschaft, die zermürbende Geduld der Forschenden
– alle diese Bedingungen einer erfolgreichen Arbeit werden über-
liefert durch die althergebrachte Methode der Vermittlung von
Wissen und Erfahrung des Meisters an den Lehrling. Wenn wir
den Studierenden erlauben, uns HistorikerInnen bei der Arbeit zu
beobachten, werden wir zu Vorbildern, und wenn wir wollen, erleichtern wir den Lernenden ihre Aufgabe durch eine Entmystifi-
zierung unseres Wissens, indem wir ihnen unsere »Tricks« zeigen
und offen eingestehen, was wir nicht wissen. Dieser (einer Hand-
werkerlehre vergleichbare) Aspekt des Lehrens schafft eine Verbindung zwischen uns und dem Handwerk in anderen Tätigkeits-

bereichen, dem Schaffen derer, die mit ihren Händen arbeiten, und dem Schaffen derer, die überwiegend mit dem Kopf arbeiten. Als lehrende und forschende HistorikerInnen arbeiten wir ähnlich wie die Steinmetze und Zimmerleute in den Bauhütten der großen mittelalterlichen Kathedralen und der alten Tempel der Maya oder der Buddhisten – oder wie die Frauen, die den großen Wandteppich von Bayeux gewebt haben: Wir tun unsere eigene spezielle Arbeit und tragen dadurch zum Erfolg eines weitverzweigten umfassenderen Unternehmens bei. In unserem eigenen Verhalten und in den Standards, die wir unseren Studierenden gegenüber vertreten, können wir zeigen, für wie wichtig wir es halten, die Vergangenheit – um ihrer selbst willen und in ihrem eigenen Lichte besehen – zu verstehen. In einer Zeit der Entfremdung können wir die Männer und Frauen, deren Lehrer oder Lehrerinnen wir sind, an einem Gefühl der Kontinuität teilhaben lassen. Und wir können ihnen helfen, die Kontinuitätsbrüche in einer weitreichenden Perspektive zu sehen.

Das Problem von Diskontinuitäten war niemals von größerer Tragweite als in dieser Generation, die als erste in der Geschichte die Möglichkeit in Betracht ziehen muss, dass die ganze Menschheit in einem Atomkrieg vernichtet werden könnte. Die Möglichkeit eines derartigen Kontinuitätsbruchs bringt uns an die Grenzen unserer Vorstellungskraft und verstärkt das Bedürfnis jedes Individuums, seinen oder ihren Platz in der Geschichte zu kennen. Wie niemals zuvor brauchen wir heute das Gefühl, dass unser Leben einen Sinn hat, und die Gewissheit eines kollektiven Weiterlebens. Es ist die Geschichte, die deutend geordnete Vergangenheit, die uns in die Lage versetzt, Ziele und Visionen für die Zukunft der Gemeinschaft aufzuzeigen. Gemeinsame Werte, ob nun auf Übereinstimmung gegründet oder auf die Anerkennung verschiedener Arten des Denkens und Handelns, binden die Einzelnen in die Unsterblichkeit des menschlichen Strebens ein.

Die Historiker stellen ihr Wissen theoretisch und praktisch unter Beweis und teilen es mit anderen in der leidenschaftlichen und bleibenden Überzeugung von der Notwendigkeit der Geschichte. Mehr als jemals zuvor ist es heute gut, eine Historikerin zu sein.

III.

Geschichte
neu betrachten

10

Unterschiede zwischen Frauen
neu gefasst[*]

Die Entwicklung der Frauengeschichtsforschung in den vergangenen zwanzig Jahren hat nicht nur dazu beigetragen, der Geschichtswissenschaft neue Themen zu erschließen, sondern hat uns auch dazu gezwungen, uns mit den Begriffen und Werten auseinander zu setzen, die der Organisation historischer Studien sowie unseren intellektuellen Bemühungen insgesamt zugrunde liegen. Sie hat uns gezwungen, nicht nur zu fragen, warum manches früher ausgelassen, übergangen und heruntergespielt wurde, sondern auch zu überlegen, wer denn eigentlich entscheidet, was einbezogen werden soll. Kurz, wir haben begonnen, zunächst den begrifflichen Rahmen für die systematische Gliederung des traditionellen Wissens zu befragen und ihn dann in Frage zu stellen. Wir stellen ihn wegen seiner Auslassungen in Frage: Er lässt die Erfahrungen, Aktivitäten und Ideen von mehr als der Hälfte der Menschheit aus. Wir stellen ihn in Frage, weil er elitär ist: Er lässt nicht nur alle Frauen draußen, sondern auch die meisten Männer, nämlich die Männer der nichtweißen Rassen, die Männer von unterschiedlichem ethnischen Hintergrund und bis in die jüngste Zeit die Männer der

---

[*] Wir übernahmen die deutsche Erstveröffentlichung dieses Essays mit freundlicher Genehmigung des Campus-Verlages aus: Hanna Schissler (Hg.): Geschlechterverhältnisse im historischen Wandel, Frankfurt / New York 1993, S. 59–79. Die englische Fassung erschien zuerst in: Journal of Women's History, Bd. 1, 1990, S. 106–122. Der Essay geht auf einen Vortrag für die »Lowell Konferenz über Frauengeschichte«, Lowell, Mass., am 2. März 1988 zurück.

Unterschichten. Auf diese Weise werden alle ausgelassenen Gruppen als weniger wichtig als die einbezogenen Gruppen definiert. Selbstverständlich ist das unzutreffend und daher nicht annehmbar. Wir stellen den traditionellen prinzipiellen Rahmen in Frage, weil das, was die traditionelle Geschichte uns lehrt, unsere eigene Erfahrung der Wirklichkeit leugnet. Wir leben in einer Welt, in der nichts ohne die aktive Teilnahme von Männern und Frauen geschieht, und dennoch hören wir ständig von einer vergangenen Welt, in der Männer als die Handelnden und Frauen als die Erleidenden gesehen werden. Trotz ihres erst kurzen Bestehens hat die Frauengeschichtsforschung – für die Vergangenheit wie für die Gegenwart – dieses Urteil als falsch nachgewiesen. Frauen nehmen aktiv an der Gestaltung des Geschehens teil und haben es immer getan. Es war einer der Grundirrtümer des patriarchalischen Denkens, dass dieses für die Aktivitäten einer kleinen Elitegruppe von weißen Männern der Oberschicht Allgemeingültigkeit beanspruchte. Traditionelle Historiker beschrieben die Aktivitäten dieser Gruppe und gaben die Ergebnisse als Geschichte der Menschheit aus. Sie haben alle Frauen dem Begriff »men« (Männer/Menschen) untergeordnet und die tatsächlich vorhandenen Unterschiede, die zwischen den Menschen bestehen, ignoriert, indem sie behaupten, die kleine Gruppe, deren Aktivitäten sie beschreiben, könne für uns alle stehen. Das kann sie eindeutig nicht. Wir haben diese androzentrische Verzerrung der Vergangenheit zurückgewiesen und damit den Weg für andere Einsichten und Problemstellungen frei gemacht.

FrauenhistorikerInnen haben seit langem erkannt, dass »Frauen« ebenso wenig wie »Männer-als-Gruppe« als einheitliche Kategorie behandelt werden können.[1] Frauen unterscheiden sich nach Klasse, Rasse, ethnischer und regionaler Zugehörigkeit, Religion und beliebig vielen anderen Kategorien. Deshalb haben FrauenhistorikerInnen die Notwendigkeit unterstrichen, solche Kategorien als Hilfsmittel für die Analyse zu verwenden.[2] Wir wollen damit sagen, dass wir, wann immer wir eine Gruppe von Frauen in der Vergangenheit oder in der Gegenwart untersuchen und allgemeine Aussagen über sie machen, nicht nur die Ähnlichkeiten, sondern auch die Unterschiede zwischen ihnen in Betracht ziehen müssen. Wir müssen fragen: Gilt unsere Aussage auch für Frauen verschiedener Rassen, für Frauen verschiedener Klassen? Es geht einfach nicht mehr an, ein Forschungsprojekt zu entwerfen oder zu unterrichten, ohne die Unterschiede zwischen Frauen zu berücksichtigen. Jede(r) kann natürlich eine besondere Gruppe von Frauen untersuchen, aber dann hat sie (er) kein Recht, Ansprüche auf Allgemeingültigkeit zu erheben, die allein auf der Untersuchung dieser speziellen Gruppe beruhen.

Die Schwierigkeiten, auf die man stößt, wenn man Rasse, Klasse, Ethnizität und Geschlecht als Mittel der Analyse einführt, besteht darin, dass man anscheinend jedes Problem um endlose Variationen vermehrt, ohne größere analytische Klarheit zu erzielen. Man ertrinkt im illustrativen Detail hinsichtlich der verschiedenen Gruppen. Die Traditionalisten meinen, dass man so die Einheit des Geschehens in der Vergangenheit, den sogenannten »gemeinsamen Kern«, aus den Augen verliert.[3] Verschiedene Bevölkerungsgruppen mögen den Sezessionskrieg auf unterschiedliche Weise erlebt haben, aber der gemeinsame Kern liegt in den politischen und militärischen Ereignissen, und das, sagen sie, sollten wir lehren. Mein Argument ist, dass wir sowohl den gemeinsamen Kern als auch das Besondere in allen seinen Varianten lehren sollten und dass wir die Realität und die Wahrheit verzerren, wenn wir es nicht tun.

Ein Problem liegt darin, dass uns nur ein unzulänglicher begrifflicher Rahmen für den Umgang mit »Unterschieden« zur Verfügung steht. Das Modell, das wir zur Verfügung haben, ist das Modell eines liberalen Pluralismus, dem zufolge Amerika keinen »Schmelztiegel«, sondern eher eine »Salatschüssel« darstellt.[4] Vermutlich ist diese Vorstellung ein Fortschritt gegenüber dem »Schmelztiegel«, der eine nationale Identität unterstellte, zu der alle fremden Elemente – fremd aufgrund von Rassenzugehörigkeit, Ethnizität, Religion und Geschlecht – »verschmelzen« müssten. Der liberale Pluralismus der Salatschüssel geht nicht von einer Vorstellung des »Verschmelzens« aus, sondern von einer gemeinsamen Nutzung des Raums durch viele Teile, die ein Ganzes ergeben. Das ist in der Tat eine konzeptionelle Verbesserung, aber es ist als Modell der Realität unzureichend, weil es Macht, Dominanz, Hegemonie ignoriert. Es unterstellt, dass der Prozess, den »Unterschieden« gerecht zu werden, additiv ist –

man lasse das ganze Konzept unangetastet und füge die unendliche Vielfalt hinzu, in der die Menschen in Gesellschaft und Geschichte erscheinen.

Wenn man »Unterschiede« ignoriert, verzerrt man die Realität. Wenn man die Machtverhältnisse, die auf Unterschieden aufbauen, ignoriert, bekräftigt man sie im Interesse derer, die die Macht innehaben. Ich möchte deshalb ein anderes begriffliches Modell für den Umgang mit »Unterschieden« vorschlagen.[5]

Als Männer entdeckten, wie man »Unterschied« in Herrschaft umwandelt, legten sie das ideologische Fundament für alle Systeme von Hierarchie, Ungleichheit und Ausbeutung. Sie fanden einen Weg, solche Systeme zu rechtfertigen und dafür zu sorgen, dass sie dank der Mitarbeit der Beherrschten funktionierten. Diese »Erfindung der Hierarchie« lässt sich historisch verfolgen und definieren: Sie geschieht überall in der Welt unter ähnlichen Umständen, wenn auch nicht gleichzeitig. Sie geschah, als die Entwicklung des Militarismus infolge der technischen Neuerungen der Bronzezeit mit den durch die landwirtschaftliche Revolution verursachten ökonomischen Verschiebungen zusammenfiel. Kleine Gruppen von Männern, normalerweise militärische Führer, usurpierten die Macht auf ihrem Gebiet, im allgemeinen nach einer Eroberung durch Fremde, und konsolidierten diese Macht mit ideologischen und institutionellen Mitteln. Diese Mittel beruhten immer auf der Entdeckung, dass »Unterschied« Herrschaft rechtfertigen kann. In der westlichen Kultur spielten sich diese Ereignisse im Vorderen Orient im dritten und zweiten vorchristlichen Jahrtausend ab und nahmen die Form der Staatenbildung an.[6]

Staaten, die sich durch die Konsolidierung früher militärischer Eroberungen durch Stammeshäuptlinge und Könige bildeten, legitimierten sich, indem sie Abstammungsmythen schufen, die göttliche oder halbgöttliche Macht auf ihre Herrscher übertrugen, und indem sie Gesetze schufen und Regeln aufstellten, nach denen die Hierarchie ausgebaut und die Herrschaft geordnet wurde. Der erste Schritt auf dem Weg, den »Unterschied« in Herrschaft umzuwandeln, war überall die Einführung patriarchalischer Vorrechte von Männern über Frauen.

Eine kleine Gruppe von Männern beherrschte die Ressourcen

und teilte sie den Frauen zu, die sie als sexuellen Besitz erworben hatten, sowie ihren Kindern und anderen, weniger mächtigen Männern sowie einer neugeschaffenen Unterschicht von Sklaven. Das Gefüge der so geschaffenen Machtverhältnisse glich die Vorrechte und Verpflichtungen in jeder Gruppe in einer Weise aus, die die ganze Übereinkunft annehmbar machte und im Interesse der dominanten männlichen Gruppe fortbestehen ließ. Frauen und ihre Kinder brauchten in einem Zeitalter des zügellosen Militarismus und ständiger Kriege sowie in einer Zeit hoher Kinder- und Müttersterblichkeit Schutz, damit der Stamm als Ganzes überlebte. Solche Gedankengänge veranlassten die Frauen in erster Linie, den patriarchalischen Kontrakt zu akzeptieren und an ihm mitzuwirken – als Gegenleistung für ihre sexuellen und die Fortpflanzung sichernden Dienste für einen einzelnen Mann wurden ihnen und ihren Kindern Schutz und Ressourcen garantiert. Die Sklaverei, die sich in einer Zeit entwickelte, in der Männer zum erstenmal genügend Mittel erwarben, um Gefangene am Leben zu erhalten, anstatt sie zu töten, begann ursprünglich mit einem ähnlichen Austausch. Weibliche und später männliche Sklaven akzeptierten, dass man ihnen nach einer militärischen Eroberung im Austausch gegen ihre Versklavung das Leben schenkte.[7]

Es ist kein Zufall, dass die ersten Sklaven, von denen wir wissen, überall Frauen fremder Stämme waren. Oft unterschieden sich diese Stämme rassisch und äußerlich von ihren Eroberern, was es diesen leichter machte, sie dauerhaft als Unterschicht festzuschreiben. Aber wo solche rassischen Unterschiede nicht bestanden, ließen sie sich schaffen, indem man die Sklaven »markierte« – mit einem Brandmal, einem eigentümlichen Haarschnitt, einer besonderen Art von Kleidung oder mit anderen Mitteln. Immer wurde der »Unterschied« hervorgehoben. Der Sklave unterschied sich vom Herrn, und weil er anders war, konnte er als minderwertig bezeichnet werden. Weil er oder mit größerer Wahrscheinlichkeit sie als minderwertig bezeichnet wurde, konnte sie/er ausgebeutet, als ein Gegenstand missbraucht und in gewisser Weise als unmenschlich bezeichnet werden. Die Institutionalisierung des Militarismus als Lebensform setzt hierarchisches Denken voraus – Menschen, die herrschen, haben das Recht zu herrschen, weil sie überlegen sind; die Beherrschten müssen akzeptieren, beherrscht zu werden, weil sie minderwertig sind.

Wie lässt sich feststellen, wer herrschen und wer beherrscht werden soll? An erster Stelle durch Gewalt – die Sieger herrschen; die Besiegten werden beherrscht. Doch Herrschaft aufgrund von Gewalt allein ist auf Dauer nicht aufrecht zu erhalten. Selbst die grimmigsten Krieger konnten andere Krieger nicht lange versklaven, wenn sie nicht jeden besiegten Krieger von mehreren Siegern Tag und Nacht bewachen ließen. Herrschaft ist nur möglich, wenn sie gerechtfertigt und sowohl von den Herrschenden als auch von den Beherrschten sowie von einer großen Mehrheit von Menschen, die weder das eine noch das andere sind, akzeptiert werden kann. Was Herrschaft annehmbar macht, ist, historisch gesehen, dass man den Unterschied mit einem negativen Stempel versieht. Diese oder jene Gruppe unterscheidet sich von uns; sie sind »die Anderen«. Und weil sie »die Anderen« sind, können wir über sie herrschen. Auf solchen ideologischen Grundlagen wurde die Klassenherrschaft auch für Menschen, die nicht direkt von ihr profitierten, annehmbar gemacht. Zur Zeit der Bildung archaischer Staaten akzeptierten nichtsklavenhaltende Männer den Handel, von mächtigeren Männern der eigenen Gruppe beherrscht und hinsichtlich ihrer Ressourcen ausgebeutet zu werden, weil ihnen gleichzeitig die Möglichkeit geboten wurde, die Ressourcen Anderer, der »verschiedenen« Anderen, nämlich der Frauen und Kinder ihrer eigenen Klasse, zu beherrschen und zu kontrollieren. Auch für Männer, die selbst keine Sklaven hielten, steigerte die Existenz einer Unterklasse ihr eigenes Statusgefühl und ließ sie die eigene relative Ungleichheit als gerechte Regelung akzeptieren.

Sobald das System von Herrschaft und Hierarchie in Brauch, Gesetz und Praxis institutionalisiert ist, wird es als natürlich und gerecht betrachtet, und die Menschen stellen es nicht mehr in Frage, es sei denn, die historischen Umstände änderten sich tiefgreifend. Bei den Beherrschten gehen die auf sie übertragenen Vorteile des ursprünglichen Handels verloren, sobald die Sklaverei erblich wird – es handelt sich dann schlicht um Ausbeutung, die auf willkürlicher Macht beruht.

Was ich hier kurz umrissen habe, ist das Muster einer Entwicklung, die viele hundert Jahre brauchte, um sich zu konsolidieren. Wichtig daran ist, dass diese Analyse den logischen Zusammenhang verschiedener Formen des in Herrschaft gewandelten Unterschieds in seiner einfachsten, rudimentären Form aufzeigt. Sie zeigt, dass Geschlechts-, Klassen- und Rassendominanz von Anfang an miteinander verbunden und untrennbar sind. Der Unterschied zwischen Männern und Frauen war der erste, am leichtesten feststellbare Unterschied, und daher konnte die Herrschaft durch Männer zuerst in diesem Bereich ausgeübt werden. Doch Rassen- und Klassendominanz (in der Form der Versklavung besiegter fremder Völker) entwickelte sich fast unmittelbar nach dieser ersten menschlichen »Entdeckung«, wie Macht zu gebrauchen sei, um Menschen auf ungleiche Weise zu nutzen. Die Funktion aller Bestimmungen von »Anderssein« oder Abweichung ist, die Hierarchie zum Vorteil der Herrschenden zu erhalten. Ich versuche hier nicht, eine Rangordnung der Unterdrückung aufzustellen. Welches Unterdrückungssystem zuerst und welches als zweites kam, ist unwichtig, wenn wir verstehen, dass wir es mit einem einzigen untrennbaren System in verschiedenen Erscheinungsformen zu tun haben.

Wir brauchen jedoch ergiebigere, komplexere und beziehungsreichere Definitionen derjenigen Begriffe, mit denen wir normalerweise arbeiten, etwa »Klasse« und »Rasse«. Im marxistischen Sinn wird »Klasse« entweder definiert als eine Gruppe, »die die gleiche Rolle im Produktionsprozess spielt« oder als »Verhältnis der Menschen zu den Produktionsmitteln«. Die Webersche Definition von Klasse lautet »Menschen mit gleichen Lebensmöglichkeiten, die durch ihre Macht, über Güter und Fähigkeiten zum Einkommenserwerb zu verfügen, bestimmt werden.«[8] Für welche Definition man sich auch entscheidet, Klasse ist so erklärt worden, dass Frauen der Kategorie »Männer/Menschen« subsumiert werden. Männer und Frauen werden als derselben Klasse zugehörig gesehen, ohne klare Unterscheidungen zwischen ihnen. Aber »Klasse« beschreibt nie eine Einheit von Standorten, Beziehungen und Erfahrungen. »Klasse« ist geschlechtsbestimmt, das heißt, sie wird in Begriffen ausgedrückt und institutionalisiert, die *immer unterschiedlich* für Männer und Frauen sind. Bei Männern beschreibt »Klasse« das Verhältnis zu den Produktionsmitteln und die Herrschaft über Naturreichtümer sowie über Frauen und Kinder. Bei Frauen beschreibt »Klasse« das Verhältnis zu den Produktionsmitteln *als vermittelt* durch den Mann, dem sie ihre sexuellen und reproduktiven Dienste zur Verfügung stellen, und/oder durch den Mann, von dem sie in ihrer Ursprungsfamilie abhängig sind. Bei Frauen, die sich ökonomischer Unabhängigkeit erfreuen, beschreibt »Klasse« immer noch nicht nur das Verhältnis zu den Produktionsmitteln, sondern auch die Kontrolle (oder deren Fehlen) über ihre reproduktiven Fähigkeiten und ihre Sexualität.

Der Begriff »Rasse« muss auf ähnliche Weise erweitert und neu definiert werden. Die Definition von »Rasse« als Zeichen des Unterschieds und damit der Minderwertigkeit geht der Entstehung der westlichen Kultur voraus, wie ich gezeigt habe. Von Anfang an wurde »Rasse« als abgrenzender Begriff geschlechtsspezifisch geschaffen, das heißt, er wurde in unterschiedlicher Weise auf Männer und Frauen angewendet. Männer unterdrückter Rassen wurden vor allem als Arbeiter ausgebeutet; Frauen wurden *immer* zweifach ausgebeutet, als Arbeitende, für sexuelle Dienste und als Gebärende. Sobald die herrschenden Eliten die Sklaverei institutionalisiert hatten, gewannen sie die unbezahlte Arbeit versklavter Männer und Frauen, aber sie gewannen auch die sexuellen und reproduktiven Dienste von Sklavinnen als Ware. Das heißt, die Kinder von Sklavinnen wurden tatsächlich zu einer Ware, die man arbeiten lassen, die verkauft oder getauscht werden konnte; die unbelohnten sexuellen Dienste von Sklavinnen für ihren Herrn erhöhten das Ansehen des Herrn unter seinesgleichen, etwa in der Form des Harems; die sexuellen Dienste von Sklavinnen konnten in der Form von Prostitution zur Ware gemacht werden.[9]

Der binäre, auf Geschlechtszugehörigkeit beruhende Gegensatz (männlich/weiblich), der in unserer Kultur und in unseren kulturellen Leistungen wie in unserer Sprache und unserem Denken so fest verwurzelt ist, erschwert es uns, die Komplexität anderer struktureller Beziehungen in der Gesellschaft zu sehen. Wir haben uns Klassifizierungen wie »Klasse« und »Rasse« als vertikale Fächer vorgestellt, in die man die Menschen in der Geschichte einsortiert, aber es ist uns schwer gefallen, die übergreifenden Abgrenzungen der beiden Konzepte begrifflich zu fassen.[10] Nur wenn wir aufhören in Begriffen zu denken, die zwei getrennte, sich vielleicht in manchem überschneidende Unterdrückungssysteme vergleichen, sondern im Sinne eines einzigen Systems mit mehreren, vollkommen integrierten Aspekten, die in ihrer Existenz alle voneinander abhängen, kann eine wahrheitsgetreuere Beziehung sichtbar werden.[11] Wir brauchen dann keine »Prioritäten« der Unterdrückung oder Vorrangstellungen zu diskutieren (ist eine schwarze Frau stärker wegen ihres Geschlechts oder wegen ihrer Rasse unterdrückt?), sondern wir können die Wechselbeziehung beider Aspekte von Unterdrückung und ihre gegenseitige Abhängigkeit aufzeigen. Wenn wir das tun, können wir eine ergiebigere Beschreibung geben, die besser die tatsächlichen Verhältnisse wiedergibt.[12]

Das System männlicher Herrschaft über Ressourcen und Frauen, das wir Patriarchat nennen, beruht darauf, dass es Kategorien von »Abweichenden« oder »Anderen« schafft. Solche Gruppen, zu verschiedenen Zeiten und an verschiedenen Orten unterschiedlich gebildet, werden immer als »unterschieden« von der vorherrschenden Gruppe definiert und als minderwertig verstanden. Diese Annahme der Minderwertigkeit von angeblich »abweichenden« Gruppen ist es, worauf Hierarchie errichtet und wodurch sie erhalten wird. Die Hierarchie wird im Staat und seinen Gesetzen, in militärischen, wirtschaftlichen, erzieherischen und religiösen Institutionen, in der Ideologie und in der hegemonialen Kultur, die von der herrschenden Elite geschaffen wird, institutionalisiert. Das System, das historisch in verschiedenen Formen erschienen ist, etwa als antike Sklaverei, Feudalismus, Kapitalismus, Industrialismus, hängt in seinem Fortbestehen von seiner Fähigkeit ab, die beherrschte Mehrheit in unterschiedliche Gruppen zu spalten und den Prozess, mit dem dies geschieht, in Dunkel zu hüllen. Die Funktion verschiedener Formen von Unterdrückung, die normalerweise als deutlich voneinander getrennt behandelt werden, die aber in Wirklichkeit Aspekte desselben Systems sind, ist es, diese Teilung zu Wege zu bringen, indem verschiedenen Gruppen der Unterdrückten unterschiedliche Vorteile gegenüber anderen Gruppen geboten und sie so gegeneinander ausgespielt werden. Rassismus, Antisemitismus, verschiedene Formen ethnischer Vorurteile, Sexismus, Klassenhass und Homophobie sind alles Mittel zu diesem Zweck. Wenn wir diese verschiedenen Formen, »Abweichung« und »Anderssein« zu schaffen, als Aspekte ein und desselben Herrschaftssystems ansehen, können wir dem Prozess, durch den das System seine Realität konstruiert, die es ständig erhält und bestärkt, sein Geheimnis nehmen.

Ich möchte das an einem konkreten Beispiel erläutern. In den amerikanischen Südstaaten vor dem Sezessionskrieg leiteten weiße Männer der unteren Schichten, deren langfristige wirtschaftliche Interessen denen der Pflanzerschicht im Grunde entgegengesetzt waren, psychologische und gesellschaftliche Vorteile aus dem Rassismus ab. Sie besaßen die Kontrolle über die Sexualität und Fortpflanzung der Frauen ihrer eigenen Klasse und genossen sexuelle Vorrechte gegenüber schwarzen Frauen. Diese Kombination von sexuellen und Statusprivilegien ließ sie mit dem hegemonialen System der Pflanzer zusammenarbeiten, trotz der Tatsache, dass ihnen Bildungsmöglichkeiten vorenthalten wurden, dass sie nur begrenzten Zugang zu politischer Macht hatten und dass sie ihre wirtschaftlichen Interessen denen der Pflanzer unterordnen mussten.[13]

Weißen und schwarzen Frauen aller Schichten wurden im Süden vor dem Sezessionskrieg ebenfalls politische und andere Rechte sowie der Zugang zu Bildung verwehrt. Obwohl beide Gruppen weder über ihre Sexualität noch über ihre Fortpflanzung Kontrolle hatten, waren die Unterschiede zwischen ihnen erheblich. Weiße Frauen schuldeten ungeachtet ihrer Klasse sexuelle und reproduktive Dienste den Männern, mit denen sie verheiratet waren. Schwarze Frauen schuldeten zusätzlich zu der Arbeit, zu der sie gezwungen waren, sexuelle und reproduktive Dienste ihren weißen Herren und den schwarzen Männern, die ihre weißen Herren für sie ausgewählt hatten. Da der weiße »Herr« schwarzer Frauen eben so gut eine weiße Frau sein konnte, ist es klar, dass der Rassismus für schwarze Frauen und Männer der entscheidende Faktor war, der sie in die Gesellschaft einordnete und ihr Leben kontrollierte. Umgekehrt konnten weiße Frauen wirtschaftliche und soziale Nachteile, die sie durch den Sexismus erlitten, mit den rassistischen Vorteilen kompensieren, die sie gegenüber schwarzen Frauen und Männern hatten. In der Praxis bedeutete das, dass weiße Frauen vom Rassismus wirtschaftlich profitierten, insofern sie Sklaven besaßen, so dass sie sich von den Pflichten, Kinder aufzuziehen (und gelegentlich sogar zu gebären), befreien konnten, indem sie erzwungenen Dienste ihrer Sklavinnen nutzten, und dass sie von der Erledigung unbezahlter häuslicher Arbeit befreit waren, indem sie Sklavenarbeit nutzten. Darüber hinaus leiteten weiße Männer und Frauen aller Schichten ein Gefühl von höherem Status aus dem rassistischen System ab, was ihr Bewusstsein entscheidend beeinflusste.

Man kann es auch so ausdrücken, dass die herrschende Elite, die weißen Männer der Oberschicht, von allen Aspekten ihrer Herrschaft profitierten – wirtschaftliches Privileg, Bildungsprivileg, sexuelle und reproduktive Kontrolle und höherer Status. Frauen derselben Schicht profitierten hinreichend vom rassistischen und wirtschaftlichen Privileg, um die Nachteile und die Diskriminierung, die sie aufgrund des Sexismus erfuhren, für sie zu verschleiern. Weiße der unteren Klassen profitierten ausreichend vom Rassismus und (im Fall der Männer) vom Sexismus, so dass sie das System stützten, sogar angesichts offenkundiger ökonomischer und politischer Nachteile. Bei den vom Rassismus, Klassenhass und Sexismus Beherrschten und Unterdrückten wirkten alle Aspekte des Unterdrückungssystems zusammen, um ihre Emanzipation zu erschweren.

Die Tatsache, dass im Fall der Sklaverei vor dem Sezessionskrieg die herrschende Elite die Bedeutung aller Aspekte des Unterdrückungssystems für den Erhalt ihrer Privilegien begriff, zeigt sich in der zunehmenden Schärfe, mit der Gesetze gegen die Schulbildung von Sklaven in jener Zeit durchgesetzt wurden, und im Fortbestand ungleicher Gesetze im Hinblick auf Sexualverbrechen. Von der Mitte des 18. Jahrhunderts an wurden Sexualverbrechen schwarzer Männer gegen weiße Frauen mit dem Tod bestraft, während Sexualverbrechen weißer Männer gegen schwarze Frauen nicht nur nicht als Verbrechen, sondern als Rechte der weißen Männer angesehen wurden. Dass man den afro-amerikanischen Männern nicht nur das sexuelle Vorrecht über Frauen der eigenen Rasse verweigerte, sondern auch ihre Fähigkeit, Frauen ihrer eigenen Familien vor den Übergriffen weißer Männer zu schützen, war ein weiteres Mittel, sie zu entmenschlichen, indem man sie als »anders« definierte und zwang, Selbstdefinitionen ihres niedrigeren Status zu akzeptieren.[14] Dem Rassismus gelang es nie, die schwarzen Männer tatsächlich soweit zu bringen, solche Selbstdefinitionen zu verinnerlichen; doch die herrschenden Weißen gaben den Versuch nie auf, diese den Sklaven und später den Freigelassenen aufzudrängen.

Dass die schwarzen Männer sich der beabsichtigten Wirkung dieser Strategie durchaus bewusst waren, kann man in der Zeit der »Rekonstruktion« nach dem Sezessionskrieg sehen, als sie zum ersten Mal das männliche Privileg über ihre Frauen als Symbol ihrer »Männlichkeit« beanspruchten. Schwarze Frauen sollten häusliche Arbeiten und Ammendienste nur für die eigenen Familien leisten (ein Ziel, das viele schwarze Frauen verständlicherweise unterstützten); schwarze Männer sollten die Ernährer sein; schwarze Männer sollten ihre Frauen vor Vergewaltigungen durch Weiße schützen.[15] Eines der Merkmale des Scheiterns der Rekonstruktion und für das Fortbestehen des rassistischen Systems war gerade, dass diese Ziele im 19. Jahrhundert im Süden nicht zu verwirklichen waren.

Die Bedeutung des Sexismus als Mittel zur Durchsetzung des Rassismus kann man auch nicht aus der Art ersehen, wie eine rassistische Doppelmoral in der Zeit nach dem Sezessionskrieg angewendet wurde, um trotz des Endes der Sklaverei Freigelassene und später alle Schwarzen im Süden in untergeordnetem Rang zu halten. Der Anstieg der Gewalt gegen schwarze Männer und die starke Zunahme der Lynchmorde, immer als »Verteidigung der weißen Frau« entschuldigt, dienten dazu, die freie schwarze Gemeinschaft in der Zeit nach der Rekonstruktion und dann wieder um die Jahrhundertwende, als die Schwarzen im Süden praktisch entrechtet wurden, einzuschüchtern. Es waren afroamerikanische Frauen in ihren Klubs und besonders Ida B. Wells, die als erste das Wirken dieser rassistisch-sexistischen Doppelmoral aufdeckten und die Verlogenheit der Beschuldigung bloß stellten, weiße Frauen brauchten Schutz vor schwarzen Männern.[16] Ähnlich ist die Geschichte der amerikanischen Gewerkschaftsbewegung voll von Beweisen für die Art und Weise, in der Arbeitgeber ethnische und rassische Unterschiede unter ihren Arbeitskräften ausbeuten konnten, um die gewerkschaftliche Organisation hinauszuzögern oder ganz zu verhindern, manchmal über Jahrzehnte hinweg. Rassisch oder ethnisch definierte Standesprivilegien veranlassten oftmals weiße Arbeiter, gegen ihre besten wirtschaftlichen Eigeninteressen zu handeln, wie es die Weißen der unteren Schichten im Süden vor dem Sezessionskrieg taten.[17]

Die Wechselbeziehung von Unterscheidungen, die auf Rasse, Klasse, Ethnizität und Geschlecht beruhen, kann in der heutigen Industriegesellschaft nicht so klar aufgezeigt werden wie in der Gesellschaft der Südstaaten vor dem Krieg. Geschlechterbeziehungen haben einen beachtlichen Wandel erfahren, und manche der offenkundigeren männlichen sexuellen Privilegien haben sich unter dem Eindruck des politischen Kampfes von Frauen und ökonomischer Veränderungen gewandelt. Männer haben keine Besitzrechte mehr an Frauen und Kindern; Frauen haben, zumindest formal, gleichen Zugang zu Bildung und einen Rechtsanspruch auf Gleichheit der politischen Repräsentation, auch wenn sie davon in der Praxis eigentlich nicht viel haben. Sehr viele Frauen, arme Frauen ausgenommen, haben jetzt direkten, das heißt nicht durch einen Mann vermittelten Zugang zu ökonomischen Mitteln, obgleich das nicht für verheiratete Frauen gilt, die ganztätig Hausfrauen sind. Die Kontrolle der reproduktiven Ressourcen von Frauen wird nicht mehr von einzelnen Männern ausgeübt, sondern statt dessen von männlich dominierten Institutionen wie Gerichten, Staat, Kirchen und dem ärztlichen Establishment.

Gleichwohl kontrollieren heute in den USA weiße Männer der Elitegruppen weiterhin die größeren Firmen, das juristische und politische Establishment, die Nachrichtenmedien, das akademische Establishment (trotz einiger Gewinne von Frauen), die Gewerkschaftsbewegung, die Kirchen. Die wirtschaftliche Abhängigkeit von Frauen (und mit ihr die grundlegende Ungleichheit im Zugang zu Ressourcen und in deren Kontrolle) dauert an. Sie wird gesichert durch die Definition der Heterosexualität als Norm, durch geschlechtsspezifische Indoktrination, durch das anhaltende Vorhandensein von unbezahlter Hausarbeit von Frauen und unbezahltem Aufziehen von Kindern, durch geschlechtsspezifische Lohndiskriminierung gegen Frauen und ihre Konzentration in Niedriglohngruppen, in befristeten Stellen oder in Dienstleistungsberufen ohne Aufstiegsmöglichkeit. Herrschaft und Vorrecht der Männer werden außerdem dadurch ausgedrückt, dass man Berufstätigkeit so definiert, dass sie in das männliche Modell passt, und dass Frauen die zu ihren Lebenszyklen passenden Muster einer beruflichen Laufbahn vorenthalten werden. Sie zeigen sich auch in sexueller Belästigung am Arbeitsplatz als Mittel, Frauen von den besseren Stellen fernzuhalten. Die männliche Kontrolle der Sexualität von Frauen und der physischen Reproduktion wird jetzt ausgeübt durch die Politisierung von Fragen der freien Entscheidung über das Austragen von Schwangerschaften, das anhaltende Wachstum von pornographischen Produkten, der Sexindustrie sowie der Prostitution, die vorwiegend, wie seit Jahrtausenden, eine Beschäftigung von Frauen der unteren Schicht ist. Das ständig zunehmende Phänomen von Gewalt gegen Frauen und Kinder ist eine weitere verzerrte und pervertierte Form männlicher Herrschaft.

Alle Weißen haben greifbare Vorteile vom Rassismus, doch solche Vorteile schwanken nach Klasse und Geschlecht, so dass Männer der Oberschicht mehr vom Rassismus profitieren als Menschen beider Geschlechter aus den unteren Schichten sowie als Frauen der Oberschicht. Indem der Rassismus Menschen voneinander trennt, trägt er dazu bei, Bündnisse zwischen Menschen der unteren Schichten, die das System wirksam in Frage stellen zu könnten, zu verhindern. Der Rassismus gibt den Weißen der unteren Schichten die Illusion von Überlegenheit, was sie davon überzeugt, die herrschenden Eliten zu unterstützen, häufig gegen ihre eigentlichen wirtschaftlichen Interessen.

Die Vorteile von Frauen aus der Ober- und Mittelschicht durch das Rassen- und Klassensystem sind so greifbar, dass es ihnen leicht fällt, die Aspekte der Unterdrückung, selbst ihrer eigenen, zu übersehen und sich über sie hinwegzusetzen. Die Gewinne, die Frauen in einem Jahrhundert des Kampfes gemacht haben, haben den Frauen der Oberschicht überproportional genutzt. Diese Gruppe hat die Kontrolle über den eigenen Besitz; sie erntet die ökonomischen Gewinne des Rassismus und des Klassenhasses und teilt sie mit den Männern der Oberschicht. Frauen dieser Gruppe haben Anteil, wenn auch auf einer niedrigeren Stufe, an den Vorteilen von Bildung und den Möglichkeiten einer beruflichen Laufbahn. Klassen- und Rassenprivilegien erlauben solchen Frauen, ihre Dienste im Haus und das Aufziehen der Kinder zu erfüllen, indem sie eine andere Frau an ihre Stelle setzen. Ihre wirtschaftliche Unabhängigkeit erlaubt es ihnen, sexuelle Beziehungen in ihrem eigenen Interesse zu definieren und Scheidungen ohne großen wirtschaftlichen Verlust zu erlangen. Kurz, es ist ihr Klassenprivileg, das ihnen hilft, alle Nachteile, die sich aus ihrem untergeordneten Rang als Frau ergeben, zu kompensieren.

Die wirtschaftlich weniger privilegierten Frauen sind verletzlicher, da sie sich in einer schlechteren Verhandlungsposition befinden. Für viele Frauen der Mittel- und Unterschicht bedeutet der Gewinn einer gewissen wirtschaftlichen Unabhängigkeit durch bezahlte Arbeit, dass sie die Last eines doppelten Arbeitstages auf sich nehmen. Solche Frauen sind normalerweise nicht in der Lage, sich und ihre Kinder im Fall einer Scheidung zu ernähren, was bedeutet, dass sie keine besseren Bedingungen in der Ehe aushandeln oder andere Entscheidungen treffen können. Das sind die vielen Frauen, von denen man sagen kann, dass sie »einen Mann weit von der Armut entfernt« sind. Das ist auch diejenige Gruppe von weißen Frauen, die sich am stärksten gegen den Feminismus stellt, weil ihre Sicherheit und wirtschaftlichen Möglichkeiten ausschließlich auf dem Erhalt ihrer Ehen und dem guten Willen der Männer, mit denen sie verbunden sind, zu beruhen scheinen. Solche Frauen haben eine direkte ökonomische Investition im Erhalt ihrer »Ehrbarkeit« gegenüber Menschen anderer Rassen oder Ethnien oder gegenüber den höchst gefährlichen »anderen« – nichtehrbaren Frauen. Schwarze Frauen dieser wirtschaftlichen Gruppe erwarten nicht unbedingt von schwarzen Männern, sie und ihre Kinder zu unterstützen; deshalb ist ihre Einstellung zu einem Feminismus ihrer eigenen Definition positiver als die der weißen Frauen der gleichen ökonomischen Klasse.[18]

In der modernen Industriegesellschaft besteht die Mehrheit der Armen aus Frauen und Kindern. Die »Feminisierung der Armut« ist der moderne Ausdruck des facettenreichen Systems der patriarchalischen Herrschaft. Frauen werden arm, weil sie von Männern verlassen werden, weil sie als Angehörige einer unteren Schicht oder einer nichtweißen Rasse unterdrückt werden, weil sie Angehörige einer »abweichenden« Gruppe sind (Lesbierinnen, Drogenabhängige, Behinderte, »unmoralische« ledige Mütter) oder weil sie alt sind. Die moderne Gesellschaft hat neue Adaptionen für die alten Definitionen des »Andersseins« geschaffen, aber die Funktion, »Anderssein« als Abweichung zu definieren, hat sich nicht geändert. Das trägt dazu bei, den Status der herrschenden Männer zu heben, wenn sie sich im Gegensatz zu verachteten Gruppen definieren; dieses gesteigerte Statusbewusstsein sichert die Mitarbeit von Angehörigen der Mittel- und Unterschichten in dem System, das ihnen Gleichheit und Gerechtigkeit vorenthält.

HistorikerInnen, die die Wechselwirkungen der verschiedenen Aspekte des Systems patriarchalischer Herrschaft verstehen, haben einen besseren Ausgangspunkt, die Geschichte von Frauen zu interpretieren, als diejenigen, die weiterhin Klassen-, Rassen- und Geschlechterdominanz als getrennte, wenn auch ineinandergreifende und sich überlagernde Systeme betrachten. Die intellektuelle Konstruktion getrennter Systeme macht die Unterordnung von Frauen zwangsläufig zu einem nebensächlichen Problem.

Unterdrückungsmechanismen aufgrund von Rassen-, Klassen- und Geschlechtszugehörigkeit sind nicht zu trennen; sie konstruieren, verstärken und stützen einander. Die Form, die »Klasse« historisch betrachtet zuerst annahm, beruhte auf Geschlecht und Klasse. Die Form, die der Staat zuerst annahm, war patriarchalisch. Das sind die Ausgangspunkte für eine neue Begriffsbestimmung.

Vor allem müssen HistorikerInnen und LehrerInnen bewusst versuchen, aus den vertikalen Fächern des patriarchalischen Denkens herauszutreten. Wir werden weder zu einer integrierten Geschichte gelangen, indem wir additiv vorgehen, noch indem wir eine Geschichte aus »oben und unten«, »privat und öffentlich«, »Produktion und Reproduktion« konstruieren. Wir werden die Methoden überdenken müssen, wie wir den Stoff organisieren, den wir unterrichten, um »Unterschieden« gerecht zu werden, indem wir sie in den Mittelpunkt unseres Denkens stellen. Was heißt das nun konkret?

Es bedeutet in erster Linie, wie ich mit meinem Beispiel der Geschichte vor dem Sezessionskrieg gezeigt habe, dass wir unsere Verallgemeinerungen ständig variieren sollten, indem wir ein auf Interaktion beruhendes Modell schaffen, das die Art und Weise berücksichtigt, in der Faktoren von Rasse, Klasse, Ethnizität und Geschlecht in Hinblick auf die Männer und Frauen der zu untersuchenden Gruppen ausgedrückt werden. Es bedeutet auch, dass wir neue Strategien anwenden müssen, um den Inhalt unseres Unterrichts so zu organisieren, dass diese Fragen sichtbar werden.

Wenn wir die Geschichte der USA mit einem traditionellen Lehrbuch unterrichten, werden im Text kaum Frauen vorkommen. Falls wir dann einfach Frauen »hinzufügen«, haben wir diesen historischen Abriss verbessert, aber nicht sehr stark. Die Frauen, die wir hinzugefügt haben, werden entweder den Männern, über die wir sprechen, sehr ähnlich sein, oder sie werden im Vergleich zu den Männern zweitrangig aussehen. Um Frauen in unserem begrifflichen Rahmen ins Zentrum zu rücken, müssen wir voraussetzen, dass das, was sie tun und denken, genauso wichtig ist wie das, was Männer tun und denken. Wenn wir dies voraussetzen, werden wir uns bei jeder Unterrichtseinheit fragen: Was taten die Frauen, während die Männer dasjenige taten, was wir unterrichten? Und wenn wir einen analytischen Schritt weiter gehen: Wie interpretierten die Frauen das, was sie taten? Das verändert unmittelbar die ganze Unterrichtseinheit: Wir sprechen dann nicht mehr von einer Welt, die von männlichen Akteuren bevölkert und nach männlichen Maßstäben beurteilt wird, sondern wir sprechen von einer Welt, die von männlichen und weiblichen AkteurInnen bevölkert und nach männlichen und weiblichen Maßstäben beurteilt wird.

Sehen wir nun, was geschieht, wenn wir den »Unterschied« in den Mittelpunkt unserer Analyse stellen. Wir können natürlich additiv vorgehen, und ich vermute, dass die Menschen, die der Vielfalt ethnischer und rassischer Erfahrungen gerecht werden wollen, heute in dieser Weise unterrichten: So war es für die Ureinwohner Amerikas und so für die Afroamerikaner – die alte Salatschüsselmethode. Aber wie wäre es, wenn wir die Geschichte der Besiedlung nicht von dem Augenblick an erzählten, als Columbus »Amerika entdeckte« – eine Aussage und Gliederung, die sofort vermittelt, dass alles, was auf amerikanischem Boden vor dieser Zeit geschah, unwichtig war und dass die Ankunft dieser besonderen Gruppe von Spaniern größere Bedeutung hat als frühere Ankünfte oder als Leben und Tätigkeiten der Indianer? Wir könnten statt dessen mit den frühesten Zeugnissen der Indianer auf diesem Kontinent beginnen, mit der Art, wie sie lebten und dachten und handelten, mit ihrer gesellschaftlichen Organisation – die in vielen Fällen nicht patriarchalisch war –, mit ihren Religionen, ihren wirtschaftlichen Verhältnissen, ihren Werten. Wir könnten dann der Reihe nach über die verschiedenen Gruppen von Eindringlingen sprechen, und wir würden den Studierenden eine völlig andere Perspektive der Bedeutung der Ankunft der kleinen spanischen Flotte vermitteln, die diese Entdeckung nur aufgrund eines Navigationsfehlers machte. Mit einer solchen Methode – die übrigens in einigen Texten bereits existiert – könnten wir dann über die verschiedenen entscheidenden Ereignisse in der Geschichte der USA mit einer ebenso unparteiischen Sicht berichten.[19] Wir möchten nicht nur verschiedene Standpunkte vorstellen – wobei wir in jedem Fall möglichst viel Gebrauch von Primärquellen über die relevanten Gruppen machen wollen –, sondern wir möchten auch genau die Machtverhältnisse darstellen, die zwischen den verschiedenen, am selben Ort und zur selben Zeit interagierenden Gruppen bestanden. Einige Lehrer und Lehrerinnen haben bereits damit experimentiert, Kurse über die Geschichte von Frauen so zu gliedern, dass sie bei den eingeborenen amerikanischen Frauen anfangen und dann nicht, wie es die traditionelle Geschichtsschreibung tut, von Osten nach Westen fortschreiten, sondern von Westen nach Osten. Da die Besiedlung des Westens tatsächlich der Entwicklung der englischen Siedlung im Osten vorausgeht, hat dieses Verfahren deutliche Vorteile. Es baut auch eine vergleichende Methode in die eigentliche Struktur des Kurses ein.

Jede neue Begriffsbestimmung muss mit einem neuen begrifflichen Rahmen beginnen. Wir müssen unser Ziel fest im Sinn haben und unsere Aufgaben anpacken, indem wir neue analytische Fragen finden. Wenn wir das tun, wird die Integration neuer Materialien nicht bedeuten müssen, dass wir etwas anderes Wichtiges auslassen. Eher wird die Frage auftauchen: Warum ist dieses wichtig und jenes nicht? Es ist keine leichte Aufgabe, und sie wird unseren kollektiven Begabungen und Energien das Beste abverlangen. Aber es ist von jedem Standpunkt aus betrachtet ein lohnendes Unternehmen. Wir streben an, eine ganzheitliche Geschichte zu schaffen, in der Männer und Frauen in den verschiedenen Aspekten ihres Lebens in unterschiedlicher Weise interagieren, und dabei auf die Unterschiede zwischen ihnen einzugehen. Der vielschichtige Reichtum einer solchen Rekonstruktion der Vergangenheit hängt von unserer Fähigkeit ab, den Unterschied zu erfassen, viele Sprechweisen zu vernehmen und eher gegenseitige Abhängigkeiten als Trennendes zu sehen. Indem wir von weiblicher Sprache und weiblichen Wahrnehmungsweisen lernen, müssen wir die Bezüge sehen und uns des eigenen Betroffenseins bewusst bleiben, auch während wir die männliche Methode zu kategorisieren, zu ordnen und zu analysieren, benutzen. Der entscheidende Punkt ist, dass die beiden Methoden immer nebeneinander existiert und sich ergänzt haben. Wir müssen unser Handwerk dieser Realität anpassen, indem wir uns ihrer bewusst werden und sie akzeptieren.

Aus dem Amerikanischen von Wolfdietrich Müller

11

Das Paradigma überdenken[*]

I. Klasse

II. Rasse

*I*n den letzten zehn Jahren hat das neue und noch immer umstrittene Forschungsgebiet der Frauengeschichte einen enormen
Beitrag zur Veränderung des Denkens und zur Umgestaltung der
Lehrpläne im Fach Geschichte geleistet, denn die Frauengeschichte hat das Thema Macht und »Unterschiede« zwischen
Frauen in den Mittelpunkt einer umfangreichen Debatte gerückt. Weil diese Diskussion interdisziplinär und überwiegend
in der Form von wissenschaftlichen Veröffentlichungen in Fach-
zeitschriften geführt worden ist, hat man ihre weitreichende
Bedeutung nicht immer erkannt. Unter dem Blickwinkel einer
Einzelwissenschaft hat der Eindruck entstehen können, die Diskussion sei zusammenhanglos, in vieler Hinsicht widersprüch-
lich und auf Einzelheiten fixiert. Tatsächlich aber ist die Ausein-

[*] Dieser Essay wurde zuerst in einer sehr viel einfacheren Fassung bei dem
Treffen der American Historical Association im Dezember 1985 vorgetra-
gen. Ich habe ihn danach mehrfach umgeschrieben und einzelne Versionen
verschiedenen Gruppen von Zuhörenden präsentiert. Die letzte Fassung hat
sehr gewonnen durch die kritischen Kommentare von Alice Kessler-Harris,
Ann Lane, Kenneth Lockridge, Elizabeth Minnich, Peggy Pascoe, Ruth Ro-
sen und sechzehn Mitgliedern der Stanford Women's History/Women Historians Group, die der Diskussion über den Abschnitt »Klasse« eine Tagung
widmete. Dem Abschnitt »Rasse« ist die Hilfe von Bonnie Johnson, Jan
Simpson, Steven Feierman, Nellie McKay zugute gekommen. Allen diesen
KommentatorInnen bin ich sehr zu Dank verpflichtet.

andersetzung über »Unterschiede« die bisher größte Herausforderung des traditionellen Denkens und der herkömmlichen Organisation der Wissenschaften. Während man sich mit neuen Definitionen und ganzheitlichem Denken jahrhundertealten Problemen zuwendet, entsteht, noch vorläufig und zögernd definiert, ein neues Weltbild.

Das in den westlichen Gesellschaften seit fast viertausend Jahren vorherrschende Denken ist Ausdruck der patriarchalen Gesellschaftsordnung und dient zugleich zu deren Absicherung. Das Patriarchat ist eine hierarchische, militaristische Organisation der Gesellschaft, in der die Verteilung von materiellen Ressourcen, Eigentum, Status und Privilegien je nach der kulturell definierten Geschlechtsrolle der Menschen erfolgt. Die Formen des patriarchalen Systems haben sich im Lauf der Zeit sehr verändert und unterscheiden sich von Land zu Land. Doch im Wesentlichen stimmen sie überein: Einige Männer kontrollieren das Eigentum und herrschen über andere Männer und die meisten Frauen; Männer oder von Männern dominierte Institutionen kontrollieren die Sexualität und Fruchtbarkeit der Frauen; die meisten der Macht ausübenden Institutionen der Gesellschaft werden von Männern beherrscht. Das Fortbestehen dieses Systems wurde beispielhaft deutlich bei der UN-Bevölkerungskonferenz 1994 in Kairo. Diejenigen, die beim Thema ›reproduktive Gesundheit der Frauen‹ die Kompetenz und Entscheidungsbefugnisse für sich beanspruchten, waren nicht Frauen, sondern meist männliche Regierungsvertreter – so die zölibatären Diener des Vatikans und islamische Fundamentalisten. Die wichtigste Voraussetzung des Patriarchats, das Recht der Männer, die Gebärfähigkeit der Frauen zu kontrollieren, war von ebenso großer Bedeutung wie die Gesundheit der Frauen und das Wohlergehen der Kinder.

Das Patriarchat als Herrschaftssystem beruht auf der »Erfindung«, dass sich beliebige Unterschiede zwischen Menschen nutzen lassen, um Kategorien zu konstruieren, mit denen die ungleiche Verteilung von Ressourcen und die Macht kleiner Eliten über große und vielfältig gegliederte Massen von Menschen gerechtfertigt, erklärt und für die Ausgebeuteten hinnehmbar gemacht werden. Kurz: »Differenz« kann dazu dienen, Macht entstehen zu lassen und aufrechtzuerhalten. Die dazu herangezogenen Unterschiede können sich auf Merkmale von Rasse, Klasse, sexuellem Geschlecht, physischem Erscheinungsbild in beliebig ausgewählten Varianten beziehen.

Die Diskussion über »Unterschiede« war lange eingeschränkt durch die allgemein anerkannte Voraussetzung, dass es solche Unterschiede tatsächlich gibt und sie von wesentlicher Bedeutung sind, dass sie besondere Identitäten kennzeichnen und dass die einzelnen Kategorien der »Differenz« – Geschlecht, Rasse, Ethnizität und Klasse – ohne weiteres miteinander vergleichbar sind. Mit anderen Worten: Bis heute verharrt die Debatte innerhalb der Grenzen des binären Denkens. Man hält die Kategorien als solche für angemessen und diskutiert nur über ihren Stellenwert. Es geht darum, so wird behauptet, den dominanten männlichen Weißen aus dem Mittelpunkt zu rücken und bisher Marginalisierte – Frauen, Kolonialisierte, Farbige, Angehörige verschiedener Ethnien usw. – mit ins Zentrum hineinzunehmen.[1] Das ist zwar ein auf Veränderung gerichtetes Denken und eine zutreffende Kritik an patriarchalen Vorstellungen, aber ich halte diesen Denkansatz für unzureichend. Wir müssen die Kategorien selbst in Frage stellen und zu einem differenzierteren Verständnis der Beziehung der Kategorien zueinander gelangen.

Ich bin der grundsätzlichen Auffassung, dass diese Kategorien *willkürlich* festgelegt worden sind, und zwar so, dass ihre inhaltlichen Überschneidungen die tatsächlichen Wechselbeziehungen zwischen ihnen verdecken.

Es ist schon lange offensichtlich, dass man Frauen nicht unter einer einzigen Kategorie oder einem Begriff zutreffend fassen kann und dass sie sich je nach dem, welcher Klasse, Rasse, Ethnie, Religion sie angehören und wo sie leben, voneinander unterscheiden. Doch die exakte Beziehung zwischen diesen »Aspekten« oder Kategorien war nicht klar. Bezeichnen sie getrennte Strukturen sozialer Organisation? Wenn das so ist, sind dann manche Zuordnungen wesentlicher als andere? Ist etwa Klasse wichtiger als Rasse? Ist das Geschlecht eines Menschen von größerer Bedeutung als seine Klassenzugehörigkeit? Wenn es sich nicht um getrennte Strukturen, sondern »Aspekte« der hierarchischen Ordnung handelt, in welchem Verhältnis stehen dann die einzelnen Aspekte zueinander?

In der Frauengeschichte waren andere Fragen in Bezug auf Klasse und Rasse lange verwirrend und nur schwer zu beantworten. Wenn Frauen und Männer zur gleichen Klasse gehören, warum sind dann innerhalb der Klasse die Interessen der Frauen immer nachrangig gegenüber denen der Männer? Wenn Unterschichten den sozialen Aufstieg schaffen und Frauen an dieser »Revolution« aktiv teilnehmen, woran liegt es dann, dass mit der Konsolidierung der Macht der Revolutionäre die Interessen der Frauen erst zurückgedrängt und dann ganz außer Acht gelassen werden? Wenn Rasse den wesentlichen Unterschied ausmacht, warum unterdrücken dann Männer aus der Unterschicht oder Männer unterdrückter rassischer oder ethnischer Minderheiten die Frauen ihrer eigenen Gruppe und wodurch genau sind sie so unterdrückerisch? Wenn Schwesterlichkeit tatsächlich möglich ist, wie kann sie sich zwischen Frauen verschiedener Klassen und Rassen entwickeln?

So wollen wir nun das »Schema« des Zusammenhangs – Geschlecht, Rasse, Ethnizität, Klasse – näher betrachten und sehen, ob es als Mittel der Analyse etwas taugt oder nicht. Ich persönlich halte nichts von diesem Schema, weil es die Tendenz, Menschen in nebeneinander angeordnete Kästen mit der Bezeichnung »Geschlecht«, »Klasse« usw. zu sortieren, verstärkt, als könnte so das Netz der Wechselbeziehungen durchschaubar gemacht werden. Die Kategorien sind trotz ihrer engen Verknüpfung nicht von gleichrangiger Bedeutung. Würde ich empfehlen, vor irgendeiner verallgemeinernden Aussage über Frauen deren Gewicht, Familiengeschichte und Musikgeschmack zu berücksichtigen, so wäre dem Lesepublikum sofort klar, dass die genannten Kategorien nichts miteinander zu tun haben. Das Gewicht ist ein körperliches Merkmal, die Familiengeschichte ist eine beliebig ausgewählte Besonderheit des persönlichen Hintergrunds und der Musikgeschmack eine ebenso willkürlich festgelegte Kategorie zur Beschreibung der Vorlieben einer Person. Mit den Kategorien unseres »Schemas« verhält es sich kaum anders.

Jede dieser Kategorien bezeichnet einen wahrnehmbaren Unterschied gegenüber einer imaginären Norm. In jeder dieser Kategorien steckt zudem ein wirkungsmächtiges Gedankengebäude auf der Grundlage dieses Unterschieds. Dieser Bedeutungsgehalt wiederum kann positiv oder negativ bewertet werden, je nach dem, wer ihn definiert. Wir wollen nun sehen, wie das funktioniert.

Geschlecht (das physiologisch-sexuelle, nicht das kulturspezifisch definierte) ist eine angeborene körperliche Eigenschaft. Das sexuelle Geschlecht – die körperlichen Unterschiede zwischen Männern und Frauen – ist eine biologische Gegebenheit, auf deren Grundlage Kultur und Machtausübung ausgeprägte Geisteskonstrukte entwickelt haben. Im Falle des sexuellen Geschlechts sind dies folgende: die Definition von Sexualität; die Definition von Rollen und Verhaltensweisen, die für jedes der beiden Geschlechter als angemessen gelten sollen. Dieses Konstrukt wird als »*gender*« bezeichnet. Joan Scott hat es so beschrieben: »Gender ist die soziale Organisation des sexuellen Unterschieds [...] das Wissen, das den körperlichen Unterschieden bestimmte Bedeutungen verleiht.«[2] Der Begriff ›*gender*‹ (im folgenden soziokulturelles Geschlecht, d. Übers.) veranlasst uns, zwischen den tatsächlich gegebenen Geschlechtsunterschieden und der Ideologie oder den geistigen Konstrukten, die auf ihnen aufgebaut sind, zu unterscheiden.[3]

Klasse ist ein Begriff, der die Menschen danach unterscheidet, welchen Zugang sie zu den gesellschaftlichen Produktionsmitteln und zur Macht haben. Wie Rasse ist auch Klasse ein gesellschaftliches Konstrukt, aber anders als der Rassenbegriff bezieht sich der Klassenbegriff auf tatsächliche Unterschiede. Die Ursachen des Wohlstands, der einen Reichen von einem Armen unterscheidet, sind greifbar. Sie mögen kulturell vermittelt und unterschiedlich definiert sein, aber sie sind zweifellos real vorhanden und quantifizierbar.

Rasse ist ein gesellschaftlich konstruierter Begriff, der sich auf erkennbare, kulturell bedingte und festgelegte Unterschiede zwischen Menschen stützt. Darauf gehe ich im zweiten Teil dieses Essays genauer ein. Beim schlichten Vergleich können wir eine gewisse Ähnlichkeit mit dem Begriff des sexuellen Geschlechts erkennen, nur dass wir nicht über zwei Worte verfügen, um tatsächliche Unterschiede von den kulturellen Festlegungen zu unterscheiden. Die Hautfarbe, die eine schwarze Frau von einer weißen Frau unterscheidet, lässt sich zwar mit dem bloßen Auge erkennen, sie erlangt Bedeutung aber erst in einem System, in dem Verschiedenartigkeit dazu dient, Dominanz zu rechtfertigen. Sonst wäre der wahrgenommene Unterschied nicht wichtiger als die Farbe der Augen oder der Haare. Es wäre sicher sinnvoll, hinsichtlich der verschiedenen Charakteristika und der »Rasse« (in Anführungszeichen, um die kulturelle Konstruktion des Begriffsinhalts zu verdeutlichen) zu unterscheiden, wie wir das auch bei sexuellem und soziokulturellem Geschlecht tun.

Ethnizität andererseits wird nicht in Bezug auf körperliche Merkmale definiert. Es handelt sich um eine Zuordnung nach kulturellen, historischen Besonderheiten. Die Kategorien, nach denen Menschen in »Ethnien« eingeteilt werden, sind ganz offensichtlich ungenau und willkürlich festgelegt. Hat eine Frau mit einem irischen Vater und einer deutsch-französischen Mutter als irisch-deutsch-französisch zu gelten? Irisch-deutsch mit einigen französischen Beigaben? Was ist eine Lateinamerikanerin? Wen kann man als ›Hispanic‹ bezeichnen? Geht es um sprachliche Zuordnungen, um kulturelle Übereinstimmungen, um gemeinsame Geschichte? Sind spanisch sprechende Amerikaner mexikanischer Herkunft Latinos oder Hispanics, oder gibt es andere Klassifizierungen? Die Kategorien der ethnischen Zuordnung ändern sich in den USA je nach Innenpolitik und Ordnungsschema des US-Bundesamtes für Volkszählung, aber das heißt nicht, dass sie genau sind. Im Gegenteil. Wenn wir Essgewohnheiten oder Schlaflieder als Kriterien der ethnischen Zugehörigkeit verwendeten, könnten wir vielleicht den Tatsachen sogar näher kommen. Mit welchen Schlafliedern ist eine Frau aufgewachsen? Mit welchen Liedern singt sie ihre Kinder in den Schlaf? Welche Art von Speisen kocht und isst sie? Ethnizität als Mittel der Einordnung von Menschen ist offenbar beliebig und ohne Trennschärfe, was selbst vom Amt für Volkszählung der US-Bundesregierung erkannt worden ist und zu dem Bemühen um neue Kategorien geführt hat. In der Volkszählung von 1980 wurde jeder und jede Befragte aufgefordert, eine eindeutige Rassenzugehörigkeit anzugeben, eine Kategorie »gemischtrassisch« gab es nicht. Deshalb sahen sich zwei Drittel der EinwohnerInnen Hawaiis gezwungen, die Rassenkategorie »andere« anzukreuzen. 1990 verlangte die Volkszählung bei den die Rassenzugehörigkeit und die »Hispanics« betreffenden Fragen Entweder-oder-Antworten, erlaubte es aber, bei Fragen nach der »ethnischen Herkunft« unterschiedliche Abstammungslinien anzugeben. Organisationen, denen Menschen mehrerer Rassen angehören, haben nachdrücklich gefordert, alle Zuordnungen nach »Rassenmerkmalen« in den Volkszählungen aufzugeben und statt dessen nach der ethnischen Zugehörigkeit zu fragen.[4]

Wenn wir davon ausgehen, dass Menschen selbst entscheiden sollen, welcher Kategorie sie zuzuordnen sind oder wie sie bezeichnet werden, was genau geschieht dann bei der Aufforderung, sich dementsprechend zu kennzeichnen? Im Fall der Ethnizität und ebenso hinsichtlich des physiologisch-sexuellen Geschlechts ist ein Mensch, der sich einmal zur Einordnung unter ein derartiges Etikett entschlossen hat, auch von den gedanklichen Zuschreibungen betroffen, die unter diesem Begriff vorgenommen worden sind. Im 19. Jahrhundert in den Vereinigten Staaten mit dem Etikett »Ire« versehen zu werden bedeutete zugleich, ein Außenseiter, ein Mitglied der Unterschicht, nicht erwünscht zu sein. Im 20. Jahrhundert ist die Kennzeichnung als Ire nicht mehr mit diesen Konnotationen verbunden.

Von postmoderner und dekonstruktivistischer Theorie beeinflusst, haben einige zeitgenössische WissenschaftlerInnen die interessante These entwickelt, »Ethnizität« sei eine moderne, konstruierte Identität. Sie sprechen von der »Erfindung der Ethnizität«. Auf die Überschneidungen der Begriffe von Ethnizität und Nationalität sowie auf die historischen Wurzeln beider Begriffe hinweisend, argumentieren diese WissenschaftlerInnen, ethnische Zugehörigkeit werde in jeder Generation neu erfunden und interpretiert.[5] Nach der Amerikanischen und der Französischen Revolution, die eine feudal-aristokratische Gesellschaftsordnung zerstörten, mussten die neuen *National*staaten dadurch ihre Macht festigen und einen Zusammenhalt der auf Staatsbürgerschaft gegründeten Gemeinschaft gewährleisten, dass sie sich auf ethnische oder rassische Homogenität beriefen. Das Erschaffen von nationalen, ethnisch bestimmten Literaturen, das Historisieren von erfundenen Volksbräuchen, das Feiern von »Volks«-Festen, die Förderung traditioneller Trachten und Kleidung (oft höchst unauthentisch), das alles schuf Symbole zur Verstärkung der neuen ethnischen Zuordnungen. Ähnlich verhielt es sich im 19. Jahrhundert in den USA, als verschiedene Einwanderergruppen um wirtschaftliche und politische Macht kämpften und dabei ihre Ansprüche unter Nutzung ethnischer Symbole durchzusetzen und zu verankern suchten.[6] Diese postmoderne Auffassung ist vielversprechend, denn sie lässt die Spannung zwischen der tatsächlichen historischen Erfahrung und den sozialen Konstruktionen erkennen, die im Falle von sexuellem und soziokulturellem Geschlecht sprachlich offengelegt, in bezug auf Klasse, Ethnizität und Rasse aber verdeckt ist.

Ich will in diesem Beitrag das Grundschema »Geschlecht – Rasse – Ethnizität – Klasse« auflösen und die Beziehungen zwischen den verschiedenen Aspekten von Dominanz auf eine ganzheitlich-funktionsbezogene Weise neu definieren. Zunächst richte ich meinen Blick auf den Begriff der Klasse und darauf, wie Klassen in einem historischen Prozess entstanden und dann aufrecht erhalten worden sind, und zeige, dass die soziokulturell bestimmten Beziehungen zwischen den Geschlechtern immer Teil dieser Entwicklung gewesen sind. Bei der Betrachtung des Verhältnisses der Geschlechter zueinander – homogame Ehen, geschlechtsspezifische Erbfolge und Erbrechte, ungleiche Verpflichtungen der Familien gegenüber Töchtern und Söhnen – entferne ich mich von den traditionellen Klassenbegriffen bei Marx und Weber und definiere »Klasse« als einen langwierigen Prozess, in dem hierarchische und ausbeuterische Beziehungen in einem patriarchalen System entstehen und aufrechterhalten werden.

Im zweiten Teil dieses Essays definiere ich dann »Rasse« neu und zeige deren enge Verflechtung mit »Klasse« und »Geschlecht«. Ich hoffe dabei zu zeigen, dass diese drei Kategorien als Aspekte ein und desselben Systems gelten können, und ein theoretisches Modell zu erarbeiten, das sowohl von wissenschaftlicher Bedeutung ist als auch genügend Kraft entfaltet, um gesellschaftliche Veränderungen zu bewirken.

I Das Paradigma überdenken: Klasse

Feministische Theorien über das Verhältnis von soziokulturell definiertem Geschlecht und Klasse haben ein breites Meinungsspektrum behandelt: von jenen, die bei der Formulierung von Theorien über die sexuelle Unterdrückung die ökonomische Klasse ignorierten oder für unbedeutend hielten, bis zu solchen, die an die Theorien von Marx oder Weber anknüpften und sie neu durchdachten.[7] In der jüngeren Zeit haben auch die Theorien, die sich auf den Begriff des soziokulturellen Geschlechts konzentrierten, eine große Vielfalt von Positionen entwickelt: von den Feministinnen, die den Begriff »gender« als analytisches Instrument zur Untersuchung der Sozial- und Geistesgeschichte nutzten, bis zu denen, die einen dekonstruktivistischen oder postmodernen Ansatz bevorzugten.[8]

Meine Arbeit lässt sich nicht umstandslos in eines dieser theoretischen Bezugssysteme einpassen, obwohl ich Aspekte jeder dieser Denkweisen zu Zeiten nützlich gefunden habe. In diesem Essay stelle ich das Ergebnis meiner dreißigjährigen Arbeit über die Themen Klasse und Rasse vor. Ich habe diese analytischen Kategorien in all meinen Arbeiten als Historikerin berücksichtigt.[9] Als ich zur Feministin wurde, war ich Post-Marxistin und der Auffassung, dass die Klassentheorien von Marx und Weber nicht stimmten und nicht geeignet waren, die Situation von Frauen genau zu beschreiben, obwohl Weber durch die Einführung von »Status« als einem Aspekt von Macht zumindest Raum schaffte für die Berücksichtigung der gesellschaftlichen Rolle der Frauen. Denkmuster, die ignorieren, dass Frauen die Hälfte der zu beschreibenden Bevölkerung ausmachen, und der Unterordnung der Frauen keine zentrale Bedeutung beimessen, können die Situation von Frauen nicht zutreffend beschreiben oder eine Theorie von befreiender Wirkung begründen. Eine Zeit lang experimentierte ich mit einem zweigleisigen Ansatz – ökonomisches System und sexuelles System –, fand ihn aber schließlich nicht angemessen. Andererseits beeinflusste mich die theoretische Arbeit radikaler Feministinnen mit ihrer Orientierung auf die sexuelle und reproduktive Unterdrückung der Frauen, obwohl ich ihre Tendenz, die Klassen- wie auch die Rassenproblematik zu ignorieren, kritisierte. Nicht alle Frauen sind weiß und gehören der protestantischen Mittelschicht an. Versuche, eine breite Koalition von Frauen unter dem Motto der »Schwesterlichkeit« zustande zu bringen, sind an diesen falschen Verallgemeinerungen gescheitert.

Meine Auswertung von Archivmaterial über die Geschichte der weißen und afroamerikanischen Frauen im 19. Jahrhundert in den USA haben mich von der Existenz einer gesonderten »Frauenkultur« und »weiblichen Erfahrung« überzeugt, auch wenn mir nicht klar war, ob sie auf biologisch determinierte Erfahrungen wie die Mutterschaft oder auf den Jahrhunderte währenden Druck zurückzuführen waren, unter dem das Leben im Patriarchat stand. Jahre lang versuchte ich, stets von einem vergleichenden Ansatz ausgehend, die radikale feministische Analyse mit einer Analyse der Klassen- und Rassenproblematik zu verbinden.[10]

Wie meine Kolleginnen in der Frauenforschung war ich unzufrieden mit den Unzulänglichkeiten der patriarchalen Begriffssysteme, mit denen wir arbeiten mussten. Ich brachte diese Frustration in einer Reihe von Aufsätzen zum Ausdruck, die eine Veränderung des herrschenden Denkmusters forderten. Aber erst als ich meine Arbeit über die Entstehung des Patriarchats beendet hatte, wurde mir klar, dass ich die Grenzen des patriarchalen Denksystems überschreiten und mich der Aufgabe, neue Begriffe zu definieren, widmen musste.

Heute gehe ich von einem synkretistischen Ansatz aus: Ich glaube, dass die Einsichten der verschiedenen »Feminismen« uns haben besser verstehen lassen, was die soziale Klasse für Frauen bedeutet, und dass sie bei aller Widersprüchlichkeit Schritte in die richtige Richtung gewesen sind. Verschiedene theoretische Ansätze haben uns geholfen, verschiedene Aspekte des Problems der Neudefinition besser zu erkennen.[11]

Als Historikerin muss ich mein Denken auf die feste Überzeugung von der Existenz einer gesellschaftlichen Realität in Vergangenheit und Gegenwart stützen. Um eine Theorie zu entwickeln, die davon ausgeht, dass Frauen ebenso wie Männer an der

Entstehung und Geschichte der Gesellschaft beteiligt waren und sind, muss man derzeit die Frauen in den Mittelpunkt der Aufmerksamkeit rücken, um einen Ausgleich zu schaffen für die übermächtige männerzentrierte Voreingenommenheit unserer Kultur. Wenn diese Vorurteile einmal ausgeräumt sind, werden künftige Generationen bei ihrer Arbeit wohl endlich eine »geschlechtsneutrale« Position einnehmen können.[12]

Mein Denken, Schreiben und Unterrichten war in den letzten Jahren vor allem darauf gerichtet, eine bessere Theorie zur Auseinandersetzung mit den Unterschieden zwischen Menschen zu erarbeiten, als wir sie bisher haben. Ich gehe davon aus, dass es einen komplexen Zusammenhang zwischen den verschiedenen diskriminierenden Systemen gibt, durch die im Laufe der Geschichte verschiedene gesellschaftliche Gruppen als »abweichend« gekennzeichnet und verfolgt worden sind, wobei diese Verfolgung von der Beleidigung bis zur Ausrottung reichte. In meinem Artikel »Unterschiede zwischen Frauen neu gefasst« (Kapitel 10 dieses Bandes) habe ich eine Theorie der Wechselwirkungen zur Untersuchung der Unterschiede zwischen Frauen vorgeschlagen: Geschlecht, Klasse und Rasse sind keine getrennten Kategorien, sondern verschiedene Aspekte von Rangordnungen und Herrschaft. Sie sind ihrem Ursprung nach und in ihrer fortdauernden Funktion voneinander abhängig und untrennbar miteinander verbunden.[13]

Kein theoretischer Bezugsrahmen einer angemessenen Analyse der Situation von Frauen kann ohne die Einbeziehung der Kriterien »Rasse« und »Klasse« auskommen. Ich will hier darlegen, wie beide Kategorien verändert werden können, wenn sie zueinander in Beziehung gesetzt werden, und wie eine derartige Neudefinition transformatorische Kraft entfaltet.

Als ich diesen Essay vor mehr als zehn Jahren zu schreiben begann, dachte ich an »Klasse« immer noch in marxistischen Begriffen, als Beziehung von Menschen zu Produktionsmitteln. Ich wollte zeigen, wie und warum diese Definition für Frauen nicht zutrifft und ihre Klassenposition nicht richtig beschreiben kann. Im Verlauf meiner weiteren historischen Forschungen stellte ich fest, dass diese Definition von Klassenzugehörigkeit auch für Männer nicht angemessen ist. Zu meiner Überraschung gelangte ich zu einer sehr viel radikaleren Neudefinition des Begriffs »Klasse«, als ich beabsichtigt hatte. Dieser Essay zeigt nun das Fortschreiten der Erkenntnis und den Wandel meines Denkens. Ich möchte meinen Leserinnen und Lesern die Erkenntnisse, auf die ich meine Argumentation stütze, so vor Augen führen, wie ich sie selbst wahrgenommen habe, und verständlich machen, warum meine Neudefinition den früheren Theorien über diese Thematik vorzuziehen ist.

Ich stelle folgende Thesen auf:

Klasse ist weder ihrem historischen Ursprung nach noch heute ein von *gender* – dem soziokulturell definierten Geschlecht – unabhängiges Konstrukt. Vielmehr lässt sich Klasse zutreffend nur geschlechtsspezifisch zum Ausdruck bringen.

Das heisst:

1. Die Verdinglichung der sexuellen und reproduktiven Fähigkeiten der Frauen zur Ware war eine der wichtigsten Voraussetzungen für die Entstehung des Privateigentums, das die Grundlage der Klassengesellschaft ist. Historisch ist das Konstrukt »Klasse« aus den soziokulturellen Geschlechterbeziehungen hervorgegangen, die eine Bevorzugung der Männer gegenüber Frauen beinhalteten.

2. Klassen wurden gebildet und aufrechterhalten durch Eheschließungen und Erbfolgeregelungen, die den soziokulturellen Geschlechtsrollen entsprachen.

3. Klassenzugehörigkeit muss für Männer und Frauen stets unterschiedlich definiert werden und hat historisch für Männer und Frauen stets etwas Verschiedenes bedeutet. Frauen und Männer gehören einer Klasse nie auf die gleiche Weise an. Der Begriff »Klasse« beschreibt vielschichtige Situationen, Beziehungen und Erfahrungen, die sich je nach sexuellem Geschlecht, Rasse, Nationalität und Lebensphase voneinander unterscheiden.[14]

Um diese Thesen im einzelnen zu behandeln, will ich kurz auf ihre Ableitungen aus der Geschichte des Vorderen Orients (Mesopotamien, Babylonien, Assyrien) eingehen und dabei Punkt 2 und 3 in den Mittelpunkt rücken, einige Beispiele aus dem mittelalterlichen Europa anführen und dann die Kontinuität dieser

Organisationsprinzipien in der Entwicklung des Frühkapitalis-
mus zeigen. Ich unterscheide zwischen Klassenbildung und Aufrechterhaltung der Klassenstruktur als zwei verschiedenen Prozessen, in denen Eliten unterschiedliche Strategien verfolgen.

1. Die Verdinglichung der sexuellen und reproduktiven Fähigkeiten der Frauen zur Ware war eine der wichtigsten Voraussetzungen für die Entstehung des Privateigentums, das die
Grundlage der Klassengesellschaft ist. Historisch ist das Konstrukt »Klasse« aus den soziokulturellen Geschlechterbeziehungen hervorgegangen, die eine Bevorzugung der Männer
gegenüber Frauen beinhalteten.

Das Patriarchat ist ein System, das von Männern und Frauen in
einem historischen Prozess geschaffen worden ist, der im Vorderen Orient fast 1500 Jahre lang dauerte (etwa 2100–600 v.u.Z.).
Das Patriarchat ist kein unveränderliches soziales Gebilde, sondern alle bekannten Wirtschafts- und Sozialsysteme haben die
Grundprinzipien des Patriarchats enthalten. Die HistorikerInnen müssen untersuchen, wie sich die Umsetzung dieser Prinzipien im Laufe der Zeit veränderte, wie sie in verschiedenen Epochen ausgeprägt und institutionalisiert waren und wie und
warum sie so lange unsichtbar blieben.
  In seiner frühesten Form erschien das Patriarchat als archaischer Staat. Schon lange vor seiner Entstehung im 2. Jahrtausend v.u.Z. war die soziokulturell bestimmte Zuschreibung der
Geschlechtsrollen vorgenommen und definiert worden.[15] Das
soziokulturelle Geschlecht – die verschiedenen Rollen und Verhaltensweisen, die für jedes der beiden physiologisch-sexuellen
Geschlechter als angemessen gelten – kam in Wertvorstellungen,
Gebräuchen und Verhaltenserwartungen der Gesellschaft zum
Ausdruck. Während der langen Entwicklung, die zur Errichtung
patriarchal organisierter archaischer Staaten führte, wurden die
geschlechtsspezifischen Definitionen in Gesetzen, der Organisation von Hierarchien und in der Religion festgeschrieben. Das
soziokulturelle Geschlecht ging in die wichtigsten Metaphern
der Kultur ein und wurde Teil der Weltdeutung der Philosophie
und Zivilisation des Abendlandes.

Die Sexualität der Frauen, zu der ihre sexuellen und reproduktiven Fähigkeiten und Dienstleistungen gehören, wurde noch vor dem Entstehen der archaischen Staaten zur Ware verdinglicht. Die Entwicklung der Landwirtschaft im Neolithikum förderte den »Frauentausch« zwischen den Stämmen, nicht nur um unablässige Kriege durch die Festigung von Allianzen durch Eheschließungen zu vermeiden, sondern auch weil Gesellschaften mit einer größeren Zahl von Frauen mehr Kinder produzieren konnten. Im Gegensatz zu den ökonomischen Erfordernissen der Gesellschaften von Jägern und Sammlern konnten die Ackerbauern Kinder arbeiten lassen, um die Produktion zu erhöhen und Vorräte anzulegen. Die erste soziokulturell festgelegte Rolle der Frauen war es, diejenigen zu sein, die bei Eheschließungen getauscht wurden. Die geschlechtsspezifische Rolle der Männer hingegen war es, diejenigen zu sein, die den Tausch arrangierten oder die Bedingungen des Tauschs festlegten.

Als Folge dieser weitverbreiteten Bräuche hatten die Männer Rechte über die Frauen, die Frauen über Männer nicht hatten. Frauen als solche wurden zu einer Ressource, angeeignet von Männern, ähnlich wie Männer sich auch das Land angeeignet hatten.[16]

Nach der Etablierung der Klassengesellschaften teilten die Frauen der ranghohen gesellschaftlichen Gruppen die Macht ihrer Ehemänner in ihrer soziokulturellen Rolle als »Stellvertreterin«.[17] Diese Rolle wahrzunehmen bedeutete, dass Frauen der Oberschicht während einer vorübergehenden Abwesenheit ihrer Männer diese in ihren öffentlichen Funktionen vertreten konnten. Solche Frauen sorgten zugleich für enge Verbindungen zwischen ranghohen Familien und repräsentierten die Interessen ihrer Väter oder ihrer Ehegatten. Als Regentinnen hatten sie beachtliche Macht und Privilegien, aber ihre Macht war abhängig von ihrer Bindung an Männer der gesellschaftlichen Elite und beruhte darauf, dass diese Männer mit den sexuellen und reproduktiven Leistungen der Frauen zufrieden waren. Wurde eine Frau diesen Anforderungen nicht gerecht, so wurde sie bald durch eine andere ersetzt und verlor ihre Privilegien und ihr Ansehen. Belegt ist die Position der Frau als »Stellvertreterin« ihres Mannes bereits im Jahre 1790 v.u.Z. in Dokumenten des Königs von Mari in Mesopotamien. Sie erläutern im einzelnen die Aktivitäten von Königin Schibtu, die während der kriegsbedingten Abwesenheit ihres Mannes als seine Stellvertreterin regierte, doch auch in seinem Auftrag unter den weiblichen Gefangenen, die er nach Hause bringen ließ, die schönsten für seinen Harem aussuchen musste.[18]

2. Klassen wurden gebildet und aufrechterhalten durch Eheschließungen und Erbfolgeregelungen, die den soziokulturellen Geschlechtsrollen entsprachen.

Seit der Einführung der Klassenstrukturen waren die Klassen bestimmt von den *soziokulturell definierten Rollen der Geschlechter*. Das bedeutet, dass manche Männer Landbesitz und Reichtum anhäuften und die Reproduktion der Frauen unter ihrer Obhut so kontrollierten, dass ihr Eigentum nicht gefährdet wurde. Aber nicht die Anhäufung von Besitz als solche führt zur Bildung von Klassen. *Was Eigentum zum Kriterium der Klassenzugehörigkeit macht, ist eine Verbindung von institutionalisierten Praktiken, die dafür sorgen, dass der Besitz innerhalb einer kleinen Elite weitergegeben wird, und die das Weiterbestehen dieser besitzenden Elite sichern.* Die wichtigsten Mittel in diesem Prozess sind Homogamie und geschlechtsspezifische Erbfolge.

Besonders bemerkenswert ist, wie wichtig die Bedingungen der Eheschließung für die Stabilisierung von gesellschaftlichen Klassen waren. Homogamie, die Beschränkung der Eheschließung auf Partner gleichen sozialen Ranges, sorgt für das Verbleiben der Vermögen innerhalb der besitzenden Klasse. Hätten Männer unterhalb ihres eigenen Standes heiraten können, so hätte sich ihr Besitz nicht durch Heirat vergrößern lassen und wäre durch die Forderungen verarmter Verwandter geschmälert worden. Um homogame Ehen sicherzustellen, müssen die Besitzenden die Sexualität ihrer Kinder kontrollieren, ganz besonders aber die ihrer Töchter. Homogamie wird weiter verstärkt durch Erbfolgeregelungen, die eine patrilineare Kontrolle des Eigentums gewährleisten.

Im Vorderen Orient entwickelten sich Homogamie und geschlechtsspezifisches Erbrecht gleichzeitig und sich gegenseitig fördernd. In der besitzenden Gruppe wurden Eheschließungen durch Verhandlungen zwischen dem Vater der Braut und dem Vater des Bräutigams vereinbart. Der Brautvater erhielt einen Brautpreis vom Vater des Bräutigams. Etwas geringer als der Brautpreis war die »Versorgung« oder Mitgift, die der Vater der Braut dem Bräutigam zukommen ließ, nachdem die Ehe vollzogen war.

Brautpreis und Mitgift waren also materieller Ausdruck des Versprechens der Jungfräulichkeit. Zeigte sich beim Vollzug der Ehe, dass die Braut nicht mehr Jungfrau war, wurde der Brautpreis zurückgegeben und die Mitgift entfiel. War die Braut Jungfrau und wurde die Ehe vollzogen, so wurde die Mitgift dem Ehemann übergeben, dem der Nießbrauch zustand, aber es war zugleich geregelt, dass die Mitgift oder ein entsprechender Betrag an den Brautvater zurückerstattet werden musste, wenn die Ehe fehlschlagen sollte. So hatte das Ehepaar ein gemeinsames vermögensrechtliches Interesse am Erfolg der Ehe. Beim Tode des Ehemannes war die Mitgift die wesentliche materielle Absicherung der Witwe. Bei ihrem Tode ging die Mitgift an ihre Söhne als Erben. So wurde der eheliche Besitz von Männern an Männer *über* Frauen weitergegeben.

In den Familien der Oberschicht versetzte der bei der Eheschließung einer Tochter empfangene Brautpreis die Familie oft in die Lage, eine finanziell vorteilhaftere Ehe ihrer Söhne zu vereinbaren, um so die ökonomische Position der Familie zu verbessern. Auch dieses Arrangement trug dazu bei, die Konsolidierung der Elite als soziale Klasse zu fördern.

Bereits beim Entstehen des Patriarchats hatten in Babylonien die Frauen der besitzenden Klassen erhebliche bürgerliche und ökonomische Rechte, sogar einige Rechte bei Entscheidungen in Bezug auf ihre Kinder. Sie konnten Verträge schließen, Land und Sklaven kaufen und verkaufen und selbstständig Geschäfte tätigen. Aber ihre Sexualität unterlag strengen Regeln. Ehebruch von Frauen wurde mit dem Tode bestraft, während der Ehebruch von Männern nicht als strafbar galt. Männer konnten sich zweite und dritte Frauen nehmen und Sklavinnen zu sexuellen Dienstleistungen heranziehen, ohne dass dies irgendeiner sozialen Kontrolle oder Missbilligung unterlegen hätte.

In den oberen Gesellschaftsschichten garantierte ein sorgfältiges Arrangieren von Brautpreis und Eheschließung der Söhne, die einen sozialen Aufstieg brachten, dass der Besitz innerhalb des eigenen Familienverbands blieb und sich vergrößerte. Das Erwerben von SklavInnen konnte den Reichtum der Familie weiter fördern, denn die Sklavinnen stellten Textilien her, also wichtige Exportartikel, und ihre Kinder ließen sich verkaufen oder gewinnbringend verleihen. Das Produkt der Verdinglichung der weiblichen Sexualität zur Ware – Brautpreis, Verkaufserlös und Kinder – eigneten sich Männer an.

Bei einem Überschuss an Töchtern bestand für die Familie die häufig genutzte Möglichkeit, eine oder mehrere der Töchter als Priesterinnen unterzubringen. Die an einen Tempel als Mitgift geleistete Zahlung wurde nach dem Tod der Priesterin an ihre Familie zurückgegeben, so dass Besitz und Klassenposition der Familie aufrechterhalten wurden, ohne dass der Reichtum im Falle von Eheschließungen mit anderen Familien geteilt werden musste.

In Babylonien war in Familien der mittleren oder unteren sozialen Schichten, deren Eigentum gewöhnlich nur aus Grundbesitz bestand, der für eine Tochter empfangene Brautpreis Voraussetzung der Verheiratung des Sohnes. Wenn keine Töchter vorhanden waren, sah sich ein Ehepaar oft zur Adoption eines Mädchens gezwungen. Waren Ehearrangements für Töchter unvorteilhaft oder nicht möglich, so musste sich die Familie verschulden, um das Land behalten zu können. Wenn ein Ehemann oder Vater seine Schulden nicht bezahlte, konnten seine Frau und Kinder als Pfand genommen werden und wurden so zu SchuldsklavInnen des Gläubigers. Diese Bestimmungen waren 1750 v.u.Z. so fest verankert, dass das Hammurabische Recht durch die Begrenzung der vorher lebenslang dauernden Schuldsklaverei auf drei Jahre eine entscheidende Besserung brachte. Die Besserstellung der SchuldsklavInnen ging allerdings einher mit einer Verschlechterung der Lebensbedingungen der durch Eroberungskriege gewonnenen SklavInnen.

Für die Familien der Unterschicht wurde die Sexualität ihrer Töchter zum einzigen Gut, das beweglich und verkäuflich war, wenn sich der Lebensunterhalt nicht mehr aus dem Ertrag der

Landwirtschaft sichern ließ. Wenn es irgend möglich war, wurden Töchter im Tausch gegen den höchstmöglichen Brautpreis verheiratet; sie konnten – wie ihre Brüder – als SchuldsklavInnen dienen und, wenn sie Glück hatten, zu Konkubinen werden. Den ganz Armen, die weder bewegliches Eigentum noch Grundbesitz hatten, waren gewinnbringende Ehearrangements nicht möglich, aber in schlechten Zeiten wurden die Töchter dieser Armen in die Ehe oder zur Prostitution verkauft, um so den wirtschaftlichen Interessen ihrer Familien zu dienen.

Hier wird deutlich, wie Adel oder Oberschicht unter geschlechtsspezifischen Bedingungen entstanden und durch entsprechende Eheregelungen und Erbfolge ihren Besitzstand und gesellschaftlichen Rang sicherten, wie die Mittelschichten oder das Bürgertum die Position in der Hierarchie durch Sexualpolitik aufrechtzuerhalten suchten und wie die Unterschichten, Bauern und Sklaven, die männlichen sexuellen Privilegien nutzten, um ihre prekäre Klassenposition zumindest nicht zu verlieren.

Wenn wir unseren Blick auf das mittelalterliche Europa richten, so erkennen wir ähnliche Prozesse der Klassenbildung auf der Grundlage von geschlechtsrollenbestimmten Familienarrangements. Das lässt sich am besten durch die Untersuchung der Veränderungen in den Eheformen und Eigentumsrechten innerhalb der Kriegeraristokratie und des Dienstadels belegen, die gewöhnlich dann eintreten, wenn einfachere Formen der Stammesorganisation durch hierarchisch strukturierte Staaten unter der Herrschaft eines Königs und seiner Amtsträger ersetzt werden. In Westeuropa bietet im fränkischen Königreich der Übergang von der Herrschaft der Merowinger (481–751) zum Reich der Karolinger (768–884) einen Bezugspunkt für eine vergleichende Untersuchung. In England finden wir vor und nach der Eroberung durch die Normannen (1066 u.Z.) eine vergleichbare Entwicklung.

Der Übergang von einer auf Stammes- und Verwandtschaftsbeziehungen aufbauenden gesellschaftlichen Organisation zu hierarchischen Verwaltungsstaaten vollzog sich in Westeuropa etwas früher als in England, aber mit ähnlichen Folgen für die

Frauen. Chlodwig, der erste König aus der Linie der Merowinger, machte sich, nachdem er die übrigen fränkischen Teilherrscher hatte töten lassen, 481 u.Z. zum König der Franken und erweiterte seinen Herrschaftsbereich 486 durch Beendigung der nominell römischen Restherrschaft über Gallien.

Nach seinem Tod 511 wurde die Macht der Merowinger durch die Teilung des Reiches zwischen seinen vier Söhnen geschwächt und blieb unter den nachfolgenden Merowingern gering. Nach der Thronbesteigung Karls des Großen als König der Franken im Jahre 768 führte die Erweiterung seines Herrschaftsbereichs durch Eroberungskriege zur Errichtung des Karolingerreiches und im Jahre 800 zur Krönung Karls zum Kaiser des Heiligen Römischen Reiches. Während seiner Herrschaft führte das enge Zusammenwirken zwischen Kirche und Staat zur Zentralisierung der Macht, was die Autorität beider Institutionen festigte.

Beim Vergleichen der Lebensbedingungen von Frauen im fränkischen Königreich und in England können wir eine ähnliche Entwicklung beobachten: Mit der Bildung von Nationalstaaten, in denen sich die Macht der Könige und die Macht der Kirche verbanden, verminderten sich die Selbstbestimmungsmöglichkeiten für Frauen und verschärfte sich die Kontrolle über ihre Sexualität. Ihr Zugang zu Eigentum wurde eingeschränkt und ihre Verfügungsrechte wurden geschwächt. Die Gesellschaft betrachtete sie zunehmend als lebenslänglich von ihren Vätern oder Gatten Abhängige, feierte sie in ihrer Rolle als Mütter, als Pflegende und den Haushalt Führende, schränkte aber zugleich ihre Rolle im öffentlichen Leben und in der Politik stark ein. Diese Verallgemeinerungen beziehen sich überwiegend auf die Frauen der Aristokratie. Die Frauen von Bauern und Leibeigenen waren von diesen sozialen Veränderungen weniger betroffen.[19] (Vgl. Tabelle S. 230)

Wie im angelsächsischen England waren auch auf dem westeuropäischen Kontinent in der frühchristlichen Zeit Polygamie, Konkubinat und die Zwangsverehelichung von Witwen durch männliche Verwandte im Adel weit verbreitet. König Chlodwigs zwischen 507 und 511 erlassenes salisches Recht beruhte auf dem germanischen Recht, das Frauen als Gebärerinnen einen hohen

Rang verlieh. Das spätere merowingische Recht enthielt auch Regelungen des römischen Rechts, nach denen eine verheiratete Frau völlig der Macht ihres Ehemanns untergeordnet war.[20]

Der merowingische Adel erweiterte und konsolidierte seinen Reichtum und wurde damit zu einer sozialen Klasse, indem er sowohl durch das Schließen homogamer Ehen unter seinesgleichen als auch mit Hilfe seiner Entscheidungsbefugnis über die Ehen der von ihm Abhängigen dafür sorgte, dass der ererbte Grund und Boden möglichst ungeteilt zusammengehalten wurde. Ehen wurden vertraglich geregelt, ohne dass auf die Wünsche oder Vorlieben des Paares Rücksicht genommen wurde. Töchter wurden oft mit purer Gewalt, auch durch körperliche Misshandlung, zur Ehe gezwungen.

Die Eheschließung erfolgte durch den Austausch von Geschenken und einen Vertrag. Das Brautgeschenk wurde ähnlich dem Brautpreis in Mesopotamien von der Familie des Bräutigams an die männlichen Verwandten der Braut übergeben und später ganz oder teilweise der Braut weitergegeben, um deren ökonomische Sicherheit für den Fall zu sichern, dass sie verstoßen werden sollte. Die anschließende Verlobung galt als bindend, selbst wenn sie im Kindesalter der Braut erfolgte, was häufig vorkam. Junge Frauen waren durch die Verlobung endgültig gebunden, junge Männer konnten sie widerrufen, was bedeutete, dass sie den gezahlten Brautpreis verfallen ließen. Bei der Hochzeit gaben die Eltern der Braut ihr eine Mitgift, die als ihr Leibgedinge dienen sollte, falls sie Witwe würde. Nach merowingischem Recht hatte der Ehemann die Kontrolle über das Eigentum seiner Frau. Aufgabe der Frau war es, für männliche Erben zu sorgen; gelang ihr das nicht, so galt das als Mangel der Frau. Die Ehe konnte dann geschieden oder annulliert werden; die Frau konnte ins Abseits gedrängt oder ins Gefängnis gesetzt werden. Brautgeschenk und Mitgift bildeten den Grundstock des Vermögensanteils der Frau, der für ihren eigenen Unterhalt und für den ihrer noch abhängigen Kinder zur Verfügung stand. Bei ihrem Tode fiel dieses Vermögen entweder an ihre Söhne oder an die männlichen Mitglieder ihrer Herkunftsfamilie. Bemerkenswert ist, dass der Reichtum hier wie in Mesopotamien von Männern *über* Frauen an Männer weitergegeben wurde.

Tabelle zum Vergleich

Periode	Staat	Kirche	Ehe	Status d. Frauen
Frankenreich unter den Merowingern				
481–751	schwach diffuse Autorität; familien- zentriert	schwach	Polygamie, Konkubinat; Friedelehe möglich	Besitz d. Ehefrau un- veräußerlich; gleicher Anteil der Frauen am Erbe; Witwe ist Haushalts- vorstand.
Frankenreich unter den Karolingern				
768–884	stark Autorität zentralisiert bei König u. Verwaltung; Kaiserreich ab 800	stärker zentralisierte Autorität; Zölibat des Klerus (9.–11.Jahrh.)	Ehe unauflös- bar; rigidere Homogamie; kein Kon- kubinat	Rechtlicher Status gesunken; Witwen erhalten ein Drittel des Besitzes ihres Ehemanns
England vor der Eroberung				
ca.800–1066	schwach, Stammes- gesellschaft; Autorität diffus; familien- zentriert	schwach	einverständl. Scheidung möglich; Polygamie, Konkubinat, Zwangsehe	Frauen konn- ten Besitz an Söhne u. Töchter vermachen; Witwe erhält Hälfte des Eigentums d. Mannes, wenn sie Kinder hatte; Witwen unter männl. Vor- mundschaft.

England nach der Eroberung				
1066–ca.1300	stark; königliche Verwaltung	stärker	Ende d. Polygamie; illegitime Kinder nicht erbberechtigt: Ende d. Zwangsehe für Frauen	Witwen frei von Vormundschaft; Erstgeburtsrecht; Ehemann wird Herr der Ehefrau; Minderung d. Besitzrechte d. Frauen

Unter der Herrschaft der Merowinger nahm die ökonomische Unabhängigkeit der Frauen langsam zu. Ein Ehemann verwaltete den Besitz seiner Frau, durfte ihn aber nicht ohne ihre Zustimmung verkaufen. Einige Frauen erhielten Land und Immobilien als Eigentum, und unter dem Einfluss des römischen Rechts stand den Töchtern nach und nach der gleiche Erbteil zu wie ihren Brüdern.

Unter den Merowingern konnten einige Frauen einer Zwangsehe entgehen, wenn sie ohne Einverständnis ihrer Eltern eine Friedelehe, ähnlich einer Ehe nach dem bürgerlichen Recht späterer Epochen, eingingen. Bei solch einem Arrangement, in dem eine Frau mit einem Mann ihrer Wahl zusammenlebte, blieb sie ohne jeden ökonomischen Anspruch, wenn der Mann sie verließ. Ihre Eltern konnten sie ebenfalls enterben. Dennoch wurden solche Verbindungen gesellschaftlich als Ehen anerkannt und galten die Kinder als legitime Nachkommen. Bemerkenswert im Hinblick auf die Beziehung zwischen Ehebestimmungen und Klassenformation ist, dass im römischen und im germanischen Recht Verbindungen zwischen freien und unfreien Partnern verboten waren und schwer bestraft wurden. Eine Aufweichung der Grenzen zwischen Freien und Unfreien gefährdete die Grundlagen der Klassenbildung und hatte deshalb zu unterbleiben. Dennoch umgingen oder ignorierten Männer des Adels das gesetzliche Verbot von Ehen zwischen Freien und Unfreien, indem sie freien Frauen, die bereit waren, Leibeigene dieser Männer zu heiraten, Land anboten. Da durch solche Ehen die freien Frauen zu Bediensteten im Haushalt ihres Herrn zählten und durch ihre Arbeit zum Ertrag seiner Hauswirtschaft beitrugen, überwogen in diesen Fällen unmittelbare wirtschaftliche Interessen gegenüber den weiterreichenden Klasseninteressen.[21]

Die Situation der Witwen war nach dem merowingischen Recht besser als nach dem römischen, das ihre lebenslange Unmündigkeit beinhaltete. Als Witwe hatte die Frau in der Merowingerzeit alle Rechte ihres verstorbenen Gatten und wurde zum Haushaltsvorstand, was bedeutete, dass sie Vormund ihrer minderjährigen Kinder war. Wenn sie eine neue Ehe einging, verlor sie diese Rechte ebenso wie ihr Leibgedinge.

Es ist festzuhalten, dass Mitgift und Wittum (das vom Ehemann bereitzustellende Witwen-Leibgedinge) an eine geschlechtsspezifische Erbfolge gebunden waren. Im größten Teil Europas – mit Ausnahme des germanischen Bereichs, des heutigen Italiens und der südlichen Provinzen Frankreichs (Aquitaniens) – erbten die ältesten Söhne das gesamte Vermögen oder dessen größten Teil (Erstgeburtsrecht), während die Töchter ihren Anteil in der Form der Mitgift bekamen. In einer Wirtschaftsform, deren Grundlage der Besitz von Grund und Boden war, stellte diese Regelung eine erhebliche Bevorzugung von Söhnen gegenüber Töchtern dar.[22] Den Töchtern ihr Erbe teilweise oder ganz in beweglichen Gütern und Wertsachen zukommen zu lassen, diente dem Bestreben der Familie, ihren Grundbesitz ungeteilt zu erhalten, und förderte so die Bildung sozialer Klassen. Im Gegensatz dazu erhielt sich in Skandinavien und Britannien ein älteres Erbrecht, demzufolge alle Kinder, Töchter wie Söhne, den gleichen Anteil am Landbesitz erbten. Dort gab es deshalb ökonomisch unabhängige Grundbesitzerinnen und Frauen hatten ganz allgemein eine günstigere gesellschaftliche Position.[23]

Im Laufe der Zeit gab es verschiedene Formen der Eigentumsübertragung im Zusammenhang mit Eheschließungen: die Ehe nach dem römischen Recht, bei der das Eigentum von der Verwandtschaft des Bräutigams an die Verwandtschaft der Braut gegeben wurde; die germanische *dos*, der bei der Verlobung vom Bräutigam an den Vormund der Braut für die Braut zu übergebende Muntschatz, und die *Morgengabe*, ein Geschenk vom

Ehemann an die Ehefrau, nachdem die Ehe vollzogen war. Dies mündete im frühen Mittelalter in einen Austausch von Geschenken nahezu gleichen Werts, was drei Funktionen hatte: erstens dafür zu sorgen, dass das Eigentum innerhalb der besitzenden Klasse verblieb; zweitens der Familie der Braut eine gewisse Gewähr dafür zu bieten, dass es der Braut gut gehen werde; und drittens den Unterhalt der Frau zu sichern, sollte sie verlassen oder Witwe werden. Im späteren Mittelalter wird dieses System ersetzt durch Ehen auf der Basis von Mitgift, was bedeutet, dass der Bräutigam von der Familie der Braut einen großen Geldbetrag (oder Landbesitz) erhält, ohne dass der Bräutigam seinerseits eine Gegengabe an die Brautfamilie übergibt.

Die Gründe für den Übergang vom Brautpreis und Brautgeschenk zur Mitgift – also von einem System der Übergabe von Geld oder Grundbesitz von der Familie des Bräutigams an die Familie der Braut zu einem System, in dem das Umgekehrte stattfand –, sind komplex und schwer zu belegen. Offenbar änderte sich die Auffassung über die Funktion der Frauen in ihren Herkunftsfamilien. Nach der Vorstellung, die dem Brautpreis zugrunde lag, wurde den Eltern der Braut eine Kompensation für die Kosten ihrer Erziehung und für den antizipierten Verlust ihres Beitrags zum elterlichen Haushalt gegeben. Im Falle der Mitgift zahlten die Brauteltern dem Bräutigam und dessen Familie einen Preis für den künftigen Lebensunterhalt ihrer Tochter. Diese Veränderung und ihre Bedeutung für den Status der Frauen müssen genauer untersucht werden, bevor sinnvolle Verallgemeinerungen möglich sind.[24] Aber es ist offensichtlich, dass in beiden Fällen die wesentliche Bedeutung darin lag, dass beide Familien dem Ehepaar als Grundlage ihres Zusammenlebens einen gemeinsamen Besitz bereitstellten, aus dem der Ehemann allerdings größeren Nutzen ziehen konnte als die Ehefrau.

Die Situation der unteren Schichten, der freien Bauern, Hörigen und Leibeigenen oder SklavInnen, war charakterisiert durch deren jeweilige Abhängigkeit von ihren Grundherren. Trotz ihrer lebenslänglichen Nutzungsrechte für ihre Hütten und Felder außerhalb des Herrenhofs waren sie an den Fronhof und den

Grundherrn persönlich gebunden. Die Frauen der Bauern mussten vor der Eheschließung die Erlaubnis des Grundherrn einholen, konnten aber ansonsten sich den Ehemann frei wählen. Weibliche und männliche Hörige mussten dem Grundherrn eine Hochzeitsabgabe zahlen, bekannt als *merchet*. Hörige konnten sich nur innerhalb des Machtbereichs ihrer Herren verheiraten. Freie Bauern und Hörige waren ihren Grundherren zum Kriegsdienst und zu wirtschaftlichen Dienstleistungen, gewöhnlich in der Form der Fronarbeit an mehreren Wochentagen, verpflichtet. Da die Arbeitspflichten immer auch ihre Frauen und Kinder einbezog, profitierten die Feudalherren, der Adel als Klasse, unmittelbar von den Eheschließungen der Freien und Unfreien.[25]

Innerhalb ihrer eigenen Klasse erfreuten sich die Frauen der Bauernschaft einer größeren Gleichstellung mit ihren Männern als die Frauen des Adels. Frauen trugen durch Spinnen, Weben und Aufziehen des Nachwuchses wesentlich zum Familieneinkommen bei, und ihre Arbeit wurde sowohl von ihren Männern als auch von ihren Herren hoch geschätzt. Bauersfrauen konnten ihren Status verbessern, wenn sie durch Eheschließung den sozialen Aufstieg schafften, und selbst Leibeigene konnten vom Konkubinat zur legitimen Ehefrau aufsteigen.[26] Dennoch trugen die Frauen der niederen Klasse die typische Last der Frauen ihrer Klasse: Weder Jungfräulichkeit noch Ehestand schützte sie vor der sexuellen Ausbeutung durch ihre Herren. Der Adlige beanspruchte ganz selbstverständlich den Vorteil seiner sexuellen Sonderrechte. Frauen der Unterschicht hatten sich routinemäßig dem Anspruch auf sexuelle Dienstleitungen seitens ihrer Herren zu fügen und besaßen kaum eine Möglichkeit, sich gegen sexuelle Übergriffe zu wehren.

Von Bedeutung ist auch, dass mit dem Entstehen des Bauernstandes aus der Leibeigenschaft die Bauern die Erbfolge nach dem Prinzip von Primogenitur (Erstgeburtsrecht des ältesten Sohnes) oder Ultimogenitur (der jüngste Sohn erbt den Grundbesitz) übernahmen und die Töchter mit beweglichem Hab und Gut als Mitgift ausgestattet wurden. Dies ist ein weiteres Beispiel dafür, wie geschlechtsspezifische Erbfolgeregelungen, die Frauen benachteiligten, der Entstehung von sozialen Klassen dienten.

Betrachtet man zum Vergleich das angelsächsische England vor der Eroberung durch die Normannen im Jahre 1066, so ist eine Stammesorganisation der Gesellschaft zu erkennen. Krieger eroberten Land oder erhielten es von einem Heerführer oder König als Lehen, dessen Vasall sie damit wurden. Im Austausch ihrer Verpflichtung zum Kriegsdienst für diesen Herrn verwalteten sie das Land und verteilten den Ertrag unter Verwandten und Gefolgschaft. Individuen und Sippen konnten ihren sozialen Status verbessern, wenn sie durch Eheschließung oder Belehnung eine Verbindung mit höherrangigen Gruppen eingingen.

Ehen wurden geschlossen durch das Zahlen eines Brautpreises, einen Austausch von Geschenken und später durch einen Ehevertrag. Aber der Vertrag konnte in gegenseitigem Einverständnis oder sogar auf Wunsch der Frau aufgehoben werden. Eine verheiratete Frau, die einen Geliebten hatte, konnte die einvernehmliche Scheidung anstreben. Ihr Geliebter konnte sie entführen, dem Ehemann ein Strafgeld zahlen und ihm eine neue Frau kaufen. Verheiratete Frauen hatten ein Anrecht auf den Teil des Besitzes, den sie in die Ehe eingebracht hatten, und konnten diesen Besitz ihren Kindern beiderlei Geschlechts vermachen. Frauen konnten die Scheidung fordern, und sie wurde ihnen gewährt. Angelsächsische Frauen erhielten beim Tode ihres Ehemanns die Hälfte von dessen Besitz, wenn sie Kinder geboren hatten. War die Ehe kinderlos geblieben, so bekam die Frau nur den Teil des Erbes, der einem Kinde zugestanden hätte. In beiden Fällen wurde die Witwe unter die Vormundschaft eines Mannes gestellt und oft zur Wiederverheiratung gezwungen. Im Adel war das Konkubinat weit verbreitet, was Frauen aus der niedrigen Klasse (Bauernschaft, Gesinde) die Möglichkeit eröffnete, durch eine sexuelle Bindung sozial aufzusteigen. Konkubinen zählten zum Haushalt des Mannes, und ihre Kinder waren erbberechtigt, wenn ihr Vater das wollte.[27]

Nach der Eroberung Englands durch die Normannen wurde die Staatsgewalt dadurch gefestigt, dass die Könige ihre Ministerialverwaltung erweiterten und der soziale Aufstieg nicht länger vor allem von Verwandtschaftsbeziehungen abhängig war. In einer Entwicklung, die derjenigen im Reich der Karolinger sehr ähnlich war, verschlechterte sich die rechtliche Stellung der

Frauen ebenso wie die Möglichkeiten von Frauen der niederen Klasse, durch Heirat oder sexuelle Beziehungen sozial aufzusteigen. Nach der Eroberung Englands durch die Normannen veränderte sich die Übergabe des Brautpreises nach und nach dahingehend, dass er nun der Braut übergeben wurde, um ihren Unterhalt als Witwe durch Ergänzung ihres Erbteils zu sichern; das Geld wurde jedoch bis zu seinem Tode vom Ehemann verwaltet.[28] Am Ende der angelsächsischen Herrschaft schien der Kauf von Ehefrauen abgeschafft, eine von Frauen eingeleitete Scheidung war nicht mehr möglich und der Ehebruch von Frauen wurde schwer bestraft. Verheiratete Frauen konnten weiter über Eigentum verfügen und damit Geschäfte tätigen, allerdings nur mit Zustimmung ihres Ehemanns.[29]

In der vornormannischen Zeit vereinbarten die Adligen nicht nur die Ehen ihrer Töchter und Schwestern, sondern sie hatten auch das Recht, über die Eheschließung der Witwen ihrer Vasallen zu verhandeln. Die angelsächsischen Könige waren befugt, Witwen mit einem Mann ihrer, der Könige, Wahl zu verheiraten. Nach dem Sieg der Normannen waren Frauen nicht länger der Vormundschaft von Männern unterstellt und konnten Zwangsehen vermeiden. Heinrich I. (Regierungszeit 1100–1135) erklärte, er werde eine Witwe nicht zu einer weiteren Ehe zwingen und sie könne ihre Mitgift behalten, verlangte aber als Gegenleistung von den Witwen eine Abgabe. Heinrich II. (Regierungszeit 1154–1189) erhob eine zweifache Abgabe von den Witwen, zum einen für die Nutzung ihrer Mitgift und zum anderen, wenn sie eine Wiederverheiratung ablehnten.[30]

Die Bestimmungen über die Legitimität von Kindern waren lange ein wichtiger Aspekt der Klassenbildung. Durch die Reglementierung der Sexualität von Töchtern und Ehefrauen konnten Männer die Legitimität ihrer Nachkommen kontrollieren. Patriarchale Definitionen von Ehe auf der Grundlage der Jungfräulichkeit der Braut und der absoluten Treue der Ehefrauen sicherten die Vaterschaft des Hausherrn und damit die Legitimität seiner Söhne und Erben. Durch die Privilegierung der legitimen Nachkommen gegenüber den illegitimen war es dem Hausherrn möglich, die Aufteilung seines Eigentums unter einer zu großen Zahl von Kindern zu verhindern. Die Gesetzeswerke im Vorderen Orient gaben dem Vater das Recht, die Kinder von Konkubinen oder Sklavinnen durch eine bestimmte öffentliche Erklärung zu legitimieren und so die Kinder der ersten oder legitimen Ehefrau zu benachteiligen.[31] Diese rechtliche Bestimmung wurde meistens dann angewendet, wenn ein Mann seiner ersten Frau sexuell überdrüssig war und eine zweite oder dritte Frau an sich binden oder materiell absichern wollte. Zu keiner Zeit hatten Frauen diese Macht. Das ist ein weiteres Beispiel für die Institutionalisierung der Kontrolle von Männern über die Fortpflanzungsfähigkeit der Frauen, die bewirkte, dass die Privilegien einer Frau davon abhingen, ob sie ihren Gatten sexuell zufriedenstellte.

Die Männer des höheren Adels im frühmittelalterlichen Europa erfreuten sich sexueller Privilegien, die denen der Männer in Babylonien ähnlich waren. Unter den Merowingern konnten Adlige die Söhne ihrer zweiten und dritten Frauen oder selbst die einer versklavten Konkubine zu legitimen Erben machen.

Die römische Kirche ihrerseits benutzte die Kontrolle über die Sexualität von Frauen und Männern als Mittel zur Konsolidierung ihrer eigenen Macht. Im Verlauf der Christianisierung in England und auf dem Kontinent war die Kirche bestrebt, die Regularien der Eheschließung festlegen zu können. Seit dem 9. Jahrhundert bemühte sich die Kirche, nach und nach die Abschaffung der Polygamie zu erreichen, das Ritual der Eheschließung zu bestimmen und die Unauflöslichkeit der Ehe durchzusetzen. Die weltliche Gesetzgebung der Karolinger verbot die Scheidung und brachte das Eheleben unter eine strengere Kontrolle durch die Kirche. Die unauflösbare monogame Ehe verbesserte die gesellschaftliche Stellung der Ehefrauen, ließ aber auch die Mißhandlung von Frauen ansteigen und schwächte die ökonomische Macht der Frauen insgesamt. Mit der Abwertung der Friedelehen wurde Frauen der niederen Klasse der soziale Aufstieg durch sexuelle Beziehungen verbaut.[32]

Die zunehmende Kontrolle der Kirche über die Rituale der Eheschließung eröffnete ihr auch neue Möglichkeiten, über die Legitimität von Ehen und Kindern zu bestimmen. Sämtliche auf nichteheliche Kinder und ihre Mütter erweiterten Privilegien wurden von der Kirche strikt abgelehnt. Sie bestand nachdrücklich auf dem Erbrecht der »legitimen« Kinder (den aus einer monogamen Ehe stammenden) im Gegensatz zu den »illegitimen« Kindern (den aus einem Konkubinat oder außerehelichen Beziehungen stammenden), die enterbt werden mussten. Die strengere Trennung von legitimen und illegitimen Erben diente der Klassenbildung des Adels und verschärfte die Klassenunterschiede.

Das Konkubinat blieb trotz aller Reformbemühungen bis ins 11. Jahrhundert erhalten. In der Zeit der Merowinger begann die Kirche mit einer systematischen Durchsetzung des Zölibats im Klerus. Sie verlangte, dass verheiratete Männer, die Priester wurden, ihre Frauen verließen und künftig auf Geschlechtsverkehr verzichteten. Unter der Herrschaft der Karolinger setzte die inzwischen als Reichskirche etablierte Kirche eine straffere Organisation und strengere Absicherung der internen Disziplin durch. Den Klerikern war es untersagt, mit anderen Frauen als engen Blutsverwandten zusammenzuleben, und Tausende von Priester-Konkubinen und deren Kinder wurden vertrieben und verbannt. Die angestrebte Institutionalisierung eines zölibatären Klerus sollte im Interesse der Kirche dafür sorgen, dass die Priester nicht der Versuchung ausgesetzt waren, Eigentum erwerben oder behalten zu wollen. Ein zölibatärer Priester ohne persönlichen Besitz würde nicht Familienbelange über die Interessen der Kirche stellen. Dieses Ziel wurde endgültig erst durch die Reformbewegung des 11. Jahrhunderts erreicht. Adlige Familien waren nun aufgefordert, ihr Eigentum an die Kirche zu übertragen und nicht länger dem Reichtum einzelner Priester zugute kommen zu lassen. Die Beziehung zwischen der Regulierung der Sexualität einerseits und ökonomischer Macht andererseits ist offensichtlich: Im Zuge der zwangsweisen Durchsetzung des Zölibats der Priester vergrößerte die Kirche ihren Landbesitz, so dass schließlich fast die Hälfte des Bodens in Westeuropa der Kirche gehörte.

Mit der Konsolidierung der kirchlichen Macht verschärfte sich die Trennung zwischen den männlichen und weiblichen Ordensleuten. Das fest verankerte Bildungsmonopol der Kirche stärkte die Position des gebildeten männlichen Klerus, während die Rolle der weiblichen Ordensmitglieder beschnitten wurde. Mitte des

12. Jahrhunderts gab es nur noch sehr wenige von einer Äbtissin geleitete Doppelklöster. Die völlige Einschließung der weiblichen Angehörigen eines religiösen Ordens und ihre Kontrolle durch Priester waren zur Norm geworden. Anders als im frühen Mittelalter lernten Nonnen jetzt nur noch ausnahmsweise Latein.

Vergleichbar mit der Entwicklung im kirchlichen Bereich, stützte sich auch die Konsolidierung der weltlichen Macht in Nationalstaaten zumindest zum Teil auf die Einschränkung der Rechte der Frauen. Obwohl das Braut- und Eherecht in den einzelnen Regionen sehr verschieden war, kann verallgemeinernd festgestellt werden, dass im 12. Jahrhundert das Recht der Frauen in Bezug auf Besitz und Mitgift sehr viel enger begrenzt, ihre Rechte als Witwen beschnitten und eine Reihe von ökonomischen Rechten, die ihnen in früheren Jahrhunderten zugestanden hatten, nun eingeschränkt worden waren.[33]

Seit dem 11. Jahrhundert veränderten sich die Gesellschaften in Europa zunächst durch die Entwicklung der Städte in Italien, Deutschland, Frankreich und England und dann durch Veränderungen der Warenproduktion und des Handels. Die Städte wurden zu Zentren des Gewerbes und der Vermarktung von Waren über den Fernhandel. Eine weitgehende Spezialisierung der Gewerbe, die Befreiung der Städte von feudalen Belastungen, der Aufschwung der Geldwirtschaft und steigender Wohlstand waren für diese Zeit charakteristisch. Das Handelskapital, dessen Grundlage nicht mehr der Landbesitz war, bildete das Fundament der neuen Wirtschaftsweise und der aufsteigenden Klassen – reiche Kaufleute, Gewerbetreibende und eine Landbevölkerung, die nicht mehr vorrangig in der Landwirtschaft tätig war, sondern mehr und mehr durch das Verlagssystem von Handelskapitalisten abhängig wurde.

Das Entstehen und der Fortbestand des Bürgertums als Klasse hing ebenso sehr von den Regeln der Eheschließungen wie von unmittelbarer ökonomischen Unternehmungen ab. Die Mitgift der Tochter sicherte ihr eine Ehe innerhalb ihrer eigenen Klasse oder aber den sozialen Aufstieg. Reiche Kaufmannsfamilien nutzten Ehen zur Förderung politischer Beziehungen oder wirtschaftlicher Verbindungen. Die Ehen zwischen Töchtern aus dem reichen Bürgertum, mit einer großzügigen Mitgift ausgestattet, und mittellosen jüngeren Söhnen des Adels waren für beide Familien von Vorteil, weil sie einerseits den Neureichen durch die Verbindung zum Grundadel zu Ansehen verhalfen und andererseits einen nachgeborenen Müßiggänger aus der Konkurrenz um das Land der Adelsfamilie entfernten. Durch sorgfältig geplante Ehen ließ sich ein sowohl an Reichtum wie an Ansehen orientierter sozialer Aufstieg bewerkstelligen.

Die in Geld ausgezahlte Mitgift, die im 13. Jahrhundert zur vorherrschenden Form der Ausstattung von Töchtern wurde, wuchs im Wert, als man ihre Bedeutung für die Familienökonomie erkannte: je höher der Rang und das Ansehen der Familie eines Bräutigams, desto größer die Mitgift der Braut. Die inflationäre Erhöhung der Mitgiftzahlungen erreichte eine Größenordnung, die den Großen Rat von Venedig im Jahre 1420 veranlasste, die Mitgiften bei den Patrizierfamilien zu begrenzen. Hundert Jahre später war der Wert der Mitgiften dennoch auf das Doppelte gestiegen, und der Große Rat beschloss ein weiteres Gesetz zur Festlegung einer Obergrenze.

Früher hatte die Mitgift einen Teil des töchterlichen Erbes ausgemacht, im 15. Jahrhundert stellte sie das gesamte Erbe einer jungen Frau dar. Das führte zum Ausschluss der Frauen vom Grundbesitz und zur Bevorzugung der Söhne bei den Erbschaften. Andererseits hatten die Frauen nun das Recht auf eine Mitgift, und viele Städte richteten öffentliche Kassen ein, um armen Mädchen eine solche auszahlen zu können. Die schnelle Erhöhung der Mitgift ist ein Maßstab für die große Bedeutung der Mitgift der Frauen für die Kapitalbildung der frühen Bourgeoisie. Das bedarf einer weit größeren Beachtung, als diesem Umstand gewöhnlich zuteil wird.[34]

Eine ansehnliche Mitgift versorgte den Bräutigam und seine Familie mit liquiden finanziellen Mitteln, die zur Schuldentilgung oder als Einlage in eines der sich erweiternden kapitalistischen Unternehmen verwendet werden konnten. Die Tatsache, dass das neue Familienoberhaupt über eine große Geldsumme frei verfügen konnte, erleichterte riskante unternehmerische Investitionen.

In der mittleren Gesellschaftsschicht, unter den Gewerbetreibenden, Handwerkern und Händlern, bot die Mitgift eines Mädchens dem Gatten häufig die Gelegenheit, einen eigenen Betrieb zu gründen. Von den Frauen der Handwerker und Kaufleute wurde erwartet, dass sie nicht nur die Hauswirtschaft leiteten, die Aufsicht über die Lehrlinge und Gesellen übernahmen und deren Ernährung sicherstellten, sondern auch durch ihre eigenen handwerklichen Fähigkeiten zum geschäftlichen Erfolg ihres Ehemannes beitrugen. Nach dessen Tod führten sie als Witwe oft den Betrieb weiter, um für ihre Kinder zu sorgen. Solche Frauen waren als Ehefrauen sehr begehrt, denn die Ehe war nicht selten eine Voraussetzung für die Aufnahme als Meister in eine Zunft. So konnte ein junger Geselle als Zunftmitglied in die Mittelklasse aufsteigen, wenn er die Witwe eines Zunftmitglieds heiratete, oft eine Frau, die viel älter war als er.

Die finanzielle Kalkulation eines Bräutigams auf dem Heiratsmarkt im kolonialen Amerika hat Benjamin Franklin in seiner Autobiographie recht kühl beschrieben:

»Mrs. Godfrey hatte eine Verbindung zwischen mir und der Tochter eines Verwandten ins Auge gefaßt, brachte uns bei verschiedenen Gelegenheiten zusammen, bis meinerseits ein ernsthaftes Werben begann, zumal das Mädchen dessen würdig war. [...] Mrs. Godfrey arrangierte unsere kleine Vereinbarung. Ich ließ sie wissen, dass ich als Mitgift soviel Geld erwartete, wie nötig war, um meine restlichen Schulden für die Druckerei zu bezahlen, damals ein Betrag von etwa hundert Pfund. Sie brachte mir die Nachricht, dass sie eine solche Summe nicht aufbringen könnten. Ich sagte, sie sollten im Pfandhaus eine Hypothek auf ihr Haus aufnehmen. Die Antwort lautete nach einigen Tagen, dass sie das nicht tun wollten; eine Nachfrage [...] habe ergeben, das Druckgeschäft sei nicht gewinnbringend. [...] und deshalb verbot man mir das Haus und die Tochter wurde eingesperrt. [...] Ich erklärte unmissverständlich meinen Entschluss, mit dieser Familie künftig nichts mehr zu tun zu haben.«[35]

Seit der frühen Renaissance wurde die Entfaltung des Kapitalismus von den Arrangements auf dem Heiratsmarkt unterstützt. Wie in anderen Fällen wurden die in dem neuen Wirtschaftssystem zunächst relativ vorteilhaften Bedingungen für Frauen schrittweise eingeschränkt und führten schließlich zu deren Benachteiligung. Im 14. Jahrhundert konnten die Frauen in Paris und anderen europäischen Städten Mitglieder von etwa einem Drittel der Zünfte sein und wurden in einer Vielzahl von Handwerkerrollen unterschiedlicher Wirtschaftszweige geführt. Doch im 17. Jahrhundert waren sie von der Mitgliedschaft in den meisten Zünften ausgeschlossen. Selbst in vorher überwiegend von Frauen ausgeübten Gewerbezweigen, zum Beispiel dem Brauen, der Garnherstellung und Seidenverarbeitung, wurde ihnen nach und nach die Verwendung neuer Techniken oder neuer Materialien verboten. Zunehmende Regulierung und geschlechtsspezifische Einschränkungen verwiesen Frauen auf die am schlechtesten bezahlten Tätigkeiten, und der technische Fortschritt wirkte sich ebenso wie die zunehmende Arbeitsteilung nachteilig für sie aus.[36]

Als die selbstständige Berufsausübung für Frauen zurückging, wuchs ihre Abhängigkeit von einer sorgfältig kalkulierten, ökonomisch vorteilhaften Eheschließung. Das Elend der Frauen, die aus eigenem Verschulden oder wegen des mangelnden Geschicks ihres Vaters unvorteilhafte Ehen eingingen oder gar nicht heirateten, ist in der Literatur des 18. und 19. Jahrhunderts sehr deutlich beschrieben worden. Erst in der zweiten Hälfte des 19. Jahrhunderts sollten Frauen in der Lage sein, sich für einen Berufsweg und eine Lebensweise zu entscheiden, die ihnen die wirtschaftliche Unabhängigkeit außerhalb der Ehe sicherten.

Eine Historikerin hat das so beschrieben:

»Die Bestimmungen über die Eigentumsrechte der Frauen hatten immer die Funktion, die Weitergabe von wichtigem Eigentum von Mann zu Mann zu erleichtern; Besitztitel von Frauen dienten zur Sicherung ihres Lebensunterhaltes und der Versorgung der von ihnen abhängigen, unmündigen Kinder. Die Männer wollten, dass die Frauen genug hatten, um zu überleben, […] aber nicht genug, um auf der Grundlage eines beträchtlichen Vermögens Macht auszuüben.«[37]

Dementsprechend verlor im Mittelalter eine Witwe ihre Mitgift, wenn sie wieder heiratete oder sich sittenwidrig verhielt (1285). Eine Ehefrau verlor ihre Mitgift, wenn sie weglief oder Ehebruch beging. In Britannien und den USA galten im 18. Jahrhundert in Bezug auf das Verfügungsrecht der Witwen über ihre Mitgift Gesetze, die denen des mittelalterlichen Rechts entsprachen. Und selbst im 20. Jahrhundert ist es möglich, dass geschiedene Frauen ihre Unterhaltszahlungen und Rentenansprüche verlieren, wenn sie wieder heiraten.[38]

Eine detaillierte Behandlung des kontinentaleuropäischen und britischen Erbrechts und dessen Anwendungsformen im 17. und 18. Jahrhundert würde hier zu weit führen, doch einige Grundlinien sollen skizziert werden. Die HistorikerInnen sind übereinstimmend der Auffassung, dass die Eheschließungen für adlige Familien durchgehend Mittel zur Erweiterung des Landbesitzes der Familiendynastie und zur Stärkung ihrer Machtposition waren. So diente das sorgfältige Planen ehelicher Verbindungen der Bildung einer besonderen Klasse. Die Sicherung der Klassenzugehörigkeit wiederum verlangte die Entwicklung von Strategien, die gewährleisteten, dass der Besitz nicht zwischen zu vielen Erben aufgeteilt werden musste und dass vorteilhafte eheliche Verbindungen mit dem Nachwuchs des aufsteigenden Bürgertums zustande kamen. Durch männliche Erbfolge und das Erstgeburtsrecht hatte man den Grundbesitz zusammengehalten; nun wurden vermögens- und eherechtliche Bestimmungen entwickelt, die dafür sorgten, dass den vom Erstgeburtsrecht benachteiligten Söhnen und Töchtern ein genügend großes Erbe zur Verfügung stand, um ihnen den sozialen Aufstieg durch Heirat zu ermöglichen. Eileen Springs überzeugender Darstellung zufolge war es der Sinn der »unumstößlichen Verfügung« (einer testamentarisch verbindlichen Erbteilung zum Zeitpunkt der Eheschließung des ältesten Sohnes), die im 17. Jahrhundert üblich wurde und die Erbfolge in der männlichen Linie regelte, den Grundbesitz im Sinne des Patriarchats patrilinear zu erhalten. Alles in allem bewirkten die Veränderungen der Ehearrangements den »Niedergang der Rechte von Frauen auf Landbesitz«[39].

In der gleichen Zeit heirateten Männer des aufsteigenden Bürgertums, reiche Kaufleute und Gewerbetreibende, in den Adel ein und folgten dem aristokratischen Modell der Klassenbildung – durch den Erwerb von Landbesitz und dessen Erhaltung durch geschlechtsspezifische Ehe- und Erbregelungen, die eine Kontrolle über Land und Reichtum durch Männer sicherstellen sollten.

Es lässt sich also festhalten, dass ein über mehrere Jahrtausende beibehaltenes Verfahren dafür sorgte, dass soziokulturell definierte Geschlechterbeziehungen und Klassenbildung ebenso wie die Beibehaltung der Klassenzugehörigkeit einander bedingten. Jede wichtige historische Entwicklung der Klassenbildung – die Sklaverei im Alten Orient, die Staatenbildung im Mittelalter, die Entstehung von Nationalstaaten, die Konsolidierung der Macht der Kirche, der Aufstieg des Bürgertums im Kapitalismus – war abhängig von der Regulierung der Reproduktivität der Frauen und von der Einschränkung ihres unmittelbaren Zugangs zu ökonomischer Macht.

3. Klassenzugehörigkeit muss für Männer und Frauen immer unterschiedlich definiert werden und hat historisch für Männer und Frauen immer etwas Verschiedenes bedeutet. Frauen und Männer gehören einer Klasse nie auf die gleiche Weise an.

Am besten können wir die Komplexität von geschlechtsspezifischen Klassenpositionen durch den Vergleich einer Frau mit ihrem Bruder darstellen und dabei zeigen, wie sich die Lebensweise und die Chancen von Bruder und Schwester unterscheiden.[40] Wir wollen deshalb die Situation von Brüdern und Schwestern in verschiedenen Gesellschaften zu verschiedenen Zeiten und bei unterschiedlicher Klassenzugehörigkeit vergleichen.

Ein männliches Mitglied der Ritterschaft im frühen Mittelalter war als Vasall von einem Lehnsherrn aus dem Hochadel abhängig. Er war seinem Lehnsherrn zum Kriegsdienst verpflichtet, was eine oft jahrelange Abwesenheit von seinem Land und seiner Familie mit sich brachte. Seine Erziehung bestand in der Ausbildung zum Krieger und zur Vorführung einzelner Kampftechniken bei Turnieren. Der Bruder konnte sich seine Ehefrau nicht frei wählen, sondern hatte sich dem Familieninteresse und den Entscheidungen seines Vaters zu fügen. Einmal verheiratet, hatte er unbeschränkte sexuelle Freiheit, was bedeutet, dass er mehrere Frauen heiraten, Konkubinen haben und mit Frauen niederen Ranges sowie Leibeigenen sexuell verkehren konnte. Er konnte sein eigenes und das von seiner Frau in die Ehe eingebrachte Vermögen verwalten, mit der üblichen Einschränkung, einen Teil der Mitgift zur Sicherung ihres Lebensunterhalts beiseite legen zu müssen. Er konnte bis zu seinem Lebensende über seinen eigenen Besitz verfügen und seine Erben selbst bestimmen.

Die Schwester erhielt eine ebenso sorgfältige Erziehung wie ihr Bruder, übertraf diesen aber meist in ihrer Lesefähigkeit. Bei der Wahl des Ehepartners unterlag sie ähnlichen Beschränkungen wie der Bruder, hatte aber vor der Ehe keine sexuellen Freiheiten. Da ihre Jungfräulichkeit einen wesentlichen Teil des Eigentums ihrer Familie ausmachte, wurde die Tochter früh, oft schon als Kind, verlobt oder versprochen und lebte dann im Haushalt ihres künftigen Ehemanns. Einmal verheiratet, wurde ihre Treue mit barbarischen Mitteln sichergestellt (etwa mittels eines Keuschheitsgürtels aus Metall) und jede Art von Untreue konnte mit dem Tode bestraft werden. Wurde ihr Mann ihrer in sexueller Hinsicht überdrüssig oder gebar sie ihm keine männlichen Erben, so durfte er sie zugunsten einer anderen Frau verlassen, sie hinter Gitter bringen oder zu ihrem Vater zurückschicken. Kurz, sie konnte ihr Ansehen und ihre Klassenzugehörigkeit verlieren, wenn ihre sexuellen oder reproduktiven Dienste für unzureichend erachtet wurden. So lange sie den Anforderungen dieses Tauschverhältnisses in der Ehe gerecht wurde, hatte die Herrin des Hauses Macht über die männlichen und weiblichen Bediensteten ihres Haushalts, Leibeigene und SklavInnen. Erbinnen und Herrinnen waren in der Ausübung der Gerichtsbarkeit sehr begrenzt und hatten politische Rechte nur bei Abwesenheit ihrer Ehemänner, wenn sie als »Stellvertreterinnen« ihrer Männer handelten. Doch diese Rolle war beschränkt und vom Belieben der Ehemänner abhängig. Im Mittelalter gab es eine Reihe von Königinnen, die als stellvertretende Regentinnen sehr mächtig waren, aber schnell ersetzt wurden, wenn ihr Gatte sich sexuell zu einer anderen Frau hingezogen fühlte oder wenn sie ihrer vorrangigen Pflicht, für männliche Erben zu sorgen, nicht nachkamen. Selbst die mächtigste Königin musste ständig gewärtig sein, dass man ihre Ehe annullieren oder scheiden, sie der Rebellion oder des Verrats anklagen und womöglich für lange Jahre gefangen setzen konnte. Der Machtanspruch der Oberschichtfrauen bestand nur vermittelt über die Beziehung zu mächtigen Männern – in ihrer Rolle als Erbinnen, als Ehefrauen oder als Mütter bei der Wahrnehmung der Interessen ihrer unmündigen Söhne. Die »Klassen«-Privilegien dieser Frauen waren abhängig von ihren familiären, sexuellen und reproduktiven Beziehungen. Das traf auf Männer nicht zu, die aus eigenem Recht Macht ausübten. Selbst die mächtigsten Frauen des Mittelalters wie Eleonore von Aquitanien, Margarethe von Dänemark und Isabella von Kastilien konnten ihre Macht nicht nutzen, um die gesellschaftliche Stellung der Frauen zu verbessern.[41] Sie trugen dazu bei, die Klasseninteressen der Männer, von denen sie abhängig waren, zu fördern.

Im Falle des mittelalterlichen Ritteradels verfügte der Bruder also über einen direkten Zugang zur Kontrolle über die Ressourcen der Wirtschaft, Bildung und Sexualität und gehörte zur Herrschaftselite. Seine Schwester konnte, selbst als mächtige Adlige oder Königin, den Zugang zu Macht und Einfluss nur in der über Männer vermittelten Rolle als »Stellvertreterin« für den abwesenden Gatten oder als Vertreterin ihres minderjährigen Sohnes erhalten.

Bei den Bauern des Mittelalters verhielt es sich ungefähr so: Bei den freien Bauern erbte der Bruder den Grundbesitz; im Falle der Hörigen ging das Dienstverhältnis zum Grundherrn mit seinen Rechten und Pflichten auf ihn über. Der Bruder war außerdem zum Kriegsdienst für seinen Herrn verpflichtet. Weder er noch seine Schwester hatte Zugang zu Bildungsinstitutionen, einmal abgesehen davon, dass die Kirche einigen Bauernsöhnen die Pforte zu Bildungschancen innerhalb der kirchlichen Orden öffnete, die Frauen verschlossen war.[42] Die Wahl des Ehepartners war in der Bauernschaft weniger von Familieninteressen vorgegeben als im Adel, dafür aber beschränkt durch die Verpflichtungen gegenüber dem Grundherrn. Der Grundherr musste allen Eheschließungen zustimmen und erhob häufig eine finanzielle Abgabe für seine Genehmigung. Grundherr und Bauer erwarben mit der Eheschließung das alleinige Verfügungsrecht über die Sexualität und Fruchtbarkeit ihrer Frau, aber der Grundherr nahm dem Bauern sein patriarchales Vorrecht, von der unbezahlten Hausarbeit seiner Frau zu profitieren. Da die Bauersfrauen und ihre Kinder dem Herrn zu den gleichen

Dienstleistungen verpflichtet waren wie die Männer der Familie, war es weit überwiegend der Grundherr, dem ihre Dienstleistungen zugute kamen.[43]

Die Schwester des Bauernsohnes teilte die strikt eingeschränkten Lebensbedingungen der Familie. Sie konnte jedoch kein Land erben, und es wurde erwartet, dass sie durch Heirat ihren Lebensunterhalt sicherte. Von der Auswahl ihres Ehepartners war ihr eigenes wirtschaftliches und gesundheitliches Wohlergehen ebenso abhängig wie das ihrer Kinder. In der Ehe schuldete sie ihrem Mann die gleichen sexuellen und reproduktiven Dienste wie die adlige Frau ihrem Mann, hatte aber nicht das klassenspezifische Privileg, einen Teil der häuslichen Verpflichtungen und der Kinderpflege Bediensteten zu überlassen. Das Besondere an ihrem Status als Frau der unteren Klasse war, dass sie sexuellen Übergriffen von Seiten des Grundherrn und anderer Adliger wehrlos ausgeliefert war.

Bei den Bauern hatte der Mann einen Zugang zu den ökonomischen Ressourcen aus zweiter Hand durch seinen Vertrag mit dem Grundherrn oder durch seine Dienstpflichten ihm gegenüber. Der Zugang der Frauen war einer aus dritter Hand, vermittelt über die männlichen Mitglieder ihrer Familie. Bruder und Schwester waren politisch unmündig und in ihren Bildungsmöglichkeiten benachteiligt, wobei dem Bruder als einziger Zugang zu Erziehung und Bildung die Möglichkeit offenstand, Priester zu werden.[44]

Wenn wir uns nun mit der Entstehung des Bürgertums in den Städten Europas während der Renaissance beschäftigen, stoßen wir auf ähnliche Unterschiede zwischen dem Status von Männern und Frauen. In den oberen Rängen des Bürgertums, bei den Großkaufleuten und Gewerbetreibenden, war die Jungfräulichkeit der Töchter und die Treue der Ehefrauen für die Familien von großer Bedeutung. Homogamie, Regelungen über die Mitgift und die geschlechtsspezifische Erbfolge förderten die Herausbildung der Klasse, die sich weitgehend auf die Benachteiligung von Töchtern gegenüber Söhnen stützte.

In den mittleren Schichten, bei den Händlern und Handwerkern, förderte die Ehe, wie wir gesehen haben, die Klassenbildung dadurch, dass einerseits die Arbeit der Frau in Haus und

Gewerbe zu derjenigen des Mannes hinzukam und zweitens durch die Mitgift Kapital zur Eröffnung oder Erweiterung eines Geschäfts oder Betriebs bereitgestellt wurde. In dieser sozialen Schicht hatten die Frauen größere Freiheiten bei der Partnerwahl als die Frauen der Oberschicht. Und hier finden wir die bereits erwähnten älteren Frauen, die als verwitwete Meisterinnen jüngere Männer heiraten konnten.[45]

Vom 16. bis zum 19. Jahrhundert wurden in Europa aus Bauern nach und nach Industriearbeiter. In dieser Frühzeit der Industrialisierung vor dem Fabriksystem wurde die bäuerliche Hauswirtschaft in das Verlagssystem einbezogen, in dem das Handelskapital den Landarbeiterfamilien Rohstoffe und Werkzeuge zur Heimarbeit bereit stellte und ihre Produkte, für die sie einen Hungerlohn erhielten, vermarktete. Durch die Bedingungen der Heimarbeit wurde die Macht der bäuerlichen Patriarchen, über die Ehen und das Leben ihrer Kinder zu bestimmen, untergraben. Diese Art der Produktion unterminierte zudem die geringe finanzielle Unabhängigkeit der Bäuerinnen, die sie durch den ihnen zustehenden Erlös aus dem Verkauf mancher hauswirtschaftlicher Produkte – Eier, Butter, Garn, Wolle – auf örtlichen Märkten erlangten. Da nicht der Grundbesitz, sondern das Familieneinkommen den Unterhalt der Familie sicherte, konnten junge Frauen und Männer nun ungeachtet der Wünsche ihrer Eltern einen eigenen Haushalt gründen und neue Arbeitseinheiten bilden. Grundlage des Verlagssystems war das unbegrenzte Vorhandensein billiger Arbeitskraft bei den Bauern und ihren Familien. Da der Arbeitslohn weit unter den gemeinhin gezahlten Löhnen lag, musste die ganze Familie hart arbeiten, um über den »Kollektivlohn« das Äquivalent des in der Stadt einer einzigen Arbeitskraft zustehenden Lohns zu erhalten. Die Selbstausbeutung der Heimarbeiter wurde vollends unvermeidlich, weil nicht die Arbeitszeit bezahlt wurde, sondern der Vertragspartner formal als selbständiger Produzent galt, dem die Produkte pro Stück bezahlt wurden. Für die Landbevölkerung war deshalb Kinderarbeit lebenswichtig. Die unentgeltliche Frauen- und Kinderarbeit subventionierte also Profit und Kapitalakkumulation, die Grundlage der Industrialisierung. Eine etwas andere Form des gleichen Systems gab es im frühen 19. Jahrhundert in den Städten im Osten der USA.

Man könnte versucht sein, die als Heimarbeiter Ausgebeuteten – Männer, Frauen und Kinder – für Angehörige einer sozialen Klasse zu halten. Der Handelskapitalist schloss den Vertrag mit dem männlichen Haushaltsvorstand für die von der ganzen Familie hergestellten Produkte. Frau und Kinder hatten damit die Stellung unbezahlter Hilfskräfte des Vaters. Aber die Frau des Heimarbeiters hatte zusätzlich zu ihrer Arbeit beim Spinnen und Weben die Aufgabe, für den Nachwuchs zu sorgen, zumal es von der Arbeit der Kinder abhängen konnte, ob die Familie überlebte oder verhungerte. Die Arbeit der Frauen dieser Klasse im Haushalt und beim Aufziehen der Kinder war, wie üblich, unbezahlte Arbeit, eine Doppelbelastung für die ohnehin überlasteten Frauen. Wenn steigende Geburtenzahlen zu einem Überangebot an Arbeitskräften auf dem Lande und damit zum Sinken der Arbeitserlöse führten, kam es zu noch größerer Verelendung. Arme Bauern wurden dann zu landlosen Bauern; ländliche Heimarbeiter wurden zu Proletariern in den Fabriken.

Zur Zeit des reifen Kapitalismus, im 19. und frühen 20. Jahrhundert, hing die Kontinuität der oberen und mittleren Klassen, wie das schon früher der Fall gewesen war, von homogamen Ehen und geschlechtsspezifischer Erbfolge ab. Die Gesetzgebung über die Eigentumsrechte der Frauen in der zweiten Hälfte des 19. Jahrhunderts verbesserte die ökonomische Situation der Frauen in der Mittelschicht. Aber die Klassenzugehörigkeit beruhte zunehmend auf der geschlechtsspezifisch geregelten Verfügbarkeit einer anderen Grundlage für den Erfolg der Industrialisierung: auf Bildung. Ich habe schon an anderer Stelle gezeigt, dass die Frauen, was Bildung angeht, in allen bekannten patriarchalen Gesellschaften systematisch benachteiligt wurden, einmal abgesehen von einer kleinen Gruppe von Frauen der Oberschicht, deren Bildung im Interesse ihrer Herkunftsfamilie von Vorteil war, wenn es keinen geeigneten männlichen Erben gab.[46] Solange eine informelle Vermittlung von handwerklichen und kaufmännischen Kenntnissen die jungen Menschen im Rahmen des häuslichen Wirtschaftsbetriebs auf ihren künftigen Beruf vorbereitete, waren die geschlechtsspezifischen Unterschiede im Zugang zu Bildung nicht besonders wichtig. Doch mit dem Aufstieg des Kapitalismus wurde der Zugang zu Bildung zu einer Voraussetzung wirtschaftlichen Erfolgs, ganz besonders nachdem eine Universitätsausbildung zur Grundlage von Karrieren in Politik und Verwaltung, in wissenschaftlichen oder technischen Berufszweigen geworden war. Universitäten waren, von ihren Anfängen im 11. Jahrhundert an, Frauen verschlossen. In Kontinentaleuropa, England und in den USA blieb die Ausbildung der Mädchen in den Grundschulen ebenso wie an den weiterführenden Schulen weit hinter der Schulbildung der Jungen zurück. Das trifft auch für den Grad der Alphabetisierung zu.

Das systematisch herbeigeführte Bildungsdefizit der Frauen verursachte zunächst einmal eine ungleiche Verteilung der Lebenschancen, die die Männer aller Klassen begünstigte. Die materiellen Güter einer Familie wurden unter Zurücksetzung der Töchter für die Erziehung und Bildung der Söhne eingesetzt, was eine deutliche ökonomische Bevorzugung der Söhne darstellte. Den Frauen wurden dadurch ökonomische Mittel vorenthalten, die ihren Unterhalt unabhängig von einer Ehe hätten sichern können. Verheiratete Frauen, die gezwungen waren, für ihren eigenen Lebensunterhalt oder den ihrer Familie zu sorgen, waren wegen ihrer Benachteiligung in der Ausbildung darauf angewiesen, die schlechtestbezahlten Tätigkeiten auszuüben. Das erklärt, warum für Frauen im Bemühen um ihre Emanzipation der Zugang zum Bildungswesen zur ersten und wichtigsten Forderung wurde.

Obwohl im 20. Jahrhundert in den meisten Industrieländern der Zugang der Frauen zu den Bildungseinrichtungen als Erfolg des langen und anstrengenden Kampfes der Frauen erreicht worden ist, gibt es in den technisch und ökonomisch am weitesten fortgeschrittenen Bereichen noch immer weit weniger Frauen als Männer. Frauen sind deutlich unterrepräsentiert in den Naturwissenschaften und den Ingenieurberufen, in der Astrophysik und Raumforschung, um nur einige Berufszweige zu nennen. Frauen, die in diese Ausbildungsbereiche vorstoßen, sehen sich oft sexueller Nötigung oder anderen Formen der Belästigung und der Diskriminierung in der Einstellungs- und Beförderungspraxis ausgesetzt. Allgemein lässt sich sagen, dass die Zahl der männlichen und weiblichen Beschäftigten in einem Beruf um so eher ausgewogen oder überwiegend weiblich ist, je schlechter die Tätigkeit bezahlt wird. Auch das Umgekehrte ist der Fall: Je besser bezahlt und angesehener eine Berufsgruppe oder eine Tätigkeit ist, desto weniger wahrscheinlich ist es, dort eine größere Zahl von Frauen anzutreffen.

Die Beziehung zwischen Bildungschancen und Klassenzugehörigkeit läßt sich verallgemeinernd so beschreiben: Während der gesamten Geschichte war Bildung mehr als alles andere ein Klassenprivileg. Sie war aber zudem ein soziokulturell bedingtes Privileg der Männer, das dazu diente, eine soziale Klasse zu erhalten und die Klassenzugehörigkeit zu sichern.

Beim Überblick über die Verteilung der Produktionsmittel und beim Vergleich des Zugangs zu ihnen je nach dem Geschlecht (die Möglichkeiten von Bruder und Schwester) sind einige Varianten der Ressourcenverteilung, bezogen auf Zeit und Ort, deutlich geworden. Doch es hat sich auch gezeigt, dass es ein allgemeingültiges Muster der geschlechtsspezifischen Zuteilung der materiellen Güter gibt, in dem die Frauen benachteiligt werden. Wie das geschieht, soll noch näher betrachtet werden.

Seit ihren Anfängen in der Sklaverei hat die Klassenherrschaft für Männer und Frauen verschiedene Formen angenommen: Männer wurden überwiegend als Arbeitskräfte ausgebeutet; Frauen wurden immer als Arbeitskräfte, aber darüber hinaus als sexuelle Dienste Leistende und als Gebärfähige ausgebeutet. Die Geschichte einer jeden Sklavengesellschaft belegt diese allgemeine Feststellung. Die sexuelle Ausbeutung der Frauen aus der Unterklasse durch Männer der Oberklasse gab es in der Vorgeschichte, im Altertum, im Feudalismus, in der europäischen Mittelschicht des 19. und 20. Jahrhunderts, in komplexen Geschlechts- und Rassenbeziehungen zwischen den einheimischen Frauen in den Kolonien und ihren Kolonialherren – sie ist überall und durchgängig zu beobachten. Für Frauen ist die sexuelle Ausbeutung das Merkmal ihrer klassenspezifischen Ausbeutung.

Für Männer war die Klassenzugehörigkeit zunächst und vor

allem auf ihr Verhältnis zu den Produktionsmitteln gegründet: Wer die Produktionsmittel besaß, konnte diejenigen beherrschen, die sie nicht besaßen. Die Eigentümer der Produktionsmittel kamen auch in den Genuss der sexuellen Dienste der Frauen, sowohl der Frauen ihrer eigenen Klasse als auch derjenigen der untergeordneten Klassen. Außerdem konnten die Männer die Arbeit der Frauen im Haushalt und bei der Versorgung der Kinder in Anspruch nehmen, nämlich als Gegenleistung für ihre ökonomische Absicherung. Dieses Arrangement nach dem Prinzip »Arbeit für Unterhalt«, das die Sklaverei charakterisiert, galt für Frauen über alle historischen Veränderungen der Wirtschaftsformen hinweg, von der Sklaverei des Altertums bis zum modernen Kapitalismus. Im Alten Mesopotamien, im klassischen Altertum und in Sklavengesellschaften verfügten die herrschenden Männer als Eigentümer auch über die Produkte der Reproduktionsfähigkeit der ihnen untergebenen Frauen – Kinder, die nach Belieben dieser Männer zur Arbeit eingesetzt, gehandelt, verheiratet oder als Sklaven verkauft werden konnten.

Für Frauen ist die Klassenzugehörigkeit durch ihre sexuelle Beziehung zu einem Mann vermittelt. Nur durch den Mann hat eine Frau Zugang zu Produktionsmitteln und materiellen Gütern oder nicht. Durch ihr sexuelles Verhalten erhält sie Zugang zu einer gesellschaftlichen Klasse. Respektable, »anständige Frauen« sind Mitglied einer Klasse über ihren Vater oder Ehemann, doch ein Verstoß gegen die sexuellen Regeln kann sie sofort deklassieren. »Sexuell abweichendes Verhalten« kennzeichnet eine Frau als nicht respektabel, »unanständig«, was sie auf den untersten sozialen Status der jeweiligen Gesellschaft verweist. Wir finden die erste institutionelle Festschreibung dieser Definition im mittelassyrischen Recht (niedergeschrieben 1500–1100 v.u.Z.), nämlich in Paragr. 40, der die Kleidung von Frauen vorschreibt.[47] Das Gesetz unterscheidet zwischen Frauen, die sexuell an einen Mann gebunden sind – Frauen und Töchter von Bürgern und freien Männern, Konkubinen in Begleitung ihrer Herrin und verheiratete Hierodulen (Tempeldienerinnen) –, und Frauen, die das nicht sind – Dirnen, Sklavinnen und unverheiratete Hierodulen. Ersteren ist es erlaubt, in der Öffentlichkeit einen Schleier zu tragen, den anderen ist das verboten. Das Gesetz sieht für Frauen, die sich nicht daran halten, schwere Strafen vor, aber auch für Männer, die diese Frauen nicht anzeigen und nicht strafrechtlich verfolgen. Da die Bestrafung öffentlich erfolgte und von Gerichten angeordnet wurde, ist anzunehmen, dass die Durchsetzung sichtbarer Merkmale der Klassenunterschiede von Frauen als wichtiger Aspekt der öffentlichen Machtausübung galt. Dies ist der erste bekannte Beweis für die Festlegung und Durchsetzung dieser Unterscheidung durch das Gesetz, wenn es auch genügend Belege dafür gibt, dass dies schon lange vor der rechtlichen Fixierung praktiziert wurde. Am wichtigsten ist an diesem Gesetz, dass der Unterschied einer Klasse von Frauen von der anderen darin besteht, ob sie sexuell an einen Mann gebunden sind oder nicht. Seit dieser Zeit bestimmt dieser auf die Sexualität bezogene Unterschied – der zwischen respektablen und nicht respektablen Frauen – die Klassenposition der Frauen.

Frauen, die Männern heterosexuelle Dienste vorenthalten – etwa alleinlebende Frauen, Nonnen, lesbische Frauen – befanden sich jahrhundertelang in einer prekären Position. Die Klassenzugehörigkeit dieser Frauen richtete sich nach dem dominanten Mann ihrer Herkunftsfamilie, und durch ihn erhielten sie Zugang zu materiellen Gütern. In einigen historischen Epochen boten Konvente und andere Enklaven einen geschützten Raum, in dem diese Frauen eine Aufgabe finden und ihre Respektabilität bewahren konnten. Aber die große Mehrheit von alleinstehenden Frauen stand definitionsgemäß am Rande der Gesellschaft und war abhängig vom Schutz ihrer männlichen Verwandten.

Die Frauen, die darauf bestanden, alleine für ihre Sexualität und Fortpflanzung verantwortlich zu sein, wurden deklassiert und als nicht normal, abweichend bezeichnet. Angefangen von den Prostituierten in Assyrien, die öffentlich durch das Verbot, einen Schleier zu tragen, gekennzeichnet waren, wurden sexuell von der Norm abweichende Frauen jahrhundertelang durch Kleidung, Aufenthaltsort und Überwachung erkennbar. Ob sie Schauspielerinnen, Unterhaltungskünstlerinnen, Hausiererinnen oder Dirnen waren, sie waren Opfer von Verfolgung, Regulierung und Diskriminierung. Erst im späten 20. Jahrhundert verloren diese geschlechtsspezifischen Bestimmungen ihren absoluten Charakter als Vorschriften.

Vor der vollen Entfaltung des Kapitalismus, der den Frauen einen direkten Zugang zu Erwerbstätigkeit und ökonomischer Unabhängigkeit brachte, gab es für die meisten Frauen keine Möglichkeit, sich ohne schwere wirtschaftliche Einbußen für ein Dasein als Alleinstehende zu entscheiden. Doch auch heute noch sind die sich selbst unterhaltenden Frauen im Vergleich zu ihren Brüdern eindeutig ökonomisch benachteiligt, weil sie sich auf einem Arbeitsmarkt bewegen, der den soziokulturellen Geschlechtsrollen entsprechend definiert und gegliedert ist. Das wird noch gesondert thematisiert. Hier soll nur festgehalten werden, dass die »Feminisierung der Armut«, eine im späten 20. Jahrhundert weltweit zu beobachtende Erscheinung, strukturell bedingt ist. Sie beruht auf der irrigen Annahme, dass jede Frau in einem Haushalt leben *sollte*, in dem ein Mann das Familienoberhaupt ist und den Lebensunterhalt verdient. An dieser Unterstellung liegt es, dass es noch immer den Lohn- und Einkommensunterschied zwischen Frauen und Männern gibt und Frauen weit überwiegend in den schlecht bezahlten Dienstleistungsbereichen arbeiten.[48]

Auch bei der Entstehung der Arbeiterklassen – gelernte Arbeiter, ungelernte Arbeiter und die Unterklasse der Gelegenheitsarbeiter – spielt die Geschlechtszugehörigkeit eine wichtige Rolle. Während im Kapitalismus Frauen wie Männer nur durch den Verkauf ihrer Arbeitskraft Zugang zum Lebensunterhalt haben, kämpften Männer erfolgreich um ihr Recht auf diesen Zugang nach patriarchalen Kriterien. Das Konzept des »Familieneinkommens«, ein Lohn zur Sicherung des Lebensunterhalts der ganzen Familie, förderte die Gliederung des Arbeitsmarktes nach Geschlechtszugehörigkeit, wodurch die Löhne für Frauen ständig weit unter dem Niveau der Löhne für Männer festgelegt wurden. Die Kämpfe der Gewerkschaften sorgten in den USA bis in die 1930er Jahre dafür, dass die Privilegien der Männer auf dem Arbeitsmarkt erhalten blieben. Geschlechtsspezifische Berufsbilder und Tätigkeitsmerkmale, die Frauen auf die Niedriglohnbereiche verwiesen, verstärkten diesen Zustand.

Außerdem hatten die Männer der Arbeiterklasse als Haushaltsvorstand das Recht, über jedwedes Eigentum zu verfügen, das zum Hausstand gehörte. Dementsprechend konnten in der Arbeiterklasse die Väter und Ehemänner bestimmen, wofür die Einkommen ihrer Töchter und Frauen verwendet wurden. Die Hausfrauen der Arbeiterklasse ergänzten oder ersetzten den Lohn ihrer Männer in wirtschaftlichen Notzeiten durch Tauschhandel, Heimarbeit als Schneiderin, durch die Aufnahme von Kostgängern oder als Waschfrau für andere Leute. Überdies waren die Frauen durch das Erbringen unbezahlter Hausarbeit und das Gebären und Aufziehen der Kinder benachteiligt und schwerer belastet als die Männer.

Die »Unsichtbarkeit« der Hausarbeit, ihre unaufhörliche Wiederholung und Geschichtslosigkeit haben es leicht gemacht, zu übersehen, dass sie bei der Einschätzung der Klassenposition der Frauen ein nicht zu vernachlässigender Faktor ist. Hausarbeit wird selten berücksichtigt, wenn über das Thema Klassenzugehörigkeit diskutiert wird.[49]

In der Kolonialzeit beschreibt die in Maine lebende Hebamme Martha Ballard, die neben ihrem Haushalt und der Versorgung einer großen Familie 612 Kindern auf die Welt geholfen hatte, wie sie sich in ihren Sechzigern krank fühlte. »Ich bin sehr krank, muss aber für Mr. Ballard und Cyrus (ihr Mann und ihr erwachsener Sohn) das Frühstück machen«, schrieb sie in ihr Tagebuch. An anderer Stelle beschreibt sie, dass sie sich zu krank fühlt, um aufzustehen. »Mein Mann ging zu Bett und kümmerte sich nicht um mich, so dass ich angezogen bis 5 Uhr morgens da lag [...] Ich machte den Männern ihr Frühstück, konnte aber nicht einen Krümel essen [...] machte aber die Wäsche.« Und dies in einer Ehe, deren Grundlage eine enge und im allgemeinen freundliche Zusammenarbeit war.[50]

Lydia Maria Child, eine amerikanische Autorin, die mit dem Erlös der von ihr geschriebenen vierundzwanzig Bücher den Lebensunterhalt für sich und ihren Mann David Child während der ganzen Zeit ihrer glücklichen Ehe verdient hatte, beschrieb 1864, was sie in diesem Jahr getan hatte. Während einige ihrer Tätigkeiten sich auf ihre schriftstellerische Arbeit bezogen, handelte es sich bei den meisten um eine ihrer zahllosen häuslichen Verpflichtungen. Sie »machte Hosenträger« und vier Hemden für David, nähte ihm einen Morgenmantel und Hausschuhe, reparierte sechs Hemden und »Pantalons« und »stopfte 70 Paar Strümpfe«. Sie erwähnte, dass sie 362 mal das Frühstück zubereitete [...] 360 mal das Abendessen, 350 mal in der Küche und dem Wohnzimmer fegte und Staub wischte«, und beendete die Liste mit: »schälte und trocknete ein achtel Scheffel Äpfel.«[51]

1876 suchte Dr. Mary Holywell Everett, eine 46jährige Ärztin mit einer großen Praxis in New York, Rat bei einem männlichen Kollegen, der ihr schon früher hilfreich zur Seite gestanden hatte. Ihre Schwester war sehr krank und sie war gedrängt worden, ihre Praxis hintanzustellen, um die Schwester zu pflegen. »Selbst wenn Sie das Risiko eingehen, Ihre Praxis ganz aufgeben zu müssen«, legte ihr der Kollege nahe, »sind Sie doch verpflichtet, an der Seite Ihrer Mutter zu bleiben und ihr zu helfen, die Last zu tragen.« Ein solches Opfer wäre von einem Arzt im Falle der Erkrankung seiner Schwester nicht erwartet worden.[52]

Ungeachtet der Zeitumstände, des gesellschaftlichen Rangs oder der ökonomischen Position überwogen die häuslichen Pflichten der Frauen gegenüber ihrer Berufstätigkeit, ihrer Karriere, ihren Ambitionen. Welcher Klasse sie aufgrund ihrer Berufstätigkeit auch angehören mochten: weil sie Frauen waren, hatten sie zugleich unbezahlte Dienstleistungen zu erbringen. Erwerbstätige Frauen sind doppelt belastet, sie haben nicht einen Arbeitsplatz, sondern zwei. Das stimmt, und doch erklärt es nicht hinreichend die Situation von Frauen.

Es ist richtig, dass Frauen sehr viel länger als Männer arbeiten, wenn zur bezahlten Arbeit die unbezahlte Hausarbeit und Versorgung der Kinder hinzugerechnet wird. Aber das Verhältnis zwischen bezahlter und unbezahlter Arbeit ist nicht nur additiv zu sehen, denn ihre unbezahlten Dienstleistungen mindern ihren Status und ihr Einkommen als Erwerbstätige. Die großen Unterschiede bei den Löhnen für die Dienstleistungen von Männern (z.B. Müllmann oder Haustechniker) und Frauen (Kinderpflegerin, Hauswirtschafterin) belegen das.[53]

Diese Beispiele zeigen, dass Klassenzugehörigkeit *für Männer und Frauen immer etwas Verschiedenes* bedeutet. Jede Klassentheorie, die ökonomische Unterdrückung als etwas strukturell Anderes als sexuelle Unterdrückung versteht, kann weder das

Andauern der sozialen Ungleichheiten erklären noch richtige Problemlösungen anbieten. Ökonomische Unterdrückung und Ausbeutung gründet sich ebenso sehr auf die Verdinglichung der weiblichen Sexualität und die Aneignung der weiblichen Arbeitskraft durch Männer wie auf die unmittelbar wirtschaftliche Aneignung von Gütern und Menschen. Mit dem traditionellen Klassenbegriff lässt sich die sozioökonomische Situation von *Männern und Frauen* nicht richtig darstellen. Gebraucht wird ein Begriff, der die tatsächlichen »Herrschaftsbeziehungen« in einer Gesellschaft offenlegt, eine Neubestimmung des Klassenbegriffs unter Einbeziehung der verschiedenen soziokulturell definierten Unterschiede von Männern und Frauen:

Klasse oder »die Position in der Rangordnung hierarchisch strukturierter Gesellschaften« enthält verschiedene Systeme von Beziehungen, durch die Menschen Zugang zu einer Reihe von materiellen Gütern und Privilegien erhalten. Dazu gehören wirtschaftliche Ressourcen, Land, politische Macht, Bildung, Technik und Zugang zu den formalen und informellen Netzwerken, durch die Gesellschaften die Ausübung von Macht organisieren. In patriarchalen Gesellschaften ist Macht immer durch geschlechts- und/oder »rassen«-differenzierende Herrschaft aufrechterhalten worden.[54] Verschiedene gesellschaftliche Gruppen erhalten jeweils bestimmte Vorteile gegenüber anderen untergeordneten Gruppen, um sie in ein System einzubinden, das den Zugang zu materiellen Gütern und sozialen Privilegien ungleich verteilt. Das ist das eigentliche strukturelle Stützwerk der hierarchischen Herrschaft, welche Form diese auch haben mag.

Verschiedene Essays in diesem Band setzen sich mit dem Problem der strukturellen Beziehung zwischen den verschiedenen Kategorien Rasse, Klasse, Geschlecht, Ethnizität, Religion auseinander, die auch andere feministische Theoretikerinnen und Sozialwissenschaftlerinnen beschäftigt haben. Susan Friedman schlägt »Beschreibungen von relationalem Positioniertsein« vor, die »Identität als situationsabhängig konstruiert und definiert und an den Schnittstellen unterschiedlicher Systeme von Anders-Sein und Schichtung gelegen betrachten«. Sie fordert, dass wir »Rasse, Klasse und soziokulturell bestimmtes Geschlecht als multiple und miteinander verschränkte Systeme der Unterdrückung« verstehen.[55]

Peggy Pascoe empfiehlt, dass wir Rasse, Klasse und soziokulturelles Geschlecht betrachten wie die Stränge eines DNA-Modells – »ihre Elemente bilden Reihen wie getrennte Bänder, die vom einen Ende zum anderen reichen, doch an bestimmten Punkten kreuzen sich die Reihen, winden sie sich umeinander oder verschmelzen und verstärken so die größere Struktur.« Wenn wir uns die »größere Struktur« als »das patriarchale Herrschaftssystem« vorstellen, so erscheint das plausibel.[56] Es ist aber notwendig zu zeigen, wie die Kategorien auf unterschiedliche Weise sich nicht nur »durchdringen«, sondern sich gegenseitig »bedingen«. Die Benachteiligung der Töchter gegenüber den Söhnen, was Bildung angeht, eröffnet den Männern nicht nur den besseren Zugang zu den technischen und wissenschaftlichen Quellen des Reichtums, sondern verleiht ihnen auch einen höheren Status. Die Privilegien der Weißhäutigen eröffnen den Weißen nicht nur den besseren Zugang zu den Ressourcen und damit zu größerem Reichtum, sondern sie erlauben es ökonomisch benachteiligten weißen Männern auch, sich Menschen mit anderer Hautfarbe überlegen zu fühlen, was ihnen hilft, die ökonomischen Benachteiligungen, denen sie selbst unterliegen, aus dem Blickfeld zu rücken.

Zur Veranschaulichung dieses komplexen Beziehungsgefüges kann der menschliche Körper dienen, wie er in Fachbüchern der Medizin dargestellt wird. Das Skelett ist auf einer Seite abgebildet, die Muskulatur auf einer anderen, dann der Kreislauf, das Nervensystem, die Organe usw. Tatsächlich aber sind diese Systeme alle untrennbar miteinander verbunden und haben keinerlei Bedeutung, wenn sie nicht als Teil eines funktionierenden Organismus verstanden werden. Es ist offensichtlich sinnlos, hinsichtlich ihrer Bedeutung für den Organismus Prioritäten festzulegen. Was ist wichtiger – Rasse, Klasse oder Geschlecht? Das ist eine unsinnige Frage, und jede Antwort darauf verdeckt mehr, als sie klärt.

Wenn wir Zahnschmerzen haben, betrifft das alle unsere körperlichen und seelischen »Systeme«. Alle Systeme richten sich auf den störenden Zahn aus. Wenn wir zu einer Gruppe gehören, die unter den Auswirkungen eines Herrschaftssystems leidet, besteht unser »Standpunkt« offensichtlich und korrekt darauf, unsere Erfahrung zu berücksichtigen. Um aber in dem lebenden Organismus – der Gesellschaft zu einer gegebenen Zeit und an einem bestimmten Ort – soziale Veränderungen zu erreichen, müssen wir das ganze System verstehen, nicht nur die beeinträchtigenden Teile. Der Versuch einer Neudefinition des Klassenbegriffs muss fortgesetzt werden.

Der Begriff »Klasse« bezeichnet nicht nur ein Beziehungsgefüge, durch das Menschen Zugang zu materiellen Ressourcen und Privilegien erhalten, sondern ein System von Beziehungen, die von anderen Machtverhältnissen zwischen Personen abhängig sind. Jeder Mensch ist gewissermaßen eingebunden in eine Reihe von unterschiedlichen Beziehungen, die verschiedene Aspekte der Lebensweise dieser Person zum Ausdruck bringen. Das Netz von Beziehungen definiert die Position eines Menschen in einer Rangordnung von Hierarchien so, dass dieser Mensch in Bezug auf unterschiedliche Aspekte seiner Existenz auf verschiedenen Ebenen der Rangordnung seinen Platz findet. Zum Beispiel: Ein Schwarzer kann Diakon seiner Kirchengemeinde (hoher Rang und Status) und ein Mann mit Highschool-Abschluss sein (mittlerer Rang in Bezug auf Zugang zu Arbeitsplatz und Wohlstand), zugleich ein sehr erfolgreicher Basketballspieler (hoher Rang in einem speziellen Beziehungsnetz), Hausmeister in einem Krankenhaus (relativ niedriger Rang und geringes Einkommen) und ein tyrannischer Vater und Ehemann. Eine Definition von Klasse, die sich nur an ökonomischen Gesichtspunkten orientiert, kann die gesellschaftliche Position dieses Mannes nicht richtig beschreiben.

Diese Klassenanalyse erklärt, warum Männer aus den unteren Klassen und Männer aus rassischen oder ethnischen Minderheiten zwar selbst unter ökonomischer und sozialer Unterdrückung leiden, aber trotzdem nicht notwendig die Emanzipation der Frauen ihrer Klasse unterstützen. Das liegt selbstverständlich daran, dass die Klasseninteressen von Männern und Frauen nicht dieselben sind. Während die Frauen das auf die Klassen- und Rassenzugehörigkeit gegründete Interesse der Männer ihrer Klasse teilen können und deshalb in der Vergangenheit die Klassenkämpfe um ökonomische und soziale Verbesserungen unterstützt haben, sind die Männer ihrer eigenen ökonomischen oder rassischen Gruppe nicht daran interessiert, die Privilegien zu verlieren, die ihnen ihre geschlechtsspezifische Dominanz einräumt. Bauern, die gegen ihren feudalen Grundherrn kämpfen, wollen gleichwohl den möglichen Zuwachs an Besitz, den ihnen ihre patriarchale Kontrolle über die Eheschließungen ihrer Töchter verheißt, nicht aufs Spiel setzen. Handwerker und Akademiker, die um sozialen Aufstieg kämpfen, nutzen Einkommen und Vermögen der Familie zur Förderung der Ausbildung ihrer Söhne, nicht ihrer Töchter. Arbeiter, die sich von einer sozialistischen Revolution eine Verbesserung ihrer ökonomischen und politischen Rechte versprechen, sind nicht daran interessiert und widersetzen sich sogar der Möglichkeit, dass ihre Frauen und Töchter ihnen die unbezahlten häuslichen Dienstleistungen entziehen, deren Aneignung die Männer ihrer Klasse für ein Naturrecht halten. Hinzu kommen die psychologischen Vorteile, die Männer dadurch genießen, dass sie sich einer ganzen Gruppe von Menschen überlegen fühlen können, die sich von ihnen unterscheiden, selbst wenn oder gerade wenn sie sich als machtlos im Sinne einer Veränderung oder Verbesserung ihrer eigenen Situation empfinden und es oft auch sind.

Ein schwesterliches Verhältnis zwischen Frauen ist seit den Anfängen des Patriarchats durch die lebenslange Abhängigkeit der Frauen von Männern behindert worden, also durch den Prozess, in dem sich Klassen bilden. Die Klassenzugehörigkeit hat den Frauen der herrschenden Elite immer Vorteile in bezug auf Wohlstand und Bildung gesichert – niemals gleich groß wie die ihrer Brüder, aber erheblich größer als diejenigen der Frauen aus den unteren sozialen Klassen. Ähnlich verhielt es sich mit den auf der »rassischen« Zuordnung gegründeten Privilegien der Frauen der rassisch dominierenden Gruppe gegenüber den Männern und Frauen einer jeweils untergeordneten Gruppe.

Eine auf die gesamte Gesellschaft bezogene, umfassende Neudefinition des Klassenbegriffs schließlich würde alle vertikalen, horizontalen und zwei- oder dreidimensionale Modelle hinter sich lassen. Der Beziehungszusammenhang »Klasse« ist und war niemals ein für alle Mal festgelegt.

Der Begriff »Klasse« bezeichnet einen langwierigen Prozess, durch den hierarchische Beziehungen auf eine Weise entstehen und aufrechterhalten werden, dass manche Männer Macht und Privilegien gegenüber Frauen und anderen Männern erhalten, indem sie über die Verwendung der materiellen Ressourcen, die Aneignung von sexuellen und reproduktiven Dienstleistungen, den Zugang zu Erziehung und Bildung bestimmen. Diese Kontrolle über andere Menschen beruht auf einem komplexen System sozialer Beziehungen zwischen den abhängigen Gruppen, das jeder Gruppe gewisse Vorteile gegenüber anderen Gruppen gewährt, und zwar solche, die ausreichen, um diese Gruppe innerhalb des Herrschaftssystems als der Elite untergeordnet zu halten.

Klasse wird geschlechtsspezifisch gebildet und aufrechterhalten; Klasse ist auch ein rassendifferenziertes Konstrukt. Die Beziehungen addieren sich nicht, sondern sind voneinander abhängig und verstärken sich gegenseitig. Menschen erhalten wegen ihrer Klassenposition Vorteile in Bezug auf ihre Rassen- und Geschlechtszugehörigkeit, und umgekehrt hat die klassenspezifische Unterdrückung je nach Rasse und Geschlecht eines Menschen ganz unterschiedliche Auswirkungen.

II. Das Paradigma überdenken: Rasse

Das Wort »Rasse« hat eine lange Geschichte und war stets umstritten. Die von modernen Wörterbüchern und Lexika angebotenen Definitionen zeigen, dass der Begriff in früheren Jahrhunderten »Abstammung« bedeutete, abgeleitet von Stammes- und Sippenverwandtschaft. Jahrhundertelang war die Bedeutung von Stamm und Rasse fast identisch. Den Begriff »Rasse« gibt es erst seit dem 16. Jahrhundert, und erst im 19. Jahrhundert wurde ihm eine biologische Bedeutung gegeben. Damals wurde die Evolutionstheorie zur Grundlage der Klassifizierung und hierarchischen Einordnung der »Menschenrassen«, wobei die Weißen ganz unvermeidlich an der Spitze dieser Rangordnung standen.

Dass diese Ideologie ungefähr zu der Zeit entstand, in der sich auch Nationalismus und Kolonialismus entwickelten, kann kein Zufall sein.[57]

Es nicht zu leugnen, dass es Menschen von unterschiedlicher Gestalt, Hautfarbe und Erscheinung gibt. Doch es ist fraglich, ob diese äußeren körperlichen Unterschiede auf irgendeine bestimmte Art mit anderen angeborenen Eigenschaften, wie zum Beispiel Einstellungen, Begabungen und psychischen Anlagen, in Beziehung stehen. Die Wissenschaft unserer Tage stützt keine Rassentheorie, die unterstellt, Rasse begründe wesentliche Unterschiede zwischen Menschen. Unter der Haut sind alle Menschen gleich. So etwas wie »schwarzes Blut« oder »reines Blut« gibt es nicht; die einzigen Unterschiede des Blutes – die Blutgruppen – haben mit Rassenzugehörigkeit nichts zu tun. Dennoch wird noch heute beispielsweise bei den Volkszählungen in den USA versucht, Menschen durch Definitionen, die sich an der Rassenideologie orientieren, nach äußeren körperlichen Eigenschaften – Farbe, Haar, Gesichtsform – oder nach der »Abstammung«, also dem Blut, zu Gruppen zu ordnen.

Wissenschaftlich bewiesen ist hingegen, dass die einzigen signifikanten Unterschiede zwischen Menschen in ihrer genetischen Ausstattung enthalten sind. Aber auch diesbezüglich bietet die Wissenschaft den Befürwortern von rassenbezogenen Definitionen keinen Beleg. Der genetische Code jedes Menschen ist zwar einzigartig, enthält aber doch Sequenzen, die in den Milliarden von Jahren der Evolution von den Eltern an ihre Kinder weitergegeben worden sind. Dank der modernen Technologie waren Forscher kürzlich in der Lage, die Koppelung von menschlichen Genen über Tausende von Jahren zurückzuverfolgen und so die Familiengeschichte der Gattung nachzuzeichnen. Sie führen alle Menschen auf eine ferne Vorfahrin zurück, auf eine Urmutter, die vor etwa 200 000 Jahren in Afrika gelebt hat. Während über die genaue Datierung dieser gemeinsamen Urmutter noch diskutiert wird, weisen die Forschungsergebnisse jedoch implizit darauf hin, dass alle Menschen ihren Ursprung in Afrika haben und es nur *eine* »natürliche« menschliche Gattung gibt, die infolge der Wanderungsbewegungen über die Erdteile unterschiedliche Prägungen erfahren hat.[58]

Die nachweisbaren Unterschiede in der menschlichen genetischen Ausstattung entsprechen den gemeinhin definierten Unterschieden zwischen Rassen nicht. Genetisch betrachtet gibt es nur geringe Unterschiede zwischen einem weiblichen Mitglied eines afrikanischen Stammes, einem Mann in Neuguinea und einer gutsituierten Frau im vornehmen Westchester County nahe bei New York. Zudem haben 200 000 oder mehr Jahre der Mischung von verschiedenen Menschengruppen und des weiträumigen Ortswechsels die sichtbaren körperlichen Unterschiede der Menschen – Haare, Haut, Gesichtsform – bis zur Bedeutungslosigkeit abgeschwächt, wenn es denn je Unterschiede von Bedeutung gegeben haben sollte. Unterschiede des Körperbaus und der Hautfarbe sind innerhalb jeder Gruppe, die als Rasse bezeichnet wird, ebenso groß wie sie es im Vergleich über die Gruppengrenzen hinweg sind. Unterschiede sind also nur dann wichtig, wenn sie gesellschaftlich als Kennzeichen des Rangs erachtet werden. Die Vorstellung von biologischen Rassen, eine in der Wissenschaft nicht existierende Kategorie, dient ausschließlich dazu, eine bestimmte Gruppe gegenüber derjenigen Gruppe, die ihre Eigenschaften definiert, als minderwertig erscheinen zu lassen.

Die Willkürlichkeit und Irrationalität des Begriffs »Rasse« sind im Fall der Juden offensichtlich. Fast zweitausend Jahre lang waren Juden von Nichtjuden nur durch ihre selbstauferlegten religiösen Gebote zu unterscheiden, die anders waren als die religiösen Bräuche der Menschen, in deren Mitte sie lebten. Zu bestimmten Zeiten waren sie gezwungen, sich durch Kleidung kenntlich zu machen, etwa durch den spitzen Hut und den gelben Stern, den die Juden im mittelalterlichen Europa zu tragen gezwungen waren. Bis in das 20. Jahrhundert wurden Juden aus *religiösen* Gründen erniedrigt, verfolgt und ausgegrenzt, und jeder Jude/jede Jüdin konnte seiner/ihrer Misere durch das Konvertieren zum Christentum entgehen. Als die Nazis in Deutschland nach einer Begründung und Rechtfertigung ihres gegen die Juden gerichteten Vernichtungswillens suchten, bezeichneten sie die Juden als »Rasse«. Die Nürnberger Gesetze machten diese Kennzeichnung zu geltendem Recht. Die Definition, wer als Jude zu gelten habe – eine völlig willkürliche Definition –, hatte nichts mehr mit der Religion zu tun. Atheisten und konvertierte Juden wurden in die Gaskammern geschickt, wenn ihre biologischen Vorfahren dem von den Nazis erfundenen Begriff der jüdischen Rasse entsprachen. *Mischlinge*, Nachwuchs gemischten »Blutes«, wurden von der Vernichtung nur ausgenommen, wenn sie zwei »arische« Großeltern hatten und sich nicht zum jüdischen Glauben bekannten. Die besondere mathematische Formel, nach der das Jüdischsein ermittelt wurde, war also auch willkürlich festgelegt worden.

Durch eine ähnlich willkürliche Definition wurde im Jahre 1750 in Virginia ein Mensch als »Neger« oder als der Negerrasse zugehörig definiert, wenn er oder sie eine »Negerin« zur Mutter hatte. Später wurde die Definition noch verfeinert, so dass nun »Neger« war, wer »einen Tropfen Negerblut« in sich hatte. Da niemand je in der Lage war, »Negerblut« aufgrund von irgendwelchen Eigenschaften von anderem Blut zu unterscheiden, ist diese Definition unwissenschaftlich, also rein politisch begründet. Schließlich ist daran zu erinnern, dass in Lateinamerika und Südafrika »Mischlinge« als eine besondere Gruppe neben »Weißen« und »Schwarzen« betrachtet wurden.

Die Verwendung des Begriffs »Rasse« wird schon seit langer Zeit in Frage gestellt. Die Einwände kommen in den Positionen einer ganzen Reihe von Afroamerikanern zum Ausdruck. William E. B. DuBois hat im Laufe seines Lebens diesbezüglich verschiedene Auffassungen vertreten. In jungen Jahren bereits hielt DuBois den Begriff der Rasse nicht für einen wissenschaftlichen, sondern für einen sozialgeschichtlich relevanten Begriff, der gesellschaftliche Bedingungen beschreibt. 1897 schrieb er:

»Was ist denn nun eine Rasse? Es ist eine große Familie von menschlichen Wesen, im allgemeinen gleichen Blutes und gemeinsamer Sprache, immer mit gemeinsamer Geschichte, mit gemeinsamen Traditionen und Antrieben, die sowohl absichtlich als auch unabsichtlich gemeinsam für das Erreichen bestimmter mehr oder weniger stark empfundener Lebensideale eintreten.«[59]

In dieser Zeit akzeptierte DuBois das »gleiche Blut« noch als wissenschaftlich korrekt und plausibel. Er argumentierte weiter, die Negerrasse habe einen besonderen Beitrag zur Entwicklung der Zivilisation zu leisten und solle sich ihre Rassenidentität in den Vereinigten Staaten erhalten. Diese Auffassung wird immer noch deutlich in dem Titel seines bahnbrechenden Buches *Dusk of Dawn: An Essay Toward An Autobiography of a Race Concept* (1940).

Aber schon 1911 modifizierte DuBois seine Akzeptanz eines biologisch abgeleiteten Begriffs der Rasse. Er betonte: »Es ist nicht gerechtfertigt, aus unterschiedlichen körperlichen Eigenschaften auf Unterschiede in geistigen Eigenschaften zu schließen« und »die Kultur einer [...] Rasse zu einem bestimmten Zeitpunkt erlaubt keine zutreffende Schlußfolgerung in Bezug auf ihre angeborenen oder ererbten Fähigkeiten.«[60] Selbst als er weiter schwarzen Nationalismus und das Selbstbewusstsein der Rasse forderte, definierte DuBois den Begriff der Rasse neu. 1940 schrieb er:

»Es ist offensichtlich, dass es eine wissenschaftliche Definition von Rasse nicht geben kann [...] Die physische Gemeinsamkeit ist gering und das Kennzeichen der Farbe relativ unbedeutend, es sei denn als Markierung: Das wirklich Wesentliche dieser Menschengruppe ist ihr gesellschaftliches Erbe der Sklaverei; die Diskriminierung und Beleidigung [...].«

In einer noch aufschlussreicheren Definition kam DuBois zu der Schlussfolgerung: »Rasse bedeutet, dass ein Neger in Georgia im Jim-Crow-Wagen (bezogen auf Rassentrennung in Bussen und Bahnen, d. Übers.) fahren muss.«[61] Diese, seine wohl radikalste Definition beinhaltet, dass der Begriff »Rasse« nichts anderes zum Ausdruck bringt als »Rassismus«.

Der zeitgenössische Gelehrte Anthony Appiah stimmt mit dieser Definition überein: »Die Wahrheit ist, dass es Rassen nicht gibt: Es gibt nichts auf dieser Welt, das all dem gerecht werden könnte, was wir uns von dem Begriff der Rasse versprechen. Das Schlimme, das daraus erwächst, stammt von der Vorstellung selbst.« Appiah bezieht sich auf DuBois' »Kennzeichen der Farbe«, wenn er feststellt: »Was DuBois mit der nichtweißen Welt gemeinsam hat, ist nicht die Beleidigung, sondern das Kennzeichen der Beleidigung [...].«[62]

Die Unwissenschaftlichkeit der Kategorie »Rasse« wurde immerhin schon 1967 juristisch anerkannt, als im Fall Loving vs. Virginia der Oberste Gerichtshof der Vereinigten Staaten entschied, dass die Mischehen-Gesetze verfassungswidrig seien. »Die biologische Rasse ist im Eherecht der USA nicht länger eine Kategorie von Bedeutung.«[63]

In den letzten Jahren sind viele Intellektuelle zu ähnlichen Schlussfolgerungen gelangt. Die afroamerikanische Historikerin Barbara Fields schrieb 1982:

»Die Annahme, Rasse sei ein eindeutiges physikalisches Faktum, eine Gegebenheit und nicht bloß eine Vorstellung, die zutiefst und ihrem ganzen Wesen nach ideologisch ist [...] die Auffassung, dass Rasse eine biologische Tatsache, eine physikalische Eigenschaft von Individuen ist, ist nicht länger haltbar [...].
Klasse und Rasse sind Begriffe verschiedener Ordnung; sie gehören nicht in den gleichen analytischen Zusammenhang/Raum und können also keine analytischen Alternativen sein. [...] – Der Klassenbegriff bezieht sich auf materielle Umstände: die Ungleichheit menschlicher Wesen unter dem Aspekt gesellschaftlicher Macht [...] das Vorhandensein von Klassen kann als gesichert gelten ganz unabhängig vom Bewusstsein der Menschen, manchmal sogar im direkten Gegensatz dazu. [...] Rasse andererseits ist eine ganz und gar ideologische Vorstellung. [...] Die materielle Voraussetzung, auf die sich der Begriff zu stützen vorgibt – die biologische Ungleichheit der Menschen –, ist unzutreffend: Es gibt nur eine menschliche Gattung, und die extremsten Unterschiede in der Erscheinung können in einem Akt der Rassenmischung bedeutungslos werden. [...] Das heißt nicht, dass Rasse keine reale Bedeutung hat. Alle Ideologien sind real, insofern sie die gedankliche Verkörperung von tatsächlichen sozialen Beziehungen sind.«[64]

Henry Louis Gates nennt »Rasse« eine »gefährliche Metapher [...], die glauben machen will, sie sei eine objektive Kategorie der Klassifizierung« und setzt den Begriff in Anführungszeichen. »Unser Entschluss, ›Rasse‹ in Anführungszeichen zu setzen, sollte den Blick darauf lenken, dass ›Rassen‹ ganz einfach nicht existieren, und dass die Behauptung, es gebe sie, ganz gleich mit welcher fadenscheinigen Begründung, keine gesicherte Grundlage hat.«[65] 1990 forderte Hazel Carby, die Wissenschaft solle nicht länger von »Rassen an sich« sprechen, sondern lieber von »rassischen Gebilden«.[66]

Zweifel an der Verwendung des Begriffs sind auch in Europa weit verbreitet. In jüngster Zeit sind deutsche WissenschaftlerInnen in Anbetracht der gefährlichen Konsequenzen rassistischen Denkens dazu übergegangen, statt des Rassenbegriffs den Begriff »Ethnizität« zu verwenden. Wenn diese Position angesichts der deutschen Geschichte auch verständlich ist, wo doch vor allem Juden und andere ethnische Minderheiten zu Opfern von Verfolgung und Diskriminierung geworden sind, so ist dieses Verfahren nicht mit der Geschichte der USA in Einklang zu bringen, wo Rasse und Ethnizität weitgehend verschiedene, oft disparate historische Entwicklungen hinter sich haben.[67]

Jede Verwendung eines wissenschaftlich unhaltbaren Begriffs, der auf Vorurteilen und Ignoranz beruht, hat die Tendenz, zu dessen weiterer Verwendung zu ermutigen und diese zu legitimieren. Aber die willkürliche, gesellschaftlich konstruierte Kategorie Rasse kann nicht einfach aus dem Sprachgebrauch getilgt werden. Obwohl es keine biologisch definierbaren, wesensbedingten Rassen gibt, wurde der Begriff »Rasse« in einem Ausmaß in Gesetzen, Bräuchen und historisch gewachsenen Lebensformen verfestigt, dass er zu einem historisch bedingten Faktum geworden ist und Realität gewonnen hat. Obwohl die Juden Europas nie eine Rasse gewesen sind, hat die Tatsache, dass die Nazis sie als solche bezeichnet haben, eine ganz neue Realität geschaffen, die jeden Juden und jede Jüdin zutiefst betroffen hat. Der falsche Begriff wurde als Teil des geltenden Rechts faktisch zum Todesurteil für jeden so gekennzeichneten Menschen.

In den Vereinigten Staaten bedeutet dementsprechend die Zurechnung zur Rasse der Neger, dass der so gekennzeichneten Person eine besondere Realität und eine besondere historische Erfahrung aufgebürdet werden. Das, was wir »Rasse« nennen, ein soziales Konstrukt, besteht demnach auf drei Ebenen: 1. als Herrschaftsinstrument, das in den USA und einigen anderen Ländern institutionalisiert worden ist; 2. als historisches Erleben, eine Kraft, die das Leben der betroffenen Gruppe prägt; 3. als kennzeichnendes Merkmal der unterdrückten Gruppe, umfunktioniert in ein Zeichen des Stolzes und des Widerstands und zu einem Instrument der Befreiung. Juden sehen sich als »das auserwählte Volk«. Rassenstolz macht Rassenzugehörigkeit zum Markenzeichen: *Black is beautiful, Black pride, Black liberation.*

Da die Rasse auf diesen drei Realitätsebenen von tatsächlicher Bedeutung ist, sind WissenschaftlerInnen verpflichtet, diesen Begriff weiter zu verwenden.[68] Allerdings wäre es sinnvoll, für die verschiedenen Bedeutungsebenen auch verschiedene Begriffe zu entwickeln. Möglich wäre, die Ebene 1 als »institutionalisierten Rassismus« zu bezeichnen, Ebene 2 als »erfahrungsbestimmten Rassismus« und Ebene 3 als die der »Markierung und/oder Formierung von Widerstand«. Bis diese oder bessere Begriffe allgemeine Zustimmung finden, stimme ich mit Appiah und Gates überein, dass die Verwendung von Anführungszeichen bei diesem Begriff auf dessen problematischen Kontext verweist und die Leserschaft auffordert, den Begriff in Frage zu stellen, und werde es in Zukunft auch so halten. (Vgl. Anmerkungen zur Verwendung einiger Begriffe, S. 10)

Die inhaltliche Bestimmung des »institutionalisierten Rassismus« ist der am besten dokumentierte und am wenigsten umstrittene Aspekt der Auseinandersetzung über »Rasse«. Es mag sinnvoll sein, auf die Tatsache hinzuweisen, dass institutionalisierter Rassismus nicht nur von der faktischen Manipulation von Ressourcen und Macht abhängt, sondern auch von der Manipulation von Meinungsbildung und Bedeutungs- wie Symbolsystemen im Sinne der weißen Eliten.

»Erfahrungsbestimmter Rassismus« und »Widerstandsformation« sind so eng miteinander verknüpft, dass sie sich oft nur schwer voneinander unterscheiden lassen. Beide Aspekte der Zugehörigkeit zu einer Gruppe, die auf der Grundlage des konstruierten Rassenbegriffs als Außenseiter gekennzeichnet worden ist, haben zur Identitätsbildung beigetragen und enthalten deshalb positive Werte, die oft gegenüber den negativen Zuschreibungen überwiegen.

Wenn wir feststellen, dass die Begriffe Geschlecht, Klasse, Ethnizität und Rasse immer soziale Konstrukte sind, müssen wir doch darauf achten, diese Begriffe auseinanderzuhalten. Ihre Wirkung auf Individuen und Gruppen in einer bestimmten historischen Situation und ihre Bedeutung für die geschichtliche Erfahrung sind sehr verschieden. Das bereits angeführte Beispiel der europäischen Juden hat gezeigt, wie ihre Ausgrenzung als ethnisch und religiös abweichende Gruppe sie der Diskriminierung und Verfolgung aussetzte, ihre Definition als besondere Rasse jedoch zu ihrer physischen Vernichtung führte.[69] In den

USA hat die Konstruktion von »Ethnizitäten« den sozialen Aufstieg der in diesem Sinne gekennzeichneten Personen nicht beeinträchtigt, wohl aber die Konstruktion von »Rasse«. Die Iren, die im 19. Jahrhundert die am heftigsten verfolgte Outsider-Gruppe unter den weißen Einwanderern waren, wurden im 20. Jahrhundert zu einer politisch mächtigen Insider-Gruppe. Hätte es den Rassismus nicht gegeben, so hätten die Menschen afrikanischer Herkunft selbst ethnische Identitäten entstehen lassen können. Hätte nicht der Rassismus sie alle wegen ihrer »afrikanischen« Herkunft auf stereotype Weise gleichgemacht, dann hätten sie viele verschiedene, von den Kulturen Afrikas abgeleitete Identitäten ausbilden können. Die negativen Implikationen der Konstruktion »Rasse« haben die Gestaltung der ökonomischen und politischen Realität sehr stark beeinflusst, die bestimmte, wie die Menschen afrikanischer Herkunft in den USA Geschichte erlebt haben.

Die stärkste Waffe der Afroamerikaner gegen den Rassismus war die Rückgewinnung der Rassenzuordnung als positives Symbol. Dies war ein besonders wichtiges Thema in der Debatte über »Multikulturalismus« und ist besonders nachdrücklich in der Kritik der schwarzen Feministinnen an der Frauenforschung und der feministischen Bewegung zum Ausdruck gebracht worden. Diese Kritik am weißen Feminismus wegen dessen falschen Anspruchs auf »Universalität« hat in den letzten zehn Jahren weite Verbreitung gefunden. 1980 schrieb Audre Lorde: »Es gibt die Unterstellung einer Gemeinsamkeit – von Erfahrung, belegt mit dem Wort *Schwesterlichkeit*, die es in Wahrheit nicht gibt.«[70]

Die Überzeugung, dass diese Unterschiede zu groß sind, als dass haltbare Verallgemeinerungen ohne Berücksichtigung des Kriteriums »Unterschiede« zulässig wären, ist inzwischen von weißen und schwarzen Feministinnen weithin anerkannt.[71]

Viele schwarze Historikerinnen vertreten nun auch die Auffassung, dass afroamerikanische Frauen eine nur ihnen eigene historische und kulturelle Erfahrung haben, die ihnen allein die Voraussetzungen gibt, ihre Geschichte zu interpretieren. Patricia Hill Collins nennt das den »Standpunkt« der schwarzen Frauen. Der Standpunkt dieser Frauen beinhaltet ein oppositionelles Bewusstsein; eine mündliche und dialogische Überlieferung von

Ausdrucksformen und Lernen; eine Ethik der Fürsorge und eine Geschichte der gegenseitigen Unterstützung in Familie und Gemeinschaft bei ihrem Kampf um Befreiung. Andere TheoretikerInnen und HistorikerInnen argumentieren ähnlich, dass schwarze Frauen ihre Identität anders definieren als weiße Frauen, nämlich mehr auf der Grundlage ihrer Gemeinschafts- und Familienzugehörigkeit.[72] Wieder andere bezeichnen diese Einzigartigkeit als das »afroamerikanische Erleben« und definieren es in kulturhistorischen Begriffen.[73] Für einen wichtigen Aspekt dieser unterschiedlichen Erfahrung hält Karen Sacks die Tatsache, dass afroamerikanische Frauen im Gegensatz zu weißen Frauen Hausarbeit immer als bezahlte Arbeit gemacht haben.[74] Dies ist eine interessante Beobachtung, aber sie lässt den Gesichtspunkt der Klassenzugehörigkeit außer Acht, denn bis zum 20. Jahrhundert war die Hausarbeit die überwiegende Aufgabe von weißen ebenso wie schwarzen Frauen.

Die Argumente zugunsten des Bestehens eines unterschiedlichen »Standpunkts«, verschiedener »Blickwinkel«, einer unterschiedlichen »kulturellen Erfahrung« sind überzeugend, und sie sind geeignet, dem Hang zur Übergeneralisierung oder »falschen Universalisierung« entgegenzuwirken, der gewöhnlich dazu führt, alle Frauen mit Begriffen zu beschreiben, die meistens auf weiße Frauen zutreffen. Diese Argumente überzeugen, soweit sie auf Unterschiede zwischen Frauen hinweisen. Aber lassen sie tatsächlich erkennen, wie das *System* oder die Systeme von Herrschaft funktionieren? Ich denke, sie tun das nicht.

Falsch an diesen Erklärungen und Definitionen ist, dass sie innerhalb eines statischen, dialektischen Bezugsrahmens bleiben. Sie beschreiben recht zutreffend Beziehungen zwischen »Unterdrückern« und »Unterdrückten« oder, so kann man es auch sagen, sie sortieren Menschen säuberlich in vertikal angeordnete Fächer, übersehen dabei aber vollständig die Komplexität anderer Faktoren, die außerhalb dieses binären Systems ihre Wirkung ausüben. Wenn afroamerikanische Frauen einen einzigartigen »Standpunkt« haben, so trifft das auch auf Frauen anderer ethnischer Gruppierungen zu; oder auf Frauen verschiedenen religiösen Glaubens; oder auf Frauen vom Lande im Unterschied zu denen aus der Stadt; oder Frauen mit unterschiedlichem ökonomischen Hintergrund; oder Frauen mit lesbischer oder bisexueller Orientierung. Die Variationen lassen sich beliebig vermehren, etwa in Bezug auf Alter, Behinderung, Kinderlosigkeit. Berücksichtigt man alle diese »Standpunkte«, so werden sie alle bis zur Bedeutungslosigkeit relativiert. Für Historikerinnen führen solche Erklärungsversuche dazu, dass sie sich in Einzelheiten verlieren, ohne zu irgendeiner haltbaren Verallgemeinerung gelangen zu können. Die meisten Forschungs- und Erklärungskonzepte des Dekonstruktivismus und der Postmoderne erlauben meiner Ansicht nach keine sinnvolle Analyse der Vergangenheit.

Die These von einem ganz besonderen Standpunkt oder einer einzigartigen historischen Erfahrung ist sinnvoll und zutreffend, *wenn* sie nicht isoliert für sich steht. Es bedarf einer vielschichtigen Methode der Analyse und Interpretation. Es ist nicht nur zu fragen, was in bezug auf eine Gruppe einzigartig ist, sondern auch, was diese Gruppe mit anderen, vergleichbaren Gruppen gemeinsam hat, und dabei sowohl das Besondere wie das Allgemeine im Blick zu behalten. Der Schlüssel zu diesem methodischen Ansatz ist die Einsicht, dass Menschen sich selbst nicht nur durch *eine* Identität definieren, sondern dass ihr Selbstbild eine Reihe von Identitäten beinhaltet; und zudem, dass die verschiedenen Aspekte der Identitäten von Menschen, die vom Herrschaftssystem manipuliert werden, miteinander verknüpft sind und sich gegenseitig bedingen.

Das hat, was den Kolonialismus angeht, die Anthropologin Ann Stoler brillant analysiert. Sie stellte fest, wie die Kolonialmächte – die Holländer in Ostindien, die Franzosen in Indochina, die Briten in Indien – einen Begriff des Kolonisators im Gegensatz zum Begriff des Kolonisierten konstruierten, der sich im Laufe der Zeit veränderte, und zwar je nach den Erfordernissen der Machtausübung seitens der Kolonialherren. Rassenzugehörigkeit konnte hier nicht zur Unterscheidung dienen, denn die Beherrschung von Ländern, die weit vom Kolonialland entfernt waren, bedurfte der Einbeziehung einiger Kolonisierter in die Macht ausübende gesellschaftliche Gruppe. Es war daher absolut notwendig, das zu konstruieren, was Stoler als »kulturellen Rassismus« bezeichnete. Zu Beginn der Kolonisierung gingen weiße Männer (Kolonisatoren) freizügige sexuelle Beziehungen mit einheimischen Frauen (Kolonisierten) ein. Aus diesen Liaisons, nach Gesetz und Brauch als »metissage« anerkannt, gingen Nachkommen hervor, die »in ihrer Person selbst die willkürliche Logik offenbarten, mit der die Kategorien der Kontrolle geschaffen worden waren«[75].

Im 19. Jahrhundert wurden in den Plantagen der Europäer auf Java nur unverheiratete weiße Männer beschäftigt und das Konkubinat mit einheimischen Frauen gern gesehen. Das änderte sich in den 1920er Jahren, als die Plantagenbesitzer die Einwanderung von Ehepaaren und die Familiengründung zwischen weißen Bediensteten dadurch ermutigten, dass sie verheirateten Paaren höhere Sonderleistungen und eine bessere Unterbringung anboten. Der »beharrliche Einfluss weißer Frauen« werde, so hoffte man, Spannungen und ungebührliches Verhalten verringern. Die neue und strenger definierte Ordnung der Kolonialherrschaft verlangte, dass die »Kolonisatoren« physisch und sozial von den »Kolonisierten« getrennt wurden. Kleidervorschriften, Essgewohnheiten, Clubmitgliedschaft und Freizeitaktivitäten wurden auf der Basis der Rassentrennung festgelegt und betonten die Gemeinsamkeit europäischer Traditionen und Erfahrungen. Ein wichtiger Aspekt dieser Konstruktion des Europäischen war »eine Zwangsvorstellung von der Notwendigkeit, europäische Frauen vor sexuellen Übergriffen seitens asiatischer oder schwarzer Männer zu schützen«[76].

Seit den 1920er Jahren wurde eine Kontrolle des Sexuallebens eingeführt, die Ehen zwischen Angehörigen verschiedener Rassen verhindern sollte. In Indochina wurden die Kinder aus Mischehen ihren einheimischen Müttern übergeben und von ihren Vätern im Stich gelassen. In niederländisch Ostindien setzte 1848 die Teilhabe am Status der Europäer für Kinder aus Mischehen voraus, dass sie »Christen waren, fließend Holländisch sprechen und schreiben konnten, die europäische Moral und Vorstellungswelt kannten und von der Lebensweise der Eingeborenen Abstand hielten«[77]. Umgekehrt verloren in beiden Ländern weiße Frauen, die einen Eingeborenen heirateten, ihren sozialen Status und ihre Staatsbürgerschaft. Wegen dieser Regulierung der Sexualität wurden viele Menschen davon abgehalten, »Mischehen« einzugehen. Stoler zeigt, wie die Reglementierung des Sexualverhaltens von weißen Frauen diese zu Werkzeugen der »Rassenkultur« in den Kolonien machte. Ihre vorrangigen Aufgaben waren Mutterschaft und eine Haushaltsführung, die den Regeln der Rassentrennung entsprach. Alleinstehende Frauen wurden als nicht normal betrachtet, und unverheiratete berufstätige Frauen aus Europa wurden als potentielle Prostituierte behandelt. Dieser Politik entsprechend wurde die Anwesenheit von beschäftigungslosen europäischen Männern möglichst weitgehend unterbunden.[78] Stoler schließt daraus, dass die Ungleichheit der Geschlechter für die Struktur des kolonialen Rassismus unabdingbar war.

Die Lebensbedingungen, die Stoler in ihren Aufsätzen über Asien darstellte, gab es auch in afrikanischen Kolonien. Chandra Talpade Mohanty beschreibt »die ideologische Konstruktion und Bestätigung der Männlichkeit von Weißen als normativ und die dementsprechenden rassistischen und sexistischen Zuschreibungen in Bezug auf die kolonisierten Völker« in Afrika. Auch dort wurden die weißen Männer zu Verkörperungen der Herrschaft, »indem sie tatsächlich und symbolisch die Macht des Empire repräsentierten«, während die physische und symbolische Rassentrennung die koloniale Autorität verstärkten.[79] Die Erkenntnis, dass die geschlechtsspezifische Rolle des weißen Kolonisators ein gesellschaftliches Konstrukt war, passt genau zu der Beschreibung der gesellschaftlichen Konstruktion des »Weißseins«, die seit kurzem von wissenschaftlichem Interesse ist. Sehr gut erklärt Ruth Frankenberg diesen Zusammenhang:

»Rasse ist eher eine sozial konstruierte als eine von sich aus sinnvolle Kategorie, eine Kategorie, die mit Machtbeziehungen und mit Kämpfen verknüpft ist. [...] Rasse ist, wie Geschlecht, ›real‹ in dem Sinne, dass sie reale, wenn auch sich verändernde Wirkungen zeitigt und einen realen, spürbaren und komplexen Einfluss auf die Selbsteinschätzung, die Erfahrungen und Lebenschancen eines Individuums hat. [...] Weiße sind ebenso wie Farbige von der Kategorie ›Rasse‹ betroffen.«[80]

Wenn »Rasse« sich nach Gesichtspunkten der Biologie für Farbige nicht nachweisen lässt, dann ist Weißsein ebenso wenig zu beweisen. Weiße sind als Norm gegenüber »dem Anderssein« von Farbigen definiert. Aber »Weißsein« als gesellschaftlich konstruierte Kategorie innerhalb eines Herrschaftssystems verleiht Weißen Privilegien, die den »Anderen« vorenthalten werden. Eins dieser Privilegien besteht darin, dass es die Weißen sind, die gesellschaftliche Kategorien definieren und denen die Konstruiertheit ihrer eigenen Rasse nicht bewusst werden muss. Dieses Thema ist relativ neu in der wissenschaftlichen Forschung, aber meiner Auffassung nach bietet es eine der aussichtsreichsten Möglichkeiten, das Bewusstsein der Menschen hinsichtlich der Bezugnahme auf »Unterschiede« zur Durchsetzung von Herrschaft zu verändern.[81]

Obwohl die Definitionen von sexuellem Geschlecht, Klasse, Rasse und Ethnizität sich als problematisch und schwierig erwiesen und zu wissenschaftlichen Auseinandersetzungen geführt haben, stimmen nun viele WissenschaftlerInnen überein, dass diese Begriffe nicht als voneinander getrennte »Gegebenheiten« zu behandeln sind, sondern in einer engen Wechselbeziehung gesehen werden müssen. Es hat sich allerdings als schwierig erwiesen, genau zu definieren und zu verstehen, wie diese Aspekte des Lebens und der Identitätsbildung der Menschen aufeinander bezogen sind. Einige repräsentative Stimmen in dieser Debatte seien hier vorgestellt:

Charlotte Bunch argumentierte, verschiedene Formen der *Unterdrückung beeinflussten sich gegenseitig* bei der Ausformung der Einzelheiten im Leben jeder Frau. bell hooks stellte fest: »Sexismus, Rassismus und klassenspezifische Ausbeutung stellen *miteinander verzahnte* Systeme von Herrschaft dar.« Diese Ansicht teilte Karen Brodkin Sacks, die »Klasse, Rasse und geschlechtsspezifische Unterdrückung als Teile eines *einheitlichen* Systems« betrachtete und feststellte: »Die geschlechtsspezifische Identität der Frauen ist analytisch nicht zu trennen von ihrer Rassenidentität und Klassenidentität.« Sandra Morgen erläuterte, »dass diese sozialen Beziehungen sich so stark *gegenseitig durchdringen*, dass sie besser als sich gegenseitig bedingend (statt nur modifizierend oder kolorierend [...]) zu verstehen seien«. Linda Gordon forderte eine »Umwandlung des Slogans Differenz in einen eher beziehungsorientierten, machtbewussten und subversiven Zusammenhang von Voraussetzungen und Fragen«. Patricia Hill Collins (1991) sprach vom »Standpunkt einer schwarzen Frau für schwarze Frauen« aus von Unterdrückungsvarianten, die, *miteinander verknüpft und voneinander abhängig,* Teil eines umfassenden Herrschaftssystems sind. Diese Anerkennung der komplexen Wechselbeziehung der verschiedenen Aspekte von Herrschaft kommt auch im Werk von Elsa Barkley Brown und Evelyn N. Glenn sowie vielen anderen WissenschaftlerInnen unterschiedlicher Rassen und Ethnizitäten zum Ausdruck.[82]

Einige Intellektuelle versuchten, die exakten »Beziehungen« genauer zu definieren. Die schwarze Dichterin und Schriftstellerin Audre Lorde erläuterte bereits 1980 diese Verknüpfungen, indem sie nicht so sehr Kategorien von Identitäten, sondern Methoden von Diskriminierung und Unterdrückung zueinander ins Verhältnis setzte:

»Rassismus, der Glaube an die angeborene Überlegenheit einer Rasse gegenüber anderen Rassen und davon abgeleitet an das Recht auf Dominanz. Sexismus, der Glaube an die angeborene Überlegenheit des einen biologischen Geschlechts über das andere und davon abgeleitet das Recht auf Dominanz. Altersbezogene Unterdrückung. Heterosexismus. Elitismus. Klassendominanz.«[83]

Ich habe einen Vergleich nach Kategorien versucht, als ich 1973 schrieb:

»Feministinnen haben behauptet, die Universalität und Vorrangigkeit der sexuellen Unterdrückung sei eine Erfahrung, die allen Frauen gemeinsam sei. [...] Untersuchungen über schwarze Frauen in der Geschichte der USA zeigen, dass Verallgemeinerungen über die *universale* sexuelle Unterdrückung unzutreffend sind. Die Art der sexuellen Unterdrückung unterscheidet sich bei den Frauen der herrschenden und der beherrschten Rasse. Sie unterscheidet sich auch bei den Frauen verschiedener Klassen. [...]. Die Geschichte der schwarzen Frauen sollte als integraler Bestandteil der amerikanischen Geschichte anerkannt werden. Sie ist für das Studium der Geschichte der amerikanischer Frauen unverzichtbar, nicht nur wegen ihres besonderen Eigenwertes [...], sondern auch als Korrektiv von Verallgemeinerungen auf der Grundlage von Rassen- und Klassenzugehörigkeit.«[84]

Die Historikerin Dorothy Roberts schrieb (1993): »Rassismus ist patriarchal. Das Patriarchat ist rassistisch. Wir werden die eine Institution nicht zerstören können, ohne auch die andere zu zerstören.«[85]

Wir sehen, dass trotz unterschiedlicher Blickwinkel, Standpunkte und philosophischer Orientierungen eine beträchtliche Zahl von Feministinnen in einigen grundlegenden Auffassungen und bei ersten Schritten im Sinne einer Neudefinition übereinstimmt. Im Lichte dieser Debatte möchte ich klären, ob es möglich ist, bei der Definition der Kategorien von »Differenz« voranzukommen. Ich schlage deshalb vor, dass wir nicht länger nur die Lage der Unterdrückten innerhalb einer Gruppe oder im Verhältnis zwischen Gruppen vergleichen. Richten wir statt dessen den Blick darauf, welche Funktion, welchen Sinn die Kategorien für diejenigen haben, die von der Norm abweichende Außenseitergruppen kennzeichnen, um sie beherrschen zu können.

Den Prozess, durch den Herrschaft durchgesetzt wird, können wir so beschreiben:

1. *Willkürliche Markierung.* Es wird eine »Differenz« ausgewählt. Diese kann sich auf ein Merkmal oder mehrere Eigenschaften oder Kategorien beziehen, durch die ein Unterschied von der Norm (gemeinhin die Gruppe, die die Definitionen festlegt) gekennzeichnet wird. Zum Beispiel: Eine Person ist weiblich; eine Person hat eine dunklere Haut; eine Person gehört zu einer Gruppe, die als Bosnier bezeichnet wird; eine Person ist Jude.

2. *Erzwungene Gruppenidentität.* Es werden willkürlich negative Eigenschaften ausgewählt und der Gruppe zugeordnet. Dann werden diese negativen Eigenschaften jedem einzelnen Mitglied dieser Gruppe zugeschrieben. (Alle Latinos sind faul. Alle Juden sind geldgierig.)

3. *Institutionelle Diskriminierung.* Durch diskriminierende Gesetze und Verhaltensweisen wird der Zielgruppe der gleichberechtigte Zugang zu Macht, materiellen Ressourcen und Privilegien verwehrt. Die zu beobachtenden negativen Auswirkungen dieses Vorgehens auf die Gruppe verstärkt den Eindruck ihrer Unterlegenheit oder Minderwertigkeit. Die Institutionalisierung von Rassismus, Sexismus, Antisemitismus, Homophobie und dergleichen verstärkt Vorurteile und künstlich erzeugte »Abweichung«.

4. *Unterschiedliche historische Erfahrung.* Mitglieder von Gruppen, die als »abweichend« gekennzeichnet worden und

zu Opfern von institutionalisierter Diskriminierung geworden sind, erleben eine andere historische Wirklichkeit als die herrschende Gruppe. Sie erleben alle kollektiven Ereignisse vom Standpunkt der Unterdrückten aus. Doch andererseits wird diese Erfahrung des Unterschieds zu einer Quelle ihrer Fähigkeit, zu überleben und Widerstand zu leisten.

Eine gemeinsame Gruppengeschichte wird zur Grundlage positiver Reaktionsbildung – die Unterdrückten sind stolz auf ihr »Merkmal des Unterschieds«, sie nutzen ihre diffamierte Gruppenidentität als Grundlage der Organisation von Widerstand. Die Identität und Geschichte der Gruppe werden besonders gewürdigt; Selbstabgrenzung wird zum Mittel der Förderung von Widerstand (Separatismus, Nationalismus). Sklaven und Untertanen der Kolonialmächte werden zu Rebellen, unterdrückte Frauen werden zu Feministinnen, Schwule und Lesben »outen sich« und bilden Interessengruppen.

Betrachtet man den Prozess im Hinblick auf seine Funktion, so lassen sich ohne weiteres große Ähnlichkeiten zwischen den einzelnen Kategorien feststellen. Das sexuelle Geschlecht wird jeweils verwirklicht und zum Ausdruck gebracht durch das soziokulturelle Geschlecht, was bedeutet, dass Sexualität durch die geschlechtsspezifische Prägung ihre jeweilige Bedeutung erlangt. Die irrationale und irreale Kategorie »Rasse« wird zum Sachverhalt durch das »Herausformen einer Rasse« – Diskriminierung, Terror und Missachtung – und wird schließlich, als Ausdruck des im Zeichen der Rasse historisch Erlebten, zur Realität. Der Begriff der Rasse bietet weder eine Beschreibung des Tatsächlichen noch eine Kennzeichnung von wesentlichen Unterschieden zwischen den Menschen einer Gesellschaft. Rassenzuordnung ist Ausdruck eines Prozesses. Im Fall der Ethnizität dienen kulturell, sprachlich und historisch unterschiedliche Erfahrungen als Grundlage der zugeschriebenen »Unterschiede«. Im Fall der Klasse bezeichnen Unterschiede des Zugangs zu ökonomischen Ressourcen, Bildung und sexuellen Privilegien den »Unterschied«.

Wir können die Begriffe also folgendermaßen neu definieren:
- Geschlecht, Rasse, Ethnizität und Klasse sind Prozesse, *durch die hierarchische Beziehungen in einer Weise geschaffen und*

aufrechterhalten werden, dass manche Männer Macht und Privilegien im Verhältnis zu anderen Männern und zu allen Frauen erhalten, indem sie die Kontrolle über die Verteilung der materiellen Ressourcen, über die Aneignung sexueller und reproduktiver Fähigkeiten, über den Zugang zu Bildung und Wissen ausüben. Diese Kontrolle über andere wird durch einen komplexen Zusammenhang von sozialen Beziehungen zwischen den abhängigen Gruppen aufrechterhalten, in dem jeder Gruppe einige Vorteile gegenüber anderen Gruppen eingeräumt werden, die ausreichen, um die einzelnen Gruppen innerhalb des Herrschaftssystems weiter der Elite unterzuordnen.

Diese Kategorien sind deshalb nicht nur miteinander *verbunden*, sondern sie sind *konstitutiv* füreinander:

– Klassenprivilegien für Frauen der Oberschicht, Rassenprivilegien für weiße Frauen, Privilegien gegenüber »Ethnien« für Frauen der dominanten Gruppe, sie alle machen Frauen zu aktiv Mitwirkenden im hierachischen System und hindern sie daran, mit anderen Frauen Interessengruppen zu bilden. Das soziokulturelle Geschlecht ist bedingt durch Rasse, Klasse und Ethnizität.

– Rasse ist ein von Geschlecht und Klassenzugehörigkeit bedingtes Konstrukt. Das heißt, Rassenzugehörigkeit wirkt sich auf Frauen und Männer niemals in der gleichen Weise aus und ist klassenspezifisch verschieden.

– Was Klasse bedeutet, ist abhängig von Rasse und Geschlecht; das soziokulturelle Geschlecht ist abhängig von Klasse und Rasse.

Ähnliches lässt sich für alle anderen sozialen Konstrukte feststellen, zum Beispiel für Ethnizität, Religion, Sexualität, Alter.

Diese Neudefinitionen sind wichtig, weil sie uns helfen, den schrittweisen Prozess zu erkennen, in dem die diskriminierenden Systeme von Herrschaft etabliert werden. Diese Systeme verlangen die Produktion von »abweichenden Außenseitern«, zu denen sich die dominante Gruppe als Gegensatz definieren kann. Die Gesichtspunkte der Ausgrenzung dieser Gruppen als »das Andere« sind willkürlich und situationsabhängig. Es kann sich um farbige Menschen handeln, um bestimmte ethnische Gruppen, um Frauen, Zigeuner, Ketzer, AIDS-Kranke oder Mütter, die von der Sozialhilfe leben. Sind sie erst einmal dem Vorgang der Verwandlung in »Abweichende« unterworfen, so können und werden sie als Sündenböcke für die ungelösten Probleme der herrschenden Gruppe dienen. Das ist ihre Funktion. Und weil es zahllose Gruppen von Menschen mit »Unterschieden« gibt, die zu »Anderen erklärt« werden können, kann das System durch die Überwindung der einen oder anderen Form von Diskriminierung nicht gefährdet werden. Indem jede einzelne Gruppe in einen Gegensatz zu den anderen Gruppen gebracht wird, können diejenigen, die an der Macht sind, ihre Vorteile und Vorrechte ungestört von ernsthaften Herausforderungen aufrechterhalten.

Solange wir die klassen-, rassen- und geschlechtsspezifische Ausübung von Herrschaft als getrennte, obgleich sich überschneidende Systeme betrachten, wird es uns nicht gelingen, ihren tatsächlich integrierten Zusammenhang zu verstehen. Wir übersehen dabei auch, dass diese Herrschaftssysteme nicht nacheinander abgeschafft werden können, denn wie die vielköpfige Hydra bringen sie ständig neue Köpfe hervor. Theorien von separaten, nebeneinander angeordneten Systemen vernachlässigen unvermeidlich die Unterordnung von Frauen und versäumen es, diese Art der Unterdrückung als die zentrale Beziehung innerhalb der anderen Aspekte des Systems zu begreifen. Das System der Hierarchien ist wechselseitig vernetzt, durchdrungen und voneinander bedingt. Es ist ein System mit vielen verschiedenen Aspekten. Die Unterdrückung ist nicht nach Rasse, Klasse und Geschlecht trennbar; diese Aspekte erschaffen, stützen und verstärken sich gegenseitig.

Aus dieser Feststellung ergeben sich wichtige Schlussfolgerungen für die praktische Politik. Statt uns in endlose, fruchtlose und kontraproduktive Auseinandersetzungen über die Priorität einzelner Formen von Diskriminierung zu verstricken und als Zielgruppen der Diskriminierung untereinander um knappe Ressourcen zu konkurrieren, können wir aufgrund dieser Analyse die Gemeinsamkeiten aller dieser Gruppen wahrnehmen. Neue Bemühungen um die Bildung von Koalitionen zwischen bisher von »Unterschieden« getrennten Frauen können erfolgreich sein, wenn die Unterschiede anerkannt und respektiert werden, selbst wenn Allianzen auf der Grundlage von Teilzielen, die den Interessen aller entsprechen, gebildet werden. Wie Charlotte Bunch 1985 darlegte, ist ein Verstehen der wechselseitigen Beeinflussung von verschiedenen Formen der Unterdrückung eine notwendige Voraussetzung der Bildung von verlässlichen Koalitionen. Die Systeme der Dominanz bedingen sich gegenseitig und sind deshalb nicht erfolgreich aus den Angeln zu heben, wenn sie einzeln nacheinander angegriffen werden. Die Kämpfe gegen Sexismus, Rassismus, Antisemitismus und Homophobie sind unauflöslich miteinander verbunden.

Als Historikerinnen sollte uns dieses genauere Verständnis der verschiedenen Manifestationen des Systems der Unterdrückung – die Schaffung von soziokulturellem Geschlecht, von Ethnizität, Rasse und Klasse – in die Lage versetzen, die Machtverhältnisse in den Mittelpunkt jeder unserer Analysen zu rücken. Statt uns nur zu fragen, wie weit eine Feststellung oder Beobachtung auf die Mitglieder der Gruppen A bis D zutrifft (eine bloß additive, vergleichende Herangehensweise), können wir fragen: Welche Machtverhältnisse kommen in dieser Situation zum Ausdruck? Wie unterscheiden sie sich im Hinblick auf die verschiedenen Gruppen? Wie benachteiligen die Begünstigungen der einen Gruppe eine andere? Wie kann man die wechselseitigen Beziehungen am besten darstellen?

Und schließlich müssen wir ein Grundprinzip beachten: Nicht der »Unterschied« ist das Problem. Das Problem ist die Dominanz, die sich zu ihrer Rechtfertigung auf konstruierte Unterschiede beruft.

12

Warum Geschichte uns angeht

Die Macht und Breite des eigenen Lebens, die Energie der Besinnung über dasselbe ist die Grundlage des geschichtlichen Sehens.

(Wilhelm Dilthey)[1]

Alle Menschen machen Geschichte. Wir stellen uns anderen Menschen durch unsere Lebensgeschichte vor, und im Laufe unseres Lebens ändert sich diese Geschichte, weil wir das Geschehene anders interpretieren und gewichten. Zu verschiedenen Zeiten unseres Lebens heben wir einzelne Ereignisse als besonders wichtig hervor und geben ihnen damit eine neue Bedeutung. Man denkt allerdings nicht, dass man dadurch »Geschichte macht«, man handelt einfach, ohne sich eines historischen Zusammenhangs bewusst zu sein. Wir leben unser Leben, wir erzählen unsere Geschichten. Das kommt uns so natürlich vor wie das Atmen.

Die Art, in der wir unsere Lebensgeschichte erzählen, ist Ausdruck unserer Selbstwahrnehmung und bestimmt, wie wir uns als Person definieren. Woran wir uns erinnern, was wir im Gedanken an die Vergangenheit als charakteristisch oder wichtig hervorheben und was wir dabei übergehen, das bestimmt unsere Gegenwart. Da die Grenzen unseres Selbstverständnisses zugleich unsere Hoffnungen und Ziele einschränken, beeinflusst diese persönliche Geschichte auch unsere Zukunft. Wenn wir uns als bloße Opfer der Umstände definieren, als machtlos und überwältigt von Kräften, die wir weder verstehen noch kontrollieren können, dann werden wir uns bemühen, vorsichtig zu leben, Konflikte zu vermeiden und mögliche Verletzungen vorbeugend auszuschließen. Wenn wir uns als geliebte, fest verwurzelte, kraftvolle Menschen empfinden, werden wir unsere Zukunft mutig gestalten, uns Herausforderungen zuversichtlich stellen.

Ein anderer Aspekt des Geschichte-Machens wird von den meisten psychologischen Theorien anerkannt und psychotherapeutisch genutzt, nämlich die Bedeutung von Geschichte für die Heilung von Krankheiten. So wird Menschen, die durch Missbrauch oder andere negative Kindheitserfahrungen traumatisiert worden sind, geholfen, sich diese Ereignisse zu vergegenwärtigen und mit neugewonnenen Einstellungen darauf zu reagieren. Mit anderen Worten: Es wird ihnen geholfen, ihre Lebensgeschichte in einem positiveren, vielleicht realistischeren Licht neu zu interpretieren. Man führt die Erwachsene an die Erkenntnis heran, dass nicht das missbrauchte Kind die Schuld des Täters auf sich nehmen und unter der Schande leiden muss, wie es damals geschehen ist. Sie lernt, die gerechtfertigte Wut nun zuzulassen und zum Ausdruck zu bringen, um Heilung zu ermöglichen. Das »vergessene« Trauma wird durch Therapie ans Licht gebracht, und während des Erzählens und Interpretierens verliert es seine bedrohliche Macht. Bei anderen Heilmethoden lernen Menschen, ihre schlechten Erinnerungen hinter sich zu lassen und sich auf positives Handeln in der Gegenwart zu konzentrieren. Die Schüchternen werden in ihren Bemühungen um größere Offenheit bestärkt, die Ängstlichen ermutigt, sich über die negativen Prägungen aus der Vergangenheit hinwegzusetzen. »Heilung« zeigt sich nicht nur in einem veränderten Verhalten, sondern in einer positiveren Neuinterpretation der eigenen Vergangenheit, die dazu führt, dass neue Erfahrungen anders, realitätsgerechter, verstanden werden können. In diesem Sinne ist »Geschichte machen« ein wesentlicher Teil der persönlichen Entwicklung eines Menschen und seiner psychischen Gesundheit.

Es gibt noch einen anderen Einfluss der Geschichte auf unser persönliches Leben. In traditionellen, auf Landwirtschaft beruhenden Gesellschaften sind Raum und Zeit für das ganze Leben festgelegt. Man wird an einem bestimmten Ort geboren, lebt und stirbt dort. Jeder Mensch lebt im Kreis einer Großfamilie, die mehrere Generationen umfasst. Das Leben des einzelnen

Menschen wird als Bindeglied in der natürlichen Abfolge von Generationen verstanden. In solchen Gesellschaften, also in den meisten Gesellschaften dieser Welt bis zum Anfang des 20. Jahrhunderts, war Religion für die Identitätsbildung der Menschen und deren ethisches Empfinden sehr viel wichtiger als Geschichte. Heute ist es umgekehrt.

Urbanisierung, Landflucht und horizontale Mobilität haben wie andere Folgen der Industrialisierung die Menschen entwurzelt. Moderne Frauen und Männer fühlen sich allein und geängstigt in ihren sich ständig ändernden Lebensumständen, in ihren immer kleineren Familienkreisen und ihrer Abgrenzung von sinnstiftenden, stabilen Gemeinschaften. In einer Welt, in der es oft sehr schwer ist, in einem persönlichen Kontakt mit Menschen aus verschiedenen Generationen zu stehen, kann uns Geschichte mit früheren Generationen verbinden und in den Fortgang menschlichen Lebens einbeziehen. In den modernen Gesellschaften zeigt sich das starke Bedürfnis der Menschen nach Geschichte in ihrem Interesse an ihrer Familienchronik und in der möglichst genauen Dokumentation ihres eigenen Lebens durch Fotos, Film- und Tonbandaufnahmen. Heute nimmt die Vielzahl von Bildern und Dokumenten einen immer größeren Umfang an, füllt Schränke und Regale, Schuhkartons und Alben. Aber was da gesammelt wird, bleibt zusammenhanglos und deshalb letztlich ohne Bedeutung.

Die Medien lassen eine falsche, »virtuelle Realität« entstehen, indem sie die Vergangenheit schlicht nach Dekaden sortieren und etikettieren und uns diese Päckchen dann zu unserer nostalgischen Erbauung wieder vorführen. Im Sonderangebot erhält man diese Zehnerpacks – Musik, berühmte Reden, Wochenschauen, alte Filme – als Ersatzvergangenheit, alles Form ohne Inhalt. Romantisierende Nachdichtungen der Vergangenheit in Filmen und Romanen werden den Konsumenten von einer Nostalgie-Industrie als Ersatz für sinnorientiertes Bezugnehmen auf die Vergangenheit angeboten. Aber alle diese Bemühungen sind zum Scheitern verurteilt. Was immer man auch versucht, es ist nicht möglich, sich die Vergangenheit in Form von Souvenirs und Erinnerungsstücken anzueignen, die Vergangenheit mit Flugzeug oder Bahn zu bereisen.

Eine sinnvolle Verbindung zur Vergangenheit verlangt vor allem aktives Engagement. Dazu gehören Phantasie und Einfühlungsvermögen, damit wir uns ganz andere Welten und Zusammenhänge vorstellen können, als wir sie kennen, und damit wir Denkweisen und Gefühle nachempfinden können, die uns fremd sind. Der Welt der Vergangenheit müssen wir uns mit Neugier und Respekt nähern. Wer das tut, wird reich belohnt.

Geschichte, diese Geisteserfindung, dieses hirngesponnene Konstrukt, das unser Leben über seine begrenzte Zeitspanne hinaus verlängert, kann jedem Einzelnen Bedeutung verleihen und das einzelne Schicksal in dem der Gemeinschaft verankern. Geschichte eröffnet uns einen perspektivischen Blick auf unser eigenes Leben, dessen zeitliche Begrenztheit wir überwinden können, wenn wir uns mit vorangegangenen Generationen identifizieren und etwas weitergeben an diejenigen, die nach uns kommen. Indem wir uns selbst als Teil der Geschichte verstehen, können wir unseren Horizont über das Hier und Jetzt hinaus erweitern. Wir können uns Entferntes erschließen und unsere Ziele weiter stecken. Das historische Denken hat die Menschen von magischen und mythischen Deutungen zu den Höhen der rationalen Abstraktion geführt und erlaubt es ihnen, sich verantwortungsbewusste und realistische Vorstellungen von der Zukunft zu machen.

Diese Aspekte von Geschichte, die Bedeutung verleihenden und Zielorientierung anbietenden Funktionen können allerdings auch missbraucht werden und sind missbraucht worden. Überall auf der Welt konstruieren Menschen symbolische Gemeinschaften nach ethnischen, religiösen, rassischen oder anderen Merkmalen, die sie von »den Anderen« unterscheiden, um ihre eigene Identität zu finden und zu bestärken. Um irgendwie unser »Volk« zu definieren, weben wir mit unseren Geschichten einen kollektiven Mythos in unsere Darstellung der Vergangenheit. Diese weit verbreiteten kollektiven Mythen können eine schöpferische, harmonisierende Funktion erfüllen, wenn sie gemeinsame Werte, Ideen und Erfahrungen betonen. Sie zeigen uns HeldInnen der Vergangenheit, Vorbilder und Verhaltensmodelle, und sie bieten eine schlüssige Darstellung, die unserer Erfahrung Gestalt und Ordnung verleihen. Die Geschichte des Christentums, das Leben Jesu, die protestantische Ethik, der Amerikanische Traum – das sind kollektive Mythen, die viele Generationen begeistert und beflügelt haben.

Diejenigen aber, die von diesen Mythen ausgeschlossen oder übergangen wurden, empfinden sie als destruktiv. Je stärker diese Geschichten und Mythen die Zusammengehörigkeit der »ingroup« begründen, desto fester verankern sie die Position der »Anderen«, der Außenseiter, der »out-groups«. Indem so getan wird, als sei das Unterscheiden zwischen »uns« und »denen« etwas Selbstverständliches, wird das Gefühl des entfremdenden »Andersseins« bei den Ausgeschlossenen noch verstärkt.

Für die Herrschenden war Geschichte von jeher wichtig. Die Aufzeichnung von Geschichte war von Anfang an ein Mittel der Hervorhebung der Leistungen von Heerführern, Eroberern und Königen. Von den eingravierten Darstellungen des Urukagina von Lagasch und der Stele des Hammurabi von Babylon über die Monumente und Inschriften zu Ehren des persischen Königs Darius führt eine direkte Linie bis zu den offiziell in Auftrag gegebenen Geschichten, in denen das Leben und die Taten von Kaisern, Königen, Päpsten und verschiedenen Fürstenhäusern verherrlicht werden. Diese Erzählungen von den tapferen und guten Taten mächtiger Herrscher dienen sowohl der Legitimation von Herrschaft als auch zu deren Aufrechterhaltung, indem sie die offizielle Darstellung als die gültige Version, als herrschende Meinung verankern. Die Sieger schreiben die Geschichte in ihrem Sinne. Seit der Renaissance stützen sich die Machthaber auf die offizielle Geschichtsschreibung, um ihre Herrschaft abzusichern und eine gemeinsame kulturelle Tradition durchzusetzen, die sich auf diese Geschichte stützt. Die Nationalgeschichte, oft eine legendenhafte Mischung von Tatsachenbericht und verfälschenden Behauptungen, schuf ein mythisches Universum, in dem verschiedene miteinander konkurrierende oder verfeindete Gruppen unter einem gemeinsamen Dach unterkommen konnten. Die Erzählungen über die Heldentaten der Ahnen dienten deren Nachkommen im 18. und 19. Jahrhundert zur Verherrlichung ihrer imperialistischen Ambitionen. Im 20. Jahrhundert war dies nicht anders. Wieder benutzten Machtergreifer die Geschichte für ihre Interessen. Die

Stoßtruppen Mussolinis versuchten, ihren Putsch durch den Hinweis auf die Größe des Römischen Reiches und die Verwendung der römischen fasces im Namen und Wappen ihrer Partei zu legitimieren. Die deutschen Nationalsozialisten konstruierten sich eine offizielle Geschichte, mit der sie die meist sagenhaften Taten ihrer teutonischen Vorfahren feierten und die jüngere Vergangenheit neu interpretierten, weil sie so die angebliche Überlegenheit der »arischen Rasse« beweisen wollten. Die kommunistischen Regime in Russland und seinen Satellitenstaaten kreierten weit hergeholte offizielle Versionen des Geschichtsverlaufs, in denen die marxistische Rekonstruktion der Vergangenheit unvermeidlich zum Sieg des gerade herrschenden Machtapparats führte. Die Vereinigten Staaten nutzten in ihrem Aufstieg zur Weltmacht und ihrem Anspruch auf die Weltherrschaft nach 1945 die missionarischen Vorstellungen von »manifest destiny«[2] und »american exceptionalism« sowie den Mythos von der triumphalen Eroberung des nordamerikanischen Westens als legitimierendes Erklärungssystem. George Washington, Thomas Jefferson, Benjamin Franklin, Andrew Jackson und Daniel Boone wurden zu heroischen Figuren im Gründungsmythos eines außergewöhnlichen Systems, das Macht mit wirklicher Demokratie verbinden würde und werde. Diese Interpretation der Geschichte musste Rassenprobleme, Sklaverei, Ausrottung der Ureinwohner und Unterdrückung von marginalisierten Gruppen, einschließlich der Frauen, unerwähnt lassen. Obwohl sie nicht völlig falsch war, war diese Darstellung der Vergangenheit einseitig und tendenziös verzerrt.

Heutzutage wird diese nationalistische und an hegemonialen Ansprüchen orientierte Version der Staatsgeschichte fast überall hinterfragt. Sie wird durch ausgewogenere, komplexere und differenziertere Darstellungen der Vergangenheit ersetzt. In der laufenden Diskussion über Historizität ist die Auseinandersetzung um Nationalgeschichte das wichtigste Thema. In den USA äußerte sich die fast schon als »Kulturkampf« ausgetragene Auseinandersetzung hinsichtlich der Definition der Vergangenheit jüngst in den erbitterten Debatten über die Standards der Nationalgeschichte, die Enola-Gay-Ausstellung des Smithsonian Institutes und verschiedene Ausstellungsstücke über die Sklaverei. Traditionalisten verteidigen die ältere Version in einer apokalyptischen Sprache, als wäre Geschichte ein Nullsummenspiel, in dem die alten Helden zwangsläufig der Herabsetzung und dem Vergessen unterliegen müssten, wenn neue Helden und Heldinnen gewürdigt werden. BefürworterInnen eines umfassenderen Verständnisses von Geschichte weisen darauf hin, dass es in der Überlieferung der amerikanischen Geschichte genügend Platz für bisher nicht berücksichtigte Heldinnen und Helden gibt und dass die Bedeutung Abraham Lincolns nicht gemindert wird, wenn die Geschichte des Frederick Douglass in die Darstellung der amerikanischen Geschichte einbezogen wird. Die Diskussion von gegensätzlichen oder widersprüchlichen Inhalten würde vielmehr genauer die Spannungen in den Lebensläufen der herrschenden Eliten und des gemeinen Volkes in einer Gesellschaft widerspiegeln, in der Sklaverei und freiheitliche Institutionen nebeneinander bestehen. Die Revisionisten unter den HistorikerInnen weisen zudem darauf hin, dass es immer ein wesentlicher Aspekt des historischen Denkens war, die Vergangenheit im Lichte jeweils moderner Ideen und Erfahrungen neu zu beschreiben und zu deuten. Die neue Geschichte stellte nur die Vorherrschaft der Geschichtsinterpretation der Mächtigen in Frage, nicht aber die eigentliche Stimmigkeit der Darstellung vergangener Ereignisse.

Ein anderer Aspekt der Darstellung von Geschichte als Geschichte der Herrschenden ist weithin kritisiert worden und muss hier erörtert werden. Dabei handelt es sich um das »Vergessen« der Vergangenheit und das »selektive Gedächtnis«. Nach dem Holocaust, nach Vietnam, dem Völkermord in Kambodscha, den ethnischen Säuberungen im früheren Jugoslawien, nehmen ganze Völker so am großen Vergessen teil, wie es ganz ähnlich traumatisierte Einzelpersonen tun. Die Sieger tilgen aus dem Gedächtnis, wie sie den Krieg gewonnen haben, und wenn dann genug Zeit vergangen ist, rekonstruieren sie eine neue Geschichte, die sich auf selektives Erinnern stützt. Eine ganze Generation von Deutschen versuchte so, das Vergangene zu vergessen, um nicht »schlafende Hunde zu wecken«, um das Unabänderliche aus dem Bewusstsein zu drängen. Die Amerikaner haben das Abwerfen von Napalmbomben und die Ermordung ganzer Dorfgemeinschaften in Vietnam vergessen. Die Untaten der jüngeren Zeit türmen ihre Leichenberge auf die Mördergruben längst vergangener und vergessener Grausamkeiten. Die muslimischen Bauern in ihren Massengräbern büßen angeblich für die serbischen Partisanen, die zur Zeit ihrer Großeltern von kroatischen Faschisten ermordet worden sind. Die Spirale von Mord und Gewalt durchzieht die Zeiten nach dem Grundsatz, dass die Sieger so lange bestimmen, wie die Vergangenheit dargestellt werden soll, bis sie selbst besiegt werden. Sind sie nicht mehr an der Macht, erzählen die Besiegten *ihre* Geschichte von Blut und Vergewaltigung. Bürgerkriege und rassistische Verfolgungen gedeihen auf dem Boden von selektivem Gedächtnis und kollektivem Vergessen.

Das ist einer der blutigsten Beweise dafür, dass Geschichte für die Lebenden eine Rolle spielt.

So wie die Heilung von traumatisierten Personen davon abhängt, dass sie sich das tatsächliche Geschehen vor Augen führen und die Vergangenheit in einem neuen Licht sehen können, so verhält es sich auch mit Gruppen von Menschen und Nationen. Die Wiedergewinnung der Handlungsfähigkeit und der Wiederaufbau Deutschlands nach dem Zweiten Weltkrieg beruhten auf der Auseinandersetzung mit der Schuld an Faschismus, Holocaust und Krieg. Wiedergutmachungsleistungen gegenüber den Überlebenden und Maßnahmen zur Ächtung des Rassismus, der all diesen Schrecken ermöglicht hatte, waren Schritte im Sinne der Genesung. Im Gegensatz dazu hat sich Österreich in umfassendem kollektiven Vergessen geübt, die Verantwortung für die Teilhabe am nationalsozialistischen Regime und seiner Kriegs- und Vernichtungsmaschinerie von sich gewiesen und die meisten seiner Kriegsverbrecher entlastet, indem es nachhaltig an der Behauptung festhielt, das erste Opfer der Nazis gewesen zu sein. Das Ergebnis war ein fortgesetzter Antisemitismus, ein Antisemitismus fast ohne Juden, und das Aufkommen und Erstarken faschistoider politischer Parteien. Nun endlich, über fünfzig Jahre nach Kriegsende, hat die österreichische Regierung den Versuch unternommen, ehrlicher mit der Vergangenheit umzugehen und den Opfern Wiedergutmachung anzubieten. Die Unfähigkeit der Vereinigten Staaten, offen die

Verantwortung für die Gräuel der Sklaverei zu übernehmen, sorgt dafür, dass der Rassenkonflikt auch im 20. Jahrhundert ein dauernder Bestandteil der amerikanischen Politik ist. In den früheren Satellitenstaaten der Sowjetunion liegt die Saat künftiger Konflikte unter der Decke eines großen Vergessens und des selektiven Gedächtnisses. In allen diesen Fällen könnten ehrliche Versuche, die Vergangenheit aufzudecken und gründlich zu erforschen, veränderte Einstellungen und politische Zustände zeitigen, die den alten Konflikten die Kraft nähmen, neue Brände zu entfachen.

Wie wir mit Geschichte umgehen, ist von großer Bedeutung. Der oft wiederholte Satz, dass diejenigen, die nichts aus der Geschichte lernen, dazu verurteilt sind, sie zu wiederholen, enthält etwas Wahres. Was aber sind »die Lehren der Geschichte«? Schon der Versuch, das zu definieren, führt zu neuen Konflikten. Die Geschichte ist kein Rezeptbuch, das Vergangene wiederholt sich nicht auf die gleiche Weise. Historische Ereignisse sind unendlich vielgestaltig und vielschichtig, und ihre Interpretation ändert sich laufend. Aus der Vergangenheit lässt sich keine endgültige oder eindeutige Schlussfolgerung ziehen, sie bietet keine Sicherheit.

Wir können aus der Geschichte lernen, wie frühere Generationen gedacht und gehandelt und auf die Herausforderungen ihrer Zeit reagiert haben. Wir können lernen, indem wir Vergleiche anstellen, nicht aber indem wir Beispiele suchen und nachahmen, denn unsere Lebensumstände werden sich immer von den früheren unterscheiden. Das Wichtigste, was uns die Geschichte lehren kann, ist, dass menschliches Handeln unweigerlich Konsequenzen nach sich zieht und dass bestimmte Entscheidungen, einmal getroffen, nicht ungeschehen gemacht werden können. Entscheidungen schließen Türen und öffnen andere, sie schränken unsere Wahlfreiheit ein und beeinflussen so die Zukunft. Beispielsweise diskutierte das Parlament des Staates Virginia im Jahre 1831 über die Abschaffung der Sklaverei, die zu dieser Zeit dort unprofitabel geworden war. Da die Abgeordneten sich aber nicht vorstellen konnten, wie die weiße Einwohnerschaft Virginias friedlich mit einer großen Zahl von freigelassenen Schwarzen zusammenleben könnte, wurde beschlossen, das Sklavensystem beizubehalten und den freien Schwarzen noch stärkere Behinderungen aufzuerlegen. Innerhalb der nächsten Jahre setzten die Regierungen aller Südstaaten für die Gegner der Sklaverei die Rede- und Versammlungsfreiheit außer Kraft. Nachdem diese Entscheidungen einmal getroffen waren, gab es im Süden nicht mehr die Möglichkeit, öffentlich über Alternativen zur Sklavenhaltung zu diskutieren. Diese Entscheidungen schränkten also die künftigen Entscheidungsmöglichkeiten ein und machten damit eine friedliche Lösung des Konflikts zwischen dem Norden und dem Süden nahezu unmöglich.

Wie die einzelnen Menschen müssen auch Nationen Verantwortung für ihr früheres Handeln übernehmen. Fehler und Irrtümer der Vergangenheit lassen sich nur dadurch korrigieren, dass man sie sich selbst und anderen gegenüber eingesteht und eindeutig die Richtung ändert. Die neue Regierung in Südafrika hat sich ihrer Aufgabe der Rekonstruktion auf vorbildliche Weise gestellt. Sie hat ihre rassistische, unterdrückerische Vergangenheit offengelegt, deren Konsequenzen aufgezeigt und dieses Herrschaftssystem ausdrücklich verurteilt.

Das große Vergessen hat Frauen besonders hart getroffen. Das selektive Gedächtnis der Männer, die Geschichte niedergeschrieben und interpretiert haben, hatte verheerende Auswirkungen auf die Frauen. Es ist unvorstellbar, dass die Handlungen und Gedanken der Hälfte der Menschheit historisches Geschehen nicht beeinflussten, doch Frauen wurden so behandelt, als seien sie geschichtslos, bedeutungslos. Die einzigen Frauen, die in den Beschreibungen und Analysen der Vergangenheit behandelt wurden, waren »Stellvertreterinnen« ihrer abwesenden Männer oder Brüder, Frauen in Männerrollen, Herrscherinnen, Königinnen. Das hat dazu geführt, dass Männer wie Frauen meinten, Frauen hätten niemals einen eigenen wichtigen Beitrag zur Kulturgeschichte geleistet. So haben Frauen gelernt, sich selbst als Menschen zu betrachten, die nichts Wesentliches zum gesellschaftlichen Leben beitragen können. Diese umfassende Verzerrung des tatsächlichen Geschehens war möglich, weil diejenigen, die darüber entschieden, was als aufzuzeichnende Geschichte gelten solle, die Aktivitäten der Frauen nicht kannten oder nicht für wichtig hielten. Die Maßstäbe, nach denen sie

»historische Bedeutung« einschätzten und festlegten, bewerteten das Handeln und Denken von Männern weit höher als das, was Frauen taten und dachten. Das Führen von Kriegen und die Verteilung des Reichtums wurden für sehr viel wichtiger gehalten als das Aufziehen der Kinder und die Pflege des Zusammenhalts von Gemeinschaften. Durch das Akzeptieren dieser Auswahlkriterien unterlief den Historikern ein schwerwiegender Fehler: Sie nahmen das Halbe für das Ganze, denn sie beschrieben die Erfahrungen, das Erleben und Denken der einen Hälfte der Menschheit und vergaßen die andere Hälfte. Ihr selektives Gedächtnis hinderte Frauen und Männer daran, sich ein vollständiges und zutreffendes Bild von der Vergangenheit zu machen.

Nicht nur die Frauen, auch andere Gruppen wurden »vergessen«. Sklaven, Bauern, Kolonialisierte sind marginalisiert und ihrer Geschichte beraubt worden. Selektives Erinnern und die Zerstörung der Historie waren lange Zeit wirksame Mittel der Ausübung von Herrschaft und Unterdrückung. Es ist wichtig, darauf hinzuweisen, dass unterdrückte Gruppen, sobald sie an die Macht gelangten, immer versucht haben, die Geschichte unter ihrem Blickwinkel darzustellen und zu vervollständigen. Dieser oft wiederholte Vorgang beweist an sich schon das tief empfundene Bedürfnis von Menschen, eine eigene Geschichte zu haben.

Um besser zu verstehen, wie und warum Geschichte uns angeht, sollten wir uns mit den beiden Gruppen von Menschen befassen, die in der Menschheitsgeschichte am längsten marginalisiert und unterdrückt worden sind: die Frauen und die Juden. Die Verfolgung der Juden beginnt mit ihrer Versklavung in Ägypten im späten 2. Jahrtausend vor unser Zeit. Die Unterwerfung der Frauen ist so alt wie das Patriarchat, dessen feste Etablierung in den meisten Gegenden des Vorderen Orients wir auf die Mitte des 1. Jahrtausends vor unserer Zeit datieren können. Während sich die zeitliche Bestimmung der Unterdrückung dieser beiden Gruppen nicht wesentlich unterscheidet, ist die Art der Unterdrückung doch sehr verschieden. Die Frauen machen die Hälfte jeder Bevölkerung aus, die Juden waren immer eine kleine Minderheit. Frauen waren immer in das Leben der sie unterdrückenden Gruppe integriert, während die Juden in einer Gesellschaft leicht zu isolieren waren und an den Rand gedrängt, ausgegrenzt werden konnten. Die Frauen hielten ihre Unterdrückung für »naturgegeben«, da sie von Familie, Staat und Religion durchgesetzt und ausgeübt wurde. Juden wussten immer, dass ihre Unterdrückung und Verfolgung von außerhalb, also von den Nichtjuden, herrührte, und konnten deshalb ihr Zusammengehörigkeitsgefühl, ihren Nationalismus und ihre Religion als Basis von Widerstand nutzen. Der wichtigste Unterschied der beiden Gruppen liegt meiner Meinung nach in ihrer Einstellung zur Geschichte.

Juden waren zunächst hebräische Stämme und später die Bevölkerung jüdischer Königreiche, die sich von ihren Nachbarn nur durch die Religion unterschieden. Nach der babylonischen Gefangenschaft und in der Diaspora wurden sie zu einer Glaubensgemeinschaft mit einer besonderen Geschichte, die sie von anderen Gruppen unterschied. Die Juden waren sich von jeher ihrer besonderen Beziehung zur Geschichte bewusst und machten dieses Bewusstsein zum Bestandteil ihres religiösen Rituals. Die Darstellung ihrer Versklavung in Ägypten und ihrer Befreiung ist Teil des jährlichen Pessach-Festes; das in jedem Jahr wieder aufgeführte Drama des Kampfes von Königin Esther mit Haman, dem Unterdrücker ihres Volkes, steht im Mittelpunkt der Purim-Feier; und die Geschichte des Sieges der Makkabäer über Babylon ist ein wichtiger Teil des Chanukka-Festes. Man kann sagen, dass die jüdische Religion, da sie teleologisch auf das Kommen des Messias ausgerichtet ist, Geschichte stärker einbezogen hat als jede andere Religion zuvor. Für Juden ist daher ihre Geschichte, die voll von Katastrophen und Verfolgungen ist, zugleich eine Geschichte des heldenhaften Widerstands gegen ihre Unterdrückung und die Bedrohung ihrer Existenz. So konnte die Geschichte des Judentums zu einem Mittel der Selbsterhaltung des jüdischen Volkes werden.

Ganz anders verhielt sich das bei den Frauen. Frauen lebten in einer Welt, in der sie anscheinend keine Geschichte hatten und in der ihr Anteil an der Bildung von Gesellschaften und Kulturen konsequent vernachlässigt wurde. Durch ihre Erziehung und den Mangel an Bildung wurden Frauen jahrtausendelang daran gehindert, an dem intellektuellen Prozess der Kulturbildung teilzunehmen und das Entstehen und Wirken von wichtigen gesellschaftlichen Institutionen mit zu bestimmen. Auf Institutionen wie Kirche, Staat, Recht und Militär konnten sie nur vom Rand her einwirken, indem sie »Einfluss« ausübten statt eigener Macht, und selbst dies noch in der Vermittlung durch Männer. Nur ausnahmsweise war es einigen Frauen der Oberschicht gestattet, als Stellvertreterin eines Mannes Herrschaftsfunktionen auszuüben. Am nachhaltigsten wirkte sich aus, dass Frauen nicht die Macht hatten, zu definieren und sich an der Erschaffung der geistigen Konstrukte zu beteiligen, die zur Erklärung und Ordnung der Welt dienen. Unter der Herrschaft des Patriarchats wurde die Vergangenheit von Männern dargestellt und interpretiert, und dabei standen die Taten und Absichten von Männern im Mittelpunkt. Frauen waren in der Geschichte, wie auch Männer, immer Handelnde und Vermittelnde, aber in der geschriebenen Geschichte kamen sie nicht vor.

Es ist inzwischen ganz offensichtlich, dass diese lange Geschichte der Marginalisierung das Selbstverständnis der Frauen, ihre Einstellungen und ihr Gruppenverhalten entscheidend beeinflusst hat, selbst wenn das erst seit kurzem »beim Namen genannt wird«. Da ihnen das Wissen um die eigene Geschichte und ihre Bedeutung in der Menschheitsgeschichte vorenthalten wurde, hatten sie keine Heldinnen und Vorbilder. In Unkenntnis des Widerstands und der Opposition von Frauen in der Vergangenheit verinnerlichten die Frauen die Ideologie des Patriarchats. Sie beteiligten sich an dessen Aufrechterhaltung und bestärkten es durch die Weitergabe seiner Regeln und Normen an ihre Kinder beiderlei Geschlechts. Die kleine Minderheit der Juden, die jahrtausendelang verfolgt und immer wieder vertrieben wurde, deren Gemeinden zerstört und deren religiöse und weltliche Führer ermordet wurden und gegen die sich im 20. Jahrhundert der größte systematisch organisierte Völkermord der Geschichte richtete, konnte überleben und sogar einen Staat gründen. Anders die Frauen, die Hälfte der Menschheit, die jahrtausendelang unterdrückt und ökonomisch wie intellektuell benachteiligt und zudem der Willkür und Gewalt von Männern ausgesetzt waren: Sie konnten ihre Unterwerfung erst im Laufe der letzten zweihundert Jahre verstehen lernen und sich dagegen wehren. Menschen ohne Geschichte gelten nicht vorbehaltlos als Menschen, weder im eigenen Bewusstsein noch in den Augen anderer. Weil sie ihre Situation nicht begreifen, können sie sich keine Alternativen vorstellen und wirken an ihrer eigenen Unterdrückung mit. Für Unterdrückte ist es in der Tat von entscheidender Bedeutung, *keine* Geschichte zu haben.

Der Vergleich zwischen Frauen und Juden schärft unseren Blick, wenn wir erkennen wollen, wie wichtig Geschichte für das Leben der Menschen ist. Er zeigt uns nämlich, wie Erfahrung und Denken sich bei der Herausbildung der persönlichen Identität gegenseitig beeinflussen.

Einige tausend Jahre lang war die jüdische Geschichte die Geschichte eines Volkes ohne geographisches Zentrum, ohne eigenes Land, geprägt durch periodische Zyklen von Assimilation und Vertreibung aus einer Vielzahl von Ländern und anderen Kulturen. Sich unter Berufung auf den Glauben als das »auserwählte Volk« Gottes zu sehen, das war das eine; als Volk ohne Heimat in der Diaspora verfolgt und vertrieben zu werden, war eine ganz andere historische Erfahrung. Jeder Jude, ob Mann, Frau oder Kind, trägt in Psyche und Gedächtnis die Last dieser Geschichte und ist davon geprägt. Insofern kann man unterscheiden zwischen den Juden der im Alten Testament beschriebenen Zeit und den Juden der Diaspora. Das Wissen um die Möglichkeit von Verfolgung und Diskriminierung, das im Bewusstsein auch der am stärksten assimilierten Juden – nämlich denen im Deutschland der Weimarer Republik, in der früheren Sowjetunion und in den Vereinigten Staaten – eingebrannt ist, unterscheidet Juden deutlich genug von ihren Nachbarn, um sie als solche kenntlich zu machen. Was Juden zu »Juden« macht, ist also ihre im Lauf der Geschichte gewachsene Erfahrung und ihr dementsprechendes Selbstverständnis.

Ich vertrete die Auffassung, dass es sich bei Frauen ähnlich verhält. Was weibliche Menschen zu geschlechtsspezifisch definierten Frauen macht, ist nicht nur der körperlich-biologische Unterschied, sondern auch der durch ihre Erfahrungen in der Vergangenheit verursachte Unterschied. Während der viertausend Jahre zurückreichenden Geschichte des Patriarchats waren die Frauen von unmittelbarer Machtausübung ausgeschlossen, in Erziehung und Bildung benachteiligt, bei der Verfügung über die Reichtümer und Ressourcen der Gesellschaft im Zustand der Abhängigkeit gehalten. Erst in den letzten zweihundert Jahren konnten sie unabhängige Organisationen gründen, in denen sie organisiert gegen ihre Diskriminierung kämpfen, Zentimeter um Zentimeter gegen erheblichen Widerstand langsam an Boden gewinnen. Aber die lange Erfahrung der relativen Ohnmacht und des Ausgeschlossenseins von gesellschaftlich bedeutenden Institutionen hat den Frauen eine geschlechtsspezifische Prägung ihrer Psyche und ihrer grundsätzlichen Einstellungen vermittelt, ein Erbe, das sich in einer besonderen, weiblichen Art des Denkens und Handelns äußert. Der so oft zur Rechtfertigung ihrer unterschiedlichen gesellschaftlichen Positionen herangezogene biologische Unterschied zwischen Frauen und Männern erscheint mir relativ belanglos; dennoch muss man bei jeder Analyse der Situation von Frauen den historisch begründeten Unterschied zwischen den Geschlechtern als einen wichtigen Faktor berücksichtigen.

Ich gehe noch weiter. Die biologische Differenz zwischen Frauen und Männern wurde zum Kriterium der Unterwerfung erst durch die kulturell bedingte Definition von Differenz als Kennzeichen des Abweichens von einer Norm und damit als Zeichen der Minderwertigkeit. In den vorstaatlichen Gesellschaften, also vor der Institutionalisierung des Patriarchats, kam die biologische Differenz zwischen Männern und Frauen in einer vom sexuellen Geschlecht abhängigen Arbeitsteilung zum Ausdruck. Frauen, die entweder Säuglinge stillten, schwanger waren oder Kleinkinder zu versorgen hatten, übernahmen andere ökonomische Aufgaben als Männer, ohne dass dieser Unterschied sie ohne weiteres zu Unterlegenen oder Benachteiligten machte. Die Unterdrückung der Frauen ergibt sich aus der kulturell bestimmten Definition der »Differenz« als Zeichen der Unterlegenheit. Die Unterordnung der Frauen ist historisch bedingt durch ein Gesellschaftssystem, das ›Geschlecht‹ seiner Kultur entsprechend festlegt und eine hierarchische Rangordnung schafft. Für die geschichtliche Zeit, die so lang ist wie die Geschichte des Patriarchats, können wir mit Simone de Beauvoir feststellen, dass

»man nicht als Frau geboren wird, sondern zur Frau gemacht wird«. Doch was »die Frau«, also die Frau-unter-dem-Patriarchat, ausmacht, ist nicht ihre biologische Besonderheit, sondern ihr historisch hervorgebrachtes soziokulturelles Geschlecht.

Die Frauengeschichte befasst sich nicht mit Frauen in ihrem Naturzustand, sondern mit Frauen, die geschlechtsspezifisch geprägt sind, die unter den Bedingungen des Patriarchats funktionieren und die Last der davon bestimmten Vergangenheit auf ihren Schultern tragen. Leider gibt es kein Wort, das diesen Unterschied zwischen der »dressierten Frau« und der Kreatur weiblichen Geschlechts, die vor dem Entstehen des Patriarchats lebte, zum Ausdruck bringen kann. Da es ein solches Wort nicht gibt, verwende ich den Begriff »Frau« in der Bedeutung von »Frau-unter-dem-Patriarchat«. Unter dieser Voraussetzung wird man mir hoffentlich nicht unterstellen, ich sei eine Vertreterin des Essentialismus, wenn ich behaupte, dass die historisch bedingten Geschlechtsunterschiede viel wichtiger sind als die biologischen Unterschiede zwischen Frauen und Männern.

Bei den Juden wie bei den Frauen führt die kulturell bedingte Abrichtung dazu, dass die Mitglieder der unterdrückten Gruppe anders denken und handeln als die herrschende Gruppe, so dass sie »anders« geworden sind. In diesem Sinne gibt es eine Frauenkultur, eine besondere Einstellung von Frauen bei politischen Wahlen, ein bestimmtes Sozialverhalten von Frauen. Aber diese sind *nicht* biologisch, sondern geschichtlich bedingt.

Es ist hinreichend belegt, dass das Selbstbewusstsein der Frauen sehr stark beeinträchtigt worden ist durch eine jahrhundertelange Tradition, die Frauen in der Geschichtsschreibung nicht berücksichtigte und ihre aktive Rolle bei der Bildung von Gesellschaft und Kultur ignorierte. Ohne Heldinnen war es schwer für Frauen, Ambitionen zu entwickeln. Lange Zeit haben begabte Frauen viel Kraft darauf verwendet, sich durch die Leistungen von Männern zu verwirklichen, durch ihren Einfluss auf Brüder, Ehemänner oder Söhne. Ihre Enttäuschung und Frustration brachten sie auch durch schriftstellerische Arbeit zum Ausdruck, mit der sie literarische Identifikationsfiguren schufen.

Das gilt auch für ihr Bemühen um eine Geschichte der Frauen. Jahrhunderte lang sammelten sie Zeugnisse von »hervorragenden Frauen«, aktiven und mutigen Geschlechtsgenossinnen, die im Rückblick auf die Vergangenheit die intellektuellen Fähigkeiten von Frauen belegen sollten. Sie wurden als Heldinnen und Vorbilder beschrieben, die den Frauen so fehlten. Bei der Durchsicht dieser immer von Neuem zusammengestellten Listen von »bemerkenswerten Frauen« stellte ich allerdings fest, dass die Autorinnen sich nie auf die Verzeichnisse bezogen, die vor ihnen bereits von anderen Frauen vorgelegt worden waren, sondern die von Männern angefertigten Aufzeichnungen als Quellen nannten. Das lag vielleicht daran, dass ihnen ihre Vorgängerinnen nicht bekannt waren, weil Schriften von Frauen nicht so häufig publiziert und so lange aufbewahrt wurden wie die von Männern. Das Wiederholen der gleichen Arbeit belegt aber auch die von Männern und Frauen vertretene Auffassung, dass Frauen nicht als Autoritäten gelten könnten. Eine Frau wie Sarah Josepha Hale versprach sich im 19. Jahrhundert mehr davon, sich auf die Materialsammlungen von Livius und Boccaccio zu berufen, als das Werk womöglich unbekannter Frauen wie Christine de Pizan, Laura Cereta und Rachel Speght zu zitieren. Das Nichtvorhandensein der Frauengeschichte verschärfte die mangelnde Autorität von Frauen in intellektuellen Angelegenheiten.

Sobald Frauen ihre Geschichte entdecken und ihre Position in der Vergangenheit und der Entwicklung der Menschheit erkennen, verändert sich ihr Bewusstsein auf dramatische Weise. Diese Erfahrung lässt sie Grenzen überschreiten und wahrnehmen, was sie mit anderen Frauen gemeinsam haben und von jeher gemeinsam hatten. Das verändert ihr Selbstbewusstsein ebenso wie ihre Weltsicht.

Die neue Frauengeschichte hat es sich zur Aufgabe gemacht, die bisher übergangene Hälfte der Weltgeschichte zu rekonstruieren und Frauen als aktiv Handelnde ins Zentrum des Geschehens zu rücken, damit die Geschichtsschreibung nun endlich die Doppelnatur der Menschheit ausgewogen darstellt und die menschliche Entwicklung in ihren weiblichen und männlichen Aspekten vollständig und umfassend berücksichtigt.

Die Frauengeschichte der letzten dreißig Jahre trägt dazu bei, das Ergebnis des »selektiven Vergessens« zu korrigieren, indem sie von einer ganzheitlichen Weltanschauung ausgeht, in der Unterschiede zwischen Menschen anerkannt und respektiert werden und die Gemeinsamkeit des menschlichen Strebens in all seiner Vielfalt und Komplexität bejaht wird. Durch eine ungeteilte Erinnerung und die Einbeziehung aller Menschen in unser Geschichtsbild können wir das System von Halbwahrheiten, Stereotypen und Lügen, aus dem Sexismus, Klassenhass, Rassismus und Antisemitismus sich wie giftige Kräuter nähren, von den Wurzeln her bekämpfen.

Die Frauengeschichte ist von wesentlicher Bedeutung für das Entstehen eines feministischen Bewusstseins, sie stellt einen Erfahrungsschatz bereit, auf den bezogen neue Theorien ihre Richtigkeit beweisen können und auf die sich eine feministische Zukunftsperspektive stützen kann.

Und damit sind wir zum Anfang, zu unserem Ausgangspunkt zurückgekehrt. Wir leben unser Leben, wir erzählen unsere Geschichten. Die Toten leben weiter, wenn wir sie auferstehen lassen, indem wir ihre Geschichten weiter erzählen. Die Vergangenheit wird Teil unserer Gegenwart und damit Teil unserer Zukunft. Wir handeln einzeln und gemeinsam in einem über uns hinaus reichenden Bemühen um die Zukunft der Menschheit und versuchen, diesem Streben Sinn zu verleihen. Menschsein bedeutet zu denken und zu fühlen, die Vergangenheit gedanklich zu erfassen und sich eine Zukunft vorzustellen. Wir leben unser Leben; wir beschreiben, was wir erleben. Andere werden darüber nachdenken und es auf ihre Weise deuten. Diese neue Auffassung wird Einfluss darauf haben, wie die nächste Generation ihr Leben gestaltet.

Das sind die Gründe, warum Geschichte uns angeht, warum Geschichte lebenswichtig ist.

Anmerkungen

Einleitung

1 Lerner, Gerda: The Majority Finds Its Past: Placing Women in History, New York 1979. Die meisten Beiträge in der deutschen Ausgabe: Lerner, Gerda: Frauen finden ihre Vergangenheit. Grundlagen der Frauengeschichte, Frankfurt 1995.

2 Ebd., S. 37.

3 Lerner, Gerda: Die Entstehung des Patriarchats, Frankfurt 1991.

4 Lerner, Gerda: Women and History. Band I: The Creation of Patriarchy, New York 1986 (dt. siehe Anm. 3), Band II: The Creation of Feminist Consciousness: From the Middle Ages to Eighteen-seventy, New York 1993 (dt.: Die Entstehung des feministischen Bewusstseins, Vom Mittelalter bis zur Ersten Frauenbewegung, Frankfurt 1993)

5 Deutsch: Die Dame und die Fabrikarbeiterin, Veränderung des Status von Frauen in den 1830er Jahren. In: Lerner, Gerda: Frauen finden ihre Vergangenheit, Frankfurt 1995, S. 50–63.

6 Dieser Essay aus The Majority Finds Its Past (siehe Anm. 1) ist in der deutschen Ausgabe nicht enthalten.

Kapitel 1   Ein Netz von Zusammenhängen

1 Rosenkranz, Herbert: Verfolgung und Selbstbehauptung: Die Juden in Österreich 1938–1945, Wien 1978, S. 1–39.

2 A.a.O., S. 36–38.

3 Seit 1933 war die Nationalsozialistische Partei Österreichs verboten. 1934 wurde der rechtsgerichtete Kanzler Dollfuß bei einem Putsch der Nationalsozialisten ermordet. Auf Druck Hitlers wurden die Nationalsozialisten schon im Februar 1938 amnestiert und an der Regierung beteiligt. (Anm. d. Übers.)

4 A.a.O., S. 80. Die Vereinigten Staaten haben die Einwanderungsquoten stets beibehalten und ließen nur 1000 berühmte Künstler und Intellektuelle mit Ausnahmegenehmigungen ins Land kommen.

5 A.a.O., S. 13, 310.

Kapitel 5   Gewaltfreier Widerstand: Die Geschichte einer Idee

1 Thoreaus Originaltitel des Essays war »Resistance to Civil Government, Über die Pflicht zum Ungehorsam gegenüber dem Staat«. Die Schrift wur-

de erstmals posthum (1866) unter dem Titel »Civil Disobedience« publiziert.

2 Lynd, Staughton: Nonviolence in America: A Documentary History, Indianapolis 1966, Introduction. Weitere Quellen: Miller, Robert William: Non-Violence: A Christian Interpretation, New York 1964; DeBenedetti, Charles: Origins of the Modern Peace Movement, 1915–1929, Milwood, N.Y. 1978; Wittner, Lawrence: Rebels Against War: The American Peace Movement, 1941–1960, New York 1969; Tyrell, Alexander: Making the Millenium: The Mid-Nineteenth Century Peace Movement. In: The Historical Journal, vol. XX, no. 1 (1978), S. 75–95.

3 »Ich aber sage euch, dass ihr nicht widerstreben sollt dem Übel; sondern, so dir jemand einen Streich gibt auf deinen rechten Backen, dem biete den anderen auch dar.« In: Die Bibel nach Marthin Luther, Matthäus 5,39. »Evil is not checked by evil, but by good.« Der Buddha.

4 Tolles, Frederick B.: Dyer, Mary. In: Edward T. James (Hg.): Notable American Women 1607–1950, 3 Bde., Cambridge, Mass. 1971, Bd. I, S. 536 f.; Rogers, Horatio: The Quaker Martyr that was Hanged on Boston Common, June 1, 1660, Providence 1896, S. 84–93. Niederschriften von Dyers' Gerichtsverfahren in: Shurtleff, Nathaniel B. (Hg.): Records of the Governor and Company of the Massachusetts Bay, 1628–1686, 5 Bde, Boston 1853-54, Bd. IV, I, S. 383–390, 419.

5 Woolman, John: The Journal of John Woolman, Secausus, N.J. 1972 (Reprint der Ausgabe von 1873), S. 14 f., 22, 36–40, 52, 59–61.

6 Beide Zitate aus: The Anti-Slavery Record, Bd. II, Nr. 7 (July 1836), S. 1–10.

7 Dumond, Dwight: Antislavery: The Crusade for Freedom in America, Ann Arbor, 1961, Kap. 24 u. 26; Richards, Leonhard: Gentlemen of Property and Standing. In: Anti-Abolition Mobs in Jacksonian America, New York 1970.

8 The Anti-Slavery Record (July 1836), S. 10.

9 Vgl. Curti, Merle: Peace or War: The American Struggle, 1936, New York 1936, S. 39–42; Schuster, Eunice Minette: Native American Anarchism: A Study of Left-Wing American Individualism. In: Smith College Studies in History, Bd. XVII, Nr. 1–4 (Oct. 1931–July 1932), S. 44–77; Ballou, Adin: Non-Resistance in Relation to Human Governments, Flugschrift o. O. 1839.

10 Right and Wrong in Boston. In: Report of the Boston Female Anti-Slavery Society, Boston 1836.

11 Harding, Walter: The Days of Henry Thoreau, New York 1965, S. 74, 201; Meltzer, Milton / Harding, Walter: A Thoreau Profile, New York 1962, S. 176, 191, 193.

12 Nach dem Bürgerkrieg wurden in den Südstaaten »Reconstruction-Regierungen« eingesetzt, die mit Unterstützung der Truppen aus dem Norden eine Demokratisierung dieser Staaten betrieben. Sie wurden teils durch Bürgerkrieg, teils durch politische Kompromisse 1872 außer Kraft gesetzt. (Anm. d. Übers.)

13 Tolstoy, Leo: The Kingdom of God and Peace: Essays, London 1936, S. 1.

14 Tolstoy, Count Leo: Garrison and Non-Resistance. In: The Independent, Bd. 56 (1904), S. 881–883, 887. Vgl. Tolstoy, Leo: The Kingdom of God is Within You: Christianity not as a mystic Religion but as a new Theory of

Life, Lincoln, Nebrasca 1984, S. 1–18 (dt.: Das Reich Gottes ist in Euch oder Das Christentum als eine neue Lebensauffassung, nicht als mystische Lehre. Stuttgart 1894). Tolstoi war ebenso erstaunt darüber, dass Garrisons und Ballous Theorien fünfzig Jahre lang in Vergessenheit geraten waren.

Tolstois Schrift »Worin besteht mein Glaube?« entstand 1884, wurde von der russischen Zensur nicht freigegeben, zirkulierte jedoch als Manuskript und Übersetzung im Ausland. Tolstoi überarbeitete den Text und veröffentlichte ihn 1893 unter dem Titel »Das Reich Gottes ist in uns«.

15 Walsh, Barry: The Tolstoyan Episode in American Social Thought. In: American Studies, Bd. 17, Nr. 1 (1976), S. 49–68. Bezugnahme auf S. 50 f.

16 Howells, William Dean: In Honor of Tolstoy. In: Critic, Bd. xxx (Oct. 1898), S. 288. Zitiert nach Walsh in American Studies, S. 50.

17 Arbeiterdemonstrationen in Chicago zur Durchsetzung des Achtstundentages fanden ihren Höhepunkt auf dem Haymarket, wo durch die Explosion einer Bombe und während der anschließenen Schießerei sieben Polizisten und vermutlich vier Arbeiter getötet wurden. Nach einem umstrittenen Gerichtsverfahren wurden vier Anarchisten hingerichtet. (Anm. d. Übers., siehe: Moltmann, Günter: USA Ploetz, Würzburg 3. Aufl. 1993; Karasek, Horst (Hg.): Haymarket 1886: Die deutschen Anarchisten von Chicago, Berlin 1975

18 A.a.O., S. 50–54, 60–64.

19 Beeinflusst von der Pädagogik John Deweys und dem Altruismus der Arts-and-Crafts-Bewegung sollten in dieser Einrichtung Arbeiter in der Kunst Trost und Ausgleich finden können und ihnen die Wiedergewinnung kreativer Fähigkeiten ermöglicht werden. (Anm. d. Übers.)

20 A.a.O., S. 60.

21 Addams verwendete zustimmend William James' Ausdruck »Ein moralisches Äquivalent für Krieg«. Vgl. Addams, Jane: Newer Ideals of Peace, New York 1907, S. 24.

22 Salt, Henry: Gandhi and Thoreau. In: Nation and Atheneum, Bd. XLVI (March 1, 1930), S. 728, wie zitiert in: Harding, Walter: Thoreau: A Century of Criticism, Dallas 1954, S. 147.
In seiner Autobiographie hält Gandhi fest, dass ihm 1894 ein Exemplar von Tolstois »The Kingdom of God is Within You« nach Natal, Südafrika, geschickt worden ist. Er war sehr davon beeindruckt, bezog sich aber nicht auf den Inhalt, bis er 1906 seine erste Kampagne des zivilen Ungehorsams in Südafrika durchführte. Vgl. Mohandas K.Gandhi: An Autobiography, Boston 1957, S. 137 f.

23 Gandhi, M. K.: Nonviolent Resistance: Satyagraha, New York 1961. Vgl. Blume, Michael (Hg.): Satyagraha – Wahrheit und Gewaltlosigkeit, Yoga und Widerstand, Gladenbach 1987.

24 King, Martin Luther: Stride Toward Freedom: The Montgomery Story, New York 1958, S. 40–43.

25 A.a.O., S. 67.

26 Diese Information verdanke ich meinem früheren Kollegen am Sarah Lawrence College, Dr. Roy Finch.

27 Duster, Alfreda M. (Hg.): Crusade for Justice: The Autobiography of Ida B. Wells, Chicago 1970, S. 53–56.

Kapitel 6   Amerikanische Grundwerte

1 Bevorzugung Einheimischer gegenüber Neueinwanderern. (Anm. d. Übers.)
2 Doktrin einer »Offenkundigen Bestimmung« durch die Vorsehung, auf
  dem nordamerikanischen Kontinent ein angloamerikanisches Supremat zu
  errichten. (Anm. d. Übers.)

Kapitel 7   Das 20. Jahrhundert: Eine Zeitenwende für Frauen

1 Wenn nicht anders angegeben, sind alle statistischen Angaben entnommen
  aus: Linda Schmittroth: Statistical Record of Women Worldwide. Detroit
  1991; und: United Nations Statistical Office: The World's Women 1970–
  1990, Trends and Statistics, Social Statistics and Indicators Series K, Nr. 8.
  New York 1991. Diese Information aus UN, Trends, S. 12.
2 UN, Trends, S. 12.
3 UN, Trends, S. 45–47; Schmittroth, a.a.O., S. 235–238, 567.
4 UN, Trends, S. 45–47.
5 Schmittroth, a.a.O., S. 231–235. Die Angaben stellen Daten aus den Jahren 1970 bis 1980 zusammen.
6 UN, Trends, S. 48 f.
7 Wenn nicht anders angegeben, sind alle Angaben über die USA entnommen aus: U.S. Bureau of the Census, Historical Statistics of the United States, Colonial Times to 1957 und Zusatzband Historical Statistics of the
  Unites States after 1957, Washington, D.C., Bureau of Commerce 1961,
  1991.
8 Tabelle aus: Wells, Robert V.: Demographic Changes and the Life Cycles of
  American Families. In: Journal of Interdisciplinary History, Bd. II. Nr. 2
  (Autumn 1971), S. 273–282.
9 Solomon, Barbara Miller: In the Company of Educated Women: A History
  of Women and Higher Education in America, New Haven 1985. S. 63.
  Vgl. Newcomer, Mabel: A Century of Higher Education for American Women, New York 1959, S. 46; U.S. Bureau of the Census, National Center
  for Education Statistics, Digest of Education Statistics, Washington, D.C.
  1980, 1982, 1983.
10 Sapiro, Virginia: Women in American Society, An Introduction to Women's
  Studies, Palo Alto 1986, S. 114; Solomon, a.a.O., S. 127.
11 Vgl. Tabelle in: Schmittroth: a.a.O., S. 355.
12 UN, Trends, S. 102.

Kapitel 9   Die Notwendigkeit von Geschichte

1 Sklar, Kathryn Kish: American Female Historians in Context, 1770–1930.
  In: Feminist Studies, 3 (Fall 1975), S. 171–184. Kathryn Kish Sklar verweist auf Historikerinnen, die aufgenommen worden sind in: James, Edward T./James, Janet Wilson/Boyer, Paul S. (Hg.): Notable American Women: 1607–1950, A Biographical Dictionary. 3 Bde., Cambridge, Mass.
  1971; Sklar beschreibt die akademische Laufbahn von Lucy Salmon
  (1853–1927), Nellie Neilson (1873–1947), Louise Kellogg (1862–1942),
  Annie Abel (1873–1947), Helen Summer Woodbury (1876–1933), Mary
  Barnes (1850–1898), Helen Gardner (1878–1946) und Mary Williams

(1878–1944). Ich habe auch Florence Robinson (1868–1926) und Martha Edwards (1865–1926) einbezogen.

2 Typisch für die frühen Sammlungen von Frauenbiographien sind: Child, Lydia Martia: Brief History of the Condition of Women, in Various Ages and Nations, 2 Bde., Boston 1835; Hale, Sarah Josepha: Woman's Record, or Sketches of All Distinguished Women, from ›the Beginning‹ till A.D. 1850, New York 1853; Hanaford, Phebe A.: Women of the Century, Boston 1877; Willard, Frances E./Livermore, Mary A. (Hg.): American Women: Fifteen Hundred Biographies with over 1400 Portraits, 2 Bde., New York 1897. Die wichtigste Sammlung von Quellen aus dem 19. Jahrhundert ist: Stanton, Elizabeth Cady/Anthony, Susan B./Gage, Matilda Joslyn/Harper, Ida Husted (Hg.): The History of Woman Suffrage, 6 Bde., New York 1881–1922. Zum Werk von Elizabeth Schlesinger und Miriam Holden vgl. Lerner, Gerda: Miriam Holden – In Remembrance and Friendship. In: Princeton University Library Chronicle, 41 (Winter 1980), S. 164–169. Über Mary Beards Versuche, ein Archiv zur Geschichte der Frauen einzurichten, vgl. Lane, Ann J. (Hg.): Mary Ritter Beard, A Sourcebook, New York 1977. Heranzuziehen wären auch Leonhard, Eugenie Andruss/Drinker, Sophie Hutchinson/Holden, Miriam Young: The American Woman in Colonial and Revolutionary Times, 1565–1800, Philadelphia 1962; Dexter, Elisabeth Anthony: Colonial Women of Affairs: A Study of Women in Business and the Professions in America before 1776, Boston 1924; Dexter, Elisabeth Anthony: Career Women of America, 1776–1840, Francestown, N.H. 1950; Flexner, Eleanor: Century of Struggle, The Woman's Rights Movement in the United States, Cambridge, Mass. 1959.

3 ›Ph.D. Phoolery‹. In: Wall Street Journal v. 18. August 1981, S. 32; Handlin, Oskar: Truth in History. Cambridge, Mass. 1979, S. 3–24, Zitate S. 18, IX.

4 Ich bin hier beeinflusst von Becker, Ernest: The Denial of Death, New York 1973, S. 1–24 und Lifton, Robert Jay: History and Human Survival. Essays on the Young and the Old, Survivors and the Dead, Peace and War, and on Contemporary Psychohistory, New York 1970.

5 Die Begriffe ›Legitimation‹ und ›symbolisches Universum‹ werden diskutiert in: Berger, Peter L./Luckman, Thomas: The Social Construction of Reality: A Treatise in the Sociology of Knowledge, Garden City 1966, S. 93–97.

6 Becker, Carl: Everyman His Own Historian. In: American Historical Review 37 (Jan. 1932), S. 233 f.

7 Hofstadter, Douglas R.: Gödel, Escher, Bach: An Eternal Golden Braid, New York 1979.

8 Ranke, Leopold von: A Fragment from the 1860's. In: Stern, Fritz (Hg.): The Varieties of History: From Voltaire to Present, Cleveland 1956, S. 61.

9 Pirenne, Henri: What Are Historians Trying to Do? In: Rice, Stuart A. (Hg.): Methods in Social Sciences: A Case Book, Chicago 1931, S. 435–445.

10 »Ein intelligentes Verstehen der Vergangenheit kann als eine Art Hebel dienen, um die Gegenwart in eine bestimmte Art von Zukunft zu überführen.« »Intelligent understanding of past history is to some extent a lever for moving the present into a certain kind of future.« Dewey, John: Logic: The Theory of Inquiry, New York 1938, S. 239 (dt. v. d. Übers.)

11 Rickman, H.P. (Hg.): Wilhelm Dilthey: Pattern and Meaning in History: Thoughts on History and Society, New York 1962, S. 86 f. Dt. zitiert nach Wilhelm Dilthey: Der Aufbau der geschichtlichen Welt in den Geisteswissenschaften, Frankfurt 6. Auflage 2001, S. 246 f.

12 Beard, Mary: University Discipline for Women – Asset or Handicap? In: Journal of the American Association of University Women, 25 (April 1932), S. 132.

13 Diese Auffassungen sind ausführlicher dargestellt in: Lerner, Gerda: The Majority Finds Its Past: Placing Women in History, New York 1979; dt.: Lerner, Gerda: Frauen finden ihre Vergangenheit, Grundlagen der Frauengeschichte, Frankfurt 1995. Vgl. Carroll, Berenice A. (Hg.): Liberating Women's History: Theoretical and Critical Essays, Urbana, Ill. 1976; Chafe, William H.: Women and Equality: Changing Patterns in American Culture, New York 1977. Beispiele für historische Arbeiten, die den Begriff einer weiblichen Kultur akzeptiert oder einzelne Aspekte dieser Kultur behandelt haben, sind Cott, Nancy F.: Young Women in the Second Great Awakening in New England. In: Feminist Studies, 3 (Fall 1975), S. 15–29; Smith-Rosenberg, Carroll: Beauty, the Beast and the Militant Woman: A Case Study in Sex Roles and Social Stress in Jacksonian America. In: American Quarterly, 23 (October 1971), S. 526–584; Smith-Rosenberg, Carroll: The Female World of Love and Ritual: Relations between Women in Nineteenth Century America. In: Signs, 1 (Autumn 1975), S. 1–29; Sklar, Kathryn Kish: Catharine Beecher: A Study in American Domesticity, New Haven 1973.

14 Zu den wichtigsten Quellenhinweisen auf Manuskripte gehört Hinding, Andrea/Bower, Ames Sheldon/Chambers, Clarke A. (Hg.): Women's History Sources: A Guide to Archives and Manuscript Collections in the United States, 2 Bde., New York 1979. Ich verweise auf den historiographischen Essay über Frauengeschichte von Sicherman, Barbara: American History. In: Signs, 1 (Winter 1975), S. 461–485. Vgl. Lerner, Gerda: Teaching Women's History, Washington 1981, S. 69–88.

15 Lerner, Gerda: The Political Activities of Antislavery Women. In: Gerda Lerner, The Majority Finds Its Past, S. 112–128; dt.: Gerda Lerner: Die politischen Aktivitäten der Frauen in der Antisklavereibewegung. In: Frauen finden ihre Vergangenheit, Frankfurt 1995, S. 110–125. Vgl. Wellman, Judith: To the Fathers and the Rulers of Our Country, Abolitionist Petitions and Female Abolitionists in Paris, New York 183–545, Vortrag, gehalten auf der Berkshire Conference on Women's History im Juni 1976 (zu finden in der Schlesinger Library Cambridge, Mass.).

16 Beard, Mary R.: Woman as Force in History: A Study in Traditions and Realities, New York 1946.

17 DuBois, W. E. Burghardt: The Souls of Black Folks: Essays and Sketches, Chicago 1903, S. 3.

18 Der Begriff der Frau als »die Andere« ist umfassend dargestellt in Beauvoir, Simone de: Das andere Geschlecht, Reinbek 1951.

19 Ich beziehe mich hier auf eine noch laufende Debatte zwischen feministischen Wissenschaftlerinnen, besonders Anthropologinnen. Vgl. Ortner, Sherry B.: Is Female to Male as Nature Is to Culture? In: Rosaldo, Michelle Z./Lamphere, Louise (Hg.): Woman, Culture and Society, Stanford 1974, S. 67–87 und andere Aufsätze im gleichen Band. Vergleiche auch Rohrlich-

Leavitt, Ruby: Women in Transition: Crete and Sumer. In: Bridenthal, Renate/Koonz, Claudia (Hg.): Becoming Visible: Women in European History, Boston 1977, S. 36–59; Rohrlich, Ruby: State Formation in Sumer and the Subjugation of Women. In: Feminist Studies, 6 (Spring 1980), S. 76–102; Reiter, Rayna Rapp: The Search for Origins, Unraveling the Threads of Gender Hierarchy. In: Critique of Anthropology, 3 (Winter 1977), S. 5–24. Als erste hat Mary Daly auf die Entwertung von Frauen aufmerksam gemacht, die darin lag, dass sie nicht in der Lage waren, Götter »beim Namen zu nennen«, sich direkt an sie zu wenden und ihnen eine ihrer Vorstellung entsprechende Gestalt zu geben. Vgl. Daly, Mary: Beyond God the Father: Toward a Philosophy of Women's Liberation, Boston 1973, S. 1–34.

20 Die Überzeugung von der »offenkundigen Bestimmung und Aufgabe« der Vereinigten Staaten im Sinne der Vorsehung, den gesamten nordamerikanischen Kontinent in Besitz zu nehmen und zu entwickeln. (Anm. d. Übers.)

21 Über die Wirkung der Revolution in Kommunikation und Medien hinsichtlich verschiedener Aspekte unserer Kultur vgl. Boorstin, Daniel J.: The Image: Or What Happened to the American Dream. New York 1962. Dazu auch Riesman, David/Glazer, Nathan/Denney, Reuel: The Lonely Crowd, A Study of the Changing American Character, New Haven 1950, S. 99–112. Barnouw, Erik: Mass Communication, TV, Radio, Film, Press: The Media and Their Practice in the United States of America, New York 1956, S. 49–97; McLuhan, Marshall: Understanding Media: The Extensions of Man, New York 1965, S. 297–337; Susman, Warren I.: The Thirties. In: Coben, Stanley/Ratner, Lorman (Hg.): The Development of an American Culture, Englewood Cliffs, N.J. 1970, S. 179–218, 191; Sontag, Susan: On Photography, New York 1977, S. 3–24, 153–180.

22 »Es ist das totale Einbezogensein in eine allumfassende Gegenwärtigkeit, was der Jugend durch die Mosaikbilder des Fernsehens vermittelt wird.« McLuhan, Marshall: a.a.O., S. 335; auch ebd., S. 332–335.

23 Daniel J. Boorstin führt das auf den Einfluss der Medien zurück: »Wenn in unseren Schulen das Studium der ›laufenden Ereignisse‹ (das, was in der Zeitung steht) die historische Realität in den Hintergrund drängt, so ist es unvermeidlich, dass das Anspruchsniveau des von den Zeitungen, Zeitschriften und Fernsehgesellschaften verbreiteten Wissens selbst […] alle anderen Kriterien von Wissen überschattet. Wenn informiert zu sein bedeutet, über Pseudo-Ereignisse unterrichtet zu sein, dann ist die Grenze zwischen Wissen und Ignoranz verwischt wie niemals zuvor.« Boorstin: a.a.O., S. 231 f.

24 Kohli-Kunz, Alice: Erinnern und Vergessen, Das Gegenwärtigsein des Vergangenen als Grundproblem historischer Wissenschaft, Berlin 1973, S. 11–17. In einer Erörterung über die notwendige Reform der deutschen Universitäten betont Helmut Schelsky die veränderte Stellung des Studiums der Geschichte, das im 19. und frühen 20. Jahrhundert eine zentrale Bedeutung für den Fortbestand der kulturellen Tradition hatte. Heute, so betont er, ist der Einfluss und die Führung von gebildeten Individuen begrenzt durch die Erfordernisse von Wissenschaft und Technik, und es gibt nicht länger einen Bedarf an historischem Denken und Verstehen als Basis des gesellschaftlichen Handelns. Schelsky, Helmut: Einsamkeit und Freiheit, Idee und Gestalt der deutschen Universität und ihrer Reformen, Düsseldorf 1971, S. 169. Jürgen Habermas weist auf die große Gefahr einer

Übermacht von manipulativen technologischen und soziologischen Techniken gegenüber dem Anspruch der »Aufklärung« hin, »wenn das Verhältnis von Theorie und Praxis nur mehr als zweckrationale Verwendung erfahrungswissenschaftlich gesicherter Techniken zur Geltung kommt. Die gesellschaftliche Potenz der Wissenschaften wird auf die Gewalt technischer Verfügung reduziert – als eine Potenz aufgeklärten Handelns kommen sie nicht länger in Betracht. [...] Anstelle einer Emanzipation durch Aufklärung tritt die Instruktion der Verfügung über gegenständliche oder vergegenständlichte Prozesse. Die gesellschaftlich wirksame Theorie ist nicht mehr an das Bewußtsein zusammenlebender und miteinander sprechender, sondern an das Verhalten hantierender Menschen adressiert.« Von einer neomarxistischen Position aus argumentierend, dringt er auf die Vermittlung von Theorie und Praxis. Habermas, Jürgen: Theory and Practice, Boston 1973, S. 235–257, 265–282. Deutsch zitiert nach: Habermas, Jürgen: Theorie und Praxis, Neuwied 1963, S. 232. John Lukacs analysiert die Folgen der technologischen und wissenschaftlichen Revolutionen des 20. Jahrhunderts von einem entgegengesetzten Standpunkt aus, den er stolz »reaktionär« nennt, und argumentiert im Sinne der Wiederbelebung einer teleologischen Interpretation der Geschichte. Lukacs, John: Historical Consciousness, or the Remembered Past, New York 1968.

25 Kohli-Kunz, Alice: a.a.O., S. 66 f., 82–99; auch Lifton, Robert Jay: The Life of the Self, Toward a New Psychology, New York 1976, S. 29–47.

Kapitel 10   Unterschiede zwischen Frauen neu gefasst

1 Auf die Notwendigkeit, in jeder allgemeinen Aussage über Frauen Klassenunterschiede zwischen Frauen zu berücksichtigen, habe ich zum ersten Mal 1969 hingewiesen in: The Lady and the Mill Girl: Changes in the Status of Women in the Age of Jackson, in: American Studies, 1969, Jg. 10, Nr. 1, nachgedruckt in: Lerner, Gerda: The Majority Finds its Past: Placing Women in History, New York 1979, Kap. 2. Zur Diskussion des Problems der »Unterschiede« zwischen Frauen vgl. ebd., Kap. 4–7. Zu einem Überblick über die Historiografie der Frauengeschichte im ersten Jahrzehnt ihrer Wiederbelebung im 20. Jahrhundert vgl. Sicherman, Barbara: Review Essay: American History, in: Signs: Journal of Women in Culture and Society, 1975, Jg. 1, Nr. 2, S. 461–485; Norton, Mary Beth: Review Essay: American History, in: Signs, 1979, Jg. 5, Nr. 2, S. 324–337. Zu einem Überblick über dieses Thema für die Jahre 1975–80 vgl. Smith, Hilda: Recent Trends in Women's History, in: Treichler, Paula A. u.a. (Hg.): For Alma Mater: Theorie and Practice in Feminist Scholarship, Urbana 1985.

2 Die Notwendigkeit, Rasse und Ethnizität als Faktoren der Frauengeschichte zu betrachten, wurde begründet in: Lerner, Gerda (Hg.): Black Women in the White America: A Documentary History, New York 1972. Die theoretischen Folgerungen wurden diskutiert in: Lerner, Majority (vgl. Anm. 1), Kap. 5–7. Vgl. a. Chafe, William: Women and Equality: Changing Patterns in American Culture, New York 1977; Harley, Sharon/Terborg-Penn, Rosalyn (Hg.), The Afro-American Woman: Struggles and Images, Port Washington, N.Y. 1978; T. Hull, Gloria u.a. (Hg.): All the Women are White, All the Blacks are Men: But Some of Us are Brave, Old Westbury, N.Y. 1981; hooks, bell: Ain't I a Woman: Black Women and Feminism,

Boston 1981; Aptheker, Bettina: Woman's Legacy: Essays on Race, Sex, and Class in American History, Anherst 1982. Grundlegendes zu Problemen der Ethnizität finden sich in: Frontiers, 1981, Jg. 6, Nr. 3 (Sondernummer »Native American Women«); Signs, 1977, Jg. 3, Nr. 1 (Sondernummer über hispanisch-amerikanische Frauen); Apodaca, Maria Linda: The Chinana Woman: A Historical Materialist Perspective, in: Latin American Perspectives, 1977, Jg. 4, Nr. 1/2, S. 74–89; Kerr, Louisa Ano Nuevo: Chicanos, Bloomington 1978; Morande, Alfredo/Enriquez, Evangelica: La Chicana: The Mexican-American Woman, Chicago 1979; Mora, Magdelena/Del Castillo, Adelaida R. (Hg.): Mexican Women in the United States: Struggles Past and Present, Los Angeles 1980; Abe, Verna u.a., Asian American Women, Stradford 1976.

3 Dieses Argument ist in jüngster Zeit in mehreren einflussreichen Arbeiten in Form eines Angriffs auf die »Neue Geschichte« aufgetaucht. Beispiele sind: Himmelfarb, Gertrude: The New History and the Old: Critical Essays and Reappraisals, Cambridge 1987; Hamerow, Theodore S.: Reflections on History and Historians, Madison 1987. Vgl. a. die Beiträge von Theodore S. Hamerow, Gertrude Himmelfarb, Lawrence W. Levine, Joan Wallach Scott und John E. Toews in AHR Forum, Perspectives on the Old History and the New, in: The American Historical Review, 1989, Jg. 94, Nr. 3, S. 654–698.

4 Die Vorstellung von Amerika als »Schmelztiegel« wurde 1903 durch ein gleichnamiges Stück von Israel Zangwill, das auch in Buchform großen Zuspruch fand, populär. Die Metapher der »Salatschüssel« wurde durch ein weitverbreitetes einbändiges Lehrbuch zur amerikanischen Geschichte bekannt: Degler, Carl: Out of Our Past: The Forces that Shaped Modern America, New York 1959, S. 296. Degler erklärt: »Eine exaktere Analogie wäre eine Salatschüssel, denn obwohl der Salat ein reales Ding ist, kann der Kopfsalat immer noch vom Chicorée, können die Tomaten vom Kohl unterschieden werden.« Zum allgemeinen Hintergrund der Fragen von Ethnizität und Vorurteil s. Allport, Gordon W.: The Nature of Prejudice, Garden City, N. Y. 1954; Simpson, George Eaton/ Yinger, J. Milton: Racial and Cultural Minorities: An Analysis of Prejudice and Discrimination, New York 1953; Rose, Peter: They and We: Racial and Ethnic Relations in the United States, New York 1964; Mammi, Albert: Dominated Men, Boston 1968.

5 Ein überzeugendes Argument zur Notwendigkeit, »Geschlecht« zu einem elementaren Instrument der historischen Analyse zu machen, findet sich bei: Scott, Joan W.: Gender: A Useful Kategory of Historical Analysis, in: The American Historical Review, 1986, Jg. 91, Nr. 5, S. 1053–1075. Besonders wichtig ist ihre Definition des Geschlechts als stets mit Macht verbunden: »Geschlecht ist ein grundlegendes Element gesellschaftlicher Beziehungen, die auf wahrgenommenen Unterschieden zwischen den Geschlechtern beruhen, und Geschlecht ist eine elementare Art und Weise, Machtverhältnisse zu markieren« (ebd., S. 1067). Ich teile ihre Überzeugung, dass die Verbindung zwischen diesen beiden Behauptungen »integral« ist, und ich versuche hier zu zeigen, dass diese integrale Verbindung Machtverhältnisse einschließt, die nicht nur in Kategorien des Geschlechts, sondern auch der Rasse, Ethnizität und Klasse zum Ausdruck kommen.

6 Die folgende Analyse stützt sich auf die Untersuchung und die Erkenntnis-

se, die ausführlich in meinem Buch dargestellt sind: Lerner, Gerda: The Creation of Patriarchy, New York 1986 (dt.: Die Entstehung des Patriarchats, Frankfurt am Main 1991), besonders die Kapitel 3–6 und 11.

7 Dieser Gesichtspunkt wird entwickelt in: Patterson, Orlando: Slavery and Social Death: A Comparative Study, Cambridge 1982.

8 Sills, David: (Hg.), Encyclopedia of the Social Sciences, New York 1968, Bd. 15, S. 298 und 300–301, Artikel von Seymour Martin Lipset.

9 Diese Verallgemeinerungen stützen sich auf meine gründliche Untersuchung der Entwicklung der Sklaverei im antiken Vorderen Orient im 2. und 1. Jahrtausend u. Zt. Ich habe sie in vergleichenden Untersuchungen der chinesischen und südamerikanischen Sklaverei und der Sklavensysteme der Antike und des mittelalterlichen Europa dargelegt. Obgleich die meisten Verallgemeinerungen für den speziellen Fall der nordamerikanischen Sklaverei vor dem Bürgerkrieg gültig sind, zeigte dieses relativ späte Sklavensystem einige Besonderheiten, die hier wegen des begrenzten Raums nicht im einzelnen dargestellt werden können. Die Entwicklung der amerikanischen Sklaverei in ihrer frühen, einheimischen Form verlief ganz anders.

10 Es gibt eine umfangreiche Literatur des modernen marxistischen Feminismus, die versucht, die gesellschaftlichen Konstrukte »Klasse« und »Gender« neu zu definieren und dennoch die Grundstruktur des marxistischen Denkens beizubehalten. Die Diskussion wird gut zusammen gefasst in: Eisenstein, Zilla R.: Capitalist Patriarchy and the Case for Socialist Feminism, New York 1979; dies, The Radical Future of Liberal Feminism, New York 1981. Zu einer neuen Begriffsbestimmung, die auf zwei selbstständigen, aber in Wechselbeziehung stehenden Systemen beruht, vgl. Rubin, Gayle: The Traffic in Women: Notes on the Political Economy of Sex, in: Reiter, Rayna Rapp: Toward an Anthropology of Women, New York 1975, S. 157–210; O'Brien, Mary: The Politics of Reproduction, Boston 1981. Joan Kelly löste sich am weitesten aus den Zwängen dieser Methode in ihrem Artikel the Doubled Vision of Feminist Theory, nachgedruckt in: Kelly, Joan: Women, History and Theory, Chicago 1984, S. 51–64. Eine flexible Analyse, die dennoch im marxistischen Rahmen bleibt, findet sich bei: Hartmann, Heidi: Capitalims, Patriarchy, and Job Segregation by Sex, in: Signs, 1976, Jg. 1, Nr. 3, T. 2, S. 137–170, und dies., The Family as the Locus of Gender, Class and Political Struggle: The Example of Housework, in: Signs, 1981, Jg. 6, Nr. 3, S. 366–394.

11 Afroamerikanische Frauen haben im vergangenen Jahrzehnt heftiges Unbehagen und Unzufriedenheit mit dem Rassismus, den sie in der modernen feministischen Bewegung erlebten, und mit der Unzulänglichkeit der feministischen theoretischen Arbeit in Hinblick auf Rasse geäußert. Sie haben eine Vielzahl alternativer theoretischer Ansätze vorgeschlagen und verlangt, dass die Komplexität ihrer Lebenserfahrung als schwarze Frauen anerkannt und im Dialog mit weißen Feministinnen ausgedrückt werde. Wichtige Arbeit bei dieser Neudefinition wurde geleistet von Beal, Frances: Double Jeopardy: The Be Black an Female, in: Cade, Tony (Hg.), The Black Woman, New York 1970, S. 90–100; Murray, Paul/Crow, Jim/Crow, Jane/Hamer, Fanny Lou: It's in your Hands, beides nachgedruckt in: Gerda Lerner (Hg.), Black Women in White America: A Documentary History, New York 1981 (dt.: Rassismus und Sexismus. Schwarze Frauen und Klas-

senkampf in den USA, Berlin 1982); Giddings, Paula: When and Where I Enter: The Impact of Black Women on Race and Sex in America, New York 1984; Lorde, Audre: Sister Outsider: Essays and Speeches, Trumansburg, N.Y. 1984; Walker, Alice: In Search of our Mother's Garden: Womanist Prose, New York 1983 (dt.: Auf der Suche nach den Gärten unserer Mütter. Beim Schreiben der Farbe Lila, München 1989): Jordan, June: Polical Essays, Boston o.J.; vgl.a. hooks: Ain't I a Woman; Hull u.a. (Hg.): All the Women Are White sowie Harley und Terborg-Penn: The Afro-American Woman (vgl. Anm. 2). Wallace, Michelle: Black Macho and the Myth of the Super Woman, New York 1978, sprach das Problem des schwarzen Sexismus an. Perkins, Linda M.: The Impact of the ›Cult of True Womanhood‹ on the Education of Black Women, in: Journal of Social Issues, 1983, Jg. 39, Nr. 3, vergleicht auf S. 17–38 abweichende Bildungsziele und unterschiedliches Selbstverständnis weißer und schwarzer Frauen im 19. Jahrhundert.

12 Ein Modell, das meinem eigenen ähnlich ist, sich allerdings auf »Rasse« und »Geschlecht« beschränkt, wird vorgeschlagen von: Smith, Althea/ Stewart, Abigail J.: Approaches to Studying Racism and Sexism in Black Women's Lives, in: ebd., S. 1–16. Die Autorinnen verlangen ein »dem Zusammenhang entsprechendes, interaktives Modell«, in dem alle Verallgemeinerungen anhand von »Geschlechts- und rassischen Gruppen« (d.h. weiße Frauen und Männer, schwarze Frauen und Männer) überprüft werden sollen, um eine differenziertere, genaue und anspruchsvolle Analyse zu erhalten. Ich habe in dem konkreten historischen Beispiel, das ich hier diskutiere, Klasse als Faktor hinzugefügt.

13 Woodward, C. Vann: The Strange Career of Jim Crow, New York 1957, Kap. 2; Cash, W. J.: The Mind of the South, New York 1941 (diskutiert die Ideologie und Politik der Plantagenbesitzer und nicht sklavenhaltenden Weißen); Owsley, Frank L.: Plain Folk of the Old South, Chicago 1965, Kap. 4. Meine Verallgemeinerungen über den Süden vor dem Bürgerkrieg stützen sich auf die umfassende Lektüre von Erzählungen der Sklaven und Primärquellen. Zur spezifischen Diskussion der Stellung von Frauen in der Vorkriegsgesellschaft vgl. Scott, Anne Firor: The Southern Lady: From Pedestal to Politics, 1830–1930, Chicago 1970; Clinton, Catherine: The Plantation Mistress: Women's World in the Old South, New York 1983; Lebsock, Suzanne: The Free Women of Petersburg: Status and Culture in a Southern Town, 1784–1860, New York 1984; Jones, Jacqueline: Labor of Love, Labor of Sorrow: Black Women, Work and Family from Slavery to the Present, New York 1985; Gray White, Deborah: Ar'n't I a Woman? Female Slaves in the Plantation South, New York 1985; Fox-Genovese, Elizabeth: Within the Plantation Household; Black and White Women of the Old South, Chapel Hill 1988.

14 Das Thema wird eingehend untersucht von Jordan, Winthrop: White over Black: American Attitudes toward the Negro, 1550–1812, New York 1968; Frederickson, George M.: The Black Image in the White Mind: The Debate on Afro-American Character and Destiny, 1817–1914, New York 1971, besonders Kap. 2.

15 Litwack, Leon S.: Been in the Storm So Long: The Aftermath of Slavery, New York 1979, S. 244 f.

16 Wells, Ida B.: A Red Record, Chicago 1895; Duster, Alfreda M. (Hg.):

Crusade for Justice: The Autobiography of Ida B. Wells, Chicago/London 1970. Vgl. a. Terrell, Mary Church: Lynching from a Negro's Point of View, in: North American Review, 1904, Jg. 178, Nr. 571, S. 853–868.

17 Brody, David: Steelworkers in America: The Nonunion Era, Cambridge 1960.

18 Nach einer vom 20. bis 25. Juni 1989 durchgeführten Umfrage der New York Times unterstützten 85 Prozent der befragten afroamerikanischen Frauen die Frauenbewegung, dagegen nur 67 Prozent der weißen Frauen.

19 Jennings, Francis: The Invasion of America: Indians, Colonialism and the Cant of Conquest, Durham 1975. Diese Arbeit mit ihrem radikal neuen Konzept der Betrachtung nordamerikanischer Geschichte lässt leider Frauen völlig aus den Überlegungen heraus. Einen Versuch, eine einbändige Geschichte der Vereinigten Staaten frei von eurozentrischen Vorurteilen zu schreiben, haben unternommen: Peter N. Carroll und David W. Noble, The Free and the Unfree: A New History of the United States, New York 1977. Drei neueren Arbeiten gelingt es, Frauen, Rasse und Ethnizität sowie das neue Wissen zu diesen Themen voll in die Texte zu integrieren: Burner, David u.a.: The American People, St. James, New York 1980; Norton, Mary Beth u.a.: A People and A Nation: A History of the United States, 2 Bde., 2. Aufl., Boston 1986; Henretta, James A. u.a.: America's History, Chicago 1987. Die Texte von Henretta und Norton gehen mit der Invasion besser als die anderen um und berücksichtigen stärker Frauen und ethnische Gruppen. Dennoch scheint mir die Behandlung der letzten beiden Themen enttäuschend, weil die Autoren diese Gruppen immer noch einem traditionellen Rahmen aufpfopfen.

Kapitel 11 Das Paradigma überdenken

1 Joan Wallach Scott hat in ihrem wichtigen Aufsatz »Gender and the Politics of History« (New York 1988, S. 30) darauf hingewiesen, dass die Kategorien dessen, was sie »die Litanei« genannt hat, nicht vergleichbar sind. Zum »Dezentrieren«, dem Aus-dem-Mittelpunkt-Rücken, vgl. Brown, Elsa Barkley: African-American Women's Quilting: A Framework for Conceptualizing and Teaching African-American Women's History. In: Signs, 14, Nr. 4 (Summer 1989), S. 921–929, Zitat S. 924.

2 Scott, Joan Wallach: a.a.O., S. 2.

3 Die dekontruktivistische Theorie war brauchbar durch ihren Hinweis auf die Bedeutung des symbolischen Diskurses und von Bedeutungssystemen, obwohl manche Autoren die Geltung von Bedeutungssystemen auf Kosten der tatsächlichen Bedingungen, die zu ihrer Entstehung führten, hevorgehoben haben.

4 Bezugnahme auf Hawaii: Davis, F. James: The Hawaiian Alternative to the One-Drop-Rule. In: Zack, Naomi (Hg.): American Mixed Race, The Culture of Microdiversity, Lanham, Md. 1995, S. 115–131; Hinweis S. 116.
Die Empfehlung des Zensus 1990 hinsichtlich des Gebrauchs der »ethnischen« Klassifizierungen: »Testimony of the Association of MultiEthnic Americans Before the Subcommittee on Census, Statistics, and Postal Personnel of the U.S. House of Representatives, American Mixed Race, S. 191–210; hier S. 194, 204.
Zum Hintergrund von »Gemischte Rasse« vgl. dieselbe Quelle. Auch: Zack,

Naomi: Race and Mixed Race, Philadelphia 1993; Root, Maria P. P.: Racially Mixed People in America, Newbury Park 1993; Anzaldua, Gloria: Borderlands / La Frontera: The New Mestiza, San Francisco 1987. Autobiographische Aussagen dazu bei Terry, Ellen: The Third Door: The Autobiography of an American Negro Woman, New York 1955; Haizlip, Shirlee Taylor: The Sweeter the Juice, New York 1994.

5 Sollors, Werner: Introduction. In: Sollors, Werner (Hg.): The Intervention of Ethnicity, New York 1989, S. ix–xx.

6 Beispiele dieses Prozesses in den USA: vgl. die Beiträge in Sollors, Werner: a.a.O. (Anm. 5). Beispiele in England, Schottland, Wales und Afrika in: Hobsbawn, Eric/Renger, Terence (Hg.): The Invention of Tradition, Cambridge 1983.

7 Zu Literatur über die marxistisch-feministische Debatte, die versucht, die sozialen Konstrukte »Klasse« und »Gender« neu zu fassen, vgl.: Kapitel 10, Anm. 10. Die neuere Diskussion ist vollständig berücksichtigt und dokumentiert in: MacKinnon, Catherine A.: Toward a Feminist Theory of the State, Cambridge, Mass 1989. Statt eine vollständige Bibliographie der von mir hier herangezogenen Literatur vorzulegen, will ich die wesentlichen Argumentationslinien beschreiben:

Der wichtige Beitrag der radikal-feministischen Theoretikerinnen war es, die Ursache der weiblichen Unterdrückung auf die Kontrolle der Sexualität und Reproduktionsfähigkeit der Frauen durch die Männer zurückzuführen. Wenn es auch hinsichtlich der Gewichtung von biologischer Determination und gesellschaftlicher Konditionierung unterschiedliche Auffassungen gab, so stimmten sie doch überein, dass Frauen zu einer »Klasse« gehören, die unter dem Gesichtspunkt ihrer Sexualität definiert ist, und deshalb als »sex class« bezeichnet wird. Millet, Kate: Sexual Politics, New York 1969 (dt.: Sexus und Herrschaft, München 1971); Firestone, Shulamith: The Dialectic of Sex: The Case for Feminist Revolution, New York 1970 (dt.: Frauenbefreiung und sexuelle Revolution, Frankfurt 1978); Atkinson, Ti-Grace: Amazon Odyssey, New York 1973: Brownmiller, Susan: Against Our Will: Men, Women, and Rape, New York 1975 (dt.: Gegen unseren Willen, Vergewaltigung und Männerherrschaft, Frankfurt 1978); Morgan, Robin: Going Too Far: The Personal Chronicle of a Feminist, New York 1977; Rich, Adrienne: Of Woman Born: Motherhood as Experience and Institution, New York 1979 (dt.: Von Frauen geboren, Über Mutterschaft als Erfahrung und Institution, München 1979); Daly, Mary: Gyn/Ecology: The Metaethic of Radical Feminism, Boston 1978 (dt.: Gyn/Ecology, München 1984).

Die Position derer, die versuchen, den Feminismus in marxistische Kategorien zu fassen, wird deutlich in: Rowbotham, Sheila: Woman's Consciousness, Man's World. Baltimore 1973; Mitchell, Juliet: Woman's Estate, New York 1974 (dt.: Frauenbewegung – Frauenbefreiung, Frankfurt, Berlin, Wien 1981); Davis, Angela: Woman, Race and Class, New York 1981; Hartmann, Heidi: Capitalism, Patriarchy and Job Segregation by Sex. In: Signs 6 (Spring 1981), S. 366-394. Andere Feministinnen waren geneigt anzunehmen, es gebe zwei getrennte Systeme der Unterdrückung, die in einer gewissen Wechselbeziehung zueinander stehen, nämlich ein ökonomisches System der Unterdrückung durch eine Klasse, repräsentiert im Kapitalismus, und eine Unterdrückung auf der Grundlage des sexuellen

Geschlechts, repräsentiert vom Patriarchat. Dementsprechend definierte die Anthropologin Gayle Rubin das vom biologischen Geschlecht und der geschlechtsspezifischen Zuordnung bestimmte System als eine besondere Struktur, die parallel zum System der Klassenherrschaft besteht. Rubin, Gayle: The Traffic in Women: Notes on the Political Economy of Sex. In: Reiter, Rayna Rapp (Hg.): Toward an Anthropology of Women, New York 1978, S. 159–210.

Einige marxistische Feministinnen versuchten parallele Systeme von »Produktion« und »Reproduktion« zu definieren, indem sie die klassische marxistische Auffassung revidierten, derzufolge das letztere dem ersteren untergeordnet ist. Analytisch rangen sie mit der Schwierigkeit, dem marxistischen Modell der Unterdrückung einer Klasse eine weitere »Struktur« hinzuzufügen. Beispiele dafür sind die »vier Strukturen« bei Juliet Mitchell (a.a.O.) oder das Strukturmodell von Renate Bridenthal in: Bridenthal, Renate: The Dialectics of Production and Reproduction in History. In: Radical America 10, Nr. 2 (March–April 1976), S. 39. Mary O'Brian verfolgte diesen Ansatz am weitesten in ihrem einflussreichen Werk O'Brian, Mary: The Politics of Reproduction. Boston 1981. Dort untersuchte sie das »Reproduktionssystem« als ein System mit der gleichen Bedeutung wie das Produktionssystem.

Eine Kombination der marxistischen und feministischen »Standpunkt«-Theorie bietet Jaggar, Alison M.: Feminist Politics and Human Nature, Totowa, N.J. 1983; Hartsock, Nancy C. M.: Money, Sex and Power: Toward a Feminist Historical Materialism, Boston 1983; Smith, Dorothy: The Everyday World as Problematic: A Feminist Sociology, Boston 1987.

8 Scott, Joan: a.a.O.; Barrett, Michele: The Concept of Difference. In: The Feminist Revue 26 (July 1987), S. 29–41; Spivak, Gayatri Chakravorti: Can the Subaltern Speak? In: Nelson, Cary / Grossberg, Laurence (Hg.): Marxism and the Interpretation of Culture, Urbana, Ill. 1988; Nicholson, Linda: Feminism / Postmodernism, New York 1990; Williams, Patricia J.: The Alchemy of Race and Rights: Diary of a Law Professor, Cambridge, Mass. 1991; Abel, Elizabeth: Black Writing, White Reading: Race and the Politics of Feminist Interpretation. In: Critical Inquiry 19 (Spring 1993), S. 470–498.

9 Vgl. Lerner, Gerda: The Majority Finds Its Past: Placing Women in History, New York 1979 (dt.: Frauen finden ihre Vergangenheit, Grundlagen der Frauengeschichte, Frankfurt 1995)

10 Zur Diskussion über »Frauenkultur«: Politics and Culture in Women's History: A Symposium, mit Ellen DuBois, Mari Jo Buhle, Temma Kaplan, Gerda Lerner und Carroll Smith-Rosenberg. In: Signs 6, Nr. 1 (Spring 1980), S. 26–64.

11 Wichtige Beiträge zur Erarbeitung einer feministischen Theorie auf neuer Grundlage: Dinnerstein, Dorothy: The Mermaid and the Minotaur: Sexual Arrangements and Human Malaise, New York 1977 (dt.: Das Arrangement der Geschlechter, Stuttgart 1979); Griffin, Susan: Woman and Nature, The Roaring Inside Her, New York 1978 (dt.: Frau und Natur. Das Brüllen in ihr, Frankfurt 1986); MacKinnon: Toward a Feminist Theory of the State; Gilligan, Carol: In a Different Voice: Psychological Theory and Women's Development, Cambridge, Mass. 1982; Smith, Dorothy E.: The Everyday World As Problematic, a.a.O. (Anm. 7).

Die breite Debatte zum Thema »Differenz«, die jüngst in der feministischen Wissenschaft einen so großen Raum beansprucht hat, kann hier nicht adäquat zusammengefasst werden. Als besondere ›Highlights‹ der Debatte erwähne ich folgende Beiträge: Eisenstein, Hester/Jardine, Alice (Hg.): The Future of Difference, Boston, Mass. 1980; Spelman, Elizabeth: Inessential Woman: Problems of Exclusion in Feminist Thought, Boston, Mass. 1988; Barrett, Michele: a.a.O. (Anm. 8); Hansen, Karen/Philipson, Ilene (Hg.): Women, Class and the Feminist Imagination, Philadelphia 1990; Sacks, Karen Brodkin: Towards a Unified Theory of Class, Race, and Gender. In: American Ethnologist 16, No. 3 (August 1989), S. 534–550; Gordon, Linda: On ›Difference‹. In: Genders 10 (Spring 1991), S. 91–111.

12 Ich habe versucht, die dekonstruktivistischen und postmodernen Theorien zu Rate zu ziehen, die heute so populär sind. Obwohl ich deren Dekonstruktion von fixierten Wahrheiten und Begriffen ebenso schätze wie deren klug differenzierende Methodologie, halte ich sie doch im Hinblick auf meine Zielsetzungen für ungeeignet.

13 HistorikerInnen, die sich mit der Geschichte der Arbeiterschaft und der Afroamerikaner befassen, haben sich um eine neue Definition des Begriffs »Klasse« bemüht; sie betonen, dass Klasse, Rasse und Geschlecht eng miteinander verknüpft sind und sich gegenseitig bedingen. Viele dieser Autoren werden im zweiten Teil dieses Essays zitiert. Zur Geschichte der Arbeiterbewegung: Moody, J. Carroll/Kessler-Harris, Alice (Hg.): Perspectives on American Labor: The Problem of Synthesis, DeKalb, Ill. 1989, S. 217–234: A New Agenda for American Labor History, A Gendered Analysis and the Question of Class; Kessler-Harris, Alice: Treating the Male as ›Other‹, Redefining the Parameters of Labor History. In: Labor History 34, Nr. 2 (Spring/Summer 1993), S. 190–204.
Die Anmerkung, dass »Klasse« keine »Struktur«, sondern ein Gefüge von historischen Beziehungen ist, findet sich bei Thompson, E. P.: The Making of the English Working Class, New York 1963, S. 9, 11, aber Thompson befasste sich mit »Bewusstsein« und hielt Geschlecht, Rasse, Ethnizität nicht für konstitutive Teile der ›Beziehungen‹.

14 Meine theoretischen Überlegungen stützen sich auf empirische Daten, die ich in meinen Arbeiten zur Frauengeschichte zusammengetragen habe. Ich verweise besonders auf die beiden Bände: Women and History: Vol. I: The Creation of Patriarchy. New York 1986; Vol. II: The Creation of Feminist Consciousness: From the Middle Ages to 1870, New York 1993 (dt.: Die Entstehung des Patriarchats, Frankfurt 1991 und Die Entstehung des feministischen Bewusstseins, Vom Mittelalter bis zur Ersten Frauenbewegung, Frankfurt 1993).
Da ich mich in diesem Essay vorrangig darum bemühe, die wechselseitige Beziehung der verschiedenen Aspekte des Herrschaftssystems darzulegen, lasse ich bei der Diskussion des Begriffs ›Klasse‹ einen wichtigen Aspekt der Aufrechterhaltung von Herrschaft außer Acht, nämlich die ›Klassenkultur‹. Ich denke nicht, dass meine Argumentation über den Klassenbegriff deswegen weniger gut begründet ist.

15 Die Erörterung der Bedingungen im Alten Orient stützt sich auf vielfältige Primär- und Sekundärquellen, die ich in meinem Buch »Die Entstehung des Patriarchats« herangezogen habe. Vgl. vor allem Kapitel 1–3.

16 Meillassoux, Claude: From Reproduction to Production: A Marxist Approach to Economic Anthropology. In: Economy and Society No. 1 (1972), S. 93–105; ders.: The Social Organization of the Peasantry: The Economic Basis of Kinship. In: Journal of Peasant Studies I, No. 1 (1973); Moore, John: The Exploitation of Women in Evolutionary Perspective. In: Critique of Anthropology III, Nr. 9–10 (1977), S. 83–100; Aaby, Peter: Engels and Women. In: ebd., S. 25–53; Molyneux, Maxine: Androcentrism in Marxist Anthropology. In: ebd., S. 55–81.
   Informationen über die Entstehung archaischer Staaten bei Adams, Robert McCormick: The Evolution of Urban Society, Chicago 1966; Kreling, Carl H./Adams, Robert McC.: City Invincible, A Symposium on Urbanization and Cultural Development in the Ancient Near East, Chicago 1960; Redman, Charles: The Rise of Civilization, From Early Farmers to Urban Society in the Ancient Near East, San Francisco 1978; Service, Elmar: Origins of the State and Civilization, The Process of Cultural Evolution, New York 1975.

17 In meinem Buch »Die Entstehung des Patriarchats« habe ich den Begriff »stand-in wife« (ins Deutsche übersetzt mit »Stellvertreterin«, d. Übers.) benutzt, um diese Rolle zu beschreiben. Der Begriff war etwas verwirrend, da er so verstanden werden kann, als stände eine Frau an der Stelle einer anderen. Ich ziehe es nun vor, den Begriff zu verwenden, den Laurel Thatcher Ulrich geprägt hat, da sie die Funktion genauer beschreibt: Ulrich, Laurel Thatcher: Good Wifes: Image and Reality in the Lives of Women in Northern New England 1650–1759, New York 1980. Ich danke Peggy Pascoe für den Hinweis darauf.

18 Dies ist detaillierter dargelegt in: Lerner, Gerda: Die Entstehung des Patriarchats, Frankfurt 1991, S. 98 f.

19 Meine Verallgemeinerungen stützen sich auf: Wemple, Suzanne Fonay: Women in the Frankish Society, Marriage and the Cloister, 500 to 900, Philadelphia 1985; Stuard, Susan Mosher (Hg.): Women in Medieval Society, Philadelphia 1976; Le Goff, Jacques: Time, Work & Culture in the Middle Ages, Chicago 1980; Herlihy, David: Opera Muliebra: Women and Work in Medieval Europe, New York 1990.

20 Nach germanischem Recht war das Wergeld für eine Frau – die Summe, die an die Familie zu zahlen war, sollte sie getötet werden – zweimal so hoch wie das für einen Mann zu zahlende. Zum Merowingischen Recht: Wemple, Suzanne Fonay: a.a.O. (Anm. 19), S. 31.

21 Ebd., S. 72.

22 Thirsk, Joan: The European Debate on Customs and Inheritance, 1500–1700. In: Goody, Jack/Thirsk, Joan/Thompson, E. P. (Hg.): Family and Inheritance: Rural Society in Western Europe, 1200–1800, Cambridge 1976, S. 177–191; vgl. Goody, Jack: Inheritance, Property and Women: Some Comparative Considerations. In: Ebd., S. 10–36.

23 Crawford, Barbara E.: Marriage and Status of Women in Norse Society. In: Craik, Elizabeth M.: Marriage and Property, Aberdeen 1984, S. 71–88; Jack Goody führt diese bevorzugte Behandlung von Töchtern in der altnordischen Gesellschaft darauf zurück, dass die Rinderzucht, nicht der Grundbesitz die wichtigste wirtschaftliche Grundlage darstellte und als bewegliches Erbe leichter übertragen werden konnte als Landbesitz. Goody, Jack: Introduction. In: Goody/Thirsk/Thompson (Hg.): a.a.O. (Anm. 22), S. 8.

24 Es ist nicht klar, ob Brautgeschenk oder Mitgift mehr zum Wohlergehen der Braut beitrugen. Meiner Auffassung nach war das Brautgeschenk eine bessere Garantie dafür, dass die Braut gut behandelt wurde, als die Mitgift. Das Brautgeschenk musste an die Familie der Braut zurückgegeben werden, wenn die Ehe scheiterte, und stellte deshalb für den Bräutigam und dessen Familie einen Anreiz dar, der Ehe zum Erfolg zu verhelfen. Die ›Mitgift-Morde‹ im Indien des 20. Jahrhunderts bieten ein schreckliches Beispiel dafür, wie die Mitgift den Interessen der Braut entgegenstehen kann.

25 Middleton, Chris: Peasants, Patriarchy and the Feudal Mode of Production in England: Feudal Lords and the Subordination of Peasant Women. In: The Sociological Review 29, No. 1 (Feb. 1981), S. 137–154, Information über Steuern, S. 143.

26 Wemple weist die Polygynie, Vielweiberei, in der Merowingischen Königsfamilie in drei Generationen nach: Chlotar I. (König 558–561) hatte sechs Ehefrauen und mindestens eine Konkubine (Sklavin), von denen mindestens zwei Frauen, möglicherweise vier, gleichzeitig mit ihm verheiratet waren. Diese Praxis wurde in der Königsfamilie über mindestens vier Generationen beibehalten. Der Urenkel Chlotars I., Dagobert (König 632–639), hatte fünf Frauen, mindestens drei von ihnen zur gleichen Zeit, und viele Konkubinen. Das Konkubinat war also im merowingischen Adel üblich. Wemple: a.a.O. (Anm. 19), S. 38–41, Schautafel S. xii–xiii.
Drei merowingische Könige im 6. Jahrhundert und vier im 7. Jahrhundert heirateten Bedienstete oder sogar Sklavinnen. Viele merowingische Frauen aus dem niederen Adel dienten dem sozialen Aufstieg und gewünschten Allianzen ihrer Herkunftsfamilien durch das Eingehen von vorteilhaften Ehen mit Männern aus dem höheren Adel oder mit einer größeren Nähe zur Familie des Königs. Vgl. Wemple: a.a.O., S. 56–59.

27 Hinsichtlich der ›Kriegeraristokratie‹ stütze ich mich auf Kelly, Joan: Family and Society. In: dies.: Women, History and Theory: The Essays of Joan Kelly, Chicago 1984, S. 100–155; Anderson, Bonnie S./Zinsser, Judith P.: A History of Their Own, 2 Bde., New York 1988, Bd. I, S. 119–150.
Spezielle Hinweise bei Ross, Margaret Clunies: Concubinage in Anglo-Saxon England. In: Past and Present, No. 108 (August 1985), S. 3–34, S. 6–7: Klinck, Anne L.: Anglo-Saxon Women and the Law. In: Journal of Medieval History 7, No. 2 (June 1982), S. 107–121, S. 109.
Die Information über das Erbrecht stützt sich auf Goody, Jack: The Development of the Family and Marriage in Europe. Cambridge 1983, S. 246.

28 Runciman, W. G.: Accelerating Social Mobility, The Case of Anglo-Saxon England. In: Past and Present, No. 104 (August 1984) S. 3–30. S. 7, 26. Vgl. auch Goody: a.a.O. (Anm. 27), S. 246.
Ich folge Suzanne Wemple bei der Bezeichnung der Zahlung Seitens des Bräutigams oder seines Familienverbands als ›Brautgeschenk‹, gleichgültig, wann sie teilweise oder ganz an die Braut gegeben wurde. Dies ist zu unterscheiden vom ›Brautpreis‹, der als Gesamtbetrag vom Bräutigam an die männlichen Verwandten der Braut gezahlt wird, wobei die Frau kein Recht darauf hat. Vgl. Wemple: a.a.O. (Anm. 19), S. 207, 21.
Es wird eine lebhafte und noch nicht beendete Kontroverse zwischen HistorikerInnen, AssyrologInnen und AnthropologInnen ausgetragen über die

Frage, ob der Brautpreis jemals ein Hinweis auf Ehe durch Verkauf gewesen sein könnte. Für meine Argumentation ist hier wichtig, den ›Brautpreis‹ mit anderen Formen des Arrangements einer Ehe zu vergleichen, die es erst in einer späteren Zeit gab, und herauszufinden, welche dieser Formen den Frauen einen größeren Freiraum und mehr wirtschaftliche Selbstbestimmung ermöglichten.

29 Klinck: a.a.O. (Anm. 27), S. 118.

30 Loengard, Janet Senderowitz: Of the Gift of Her Husband: English Dower and Its Consequences. In: Kirshner, Julius/Wemple, Suzanne F. (Hg.): Women of the Medieval World: Essays in the Honor of John H. Mundy, Oxford 1885, S. 233–234. Auch Anderson/Zinsser: a.a.O. (Anm. 27), Bd. I, S. 325.

31 Die Geschichte von Abraham, seiner Ehefrau Sarah und ihrer Magd Hagar (Genesis 21:1–21) beschreibt eheliche Bräuche, die in den umliegenden Gesellschaften des Alten Orients sehr weit verbreitet waren. Das unfruchtbare Ehepaar, Abraham und Sarah, akzeptiert den Sohn Abrahams und Hagars als ihren eigenen Sohn. Doch dann weicht die Geschichte scharf von der in Babylon üblichen Praxis ab. Durch ein Wunder gebiert Sarah in sehr hohem Alter einen Sohn; sie fühlt sich von Hagar verspottet und besteht darauf, dass Abraham Hagar und ihren Sohn Ismael in die Wüste verbannt. Gott rettet die beiden vor dem Tod, doch der Familienstammbaum wird nur von Isaac weitergeführt, dem Sohn der legitimen Ehefrau. Dies kann als eine starke göttliche Verankerung eines neuen Konzepts verstanden werden: des Primats der Rechte von legitimen Söhnen.

32 McNamara, Jo-Ann/Wemple, Suzanne: Marriage and Divorce in the Frankish Kingdom. In: Stuard (Hg.): a.a.O. (Anm. 19), S. 95–124; Wemple: a.a.O. (Anm. 19), Kap. 6.

33 Verschiebungen und Veränderungen hinsichtlich der Mitgift und den Eigentumsrechten der Frauen sind gründlich analysiert worden in Kaplan, Marion A. (Hg.): The Marriage Bargain: Women and Dowries in European History, New York 1985. Darin besonders Hughes, Diane Owen: From Brideprice to Dowry in Mediterranean Europe. Ebd., S. 13–58.
Der Hinweis auf die sich verschlechternden Lebensbedingungen von Frauen im England des 13. Jahrhunderts stützt sich auf Herlihy, David: The Medieval Marriage Market. In: Randall, Dale B. J. (Hg.): Medieval and Renaissance Studies (Summer 1974), Durham, N.C. 1976, S. 3–27; 9.

34 Chojnacki, Stanley: Dowries and Kinsmen in Early Renaissance Venice. In: Stuard (Hg.): a.a.O. (Anm. 19), S. 173–191; auch: Anderson/Zinsser: A.a.O. (Anm. 27), Bd. I, S. 394–399, 401–402; Hughes in: Kaplan: a.a.O. (Anm. 33), S. 34–37.

35 Labaree, Leonard W. (Hg.): The Autobiography of Benjamin Franklin, New Haven 1964, S. 127.

36 Anderson/Zinsser: a.a.O. (Anm. 27), Bd. I, S. 373–376, 406–409.

37 Staves, Susan: Married Women's Separate Property in England, 1660–1833, Cambridge, Mass. 1990, S. 35.

38 Ebd., S. 37.

39 Spring, Eileen: Law, Land and Family: Aristocratic Inheritance in England, 1300–1800, Chapel Hill, N.C. 1993, Zitat S. 93. Spring revidiert frühere Interpretationen, die Ehekontrakte als für die Frauen günstiger betrachteten. Vgl. Stone, Lawrence: The Crisis of the Aristocracy 1558–1641, Ox-

ford 1965; ders.: The Family, Sex and Marriage in England 1500–1800, New York 1977; Bonfield, Lloyd: Marriage Settlements 1601–1740, Cambridge 1983; Macfarlane, Alan: Marriage and Love in England: Modes of Reproduction 1300–1840, Oxford 1986.

40 Der Status einer Frau kann nur zutreffend beurteilt werden, wenn er mit dem ihres Bruders verglichen wird. Das heißt, dass bei übereinstimmenden Faktoren Klasse, Rasse und Zeit für Bruder und Schwester der Faktor der Kontrolle über sexuelle und reproduktive Ressourcen in die Feststellung des Status einbezogen werden muss.

41 Diese Interpretation wird unterstützt von Anderson/Zinsser: a.a.O. (Anm. 27), Bd. I, Kap. 3.

42 Frauen mussten eine Mitgift übergeben, bevor sie in ein Konvent aufgenommen wurden, was es armen Mädchen unmöglich machte, diese Bildungsmöglichkeit zu nutzen.

43 Über das Recht und die Praxis der Erbfolge der Bauern vgl. Hanawalt, Barbara: The Ties That Bound, Peasant Families in Medieval England, New York 1986, S. 68, 110–111. Hanawalt stellt fest, dass im Fall der Leibeigenen der Lord zwar der Grundbesitzer war, die Pächterfamilien aber dennoch das Recht beanspruchten, das Land von Generation zu Generation weiterzugeben.

44 Während Bauernjungen eine Klostererziehung erhalten und in Mönchsorden eintreten konnten, blieb den Mädchen dieses Privileg wegen der Forderung einer Mitgift beim Eintritt in einen Orden versagt.

45 Barbara Hanawalt zeigt, dass im 13. und 14. Jahrhundert, als Landmangel herrschte, Witwen, die Land geerbt hatten, gesuchte Ehepartnerinnen auch von jüngeren Männern waren. Als es später genügend Land gab, heirateten die Männer jüngere Frauen. Hanawalt: a.a.O. (Anm. 43), S. 78.
Suzanne Lebsock hat nachgewiesen, dass in der Kolonialzeit in Petersburg, Virginia, reiche Witwen eine weitere Eheschließung ablehnten, um sich ihren Besitz und die entsprechenden Rechte zu erhalten. Lebsock, Suzanne: The Free Women of Petersburg: Status and Culture in a Southern Town, 1784–1860, New York 1979.

46 Lerner, Gerda: Die Entstehung des feministischen Bewusstseins, Frankfurt 1993, Kap. 2.

47 Vgl. Lerner, Gerda: Die Entstehung des Patriarchats, Frankfurt 1991, S. 174 ff. mit einer ausführlichen Diskussion.

48 Kessler-Harris, Alice: Out to Work: A History of Wage-Earning Women in the United States, New York 1982, Kap. 2 und 3; Tentler, Leslie Woodcock: Wage-Earning Women: Industrial Work and Family Life in the United States, 1900–1930, New York 1979.

49 Es gibt eine umfangreiche deskriptive Literatur – soziologisch, historisch und neuerdings als *oral history* – über Hausarbeit, die hier jedoch nicht von Belang ist. Die früheste feministische Analyse der Hausarbeit als einer Determinante des Status von Frauen ist: Gilman, Charlotte Perkins: Women and Economics, New York 1966, Original 1898. Zu den Arbeiten wichtiger marxistischer Theoretikerinnen gehören: Inman, Mary: In Woman's Defense. In: Lerner, Gerda (Hg.): The Female Experience: An American Documentary, New York 1992 (Original 1977), S. 138–143; Costa, Mariarosa Della: Women and The Subversion of the Community. In: Radical America 6, Nr. 4–5 (July–October 1973); Zaretsky, Eli: Capitalism, the

Family, and Personal Life. In: Socialist Revolution, 3, Nr. 1–2 (Jan.–April 1973), S. 69–125; ebd. 3, No. 3 (May–June 1973), S. 19–70; Secombe, Wally: The Housewife and Her Labor Under Capitalism. In: New Left Review 83 (Jan.–Feb. 1974), S. 3–24; Gardiner, Jean: The Role of Domestic Labor. In: New Left Review 89 (Jan.–Feb. 1975), S. 47–58; Hartmann, Heidi: a.a.O. (Anm. 7); Hartmann, Heidi: The Family as the Locus of Gender, Class, and Political Struggle: The Example of Housework. In: Signs 6 (Spring 1981), S. 366–394.
Die wichtigste historische Arbeit zu diesem Thema ist Boydston, Jeanne: Home and Work: Housework, Wages and the Ideology of Labor in the Early Republic, New York 1990.

50 Ulrich: The Midwife's Tale, S. 222 und 226.

51 Lydia Maria Child Papers, Anti-Slavery Collection, Cornell Library, Ithaca, N.Y.. In: Lerner, Gerda: a.a.O. (Anm. 48), S. 124–126.

52 Samuel Lilienthal, M.D., to Mary Holywell Everett, M.D., New York, Sept. 8, 1876. Everett Family Papers, Newberry Library, Chicago; wie zitiert in Lerner, Gerda: a.a.O. (Anm. 48), S. 178–180.

53 Kessler-Harris, Alice: A Woman's Wage: Historical Meanings and Social Consequences, Lexington 1990, Kap. 4.

54 Der Begriff »rassisch« ist hier verkürzt zur Beschreibung verschiedener Gruppen verwendet, die aufgrund von Merkmalen der Rasse, Sprache, Ethnizität oder Religion als »abweichend« konstruiert werden.

55 Friedman, Susan Stanford: Beyond White and Other: Relationality and Narratives of Race in Feminist Discourse. In: Signs 21, No. 1 (Autumn 1995), S. 1–49. Erstes Zitat S. 16 f., das zweite S. 20.

56 In einer persönlichen Nachricht von Peggy Pascoe an die Autorin, am 4.9.1995.

57 Meine allgemeinen Aussagen über die Entstehung des Rassismus stützen sich auf die umfangreiche Lektüre von Primär- und Sekundärliteratur zum Thema. Besonders beeinflusst bin ich von: DuBois, W. E. B.: The Souls of Black Folk, Chicago 1903; Memmi, Albert; Dominated Man, Boston 1968; Jordan, Winthrop: White Over Black: American Attitudes Toward the Negro, 1550–1812, Chapel Hill, N.C. 1968; Frederickson, George M.: The Black Image in the White Mind: The Debate on Afro-American Character and Destiny, 1817–1914, New York 1971.

58 Goodheart, Adam: Mapping the Past: DNA. In: Civilization: The Magazine of the Library of Congress, March/April 1996, S. 40–47.

59 DuBois, William E. Burghardt: The Conservation of Races. In: Lewis, David Levering (Hg.): W. E. B. DuBois Reader, New York 1995, S. 20–27, Zitat S. 21.
Eine interessante Diskussion über die Entwicklung und Bedeutung des DuBois'schen Begriffs »Rasse« findet sich bei: Outlaw, Lucius: On W. E. B. DuBois' »The Conservation of Races«; und Protero, Stephen: Conjuring Race, in: Bell, Linda A./Blumenfeld, David (Hg.): Overcoming Racism and Sexism, Boston 1995, S. 79–112.

60 DuBois, W. E. B.: Races. In: Crisis, Aug. 1911, S. 157–158, wie zitiert ebd., S. 30.

61 Langes Zitat: DuBois, W. E. B.: Dusk of Dawn: An Essay Toward an Autobiography of a Race Concept, New York 1940, S. 137–138; kurzes Zitat: S. 153.

62 Beide Zitate: Appiah, Kwame Anthony: The Uncompleted Argument: Du-Bois and the Illusion of Race. In: Gates, Henry Louis Jr. (Hg.):»Race«, Writing and Difference, Chicago 1986, S. 35 f.

63 Pascoe, Peggy: Race, Gender and Intercultural Relations: The Case of Interracial Marriages. In: Frontiers, A Journal of Women's Studies 12, No. 1 (1991), S. 5–18; Zitat S. 11.

64 Fields, Barbara J.: Ideology and Race in American History. In: Kousser, J. Morgan/ McPherson, James M. (Hg.): Region, Race, and Reconstruction, New York 1982, S. 143–177; Zitate S. 144, 149–150.
Fields weist hin auf »die bekannte Anomalie der amerikanischen Konvention in bezug auf das Verhältnis der Rassen, die zugesteht, dass eine weiße Frau ein schwarzes Kind gebären kann, es aber ausschließt, dass eine schwarze Frau ein weißes Kind gebären kann« (S. 149).

65 Wie zitiert in: Appiah, Kwame Anthony: The Conservation of ›Race‹. In: Black American Literature Forum 23, No. 1 (Spring 1989), S. 37–60; Zitate S. 39, 57 Fn. 2.

66 Carby, Hazel V.: The Politics of Difference. In: MS, Sept./Oct. 1990, S. 84 f.

67 Ich bin auf diese veränderte Praxis deutscher Wissenschaftler aufmerksam geworden, als ich 1995 in Österreich Vorträge hielt. Einer dieser Vorträge enthielt im Titel das Wort »Rasse«, und meine Gastgeber, Historiker an der Universität Wien, baten mich, diesen Begriff durch »Ethnizität« zu ersetzen. Da ich der Meinung war, die beiden Begriffe wären im Rahmen der amerikanischen Frauengeschichte nicht identisch gebrauchbar, änderte ich den Titel des Vortrags so, dass ich beide Begriffe vermeiden konnte. Mein deutscher Verlag Campus bestätigte mir, dass diese Praxis üblich sei.

68 Viele zeitgenössische Denker haben sich bemüht, die verschiedenen Inhalte des Begriffs »Rasse« in ihren unterschiedlichen Bedeutungen genauer zu bestimmen und die wesentlichen biologischen Definitionen von den soziohistorischen Bedeutungen zu trennen. Howard Winant und Michael Omi schlagen vor, den Begriff »Rasse« durch den der »racial formation«, »Rassen-Formation« zu ersetzen, sie definieren als ›einen instabilen und ›dezentrierten‹ Komplex von sozialen Bedeutungen, die durch den politischen Kampf ständig verändert werden«. Vgl. Winant, Howard/Omi, Michael: Racial Formation in the United States, New York 1986, S. 68.
Lucius Outlaw betrachtet »Rasse« als eine von vielen »Bedeutungszusammenhängen«, die es zu erhalten gilt. Vgl. Outlaw, Lucius: a.a.O. (Anm. 58), S. 98 f.
»Rasse«, schreibt Stephen Protero, »ist historisch und sozial so real wie wissenschaftlich ephemer, von flüchtiger Substanz.« Protero, Stephen: a.a.O. (Anm. 58), S. 104.

69 Die Vernichtung des mittelalterlichen Judentums in Europa wurde ausnahmslos damit begründet, es seien »Ketzer«, das heißt aufgrund ihrer Religion Abweichler vom wahren Christentum. Da solche Begründungen in der Gesellschaft der Neuzeit nicht akzeptiert worden wären, war es im 20. Jahrhundert für diejenigen, die die Juden vernichten wollten, erforderlich, sie als »Rasse« zu bezeichnen und auszusondern. Heute können wir die Methode und Wirkung solcher Rassenzuschreibungen und Gesellschaftsbilder im ehemaligen Jugoslawien beobachten, wo Völkermord wieder mit stereotypen Zuschreibungen von Rasseneigenschaften entschuldigt wird.

70 Lorde, Audre: Age, Race, Class and Sex: Women Redefining Difference. In: dies.: Sister Outsider: Essays and Speeches by Audre Lorde, New York 1984, S. 114–123; Zitat S. 116.

71 Aptheker, Bettina/Davis, Angela/Hull, Gloria T. u.a. (Hg.): All the Women Are White, All the Blacks Are Men, But Some of Us Are Brave: Black Women's Studies, Old Westbury, N.Y. 1982; Moraga, C./Anzaldua, G. (Hg.): This Bridge Called My Back, Writings By Radical Women of Color, New York 1983; hooks, bell: Feminist Theory, From Margin to Center, Boston 1984; Spelman, Elizabeth V.: a.a.O. (Anm. 11); Christian, Barbara: The Race for Theory. In: Hansen, Karen/Philipson, Ilene (Hg.): a.a.O. (Anm. 11), S. 568–579; Higginbotham, Evelyn Brooks: Beyond the Sound of Silence, Afro-American Women in History. In: Gender & History 1, No. 1 (Spring 1989), S. 50–67; Brown, Elsa Barkley: a.a.O. (Anm. 1); hooks, bell: Talking Back: Thinking Feminist, Thinking Black, Boston 1989; Sacks, Karen Brodkin: Toward a Unified Theory of Class, Race, and Gender. In: American Ethnologist 16, No. 3 (August 1989), S. 534–550; Gordon, Linda: a.a.O. (Anm. 11).
Im eifrigen Bemühen, den zutreffenden Vorwurf der »falschen Verallgemeinerung« gegen weiße Feministinnen zu rechtfertigen, sind KritikerInnen dem gleichen Irrtum unterlegen, indem sie diejenigen weißen Feministinnen vergaßen oder übergingen, die schon seit Jahrzehnten die Kategorie »Rasse« in ihren Überlegungen berücksichtigt und das auch anderen nahegelegt hatten. Zum Beispiel: Flexner, Eleanor: Century of Struggle: The Woman's Rights Movement in the United States, Cambridge 1959; Chafe, William: The American Woman: Her Changing Social, Economic and Political Roles, 1920–1970, New York 1972; ders.: Women and Equality: Changing Patterns in American Culture., New York 1977; Lerner, Gerda: Black Women in White America, A Documentary History, New York 1972; dies.: Black Women in the United States: A Problem in Historiography and Interpretation. In: dies.: The Majority Finds Its Past: Placing Women in History, New York 1979, Kap. 5; Stimpson, Catherine: Thy Neighbor's Wife, Thy Neighbor's Servants: Women's Liberation and Black Civil Rights. In: Gornick, Vivian/Moran, Barbara K. (Hg.): Women in Sexist Society: Studies in Power and Powerlessness, New York 1971; Aptheker, Bettina: Woman's Legacy: Essays on Race, Sex, and Class in American History, Amherst, Mass. 1982. Ein Eingestehen dieses Irrtums findet sich bei Hewlitt, Nancy: Reflections from a Departing Editor: Recasting Issues of Marginality. In: Gender & History 4, No. 1 (Spring 1992), S. 3–9.

72 Davis, Angela: Women, Race and Class, New York 1981; Dill, Bonnie Thornton: Race, Class and Gender: Prospects for an All-Inclusive Sisterhood. In: Feminist Studies 9, No. 1 (Spring 1983), S. 131–150; Gilkes, Cheryl: From Slavery to Social Welfare: Racism and the Control of Black Women. In: Swerdlow, Amy/Lessinger, Hanna (Hg.): Class, Race and Sex: The Dynamics of Control, Boston 1983, S. 288–300; Collins, Patricia Hill: Black Feminist Thought: Knowledge, Consciousness, and the Politics of Empowerment, New York 1991; Giddings, Paula: When and Where I Enter: The Impact of Black Women on Race and Sex in America, New York 1984.

73 Vgl. Aptheker, Bettina: Woman's Legacy (Anm. 71); hooks, bell: Feminist Theory (Anm. 71).

74 Sacks, Karen Brodkin: a.a.O. (Anm. 71), S. 537.

75 Stoler, Ann: Sexual Affronts and Racial Frontiers: European Identities and the Cultural Politics of Exclusion in Colonial Southeast Asia. In: Comparative Studies in Society and History 34, No. 2 (July 1992), S. 514–551.

76 Stoler, Ann Laura: Rethinking Colonial Categories, European Communities and the Boundaries of Rule. In: CSSH 31, No. 1 (January 1989), S. 134–161; Zitat S. 138.

77 Stoler, Ann: a.a.O. (Anm.75), S. 36 f.

78 Stoler, Ann Laura: Carnal Knowledge and Imperial Power, Gender, Race and Morality in Colonial Asia. In: Leonardi, Micaela di (Hg.): Gender at the Crossroads: Feminist Anthropology in the Post-Modern Era, Berkeley, Calif. 1990, S. 51–101; der Begriff »race-culture«, Rassenkultur, wird verwendet auf S. 83.

79 Mohanty, Chandra Talpade: Introduction: Cartographies of Struggle: Third World Women and the Politics of Feminism. In: Mohanty, Chandra Talpade/ Russo, Ann/Torres Lourdes (Hg.): Third World Women and the Politics of Feminism, Bloomington 1991, S. 1–47; Zitate S. 15, 17, 21.

80 Frankenberg, Ruth: White Women, Race Matters: The Social Construction of Whiteness, Minneapolis 1993, S. 11 f.

81 Vgl. auch Frye, Marilyn: On Being White: Thinking Toward a Feminist Understanding of Race and Race Supremacy. In: The Politics of Reality: Essays in Feminist Theory, Trumansburg, N.Y. 1983, S. 110–127, hier S. 112, 115, 116; MacIntosh, Peggy: White Privilege: Unpacking the Invisible Knapsack. In: Peace and Freedom, July/August 1989, S. 10–12; Minnich, Elizabeth: Transforming Knowledge, Philadelphia 1990; Roediger, David: The Wages of Whiteness: Race and the Making of the American Working Class, New York 1991; Morrison, Toni: Playing in the Dark: Whiteness and the Literacy Imagination, Cambridge, Mass. 1992: Fishkin, Shelley Fisher: Interrogating ›Whiteness‹, Complicating ›Blackness‹: Remapping American Culture. In: American Quarterly 47, No. 3 (September 1995), S. 428–466; Lipsitz, George: The Possessive Investment in Whiteness, Racialized Social Democracy and the ›White‹ Problem in American Studies. In: American Quarterly 47, No. 3 (September 1995), S. 369–387; Ware, Vron: Beyond the Pale: White Women, Racism and History, New York 1992.
Historische Beispiele für die Konstruktion des »Weiß-Seins« durch die Gesetze über Mischehen zwischen Weißen und Nichtweißen, besonders Schwarzen und andere rassenbezogene Gesetze vgl.: Brown, Kathleen: Good Wives and Nasty Wenches: Gender, Race and Power in Colonial Virginia, Williamsburg 1996; Pascoe, Peggy: a.a.O. (Anm. 63); Berry, Mary Frances: Judging Morality, Sexual Behavior and Legal Consequences in the Late Nineteenth-Century South. In: Journal of American History 78, No. 3 (December 1991), S. 835–856.

82 Bunch, Charlotte: Making Common Cause: Diversity and Coalitions. In: Albrecht, Lisa/Brewer, Rose M.: Bridges of Power: Women's Multicultural Alliances, Philadelphia 1990, S. 52; hooks, bell: Feminism: A Transformatorial Politic. In: Talking Back: Thinking Feminist, Thinking Black, Boston 1989, S. 19–27, Zitat S. 22; Sacks, Karen Brodkin: a.a.O. (Anm. 11), S. 545 f.; Morgen, Sandra: Conceptualizing and Changing Consciousness. In: Hansen, Karen/Philipson, Ilene (Hg.): a.a.O. (Anm. 11), S. 285; Gor-

don, Linda: a.a.O. (Anm. 11), S. 107; Brown, Elsa Barkley: ›What Has Happened Here‹: The Politics of Difference in Women's History and Feminist Politics. In: Feminist Studies 18, No. 2 (Summer 1992), S. 295–312; Glenn, Evelyn Nanako: From Servitude to Service Work: Historical Continuities in the Racial Division of Paid Reproductive Labor. In: Signs 18, No. 1 (Autumn 1992), S. 1–43; Russo, Ann: ›We Cannot Live Without Our Lives‹: White Women, Antiracism, and Feminism. In: Mohanty, Chandra Talpade/Russo, Ann/Torres, Lourdes (Hg.): a.a.O. (Anm 78), S. 297–313; Liu, Tessie: Teaching the Differences Among Women from a Historical Perspective: Rethinking Race and Gender as Social Categories. In: Women's Studies International Forum 14, No. 4 (1991), S. 265–276. Eine brauchbare Anthologie ist: Andersen, Margaret L./Collins, Patricia Hill: Race, Class and Gender, An Anthology, Belmont, Cali. 1992. Boris, Eilleen: Gender, Race & Rights: Listening to Critical Race Theory. In: Journal of Women's History 6, No. 2 (Summer 1994), S. 111–124. Kursivsetzungen in diesem Kapitel durch die Autorin.
Zwei jüngst erschienene Bücher sind Beispiele für eine ganzheitliche Methode bei der Auseinandersetzung mit dem Problem der wechselseitigen Beziehung verschiedener Aspekte von Unterdrückung: Stern, Steve J.: The Secret History of Gender: Women, Men and Power in Late Colonial Mexico, Chapel Hill, N.C. 1995 und: Mallon, Florencia E.: Peasant and Nation: The Making of Postcolonial Mexico and Peru, Berkeley, Calif. 1995.
83 Lorde, Audre: a.a.O. (Anm. 70), S. 115.
84 Lerner, Gerda: Black Women in the United States: A Problem in Historiography and Interpretation. In: a.a.O (Anm. 71), S. 81 f. und vgl. auch Kap. 6: Community Work of Black Club Women, und Kap. 7: Black and White Women in Interaction and Confrontation.
85 Roberts, Dorothy: Racism and Patriarchy in the Meaning of Motherhood. In: The American University Journal of Gender and the Law 1, No. 1 (Spring 1993), S. 1–38.

Kapitel 12   Warum Geschichte uns angeht

1 Wilhelm Dilthey: Der Aufbau der geschichtlichen Welt in den Geisteswissenschaften, Frankfurt 1981, S. 247. (Anm. d. Übers.)
2 Vgl. Kapitel 6, Anm. 2. (Anm. d. Übers.)

Register

Abolitionisten, Antisklavereibewegung USA (s. Gewaltfreier Widerstand, Bürgerrechtsbewegung) 99 ff., 111, 113, 124, 176
Abweichung (s. »Anderssein«, Differenz) 19, 25 f., 38, 197 ff., 205 f., 220, 253, 276 ff., 295; Ausgrenzung 268, 278; u. amerikanische Werte 115 ff.; u. Herrschaft / Patriarchat 200 ff.
Addams, Jane 108 f., 111
Adel (s. Klasse, Ehe, Oberschicht) 78, 227 ff., 235 ff., 243, 246; u. Bürgertum 78; Erbfolge 228 f., 231, 234, 240; Frauenrechte 228 ff., 234, 246; Kolonialadel 126
Afroamerikaner (s. »Anderssein«, Rasse/Rassismus, Sklaverei); Frauengeschichte 14, 202, 219, 269 f.; in der Geschichte der USA 111, 113, 118, 124, 126, 128, 131, 149, 174, 208; Schwarze/»Neger« als Rasse 10, 117, 127, 178, 264, 266, 269 f.; Sexualität 201
Akkulturation 38, 40, 43 f., 128
Alcott, Bronson 105
American Peace Society 103, 107
American values, amerikanische Wertvorstellungen/Grundwerte 115 ff.; Gleichheit vs. Rassismus 116-119; Föderalismus vs. Imperialismus 119 f.; Individualismus vs. Gemeinsinn 120 ff.; Chancengleichheit vs. Elitenherrschaft 125 ff.; Pluralismus vs. kulturelle Hegemonie 129 ff., 286; Grenzenlose Ausbeutung der Ressourcen vs. Umweltschutz 131 ff., 134 f.; u. Patriarchat 133 f.; Missionarisches Bewusstsein 286

Anabaptisten (Wiedertäufer) 96, 160
»Anderssein« (auch Abweichung, Differenz, Rassismus) 90, 91, 195, 197, 200; Afroamerikaner 273; Assimilation 30; Ausgrenzung 32, 285; Diskriminierung 202, 296; Frauen 27 ff., 42, 162, 202, 270, 296; Geschichte 195, 197; Geschlecht 32; Herrschaft 195, 200; Identitätsfindung 32, 39, 90, 257; Immigration 36, 38; Juden 25, 26 ff., 41, 263, 292; Patriarchat 222 ff., 296; Sexualität 202; »Andere« als Sündenböcke 40, 90 f., 206; im Vorderen Orient 194, 222 ff.
Antisemitismus (s. »Anderssein«, Deutschland, Österreich) 29, 32, 40, 42, 47, 62, 90, 276, 280, 298; Mittelalter 30; Nationalsozialismus 33, 68, 90; in den USA 38, 124, 200; in Österreich 33, 68, 288
Arbeiterschaft (s. Industrialisierung, Klasse, Unterschicht) 85, 86, 90, 125, 156; Arbeiterbewegung 86, 109, 168; Ausbeutung 198, 203, 248 f.; Einwanderer in den USA; Familienstruktur 39, 249, 254 f., 260; Industrialisierung 125, 128, 132, 248 f.; Sexarbeiterinnen 90
Assimilation (s. »Anderssein«, »Rasse«/Rassismus) 30, 38, 39, 41; Immigranten in den USA 43, 79, 129, 130; Juden in Europa 38 ff., 294; Kolonien 117, 125 f., 129
Atomwaffen, -krieg 46, 156 ff., 188
Atomzeitalter 137, 138, 153 ff.
Autonomie 122 ff., 133

Fränkisches Königreich; Merowinger 227 ff.; Karolinger 227 ff.

Franklin, Benjamin 241, 286

Frankreich 98, 216, 232, 239; Albigenser (Katharer) 47 ff., 55, 63; bastides 47 f., 49; Gaillac 48 ff.; Internierung u. Deportation von Juden in Gaillac, Gurs, Paris 48 ff.

Frauen (s. »Anderssein«, Differenz, Ehe, Feminismus, Frauengeschichte, Geschlecht, Sexualität, Witwen); Armutsrisiko 205 f., 254; Wahlrecht 126; »die Andere« 26, 42, 90, 178; Diskriminierung 178, 201, 204, 251 ff.; Emanzipation 18, 89, 152, 162, 201, 250, 259; Erbrecht 221 ff.; Erwerbstätigkeit 146, 254; Führungspositionen 133, 165; Geschlecht, biologisches u. sozial definiertes 90, 214, 219, 275, 295 f.; Geschichtswissenschaft 13 ff., 28, 38, 42, 81, 86 ff., 168 ff., 191 f., 210 ff.; Hausarbeit 70, 150, 204, 246, 255 f., 270; Identität 16, 177, 179, 270, 274 f.; In Industrieländern 142 f., 151, 250; im Judentum 26 ff., 31 f., 42 ff., 264, 291 ff.; Jungfräulichkeit 225, 234, 236, 245, 247; Lebenszyklen im demographischen Vergleich 142, 146 ff., 204; Lesbische F. 14, 44, 253, 271; Missbrauch 195, 282, 284; Patriarchat 157, 163 f., 199, 211 ff., 225, 243, 260, 275, 291 ff.; s. Reproduktion; Sexualität 198, 200, 203 f., 211, 214, 223 ff., 236 ff., 246, 253, 257, 272, 277 f.; Singles 253; Stellvertreterin des Gatten 223 f., 245 f., 290, 293; Unterschiede 191 ff., 210, 213, 220, 252, 260, 270; Vorbilder 177, 187, 284, 293, 297

Frauenforschung (s. Feminismus) 13 ff., 28, 38, 42, 81, 86 ff., 168 ff., 191 f., 210 ff.

Frauengeschichte; Afroamerikanerinnen 14, 202, 219, 269 f.; Einfügen der Frauen in die Geschichte; Klassenproblematik 205, 222 ff.; Pionierinnen der 13, 167ff; Selektives Gedächtnis 287, 291; als Wissenschaft 13 f., 28, 38, 81, 89, 168 f., 177, 210, 213, 296 ff.; als WissenschaftlerInnen 13, 28, 90, 219, 167 ff., 177; Lerner 28, 38, 42, 81, 90

Frauenorganisationen; Emanzipation 89, 162, 250; Abolitionistinnen 104 f., 108 ff.

Freud, Sigmund 186

Friedensbewegung (s. gewaltfreien Widerstand, Pazifismus, H. Thoreau, L. Tolstoi) 95 ff.; Kriegsdienstgegner 113; Frauen in der F. 95 ff.

Gandhi, Mohandas (Mahatma) 17, 95, 110 ff.

Garrison, William Lloyd 102, 104, 105, 107

Gedächtnis (s. Erinnerung) 85 ff.; individuelles 83, 87, 173; kollektives 63, 87 f., 177; selektives 87, 287 ff.; u. Geschichte 85 ff., 287 f.

Gedenken, Gedenkstätten 51, 54 f.

Gemeinschaft 27, 29 ff., 48, 55, 120 ff., 137, 166, 174, 188, 202, 216, 270, 283 f., 291

Gemeinsinn 120 ff.

gender (s. Geschlecht)

George, Henry 107

Geschichte (s. Gedächtnis, Frauengeschichte); Dokumentation 184, 283; Lebensgeschichte und Sozialgeschichte 281 ff.; Geschehen in der Vergangenheit 51, 54, 63, 166, 173 ff., 181, 192 f., 282, 288 ff.; Wahrnehmung und Definition von Geschichte; Individuelles und kollektives Selbstverständnis 281, 293 f.; Voraussetzung von Zukunft 88, 114, 135, 171 ff., 188, 281 f., 284, 289, 298; Geschichtswissenschaft (s. HistorikerInnen); Aufgaben

Industrialisierung 135, 177; demographische Veränderungen 142 ff.; Frauen 142 ff., 249; Mobilität 124, 283; Produktionsweise 248 ff.
Integration (s. Akkulturation, Assimilation, Bürgerrechte, Immigration); Einwanderergruppen 131 ff.; Modell Salatschüssel / Schmelztiegel 129, 193, 208; Sozialer Aufstieg 117, 124 ff., 130 f., 213, 226, 269; Sprache 64 ff.
Internationalismus 39 f.
Israel 25, 29, 41 f., 47, 54, 75, 77, 157

James, William 138
Juden/Judentum (s. Antisemitismus, Holocaust, Nationalsozialismus); als »die Anderen« 25, 26 ff., 41, 263, 292; Akkulturation 40; Assimilation 40; charakteristische Merkmale 30; Deportation 34, 49, 124; in Deutschland 168, 263 ff.; Frauen 26 ff., 42; Geschichte 30, 41, 45 ff., 96, 291 ff.; Geschichtsauffassung 29 f.; Gottesdienst 26 ff., 31 f., 33, 55; Identität 40, 90, 175, 276, 294; in Österreich, G. Lerners Kindheit 15, 26 ff., 45, 87, 288; Opferrolle 30, 41, 48, 55 f., 281; Rassismus 43, 263 ff.; Synagogen 26, 31 ff., 39, 54 f.; USA 35, 40, 43, 64 ff., 121 ff., 128, 131; Verfolgung 29 ff., 87, 267 f.

Kapitalismus 199, 222, 241, 244, 249 ff., 254
Katharer (Albigenser) 15, 45 ff.
King, Martin Luther Jr. 95, 112 f.
Kirche/Kirchengemeinden, christliche (s. Christentum, Religion) 117, 228 ff.; katholische K. 47 f., 117, 237; Kirchenbesitz 130; Kirchengemeinden in den USA 97, 121 f., 203, 259; Klerus 238; Klöster 48, 239; Protestantismus 162; u. Staat 130, 228 ff.

Klasse/Schicht (s. Adel, Arbeiterschaft, Bürgertum, Differenz, Herrschaft, Oberschicht, Unterschicht); Definition 197; 218 ff., 257 ff.; Ehe 107, 224 ff., 241 ff.; Elitenbildung 71, 90, 224 ff., 250 f.; Entstehung und Fortexistenz 225 ff., 234 ff., 249 ff.; feministische Theorie 19 ff., 163, 218 ff., 274; Geschlecht 174, 193, 197 ff., 218 ff., 244 ff., 252 ff.; Geschichte/Geschichtswissenschaft 90, 134, 186, 192, 206; Herrschaft / Patriarchat 89, 161, 196, 206, 224 ff., 251, 257, 279; u. Kapitalismus 110; als Konstrukt 110, 257 ff.; Im Mittelalter 229 ff., 244 ff.; u. »Rasse«/Rassismus 197 ff., 210 ff., 261 ff., 273 f.; Recht 234, 244 ff.; sozialer Aufstieg 237, 239; Unterschicht 71, 78, 89, 148, 192, 195, 205 f., 213, 216, 226 f., 234; Vorderer Orient 224 ff.; USA 125 ff.
Kollektive Mythen 194, 284 ff.
Kolonien /Kolonialismus (s. Ethnizität, »Rasse«/Rassismus) 89, 153, 175, 241 ff., 271 ff., 277; Afrika 129, 151, 273; Indochina 271; USA 97 f., 117, 120, 126, 129, 241, 255, 271
Kommunismus 120, 160, 286
Konsumismus 124 f., 139
Konzentrationslager; Auschwitz 49, 53 f., 87, Dachau 33, 51, Gaillac 48 f., 51, Ravensbrück 85
Kraus, Karl 67 ff.
Kriege (s. Friedensbewegung, gewaltfreier Widerstand) 43, 46, 50, 76, 89, 98, 105, 106, 138, 157 f., 165, 185, 223; in der Geschichte der USA 46, 112 ff., 118, 120, 124, 132, 135, 158, 193, 200 ff.; Erster Weltkrieg 26, 68, 109, 153; Zweiter Weltkrieg 15, 36, 39, 45, 53 ff., 72, 154, 288; Gefahr des Atomkriegs 137, 154 ff., 160, 188; Mittelalter 226 ff.

Kultur / kulturell (s. Bildung); Akkulturation 38, 40, 44; Assimilation 30, 130; geschlechtsspezifische Rollen 14, 20, 147, 211, 214 f., 217, 221 ff., 295 f.; gesonderte K. der Frauen 175 f., 219 f., 269, 290; Hegemonie 40, 115, 129, 178, 198 f.; Kulturersatz 182; kulturelle Revolution 161 ff.; Multikulturalismus 17, 40, 141, 215, 269; östliche K. 96; Separatismus 38f, 129; Tradition: Geschichte als 21, 76 ff., 172, 178, 184; Vermittlung der k. Tradition 26, 39 f., 180, 270, 285; Wertvorstellungen 71, 118, 134 f.

Lebensgeschichte als Teil der Geschichte 281 ff.
Lebenserwartung / Lebenszyklus (s. Demographie, Reproduktion) 142, 146 ff., 204
Legitimität; Ehe 234, 237; Herrschaft 172, 174, 180, 184 f., 194, 285; Kinder 231, 236 ff.
Leichter, Käthe 85 ff.
Leninismus 158
Leonard, Eugenie 169
Lerner, Gerda; Frau in der jüdischen Gemeinde 29 ff.; Jugend in Wien 26 ff.; Immigration und Erfahrungen in den USA 37 ff., 64 ff.; Besuche in Deutschland und Österreich nach 1948 45 ff.; Schriftstellerin 69 f., 73 ff., 79 f.; Wissenschaftlerin 28, 38, 42, 81, 90; Sprache / Zweisprachigkeit 37, 64ff
Lesbisch (s. Frauen, Homosexualität) 14, 44, 253, 271

Manifest destiny 119, 180, 286 (s. Imperialismus, Vereinigte Staaten)
Mann, Männer (s. Frauen, Geschlecht, Herrschaft, Patriarchat, Sexualität); biologisches Geschlecht 133, 142 ff., 197 f., 211, 214 f., 295 ff.; Bildung 125, 143 ff., 188; soziokulturelle Rolle 121 ff., 133 ff., 162 f., 175

ff., 211, 223 ff., 293 ff.; »Überlegenheit« 88 f., 133 ff., 161, 166, 169, 175, 178, 180, 192 ff., 290 ff.
Marxismus 110, 197, 218, 220, 286
Meritokratie (s. Eliten)
Mesopotamien (s. Vorderer Orient); Ehe 224 ff.; Frauen 223 ff.; Gesetze des Hammurabi 226 f., 285; Klassenbildung 222 ff.; Patriarchat 222 ff.; s. Staat
Minderheiten (s. Abweichung, »Anderssein«, Bürgerrechte, Ethnizität, Juden, Rasse) 42 f., 104, 111, 124, 127, 137, 139, 175, 178, 267, 291 ff.; »amerikanische Werte« 115 ff.; Sündenböcke 42, 279; Verhältnis zwischen M. 124, 128 f., 183, 213, 259
Mittelalter in Europa (s. Adel, Ehe, Geschichte, Kirche); Besitz- und Erbrechte 232 ff.; England 228 ff.; Frankenreich 227 ff., Merowinger und Karolinger 227 ff.; Katharer (Albigenser) 47 f., 55, 63; Klassen, soziale 233 ff.; Judenverfolgungen 263; Frauen i. M. 232 ff.
Mittelschicht (s. Klasse, Bürgertum, Ehe) 204, 227; Erziehung und Bildung 249; Frauen 148, 249, 251; »Rasse« 204; Vorderer Orient im Altertum 224 ff.; USA 115, 131, 219
Mob, Pöbel 101 ff., 124
Montgomery, Alabama (s. Gewaltfreiheit USA) 111
Mormonen 132 f.

Naher Osten (s. Israel, Mesopotamien, Vorderer Orient) 28, 60, 157, 161
Nation 29, 39, 44, 58, 79, 130, 134 ff., 154 ff., 160, 174 f., 180, 184, 216, 221, 228, 239, 244, 262, 277, 285
Nationalismus 39, 43, 164, 180, 262, 265, 277, 292
Nationalsozialismus (s. Deutschland, Österreich) 86; Anschluss

GERDA LERNER

Die emeritierte Professorin der Geschichte an der Universität Wisconsin-Madison, USA, zählt zu den Pionierinnen in der Entwicklung der Frauen(geschichts)forschung in den USA. Sie war die erste Präsidentin der Organisation amerikanischer GeschichtswissenschaftlerInnen, ist Autorin von insgesamt zwölf Büchern und wurde international vor allem durch die Werke *Die Entstehung des Patriarchats* und *Die Entstehung des feministischen Bewusstseins* bekannt. Ihr Buch *Ein eigener Tod* (Ulrike Helmer Verlag 2001) stellt eine sehr persönliche Auseinandersetzung mit dem Thema Sterbebegleitung dar.

Gerda Lerner *Ein eigener Tod*
ISBN 3-89741-076-1

Als die Historikerin Gerda Lerner erfährt, dass ihr Mann an einem unheilbaren Gehirntumor leidet, weiß sie eines: Sie werden das Unausweichliche gemeinsam tragen, um Carl Lerner zu helfen, in Würde und Selbstbestimmung seinen »eigenen Tod« zu sterben. Eine Zeit der Umstellungen und großer psychischer Belastungen bricht an, die das Leben von Grund auf verändern ... Ehrlich und ermutigend zugleich reflektiert Gerda Lerner die Monate, in denen sie mit dem Sterben lebt. Ihr Buch ist kein Ratgeber, sondern eine sehr persönliche Auseinandersetzung mit einem schmerzvollen und tabubeladenen Thema. Dennoch können der Mut, die Kraft, die Wut der Verzweiflung, die aus ihm sprechen, Menschen in ähnlichen Situationen eine wertvolle Unterstützung sein. Denn Lerner weist auf großartige Weise Wege, nicht im Leid zu ersticken. So ist ihr Buch selbst ein Beweis dafür, dass es den Sterbenden hilft, dem Tod ins Gesicht zu sehen, und dies den Angehörigen Kraft gibt, zurück ins Leben zu finden.

»Den Sterbenden zu ihrem eigenen Tod zu helfen ist eine sehr schwere Arbeit. Und ein letzter Liebesdienst. Das ist es, was dieses Buch so wundervoll macht, so kraftvoll – so aktuell.«
                              Sina A. Vogt, frauensachbuch.de

Antje Schrupp *Victoria Woodhull*
ISBN 3-89741-105-9

Sie gab selbst im New Yorker Rotlichtmilieu eine schillernde
Figur ab. Aufgewachsen in bitterster Armut, wurde sie durch
Börsenspekulation über Nacht reich. Sie war Intellektuelle, Spi-
ritistin, Sozialistin, Frauenrechtlerin und Prostituierte, Zei-
tungsmacherin, Amerikas erste Brokerin und (1872!) die erste
Präsidentschaftskandidatin der Neuen Welt. Der amerikanischen Frauenbewegung, als deren Wortführerin sie zeitweise
agierte, erschien sie bald so visionär wie untragbar ... Eines jedoch war sie nicht: Victoria Woodhull (1838–1927) war keine
Spinnerin. Sie schuf und lebte eine Theorie, die höchst eigenwil-
lig, aber schlüssig war – und dazu angetan, sich Feinde zu machen. Energisch sprengte die Powerfrau alle Maßstäbe und war
ihrer Zeit weit voraus. Sie verkehrte mit Huren und Freiern,
sprach unbekümmert über Sexualität und Verhütung und propa-
gierte freie Liebe. Was war von solch einer Frau zu halten?
Nichts, entschied Harriet Beecher-Stowe, die Autorin von »On-
kel Toms Hütte«. Es war der tugendhafte Beecher-Clan, der für
Woodhulls Untergang sorgte ...
Was Victoria Woodhull zu sagen hatte – und auch wie sie es
tat –, war zu spektakulär für konservative und bürgerliche Geschichtsschreiber. Aber auch und gerade die amerikanische
Frauenbewegung und die Linke tilgten jede Erinnerung an die
Frau mit dem scharfen Verstand und der (über)sinnlichen Aus-
strahlung aus ihren Annalen.
In einem Interview nach ihren Vorbildern befragt, nannte
Popqueen Madonna die eine: Victoria Woodhull. Hollywood
plant einen Film über Woodhulls Leben. Im Zeitalter der ge-
scheiterten Ideologien und zerbrochenen Systeme macht es
Spaß, eine der faszinierendsten Frauenfiguren wiederzuentde-
cken, die die Geschichte uns bisher vorenthalten hat. Antje
Schrupps mit wunderbar leichter Hand geschriebene, anschauli-
che und faktenreiche Biografie macht diese Entdeckung zu einem fesselnden Lesevergnügen.

AUS DEM WISSENSCHAFTLICHEN PROGRAMM

Cathy S. Gelbin / Kader Konuk / Peggy Piesche (Hg.)
AufBrüche
Kulturelle Produktionen von Migrantinnen,
Schwarzen und jüdischen Frauen in Deutschland
ISBN 3-89741-042-7

Ute Gerhard (Hg.)   *Feminismus und Demokratie*
Europäische Frauenbewegungen der 1920er Jahre
ISBN 3-89741-058-3

Heike Kahlert / Claudia Lenz (Hg.)
Die Neubestimmung des Politischen
Denkbewegungen im Dialog mit Hannah Arendt
ISBN 3-89741-078-8

Mechtild M. Jansen, Ingeborg Nordmann (Hg.)
Lektüren und Brüche
Jüdische Frauen in Kultur, Politik und Wissenschaft
ISBN 3-89741-036-2

Andrea Maihofer
Geschlecht als Existenzweise
ISBN 3-927164-21-6

Heide Wunder   *Der andere Blick auf die Frühe Neuzeit*
Forschungen 1974–1995
ISBN 89741-021-4

Heide Wunder / Gisela Engel (Hg.)
Geschlechterperspektiven
Forschungen zur Frühen Neuzeit
ISBN 89741-004-4